Gegen das Vergessen

Sandrine Schilling

Gegen das Vergessen

Justiz, Wahrheitsfindung und Versöhnung
nach dem Genozid in Rwanda durch
Mechanismen transitionaler Justiz: Gacaca Gerichte

PETER LANG
Bern · Berlin · Bruxelles · Frankfurt am Main · New York · Oxford · Wien

Bibliografische Information Der Deutschen Bibliothek
Die Deutsche Bibliothek verzeichnet diese Publikation in der Deutschen Nationalbibliografie; detaillierte bibliografische Daten sind im Internet über ‹http://dnb.ddb.de› abrufbar.

Publiziert mit Unterstützung des Schweizerischen Nationalfonds zur Förderung der wissenschaftlichen Forschung.

Die vorliegende Arbeit wurde von der Philosophischen Fakultät der Universität Zürich im Sommersemester 2004 auf Antrag von Prof. Dr. Hans-Joachim Hoffmann-Nowotny, PD Dr. Beat Fux und Prof. Dr. François Höpflinger als Dissertation angenommen.

Umschlaggestaltung: Thomas Jaberg, Peter Lang AG

ISBN 3-03910-681-3

Hochfeldstrasse 32, Postfach 746, CH-3000 Bern 9
info@peterlang.com, www.peterlang.com, www.peterlang.net

Each society must discover its own route to reconciliation. Reconciliation cannot be imposed from outside, nor can someone else's map get us to our destination: it must be our own solution.

Desmond Tutu

Inhaltsverzeichnis

Abbildungsverzeichnis

Tabellenverzeichnis

Ausdrücke in Kinyarwanda

akazu	keines Haus; Machtkern um den Präsidenten Habyarimana
garagu	Klient
ibiboko	Prügelstrafe mit der Peitsche
icariho	Unterchef
imana	höchster Gott
interahamwe	die zusammen kämpfen; Milizen des MRND
inyenzi	Kakerlaken
inzu	kleine Lineage
kwihutura	rituelle Hebung in den Adelsstand
muganwa	Chef
muhutu	Angehöriger der Hutu
mututsi	Angehöriger der Tutsi
mutware	Chef
mwami	König
shebuja	Patron
ubwoko	Clan
ubuhake	Klientelsystem pastoraler Prägung
uburetwa	Zwangsarbeit
umudugudu	Dorf; staatliches Projekt zur Verdörferung nach dem Genozid (Sing.)
umuryango	grosse Lineage
urugo	Haushalt

Ausdrücke in Kirundi

bashingantahe	Rat der Weisen (Burundi)
gushinga	pflanzen, befestigen, etablieren
intahe	Stab der Weisheit
mushingantahe	Weiser

Abkürzungen

A.N.T.	Assemblée Nationale de Transition
ASF	Avocats Sans Frontières (NGO)
CDR	Coalition pour la Défense de la République (extremistische Anti-Tutsi-Partei)
CNUR	Commission Nationale pour l'Unité et la Réconciliation
FAR	Forces Armées Rwandaises (nationale Armee Rwandas)
FIDH	Fédération Internationale des Droits de l'Homme (NGO)
FPR	Front Patriotique Rwandais (dt.: RPF)
G.U.N.T.	Gouvernement d'Union Nationale de Transition
HRW	Human Rights Watch (NGO)
ICC	International Criminal Court
ICCPR	International Covenant of Civil and Political Rights
ICG	International Crisis Group (NGO)
ICRC	International Committee of the Red Cross (NGO)
ICTR	International Criminal Tribunal for Rwanda
ICTY	International Criminal Tribunal for the former Yugoslavia
IRIN	United Nations Integrated Regional Information Networks
LCHR	Lawyers Committee for Human Rights (NGO)
MDR	Mouvement Démocratique Républicain (verwurzelt in der Parmehutu Partei)
MRND	Mouvement Révolutionnaire National pour le Développement (Einheitspartei unter Habyarimana)
OAU	Organization of African Unity
PARMEHUTU	Parti du Mouvement d'Emancipation Hutu
PDC	Parti Démocrate Chrétien
PL	Parti Libéral
PRD	Parti du Renouveau Démocratique
PRI	Penal Reform International (NGO)
PSD	Parti Social Démocrate
RADER	Rassemblement Démocratique Rwandais
RPA	Rwandische Patriotische Armee (militärischer Arm der RPF)
RPF	Rwandische Patriotische Front (frz.: FPR)
RTLM	Radio-Télévision Libre des Mille Collines
TRC	Truth and Reconciliation Commission (South Africa)
UNAMIR	United Nations Assistence Mission in Rwanda
UNAR	Union Nationale Rwandaise (royalistisch-konservative Tutsi-Partei)
UNHCR	United Nations High Commissioner for Refugees
UNOMUR	United Nations Observer Mission Uganda-Rwanda

Vorwort

Es begann mit einer Literaturkritik. «Innenansichten eines Völkermordes» – so der Titel der Besprechung des mehrfach preisgekrönten Werks von Philip Gourevitch, der mit ausgesprochenem Scharfsinn und überwältigender Menschlichkeit einem der düstersten Kapitel der Menschheitsgeschichte nachgegangen ist.[1] So begann die vertieftere Auseinandersetzung mit dem erschütternden Genozid in Rwanda. Als jedoch die ersten Meldungen erschienen, wonach die rwandische Regierung zu dessen Bewältigung auf eine traditionale Institution der Streitschlichtung zurückzugreifen gedenkt, stand das Thema vorliegender Arbeit sogleich fest. Dadurch könnte nicht nur die Chance wahrgenommen werden, ein einzigartiges Experiment genauerer Betrachtung zu unterziehen, es könnte auch ein – wenn auch nur kleiner – Beitrag dazu geleistet werden, damit der furchtbare Genozid Rwandas nicht der Vergessenheit preisgegeben werde.

Hinter einer derartigen Arbeit wie der vorliegenden stehen immer Menschen, die in unterschiedlichster Weise zu deren Realisierung beigetragen haben. Sei es durch Gespräche, Anregungen, Hinweise oder kritisches Hinterfragen, sei es durch ihre Präsenz und Begleitung in einer Zeit der intensiven Auseinandersetzung mit einem bewegenden Thema. Sie alle können an dieser Stelle natürlich nicht namentlich erwähnt werden und teilweise ist ihnen vielleicht gar nicht bewusst, dass sie die Arbeit etwa durch eine Nebenbemerkung beeinflusst haben. Daneben gibt es allerdings Menschen, deren Beitrag herausragend ist.

An erster Stelle sei den zwölf, in der Schweiz lebenden Rwanderinnen und Rwandern, die sich zu ausgedehnten Gesprächen bereit erklärt haben, aufs Herzlichste gedankt.[2] Der Dank gilt nicht nur der Tatsache, dass

1 GOUREVITCH, Philip, 1999: *Wir möchten Ihnen mitteilen, dass wir morgen mit unseren Familien umgebracht werden. Berichte aus Ruanda.* Berlin: Berlin-Verlag.

2 Da ihnen die Anonymität garantiert wurde, muss an dieser Stelle auf die Nennung von Namen verzichtet werden.

sie durch ihren persönlichen Beitrag in massgeblicher Weise zur Realisierung des Forschungsvorhabens beigetragen haben, er gilt auch ihrer ausgesprochenen Grosszügigkeit. Nicht immer war es für sie einfach, an die Ereignisse von 1994 erinnert zu werden, weshalb ihre Hilfe als umso wertvoller erscheint. Ihre oftmals erschütternden Zeugnisse vermochten nicht zuletzt meinen Blick für die Tragik eines Völkermordes zu schärfen.

Ein ebenfalls grosser Dank gebührt Daan Bronkhorst der niederländischen Sektion von *Amnesty International*, Klaas De Jonge von *Penal Reform International* in Kigali, Prof. Mark A. Drumbl der *Washington & Lee University* in Lexington, USA, Prof. em. René Lemarchand der *University of Florida*, USA, sowie schliesslich Ass. Prof. Christopher C. Taylor der *University of Alabama*, Birmingham, USA. Ihre Stellungnahmen zeugten von ausserordentlicher Hilfsbereitschaft und waren angesichts ihrer anspruchsvollen Tätigkeit bei Weitem keine Selbstverständlichkeit.

Im weit entfernten Rwanda sassen Rwander, die an dieser Stelle bedauerlicherweise nicht namentlich genannt werden können, an ihren Computer und fassten den Mut, eine kritische sowie nicht weniger differenzierte Stellungnahme zur Thematik der Gacacas niederzuschreiben. Für ihre Hilfe, die durch sie ermöglichten Einsichten sowie der gewidmeten Zeit gebührt ihnen aufrichtiger Dank.

Didi Wälti stellte nicht nur ausgesprochenen Scharfsinn als interessierten Gesprächspartner und Lektor unter Beweis, er kann – anders kann ich es mir nicht erklären – zaubern. Ob es darum ging, zu unmöglicher Stunde einen Computer zum Leben zu erwecken, aus den unergründlichen Tiefen des Internet Dokumente zu angeln oder die Nerven einer Doktorandin zu beruhigen – immer geschah dies mit einem Lächeln und mit der unerschütterlichen Gewissheit, dass es gut kommen wird. Das tat es. Für seinen wertvollen Beitrag sei ihm gedankt.

Marie-Christin Abgottspon hat den gesamten Entstehungsprozess der Arbeit im Guten wie auch im Schlechten miterlebt, und zwar nicht aus der Distanz, sondern als Freundin, wie man sie sich nur wünschen kann. Sie vermochte Mut zuzusprechen, engagierte sich in Gesprächen und befreite vorliegende Arbeit mit viel Intelligenz aller Hässlichkeiten, die dann zustande kommen, wenn sich die Finger selbstständig machen. Für alles danke ich ihr herzlich.

Ebenso möchte ich meinem Doktorvater, Prof. Dr. Hans-Joachim Hoffmann-Nowotny, zutiefst für das entgegengebrachte, wertvolle Vertrauen danken. Es war mir eine grosse Ehre, einem solch herausragenden Wissenschaftler von ausgesprochener Herzensgüte die vorliegende Arbeit überreichen zu dürfen – eine Tatsache, die ich mir vor Jahren im Hörsaal nie hätte erträumen lassen. Prof. Dr. Hans-Joachim Hoffmann-Nowotny erlag kurz nach Annahme der Dissertation einer langjährigen, schweren Krankheit. In jenem Moment der tiefen Trauer um den Verlust eines nicht nur bemerkenswerten Doktorvaters, sondern auch eines ganz besonderen Menschen, übernahm Herr PD Dr. Beat Fux, bislang Zweitgutachter, ohne zu zögern die Funktion von Prof. Hoffmann-Nowotny und damit die Hauptverantwortung für das weitere Promotionsverfahren, welches auf diese Weise fristgerecht abgeschlossen werden konnte. Sein Engagement als Gutachter und Referent war mehr als bewundernswert und stellte zweifelsohne einen Lichtblick im Promotionsverfahren dar. Dafür sei ihm meinen aufrichtigen Dank ausgesprochen. Ebenso möchte ich Herrn Prof. Dr. François Höpflinger danken, der angesichts der Notlage überaus kurzfristig seine Unterstützung als Gutachter und Korreferent zusicherte. Auch dies war keine Selbstverständlichkeit.

Schliesslich sei meiner Mutter Renée aufs Herzlichste gedankt. Ihr unerschöpfliches Interesse und der bedingungslose Beistand einer Mutter, die einen mit unerhörtem Stolz erfüllt, waren unersetzlich. Ihr sei diese Arbeit in aller Liebe gewidmet.

Luzern, im Mai 2004

A. Einleitung

Was sich in jenen hundert Tagen nach dem 6. April 1994 in Rwanda ereignet hat, entzieht sich der menschlichen Vorstellungskraft. Obschon Zahlenangaben einem Genozid und insbesondere dem damit verbundenen menschlichen Leiden niemals gerecht zu werden vermögen, sollen sie an dieser Stelle behelfsmässig als Stütze dienen: An einem Tag wurden unter äusserst hoher Beteiligung der breiten Bevölkerung durchschnittlich rund 10'000 Menschen getötet – dies in einem Land, welches kaum grösser als die Schweiz ist. Auf die Dimensionen der Vereinigten Staaten übertragen würde dies bedeuten, dass innert drei Monaten 37 Millionen Menschen ihr Leben verloren hätten.[1]

Die Bewältigung des rwandischen Genozids im Hinblick auf den Prozess der Versöhnung durch Etablierung der Verantwortlichkeit für die begangenen Verbrechen, durch Wahrheitsfindung und Reparationsleistungen zuhanden der Opfer liefert den Kontext vorliegender Arbeit. Zunächst setzte die rwandische Regierung die Priorität auf Strafverfolgungen im Rahmen klassischer Justiz. Angesichts massgeblicher Hindernisse scheiterte dieses Vorhaben allerdings weitestgehend, sodass sich die Suche nach Alternativen aufdrängte, die Rwanda denjenigen innovativen Weg beschreiten liess, der im Zentrum dieser Untersuchung steht. Die Lösung hiess Gacaca. Dieses aus vorkolonialer Zeit stammende, traditionale Modell der Konfliktschlichtung, wonach unter der Führung moralisch integerer Persönlichkeiten sowie unter aktiver Beteiligung der Gemeinschaft ein Konsens über ein strittiges Thema mit dem Ziel der Wiederherstellung sozialer Harmonie zu finden versucht wird, sollte im Zeichen der Bewältigung des Genozids reinstitutionalisiert werden.

1 U.N. Doc. S/PV.3453, Abs. 14 (1994), zit. in: AKHAVAN, Payam, 1997: «Justice and Reconciliation in the Great Lakes Region of Africa: The Contribution of the International Criminal Tribunal for Rwanda», in: *Duke Journal of Comparative and International Law*, Vol. 7/2: 325–348, p. 328 f.

Die im Jahre 2001 begonnene Umsetzung des Vorhabens vermochte jedoch noch nicht über die Pilotphase hinaus zu gelangen, sodass noch keine Analyse über das Funktionieren und den Erfolg der Gacacas im postgenozidären Kontext geliefert werden kann. Erste Aussagen darüber werden frühestens in einigen Jahren möglich sein. In Anerkennung dieser Tatsache erhält die vorliegende Arbeit programmatischen Charakter. So gilt es, Hypothesen zu formulieren, Fragen aufzuwerfen, auf Gefahren hinzuweisen und differenzierte Überlegungen hinsichtlich der möglichen Funktion der Gacacas für die Bewältigung des Genozids sowie für die Förderung des Versöhnungsprozesses anzustellen. Nach diesen ersten einleitenden Bemerkungen soll die Entwicklung, die zum Rückgriff auf den traditionalen Mechanismus der Konfliktschlichtung führte, sowie die Konzipierung der postgenozidären Gacacas in Kürze präsentiert werden.

Die Ausgangslage

Lange Zeit wurde das Morden als interner ethnischer Konflikt oder gar als Stammeskrieg zwischen Hutu und Tutsi bezeichnet. Erst später stellte sich – indes mit unverantwortlicher Verzögerung – heraus, dass es sich um eine sorgfältig vorbereitete und politisch motivierte Aktion einer extremistischen, in ihrem Machtmonopol gefährdeten Regierungselite handelte, die das Ziel verfolgte, die gesamte soziale Gruppe der Tutsi auszulöschen, und sich dabei gleichzeitig regimekritischen und gemässigten Hutu zu entledigen. Obschon Tutsi bereits in der früheren Geschichte Opfer mehrerer blutiger Massaker geworden waren, erreichte der Genozid von 1994 nie zuvor auf rwandischem Gebiet gekannte Ausmasse. Erst die mehrheitlich aus in Uganda lebenden Exil-Rwandern zusammengesetzte Rwandische Patriotische Armee (RPA) vermochte im Juli 1994 dem Völkermord ein Ende zu bereiten. Nachdem die genozidäre Regierung das Land – nicht zuletzt aufgrund der französischen *Opération Turquoise* – verlassen hatte, wurde unter der Leitung des politischen Flügels der RPA, der Rwandischen Patriotischen Front (RPF), eine neue Interimsregierung gebildet sowie die politische Übergangszeit eingeleitet, die in offizieller Lesart bis Mitte 2003 andauern sollte.

Aufgrund der Ausmasse der Massaker waren fast ausnahmslos alle dort ansässigen Personen direkt davon betroffen, nicht zu vergessen die seit früheren Massakern im Ausland lebenden Angehörigen.[2] In einer Untersuchung, die im Jahre 1995 von der *Harvard School of Public Health* in Zusammenarbeit mit der Nationalen Universität von Rwanda durchgeführt wurde, konnte festgestellt werden, dass 97% der befragten Überlebenden des Genozids mindestens einen Angehörigen verloren haben.[3] Daneben gibt es allerdings auch unzählige Menschen, die als einzige ihrer Familie den Genozid überlebt haben. Aus diesen Überlegungen heraus darf vermutet werden, dass eine Gesellschaft in ihrer Gesamtheit erschüttert, wenn nicht gar traumatisiert wurde. Bereits der Verlust von Verwandten sowie weiterer nahestehender Menschen erfordert eine intensive Aufarbeitung, die Art jedoch, wie diese ihren Tod fanden, verleiht dem Geschehen eine weitere Dimension.

Nach dem Genozid wurden mit dem erklärten Ziel, keiner der Täter dürfe mehr ungestraft entkommen, mehr als 125'000 potentielle Schuldige in teilweise überstürzten Aktionen inhaftiert, was zu einer masslosen Überbelegung der Haftanstalten führte. Dies geschah zu einer Zeit, in welcher gesellschaftliche Strukturen und damit auch das Rechtssystem weitestgehend in sich zusammengebrochen waren. Die Mehrheit der Anwälte und Richter, zuvor ohnehin wenig an der Zahl, waren nach dem Völkermord entweder tot, emigriert oder selber inhaftiert.[4] Dasselbe traf denn auch auf das gesamte im Polizei- und Gerichtswesen tätige Personal zu. Zunächst galt es als vordringlich, das bislang dysfunktionale sowie nun

2 In der repräsentativen Studie «Perceptions à propos de la loi gacaca au Rwanda» sind unterschiedliche Arten und Grade der persönlichen Betroffenheit durch den Genozid landesweit erfasst worden. Siehe dazu: GASIBIREGE, Simon et Stella BABALOLA, 2001: «Perceptions à propos de la loi gacaca au Rwanda: résultats d'une étude multiméthode». Publication spéciale No. 19, *Université de Johns Hopkins, Centre pour les Programmes de Communication (JHU/CCP)*, Baltimore.

3 Zit. in: KELLY, Gráinne and Mari FITZDUFF, 2002: «Government Strategies on Victims in Post-Conflict Societies». *UNU/INCORE, University of Ulster/United Nations University*, p. 34 [http://www.incore.ulster.ac.uk/publications/pdf/Government_Strategies.pdf].

4 So gab es selbst noch im Juli 2001 nicht mehr als 70 Anwälte in Rwanda. Aus: «Rwandas rechtliche Genozid-Bewältigung. Die ‹Gacaca›-Rechtsprechung – ein heikler Prototyp», *Neue Zürcher Zeitung*, 12.7.2001.

zerstörte Rechtssystem wieder aufzubauen, während gleichzeitig ein Gesetz ausgearbeitet werden musste, welches entsprechende Strafverfolgungen vor nationalen Gerichten erst ermöglichen sollte. Das betreffende Genozid-Gesetz wurde im Jahre 1996 durch das Parlament verabschiedet.[5] Innert neun Jahren konnte allerdings im Falle von kaum mehr als 7'000 Verdächtigten das Verfahren abgeschlossen werden, denn die sich im einem langsamen Wiederaufbau befindlichen Rechtsinstitutionen wären diesen Ausmassen an potentiellen Verbrechern nicht einmal zu Normalzeiten strukturell wie personell gewachsen gewesen. Der rwandische Völkermord drohte in Vergessenheit zu geraten, bevor er aufgeklärt und geahndet würde.

Die inhaftierten Verdächtigten ihrerseits konnten – nicht zuletzt aufgrund von durch Rwanda anerkannten internationalen Normen – nicht mehr jahrelang ohne Verfahren oder gar Anklage unter unhaltbaren Bedingungen in überfüllten Anstalten festgehalten werden, die das ohnehin schwache Staatsbudget enorm belasteten. Obschon wiederholt die provisorische Freilassung besonders verletzlicher Personen wie Alte, Kranke und Minderjährige sowie von Haftinsassen ohne fundierte oder schwerwiegende Anklagepunkte angeordnet wurde, überstieg die Anzahl Inhaftierter bis vor Kurzem noch die Hunderttausend.

Aus dieser ausgeprägten Notlage heraus – die Alternative bestünde in der Freilassung von potentiellen Genozidverbrechern und somit im Verzicht auf die Aufklärung der Taten und deren Bestrafung, mit anderen Worten in der Weiterführung der bisher herrschenden Kultur der Straflosigkeit – griff die rwandische Regierung im Jahre 2001 auf die Gacacas zurück und verabschiedete ein gleichnamiges Gesetz, welchem das Genozid-Gesetz von 1996 zugrundeliegt. Trotz der Einführung eines westlich geprägten Gerichtswesens durch die belgische Kolonialmacht vermochten die Gacacas insbesondere in ländlichen Regionen Rwandas niemals wirklich verdrängt zu werden und hatten somit ihren unverzichtbaren Platz im Kontext des legalen Pluralismus beibehalten.

5 Am 30. August 1996 verabschiedete das rwandische Parlament die *Loi Organique N° 8/1996 du 30/08/1996 sur l'organisation des poursuites des infractions constitutives du crime de génocide ou des crimes contre l'humanité, commises à partir du 1er octobre 1990.* Darin werden vier Verbrechenskategorien unterschieden, die von Sachbeschädigung und Diebstahl (Kategorie 4) bis hin zur Organisation und Planung des Genozids (Kategorie 1) reichen.

Dienten traditionale Gacacas oraler und informeller Prägung allerdings lediglich der Behandlung geringfügiger Delikte und Streitigkeiten innerhalb einer überschaubaren Gemeinschaft, so erfuhren sie im Rahmen ihrer postgenozidären Re-Institutionalisierung massgebliche Modifizierungen, sodass nicht selten die Meinung vertreten wird, nur noch ihre Bezeichnung sei traditionell.[6] So sollte neuerdings an Gacaca-Gerichten unter Anwendung der entsprechenden Gesetzesgrundlage über diejenigen Verbrechen geurteilt werden, welche in einhelliger Weise zu den schwersten gehören. Ausserdem wurde die Institution verschriftlicht, durch die Einführung von Verfahrensregeln standardisiert und schliesslich staatlicher Kontrolle unterworfen. Gacaca-Gerichte heutiger Ausprägung stellen damit zweifelsohne eine innovative Mischung aus moderner Jurisdiktion, Wahrheitskommission und traditionaler Rechtsprechung dar und werden nicht selten als neue Rechtsform bezeichnet.

Landesweit sollten insgesamt über 11'000 Gerichte geschaffen werden, die auf allen administrativen Ebenen, von der Zelle über den Sektor bis hin zum Distrikt und der Provinz reichend, operieren.[7] Die Gacacas werden durch ein demokratisch, nach dem Konsensprinzip gewähltes Laienrichtergremium – gleich einem Ältestenrat – geleitet, das aus 19 angesehenen Persönlichkeiten besteht. Behandelt werden Fälle, die vor Ort stattgefunden haben, eingebettet also in deren unmittelbaren Kontext. Die rund hunderttausend, der Verbrechen im Zusammenhang mit dem Völkermord beschuldigten Inhaftierten sollten an den Schauplatz ihrer mutmasslichen Taten gebracht werden, um dort vor die lokale Bevölkerung, welche die Generalversammlung des Gerichts bildet, zu treten und sich vor ihr verantworten zu müssen. Die Laienrichter ihrerseits sollten die versammelte Bevölkerung mitunter dazu auffordern, ihr Schweigen zu brechen und darüber zu berichten, was sie über die angeklagte Person wissen. Justiz könnte endlich in einem Rhythmus stattfinden, welcher der Anzahl Beschuldigter

6 DANISH CENTRE FOR HUMAN RIGHTS, 2000: «Mid-Term Evaluation of the Danish Centre for Human Rights Project ‹Judicial Defenders in Rwanda›». Copenhagen: *The Danish Centre for Human Rights* [http://www.humanrights.dk/upload/application/c0ca16c5/rwandamanust.pdf], pp. 27 ff.

7 Die Zelle stellt die kleinste administrative Einheit Rwandas dar und lässt sich am ehesten mit einem Dorf vergleichen.

gerecht würde. Berechnungen ergaben, dass die Prozesse innert fünf bis sechs Jahren abgeschlossen werden könnten.[8]

Die postgenozidäre Gacaca-Gerichtsbarkeit zeichnet sich durch eine komplexe Organisationsstruktur aus. So erhält die Dorfbevölkerung auf Zellenebene zweimal die Möglichkeit zur Partizipation: Erstmals in der Aufgabe, eine Liste von Opfern, Tätern und Geschehnissen von 1990 bis 1994 in ihrem Gebiet zuhanden der zuständigen Gacaca-Richter zu erstellen. Auf dieser Grundlage werden Fälle gemäss Genozid-Gesetz in vier Kategorien unterschiedlichen Schweregrades eingeteilt. Fälle von Sachbeschädigung, Plünderung und Verrat (Kategorie 4) werden in den Zellen behandelt, während Fälle von schwerer Körperverletzung und fahrlässiger Tötung (Kategorie 3) an die Gerichte auf Sektorenebene und solche der vorsätzlichen Tötung und schwerer tödlicher Körperverletzungen (Kategorie 2) an Distrikte weitergeleitet werden. Gacacas auf Provinzebene dienen in erster Linie als Berufungsinstanz für Angeklagte der Kategorie 2. Organisatoren und Planer des Völkermordes, Mörder, die durch ihre Brutalität aufgefallen sind, sowie Vergewaltiger fallen indes unter die erste Kategorie und unterliegen – mit einer Ausnahme – der regulären staatlichen Jurisdiktion.

Während die Generalversammlung auf Zellenebene aus der gesamten Dorfbevölkerung zusammengesetzt ist, übernimmt jeweils eine Auswahl von Delegierten diese Funktion auf den höheren administrativen Ebenen. An den Gerichtsverfahren kann sich unterschiedslos jede erwachsene Person beteiligen, wodurch diese einen öffentlichen sowie gemeinschaftlichen Charakter erhalten, in deren Rahmen die Geschehnisse kollektiv aufgearbeitet, öffentlich erinnert und als Geschichte rekonstruiert werden. Die hohe Wahrscheinlichkeit, dass sich aufgrund des überschaubaren rwandischen Kontextes sowie aufgrund der Tatsache, dass die Verbrechen in aller Öffentlichkeit begangen wurden, Angehörige von Opfern und Tätern kennen, ja vielfach Nachbarn gewesen waren oder es teilweise noch immer sind, dient als eine der wichtigsten Grundlagen für die bürgernahe Justiz der Gacacas. Es ist die Bevölkerung, die in den Zeugenstand tritt und mit Bezug auf den anwesenden Angeklagten die Rollen von Staatsanwalt und Verteidiger übernimmt, wodurch interessanterweise

8 DRUMBL, Mark A., 2002: «Lessons for International Criminal Justice from Rwanda». *Washington & Lee Public Law and Legal Theory Research Papers Series*, Research Paper No. 02–13, December 2002, p. 6 [http://ssrn.com/abstract_id=355300].

die klassischen Unterscheidungen zwischen Öffentlichkeit und Zeugen, Anklage und Verteidigung aufgehoben werden.

Entstanden aus der Notwendigkeit, das Tempo der Gerichtsverfahren voranzutreiben und Justiz zu ermöglichen, erhält das Gacaca-Modell seine Qualität nicht nur als rechtliche Institution, sondern auch als ein Instrument der Wahrheitsfindung und Vergangenheitsbewältigung – ein Instrument, welches gegen das Vergessen wirksam werden kann. Es vermag im Idealfall die Grundlage für die Wiederherstellung des inneren Friedens zu bilden und dadurch zum Prozess der Versöhnung beizutragen.

Allerdings präsentieren sich nicht zuletzt aufgrund der ausgesprochen hohen Komplexität, die mit einem Genozid verbunden ist, massgebliche Schwierigkeiten. Zunächst ist zu beobachten, dass das Gacaca-Projekt innert zwei Jahren nicht über seine Testphase hinauszukommen vermochte. Zwar konnten im Oktober 2002 landesweit über 260'000 Laienrichter gewählt und später geschult werden, aufgrund politischer Wahlen im Sommer 2003 sowie wiederholter Probleme logistischer Art wurde die umfassende Umsetzung jedoch mehrmals verschoben. Gemäss aktuellem Stand sollten die Gerichte im Frühjahr 2004 ihre Arbeit aufnehmen. Daneben bestehen jedoch auch erhebliche Zweifel an der Durchführbarkeit des Vorhabens, die mit dessen grundlegenden Prinzipien in einem Zusammenhang stehen. Was als gemeinschaftsbasierte Justiz konzipiert und gedacht wird, vermag nur dort zu funktionieren, wo Gemeinschaften tatsächlich existieren. Dies ist im postgenozidären Rwanda aufgrund derart vieler Toter sowie massiver Flüchtlingsbewegungen keine Selbstverständlichkeit mehr. So wird etwa davon ausgegangen, dass seit 1994 rund 70 % der Bevölkerung ihren Wohnsitz gewechselt hat.[9] Ausserdem bedingt öffentliche Partizipation insbesondere im Falle von Zeugenaussagen ein gewisses Mass an Vertrauen. Gerade dieses wurde jedoch aufgrund der Erfahrungen während des Genozids, wo der bislang geschätzte Nachbar zum Mörder wurde, wo Lehrer ihre Schüler oder gar Ehemänner ihre Frauen und Kinder umbrachten, in weitesten Teilen zerstört. Genannte Bedenken könnten denn auch zum Scheitern des Gacaca-Projekts führen.

9 UNITED NATIONS ORGANIZATION, 2000: «La situation des droits de l'homme au Rwanda». Rapport du Représentant spécial de la Commission des droits de l'homme, 55e session, 4 août 2000, Genève. A/55/269 *[Rapport Moussalli]*, Abs. 169.

Es gibt keinen zufriedenstellenden Umgang mit Genozidverbrechen. So stellt auch der Rückgriff auf die traditionalen Gacacas eine zwar innovative und mutige, jedoch letztlich unvollständige Notlösung dar, die insbesondere für Überlebende des Völkermordes mit schmerzhaften Erfahrungen verbunden ist und bei ihnen auf entsprechenden Widerwillen stösst. Unter noch eingehend zu analysierenden Bedingungen birgt die Gacaca-Gerichtsbarkeit – in Anerkennung ihres Zusammenspiels mit weiteren gewählten Optionen im Umgang mit den begangenen Verbrechen – jedoch ein bemerkenswertes Potential in sich. Paradoxerweise ist es gerade die Abkehr von einem klassischen Modell der Strafjustiz, die sowohl zu ausgeprägter Kritik vor allem seitens von Nichtregierungsorganisationen geführt, als sie auch gleichzeitig deren massgebliche Vorteile hervorgebracht hat. So dürften ihr partizipativer, diskursiver Charakter, der grössere Stellenwert des Opfers im Verfahren sowie die Berücksichtigung restaurativer Elemente wie vorgesehene Strafreduktionen nach umfassender Bekanntgabe aller Einzelheiten der Tat, die Leistung gemeinnütziger Arbeit als Bestandteil der Strafe sowie schliesslich die Möglichkeit einer Entschuldigung beim Opfer unter gewissen Bedingungen durchaus positive Effekte auf den Versöhnungsprozess zeitigen.

Transitionale Justiz

Die Auseinandersetzung mit der Gacaca-Gerichtsbarkeit in der gegenwärtigen politischen Übergangszeit ist zwecks besseren Verständnisses auf theoretischer Ebene in den breiteren Kontext transitionaler Justiz *(transitional justice)* einzubetten. Im Zentrum dieser an der Schnittstelle zwischen Politologie, Soziologie und Rechtswissenschaften angesiedelten, interdisziplinären Forschungsrichtung, deren Bezeichnung sich nach der Veröffentlichung der drei herausragenden Bände unter der Leitung von Neil J. Kritz[10]

10 KRITZ, Neil J. (ed.), 1995b: *Transitional Justice: How Emerging Democracies Reckon with Former Regimes.* Vol. I: General Considerations; Vol. II: Country Studies; Vol. III: Laws, Rulings, and Reports. Washington, D. C.: United States Institute of Peace Press.

zu etablieren vermochte, stehen Gesellschaften, welche in der Vergangenheit massive Menschenrechtsverletzungen und Gewalt erfahren haben und sich nach einem Machtwechsel in einem politischen Transitionsprozess befinden, der im Idealfall in der Stabilisierung einer neuen demokratischen Regierungsform mündet. Die zentrale Fragestellung transitionaler Justiz bezieht sich auf den Umgang der neuen Machtelite mit unter dem alten Regime begangenen Verbrechen. So hat sie zu entscheiden, ob und wie sie die Täter zur Verantwortung ziehen möchte. Ebenso hat sie sich mit der Frage auseinanderzusetzen, wie sie ihre Pflicht zu Reparationsleistungen unterschiedlichster Art gegenüber den Opfern vergangener Verbrechen wahrnehmen kann. Schliesslich gilt es, die Vergangenheit aufzuarbeiten, zu dokumentieren und der Öffentlichkeit zugänglich zu machen. Ein erfolgreicher, umfassend gestalteter Umgang mit vergangenen Verbrechen gilt als eine der zentralen Bedingungen für das Vorantreiben des komplexen Versöhnungsprozesses, der seinerseits einen Beitrag zu einer längerfristig stabilen, durch Frieden gekennzeichneten Gesellschaft leisten kann.

Einer Regierungselite bieten sich in diesem Zusammenhang vielfältige strategische Mechanismen an, die von der Gewährung von Amnestie, der Initiierung nationaler und internationaler Strafverfolgung über die Einrichtung von Wahrheits- und Versöhnungskommissionen bis hin zu Lustrationen, Umsetzungen von Reparationsbestrebungen und nicht zuletzt dem Rückgriff auf traditionale Konfliktlösungsmechanismen, wozu Gacaca zu zählen ist, reichen. Indes wäre es verfehlt, Machthabern eine freie Wahl im Umgang mit vergangenen Verbrechen zuzuerkennen. In der Tat bestehen unterschiedlichste Einschränkungen struktureller und ressourcenbedingter Art, worunter das Machtverhältnis zwischen alten und neuen Kräften von ganz besonderer Bedeutung erscheint. Daneben können jedoch auch Opfer der Verbrechen und die ihre Interessen vertretende Zivilgesellschaft einen massgeblichen Einfluss auf die Wahl von Mechanismen transitionaler Justiz ausüben.

Die einzelnen genannten Mechanismen können danach unterschieden werden, ob sie eher retributiven, vergeltenden Charakters sind, oder ob sie vielmehr restaurativen, wiederherstellenden Zwecken dienen. Gleichzeitig lässt sich erkennen, dass alle Mechanismen sowohl retributive wie auch restaurative Elemente aufweisen. In vorliegender Arbeit wird entgegen früherer, mittlerweile überholter Annahmen, wonach Justiz und Versöhnung als einander unvereinbar gelten, davon ausgegangen, dass es der

Berücksichtigung dreier Ziele bedarf, damit der langwierige Versöhnungsprozess überhaupt erst einsetzen kann: Schuldige müssen für ihre Taten zur Verantwortung gezogen werden, während Opfer entsprechend ihren Bedürfnissen die Wahrheit erfahren und Reparationsleistungen materieller wie auch symbolischer Art erhalten sollen.

Die aufschlussreiche Einbettung der bislang von Rwanda gewählten Strategien zur Bewältigung des Genozids in das Konzept transitionaler Justiz erlaubt es, Aussagen über die mögliche Funktion einzelner Mechanismen transitionaler Justiz hinsichtlich ihres Beitrages zur Etablierung von Verantwortlichkeit für Verbrechen, zur Wahrheitsfindung und schliesslich zum Prozess der Versöhnung zu machen. Damit erhält die Argumentation funktionalen Charakter.

Eine rechtssoziologische Betrachtung

Aus drei eng miteinander verknüpften Gründen ist die Analyse dem Bereich der Rechtssoziologie zuzuordnen. Zunächst ist dies auf die im Zentrum der Arbeit stehende Auseinandersetzung mit einer ausgewählten Rechtsinstitution zurückzuführen. Unter rechtssoziologischen Gesichtspunkten sollen deren Eigenheiten, Verfahrensregeln und relevanten Rollen einer eingehenden Betrachtung unterzogen werden.

Da der postgenozidären Gacaca-Gerichtsbarkeit ein traditionales Modell der Konfliktschlichtung zugrundeliegt, drängen sich zweitens rechtssoziologische Überlegungen zur Formentwicklung des Rechts auf. In Anerkennung der Tatsache, dass das Recht in massgeblichster Weise durch die Art der jeweils vorliegenden Sozialorganisation beeinflusst wird, vermögen unter diesem Gesichtspunkt traditionales und modernes, positives Recht einander gegenübergestellt zu werden. So operiert das Recht in einer segmentären, gemäss dem Prinzip der Verwandtschaft organisierten Gesellschaft auf der Ebene der Moral, wobei dessen Durchsetzung auf Einfluss und Überzeugung einzelner, ausgewählter Gemeinschaftsmitglieder mit hohem sozialem Status beruht und in erster Linie der Wiederherstellung des sozialen Gleichgewichts dienen soll. Erst das Vorliegen einer gesellschaftlichen Zentralmacht ermöglicht die bindende Urteilssprechung durch eine dritte, neutrale Instanz sowie die Systematisierung und Standardisierung von abstrakten Rechtsnormen. Aufgrund rechtsgeschichtlicher Ausführungen auf der Grundlage soziologischer Grundbegriffe kann die Entwicklung der Gacaca-Gerichtsbarkeit nachgezeichnet werden.

Drittens sollen mögliche Auswirkungen der Gacaca-Gerichtsbarkeit auf die postgenozidäre Gesellschaft Gegenstand der Analyse sein, und zwar in Anerkennung ihres Beitrages zur Justiz, zur Wahrheitsfindung sowie zu Reparationsbestrebungen, die ihrerseits – so das Postulat – einen nachhaltigen Einfluss auf den Versöhnungsprozess zu zeitigen vermögen.

Die genannten Aspekte bedingen notwendigerweise eine Erweiterung der Betrachtungsweise. In der Tat kann keine gesellschaftliche Institution losgelöst vom gesamtgesellschaftlichen Kontext diskutiert werden. Aus diesem Grund wird es als notwendig erachtet, eine gesellschaftstheoretische sowie sozialhistorische Analyse der rwandischen Gesellschaft, die vom 19. Jahrhundert bis in die heutige Zeit reicht, zu liefern.

Einige Bemerkungen zur Methodologie

Die vorliegende Analyse soll ihre Stärke in ihrem hohen Differenzierungsgrad besitzen. Daneben wird jedoch in grundsätzlicher Weise davon ausgegangen, dass die Anwendung nicht nur einer, sondern mehrerer Methoden eine umfassende Auseinandersetzung mit dem komplexen Gegenstand erlaubt. War es zwar zunächst vorgesehen, im Rahmen einer Feldforschung Datenmaterial zu sammeln und Beobachtungen vorzunehmen, so wurde dieses Vorhaben aufgrund wiederholter Verschiebungen der Gacaca-Verhandlungen zusehends in den Hintergrund gerückt. Dies ist denn auch der Grund, weshalb einer Arbeit programmatischen Charakters den Vorzug gegeben wurde. Allerdings bedeutet dies nicht, dass die Analyse jeglicher empirischen Fundierung entbehrt. So wurde eine qualitative Primärerhebung mit in der Schweiz ansässigen Rwanderinnen und Rwandern durchgeführt. Ferner wurden ihre Landsleute im Heimatland schriftlich befragt sowie Stellungnahmen von internationalen Fachleuten eingeholt. Schliesslich galt es, persönliche Berichte, die insbesondere durch in Rwanda ansässige Nichtregierungsorganisationen gesammelt wurden, sowie Lageanalysen, Untersuchungsberichte und wissenschaftliche Artikel hinzuzuziehen. Methodisch gesehen wurde hiermit eine Triangulation vorgenommen. Deren Grundpfeiler sollen im Folgenden kurz erläutert werden:

a. Tiefeninterviews mit Rwanderinnen und Rwandern in der Schweiz

In der Schweiz lebt eine rwandische Gemeinschaft beachtlicher Grösse. Deren Mitglieder kamen teilweise bereits vor Jahrzehnten hierher, grösstenteils jedoch als Asyl Suchende nach dem Genozid. Mit zwölf Personen wurden qualitative Tiefeninterviews in französischer und englischer Sprache durchgeführt, die im Durchschnitt zwischen drei und vier Stunden dauerten. Die Anzahl der Gespräche wurde in Anerkennung der Erreichung eines signifikanten Sättigungsgrades bestimmt. Nebst der Beachtung beider Geschlechter sollten sowohl Hutu wie auch Tutsi gleichermassen Berücksichtigung finden. Im Zentrum des durch Leitfragen strukturierten Gesprächs standen zunächst die Komplexe der Justiz, der Wahrheitsfindung und der Versöhnung im Vordergrund. Daraufhin wurde der Fokus auf die traditionale sowie auf die modernisierte Form der Gacacas gerichtet, wobei eine Diskussion über persönliche Kenntnisse und Einstellungen dazu eröffnet werden konnte. Gegenstand des Gesprächs waren ebenfalls die nationale Rechtsprechung sowie der Internationale Strafgerichtshof für Rwanda in Arusha. Die Tiefeninterviews wurden mittels Herauskristallisierung zentraler Kategorien qualitativ ausgewertet. Einzelheiten zum methodischen Vorgehen und zu den Gesprächen, zum Hintergrund der befragten Personen sowie schliesslich zu den Resultaten sind Gegenstand des entsprechenden Kapitels ab Seite 303.

b. Schriftliche Befragung von einheimischen Personen in Rwanda

Einer Auswahl von Rwanderinnen und Rwandern wurde ein schriftlicher Fragebogen zugesandt, der weitestgehend mit demjenigen für ihre Landsleute in der Schweiz übereinstimmt. All diese Personen beschäftigen sich im Rahmen ihrer Mitgliedschaft in einer zivilgesellschaftlichen Organisation mit der Gacaca-Gerichtsbarkeit, sei es in indirekter Weise, sei es in direkter Weise wie etwa durch die Beobachtung der Verfahren während der Pilotphase. Da der Rücklauf nicht den Erwartungen entsprach, wurde dies als Chance wahrgenommen, zwei überaus detaillierte Stellungnahmen von Rwandern in vertiefter Weise zu analysieren. Die eine stammt von einem Gacaca-Richter, die andere von einem Mitglied einer lokalen NGO, die mit der Beobachtung von Gacaca-Verfahren beauftragt wurde. Die diesbezüglichen Ausführungen finden sich ab Seite 324.

c. Schriftliche Befragung internationaler Expertinnen und Experten

Aufgrund des interdisziplinären Charakters des Forschungsgegenstandes finden sich weltweit zahlreiche Expertinnen und Experten aus den Fachbereichen der Rechtswissenschaft, der Soziologie, der Ethnologie und der Geschichte, welche zu unterschiedlichsten Aspekten der Gacaca-Gerichtsbarkeit, transitionaler Justiz und der rwandischen Gesellschaft geforscht haben. Ausserdem haben sich mehrere Nichtregierungsorganisationen der Beobachtung und Analyse der Gacaca-Gerichtsbarkeit verpflichtet. Einer Auswahl von insgesamt 27 namhaften Expertinnen und Experten wurde ein schriftlicher Fragebogen zugesandt, dessen Fragen auf ihr je eigenes Schwerpunktgebiet zugeschnitten waren. Bedauerlicherweise erwies sich der Rücklauf trotz Erinnerungen als weitestgehend dürftig, weshalb die gewonnenen Erkenntnisse weniger in einem eigenen Kapitel behandelt, sondern vielmehr über die gesamte Arbeit gestreut Erwähnung finden sollen.

d. Analyse von Artikeln, Berichten und Studien

Angesichts des ausgeprägten Interesses an der Bewältigung des rwandischen Genozids im Allgemeinen sowie an der Gacaca-Gerichtsbarkeit im Besonderen existiert eine Fülle von Konferenzberichten, Zeitschriftenartikeln von Forschenden und Berichten von Nichtregierungsorganisationen. Daneben finden sich auch Studien zur Einstellung der rwandischen Bevölkerung zur Gacaca-Gerichtsbarkeit, zur Entstehung und Konzipierung ebendieser sowie zum Wiederaufbau des rwandischen Rechtssystems. Die Verarbeitung relevanter Publikationen gilt nicht zuletzt als eine zentrale Grundlage der Diskussion.

Signifikanz der Forschung

Die vorliegende Untersuchung ist einem gesellschaftlichen Phänomen gewidmet, welches in heutiger Ausprägung neuesten Datums ist und dessen wissenschaftliche Behandlung sich erst in den Anfängen befindet. Zum gegenwärtigen Zeitpunkt ist noch keine Dissertation zum Thema der Gacaca-Gerichtsbarkeit erschienen. Das Terrain liegt somit noch weitgehend brach, birgt jedoch ein kaum zu erahnendes Potential an zentralen Erkenntnissen in sich.

Während die Gacaca-Gerichtsbarkeit im weiteren, gesamtgesellschaftlichen Kontext analysiert wird, sollen auch die aus der Analyse hervorgehenden Ergebnisse ihrerseits in einen globalen Rahmen integriert werden. Aufgrund der in keiner Weise abnehmenden Anzahl gewaltsamer und kriegerischer Auseinandersetzungen sah sich die Weltgemeinschaft vor die Aufgabe gestellt, immer wieder neue Instrumente der nachhaltigen Friedenssicherung zu entwickeln. So wurden Ausschüsse gebildet, Wahrheitskommissionen ins Leben gerufen und nahmen ständige sowie *ad-hoc* konstituierte internationale Tribunale ihre Arbeit auf. Für jeden einzelnen Konflikt muss die adäquate Form von Vergangenheitsbewältigung und gesetzlicher Strafverfolgung gefunden werden. Was sich im ex-jugoslawischen Kontext als Erfolg versprechend erweist, kann in Chile zu einem Fiasko werden.

In diesem Punkt kann soziologische Forschung einen entscheidenden Beitrag leisten, indem sie ausgehend von der Analyse gesellschaftlicher Strukturen Schlussfolgerungen auf für die jeweilige Gesellschaft adäquate Art der Vergangenheitsbewältigung erlaubt.

Kurzübersicht

Das erste Kapitel liefert eine sozialhistorische und gesellschaftstheoretische Darstellung der rwandischen Gesellschaft vom 19. Jahrhundert bis in die Gegenwart. Die Ausführungen betreffen zunächst die frühe, segmentär differenzierte Gesellschaft, konzentrieren sich jedoch in der Hauptsache auf die Zeit der Monarchie, die durch eine ausgesprochene soziale Stratifizierung gekennzeichnet war. Die Ende des 19. Jahrhunderts einsetzende Kolonialisierung, zuerst durch das Deutsche Reich und später durch Belgien, zog tiefgreifende Veränderungen innerhalb der rwandischen Gesellschaft nach sich. Von ganz besonderer Bedeutung für die späteren Ereignisse erweist sich in diesem Zusammenhang die Anwendung damals gängiger Rassentheorien auf die Bevölkerung Rwandas sowie die Ethnogenese unter belgischer Kolonialmacht. So war denn auch der Weg in die Unabhängigkeit weniger durch die Auseinandersetzung mit Fragen der Kolonisierung, als vielmehr durch einen rassistischen Diskurs über die vermeintliche, jahrzehntealte Unterdrückung bäuerlicher Hutu durch aristokratische Tutsi geprägt. Dieser Diskurs wurde während der ersten beiden Republiken weitergeführt und mündete im Grauen des Genozids. In der Darlegung zentraler Aspekte der postgenozidären Gesellschaft Rwandas findet das erste Kapitel seinen Abschluss. Die Ausführungen werden nicht nur als unabdingbar für das Verständnis derjenigen Faktoren, die zum Genozid geführt haben, erachtet, sondern ebenso für dasjenige der Gacaca-Gerichtsbarkeit sowie weiterer gewählter Strategien im Umgang mit den Verbrechen des Genozids.

Nach Darlegung der sich präsentierenden Problemstellung soll in einem zweiten Kapitel das Konzept der transitionalen Justiz eingeführt werden. Daneben gilt es nicht nur, den Versöhnungsprozess und damit verbundene Aspekte im Rahmen einer eingehenden theoretischen Diskussion zu erhellen, es sollen ebenfalls der Begriff der Retribution im Kontext der klassischen Strafjustiz sowie derjenige der Restauration im Zusammenhang restaurativer Justiz näher betrachtet werden, die für das Verständnis der Gacaca-Gerichtsbarkeit von zentraler Bedeutung sind. Die Definition von Grundbegriffen sowie eine erste Präsentation der sich bietenden Mechanismen transitionaler Justiz erlauben es, daran anschliessend das Augenmerk auf Faktoren zu richten, welche Regierungseliten in ihrer Wahl einzelner Strategien beeinflussen. In Anerkennung dieser Faktoren soll in einem nächsten Schritt jede einzelne Strategie eingehend diskutiert sowie durch Beispiele aus aller Welt illustriert werden. Die konkreten Fallbeispiele betreffen politische Transitionen in Spanien, Griechenland, Äthiopien, Zentral- und Osteuropa, Südafrika, Guatemala, Mosambik und schliesslich Burundi. Die im Zentrum des Interesses stehenden Optionen reichen von der Unterlassung jeglicher Massnahmen, selektiver Strafverfolgung und Lustrationen über internationale Gerichtsbarkeit und der Anwendung des Weltrechtsprinzips, bis hin zu restaurativen Mechanismen der Wahrheitsfindung, Reparationen und schliesslich traditionalen Konfliktlösungsmechanismen. Im Zusammenhang mit letzteren bietet sich denn auch die Gelegenheit zu theoretischen Ausführungen rechtssoziologischer Art zur Ausdifferenzierung des Rechts.

Nachdem die Möglichkeiten in Theorie präsentiert und erläutert wurden, soll der Fokus auf die von Rwanda gewählten Strategien gerichtet werden, die sich mitunter durch die Art der politischen Transition, weitere gesellschaftliche Bedingungen sowie die Eigenheiten der Verbrechen erklären lassen. Noch bevor eine Diskussion über die Gacaca-Gerichtsbarkeit stattfand, wurde das Internationale Straftribunal für Rwanda in Arusha eingerichtet, fand das Weltrechtsprinzip in einigen Ländern Anwendung, wurden Strafverfahren vor nationalen Gerichten eingeleitet und Überlegungen zu möglichen Reparationsleistungen angestellt. Erst als sich massgebliche Ernüchterung hinsichtlich dieser Strategien breitmachte, griff die rwandische Regierung auf das Gacaca-Modell zurück.

Das gesamte vierte Kapitel ist denn auch der Gacaca-Gerichtsbarkeit gewidmet. Nach Darlegung ihrer Anwendung seit vorkolonialer Zeit bis in die Gegenwart soll das postgenozidäre Projekt eingehend diskutiert werden. Zunächst gilt es, deren Grundlagen und Konzipierung, die langsame Umsetzung des Vorhabens sowie die Unterschiede zum traditionalen Modell heraus zu arbeiten. Daran anschliessend werden die Ergebnisse der empirischen Untersuchung präsentiert, wodurch die Überleitung zu einer kritischen Gesamtbetrachtung der Gacaca-Gerichtsbarkeit unter Berücksichtigung gesellschaftlicher Grundbedingungen sowie ihres möglichen Beitrages zu Justiz, Wahrheitsfindung und Reparationen erfolgen kann. Schliesslich soll der Frage nachgegangen werden, inwiefern sowie unter welchen Bedingungen die Gacaca-Gerichtsbarkeit einen Beitrag zum komplexen Prozess der Versöhnung zu leisten vermag.

B. Die rwandische Gesellschaft – vom 19. Jahrhundert bis heute

> Die Ruander nehmen Geschichte sehr ernst. Hutu haben Tutsi aus vielerlei Gründen getötet, doch ihre individuellen Motive überdeckten eine ihnen allen gemeinsame Furcht, die in fest verankertem, wenngleich missverstandenem Gedankengut über die Vergangenheit Ruandas wurzelte. Die Organisatoren des Genozids, selbst aufgewachsen mit diesem verzerrten Geschichtsbild, haben mit grossem Geschick die Missverständnisse über Herkunft und Vergangenheit der Tutsi ausgebeutet. Sie benutzten sie, um Furcht und Hass zu schüren, welche den Völkermord erst vorstellbar gemacht haben.[11]
>
> Alison Des Forges

I. Einleitung

Die Rechtsinstitution, die im Zentrum vorliegender Arbeit steht, besitzt ihre Wurzeln im vorkolonialen Rwanda. Durch deutsche wie auch durch belgische Kolonialmächte erfuhr sie zwar weitreichende Modifikationen, behielt jedoch bis in die heutige Zeit hinein eine – wenn auch nicht ganz unumstrittene – Vitalität und Bedeutung innerhalb der rwandischen Gesellschaft. Nicht zuletzt aus diesem Grund hat die Regierung Rwandas beschlossen, auf diese Institution zurückzugreifen, um Völkermordprozesse sowie den Prozess der Versöhnung und Wahrheitsfindung voranzutreiben.

Es wird als unabdingbar erachtet, die Analyse einer gesellschaftlichen Institution in ihren gesamtgesellschaftlichen Kontext einzubetten. Sie als isoliertes Phänomen zu betrachten würde bedeuten, das Zusammenspiel

11 DES FORGES, Alison, 2002: *Kein Zeuge darf überleben. Der Genozid in Ruanda.* Hamburg: Hamburger Edition, p. 55.

mit weiteren Teilsystemen der Gesellschaft, wie etwa dem politischen System, dem Wirtschaftssystem, familiären Strukturen und religiösen Vorstellungen, zu vernachlässigen. In diesem Sinne gibt auch Sohier zu bedenken: «Une institution ne peut être examinée isolément. Il faut, pour en saisir le sens, la confronter avec l'ensemble de la coutume, la replacer dans l'organisation de la société, rechercher sa conformité aux mœurs, aux croyances...»[12]

Wo allerdings von Gesellschaft die Rede ist, bedarf es auch der Berücksichtigung ihres Wandels in der Zeit, nicht zuletzt um kritisch beleuchten zu können, inwiefern es für oben erwähnte Zielsetzungen Erfolg versprechend sein kann, auf eine Tradition zurückzugreifen, und zwar nach einem einschneidenden sozialen Wandel, der nicht nur durch die Erfahrung eines Genozids, sondern auch durch den Übergang zu einer modernen Gesellschaft eingeläutet wurde. Dies ist der erste Grund, weshalb ein geschichtlicher Überblick als notwendig erachtet wird.

Der zweite Grund bezieht sich auf die Konstruktion eines Geschichtsbildes, worauf Des Forges im eingangs aufgeführten Zitat hinweist. Kenntnisse über die vorkoloniale Zeit des heutigen Rwandas wurden erstmals durch Berichte europäischer Kolonisatoren und Missionare Ende des 19. Jahrhunderts, später durch Reisende, Ethnologen und Historiker etabliert, weisen jedoch aus verschiedenen Gründen massgebliche Verzerrungen auf.[13] Zunächst gilt es zu beachten, dass schriftliche Zeugnisse über die Zeit vor 1892 nicht existieren.[14] Einheimische Informanten, die um 1900 in dieser schriftlosen Gesellschaft lebten, verfügten indes über ein soziales Gedächtnis, welches ungefähr sechs Generationen umfasste, und vermochten auf diese Weise über Ereignisse, Persönlichkeiten sowie Eigenheiten der rwan-

12 SOHIER, Antoine, 1954: *Traité élémentaire de droit coutumier au Congo belge*. Bruxelles: F. Larcier, p. 36, zit. in: NTAMPAKA, Charles, 2001: «Le gacaca rwandais, une justice répressive participatrice», in: *Actualité du Droit International Humanitaire. Les Dossiers de la Revue de Droit Pénal et de Criminologie*, Vol. 6: 211–225, p. 214.

13 Vgl. DES FORGES, 2002, *op. cit.*, p. 55.

14 VIDAL, Claudine, 1997: «Données historiques sur les relations entre Hutu, Tutsi et Twa durant la période précoloniale». *Réseau Documentaire International sur la Région des Grands Lacs Africains*, Genève, p. 3 [http://129.194.252.80/catfiles/1147.pdf].

dischen Gesellschaft zu berichten, die bis um 1725 zurück reichen.[15] Katholische Missionare waren es, welche die erste Geschichte der Region des heutigen Rwandas niederschrieben, unter Beihilfe von Angehörigen der damaligen Tutsi-Elite. Sie waren es ebenfalls, welche die einheimische Sprache, das Kinyarwanda, verschriftlichten. Die Zeit davor war dagegen durch eine orale Tradition geprägt, in welcher das Wissen der Gesellschaft von Generation zu Generation weitergeben wurde. Dass solches Wissen zahlreichen Manipulationen unterworfen sein kann, hat bereits Lévi-Strauss in seinem Werk «Das wilde Denken» eingehend dargelegt.[16] Während zahlreiche dieser aus oralen Quellen gewonnenen Informationen aufgrund von Quervergleichen als relativ gesichert gelten können, lassen sich über die weiter zurückliegende Vergangenheit lediglich Hypothesen anstellen.

Hinzu kommt, dass auch die Geschichte Rwandas nicht von manipulativen und ideologischen Rekonstruktionen verschont blieb, weshalb der Umgang mit geschichtlichen Quellen durch äusserste Sorgfalt geprägt sein muss. In der Tat stützte sich die rassistische Ideologie, die in der Revolution von 1959, in der darauffolgenden Zeit sowie bis hin zum Genozid von 1994 betrieben wurde, auf ein vermeintlich traditionales Geschichtsbild ab, wonach die machthungrige Adelsschicht der Tutsi rechtlose Hutu-Bauern in jahrhundertealter Knechtschaft gehalten hatte, während gleichzeitig unbeachtet blieb, dass sich soziale Ungleichheiten erst durch den Einfluss der Kolonialmächte erheblich verstärkten. Dies gilt es nachfolgend, im Auge zu behalten.

15 VIDAL, 1997, *op. cit.*, p. 4.

16 LÉVI-STRAUSS, Claude, 1981 (1962): *Das wilde Denken*. Frankfurt a. M.: Suhrkamp.

II. Über Stammesgesellschaften und Könige

In einem ersten Schritt gilt es, soweit die beschränkten Kenntnisse dieser Zeit es zulassen, ein konzises Bild der rwandischen Gesellschaft unter der Herrschaft der Königsdynastie der *Banyiginya* zu zeichnen. Mangels weiter zurück reichender oraler Quellen wird nach Möglichkeit darauf verzichtet, Aussagen über die Zeit vor 1700 zu machen. Das soziale Gefüge während der Monarchie war durch eine weit entwickelte politische Organisation sowie durch eine relativ rigide Sozialhierarchie geprägt, die auf einem patriarchalischen Verwandtschaftsmodell basierte. Der Übergang zur kolonialen Herrschaftsausübung zog tiefgreifende gesellschaftliche Prozesse nach sich, die in einem zweiten Kapitel beleuchtet werden sollen. Schliesslich sollen in einem dritten Teil die gesellschaftlichen Entwicklungen seit der Unabhängigkeit Rwandas – unter besonderer Berücksichtigung der Ereignisse von 1994 – Gegenstand der Analyse sein.

1. Hutu, Tutsi und Twa

Im 18. Jahrhundert bevölkerten drei soziale Gruppen das Territorium des heutigen Rwandas: Hutu, Tutsi und Twa. Die Subsistenzwirtschaft der äusserst kleinen Minderheit der Twa begründete sich durch Jagen, Sammeln und Töpfern, während die Hutu, die bereits damals rund 85 % der Bevölkerung ausmachten, primär als Bauern, die Tutsi hingegen in der Hauptsache als Viehzüchter tätig waren.[17] Zwischen ihnen bestanden reziproke Tauschbeziehungen symmetrischen Charakters, die in erster Linie

17 Diese Formulierung soll unterstreichen, dass auch Hutu Rinder besassen und Tutsi ihr Land bestellten. Für Einzelheiten: MAMDANI, Mahmood, 2001: *When victims become killers. Colonialism, Nativism, and the Genocide in Rwanda.* Princeton, New Jersey: Princeton University Press, p. 51.

die Produkte ihrer Subsistenzwirtschaft betrafen.[18] Hutu, Tutsi und Twa unterschieden sich nicht unwesentlich in ihrem Aussehen, sodass vermutet werden darf, dass sie in früheren Zeiten – es wird von einem Zeitraum von rund 2'000 Jahren gesprochen[19] – aus unterschiedlichen Regionen in das betreffende Gebiet gezogen waren. Hinsichtlich dieser Frage bestehen allerdings nur Hypothesen, von welchen keine bis zum heutigen Tage bestätigt werden konnte. Die phantasievollen Überlegungen, die Kolonisatoren und Missionare hierzu anstellten, sowie deren Beschreibungen des Aussehens von Einheimischen wird im entsprechenden Kapitel eingehend erläutert werden.

Bereits an diesem Punkt gelangen wir allerdings zur höchst umstrittenen sowie bis in die heutige Zeit brisanten Frage der ethnischen Zugehörigkeit. Dem aufmerksamen Leser mag zu Beginn des Abschnittes aufgefallen sein, dass im Zusammenhang mit Hutu, Tutsi und Twa von sozialen Gruppen die Rede war. Dahinter verbirgt sich durchaus eine Absicht, die indes auf den ersten Blick zu irritieren scheint. Nicht minder verwirrend ist es, wenn Hutu, Tutsi und Twa in der Literatur einmal als Ethnien oder Rassen, dann als soziale Klassen, später wiederum als berufliche Kategorien oder sogar als Kasten bezeichnet werden.[20] Mit Ausnahme der Rassen und Kasten treffen interessanterweise alle Bezeichnungen entlang der historischen Dimension zu. Dies soll Gegenstand späterer Erläuterungen sein. Zunächst jedoch kann davon ausgegangen werden, dass Hutu, Tutsi und Twa zum Zeitpunkt ihrer Niederlassung in der Region der Grossen Seen tatsächlich voneinander getrennte, ethnische Gruppen waren, was in der Hauptsache durch ihr derart verschiedenartiges Aussehen zu erklären ist.

Doch gleichzeitig lässt sich beobachten, dass ihnen seit spätestens dem 18. Jahrhundert dieselbe Kultur gemeinsam war, was sich in einer einheitlichen Lokalsprache, dem Kinyarwanda, dem Verwandtschaftssystem, den Riten, Tabus und Glaubensvorstellungen sowie in vielfältigen Formen der Kunst manifestierte. Ausserdem gab es keine Gebiete, die ausschliesslich

18 NKURIKIYIMFURA, Jean-Népomucène, 1994: *Le gros bétail et la société Rwandaise. Evolution historique des XIIe–XIVe siècles à 1958*. Paris: L'Harmattan, p. 37.

19 DES FORGES, 2002, *op. cit.*, p. 55.

20 Vgl. hierzu: GOUREVITCH, Philip, 1999: *Wir möchten Ihnen mitteilen, dass wir morgen mit unseren Familien umgebracht werden. Berichte aus Ruanda.* Berlin: Berlin-Verlag, p. 57 ff.

von Hutu, Tutsi oder Twa bewohnt worden wären, obschon die Twa hauptsächlich in Wäldern lebten.[21] Dies darf als Resultat eines homogenisierenden Prozesses kultureller Assimilation aufgrund äusserst lange andauernder Koexistenz angesehen werden.[22] Ferner darf davon ausgegangen werden, dass Hutu und Tutsi – zumindest bis zur Blüte der Monarchie im 19. Jahrhundert – keine strengen Regeln der Endogamie kannten, sondern dass Heiratsallianzen untereinander durchaus gängig waren.[23] Hutu und Tutsi vermieden indessen die Heirat mit den kleinen Twa, die in der Regel als gesonderte Gruppe behandelt wurden.[24] Nicht zuletzt aufgrund dieser matrimonialen Durchmischung wurde nicht nur der soziale Zusammenhalt gefördert, sondern auch die Entwicklung einer gemeinsamen Kultur begünstigt und vorangetrieben, welche die Unterscheidung zwischen Ethnien schliesslich obsolet machte.[25]

Was sie allerdings – wenn auch nicht strikte – voneinander unterschied, war die subsistenzwirtschaftliche Tätigkeit. So galt im 18. Jahrhundert gemäss pastoralem Recht jeder, der mehrere Rinder besass, als *Mututsi*, wobei hervorzuheben ist, dass Rinder zu damaliger Zeit die eigentliche Form des Reichtums darstellten.[26] Verarmte nun ein Tutsi und

21 NANTULYA, Paul E., 2001: «The Gacaca System in Rwanda», in: *Conflict Trends*, Vol. 4/2001 [http://www. accord.org.za].

22 VIDAL, 1997, *op. cit.*, p. 5.

23 Vgl. auch: PRUNIER, Gérard, 2002 (1995): *The Rwanda Crisis. History of a Genocide*. London: Hurst & Company, p. 5. Ferner: SARKIN, Jeremy, 2001b: «Towards Finding a Solution for the Problems Created by the Politics of Identity in the Democratic Republic of the Congo (DRC): Designing a Constitutional Framework for Peaceful Cooperation», S. 67–80 in: Hussein SOLOMON, et al. (ed.): *Politics of Identity and Exclusion in Africa. From Violent Confrontation to Peaceful Cooperation*. Johannesburg: Konrad Adenauer Foundation, p. 69.

24 GLUCKMAN, Max, 1984 (1965): *Politics, Law and Ritual in Tribal Society*. Oxford: Basil Blackwell, p. 154.

25 Unter anderem wird dies auch bestätigt durch: PRUNIER, 2002 (1995), *op. cit.*, p. 4 ff. Ferner bemerkt Gourevitch: «Durch Heirat und Klientel konnten Hutu erbliche Tutsi werden, und umgekehrt. Aufgrund dieser weitgehenden Vermischung sind Ethnographen und Historiker in letzter Zeit übereingekommen, Hutu und Tutsi könnten strenggenommen nicht als getrennte ethnische Gruppen bezeichnet werden». GOUREVITCH, 1999, *op. cit.*, p. 57.

26 SCHÜRINGS, Hildegard (Hrsg.), 1994: *Ein Volk verlässt sein Land. Krieg und Völkermord in Ruanda*. Köln: Neuer ISP Verlag, p. 141.

gab er sich infolgedessen dem Bebauen von Land hin, so galt er im allgemeinen Verständnis als Hutu. Gleichzeitig blieb es einem Hutu nicht verwehrt, in den Besitz von Rindern zu gelangen und auf diese Weise zu einem Tutsi zu werden. Ein dies ermöglichender Mechanismus – der indes noch eingehend erläutert wird – betrifft das politische Klientelsystem, in dessen Rahmen ein Hutu im Gegenzug zu verschiedensten Dienstleistungen von seinem Patron nicht nur Schutz zugesichert, sondern auch Vieh zur eigenen Nutzung erhielt. Ausserdem pflegte der König besonders tapferen Hutu-Soldaten nach einer siegreichen Schlacht Vieh als Zeichen seiner Anerkennung und seines Dankes zu schenken.[27] Schliesslich zirkulierten Rinder auch im Rahmen vielfältiger Netzwerke des reziproken Tausches als Brautpreise zwischen Abstammungsgruppen.[28] So bemerkt Sarkin zur Durchlässigkeit der Kategorien:

> [M]obility between Hutus and Tutsi occurred not only in the sense of intermingling between the two groups in communities, but also in the sense that a Hutu could become a Tutsi and vice versa. For example, an individual Rwandan could shift from being Hutu to being Tutsi and back to Hutu, depending on changes in his or her economic status.[29]

Diese Ausführungen sollen den in vorkolonialer Zeit überaus flexiblen Umgang mit der Kategorisierung von Hutu und Tutsi darlegen.[30] Festzuhalten ist ausserdem, dass die ursprüngliche Differenzierung zwischen Ethnien infolge kultureller Assimilation durch subsistenzwirtschaftliche, professionelle Kategorien ersetzt wurde.

27 PRUNIER, 2002 (1995), *op. cit.*, p. 14.

28 NKURIKIYIMFURA, 1994, *op. cit.*, p. 37. Zur Funktion des Tausches in traditionalen Gesellschaften siehe: MAUSS, Marcel, 1990 (1950): *Die Gabe. Form und Funktion des Austausches in archaischen Gesellschaften.* Frankfurt a. M.: Suhrkamp.

29 SARKIN, 2001b, *op. cit.*, p. 69.

30 Dies wird auch immer wieder betont in: NEWBURY, Catharine, 1989: *The Cohesion of Oppression: Clientship and Ethnicity in Rwanda, 1860–1960.* New York: Columbia University Press.

2. Einige Überlegungen zur Sozialorganisation

Aufgrund diffenzierungstheoretischer Erkenntnisse lässt sich vermuten, dass die früheste Sozialorganisation in der Region der Grossen Seen zunächst durch Horden sowie später durch ein einfaches segmentäres Lineage-System gekennzeichnet war, in welchem voneinander unabhängige Lokalgemeinschaften – aus Haushalten bestehende Stämme – gemäss Kriterien der Abstammung organisiert waren.[31] Zugeschriebene Statusunterschiede waren einzig auf Alter und Geschlecht zurückzuführen. In politischer Hinsicht genossen die einzelnen, durch einen Ältesten geführten Segmente Autonomie. Eine Zentralmacht gab es nicht, weshalb sie auch als *akephal* bezeichnet wurden.[32] Durch Prozesse des Zusammenschlusses und rekursiver Wiederholungen des segmentären Differenzierungsprinzips entwickelten sich im Laufe der Zeit segmentäre Häuptlingstümer mit zunehmender interner Rollendifferenzierung, die eine Form der Stammesorganisation bezeichneten und ebenfalls keine Zentralgewalt kannten, sondern in politischer Unabhängigkeit nebeneinander existierten.[33] Im Unterschied zu einem einfachen Lineage-System befand sich im Häuptlingstum eine Abstammungsgruppe an der Spitze der sozialen Hierarchie.[34] Der als Häuptling bezeichnete politisch-familiale Führer übte eine im Sinne Webers cha-

31 VIVELO, Frank R., 1981: *Handbuch der Kulturanthropologie*. Stuttgart: Klett-Cotta, p. 198 ff. Ferner: SERVICE, Elman R., 1977: *Ursprünge des Staates und der Zivilisation. Der Prozess der kulturellen Evolution*. Frankfurt a. M.: Suhrkamp, p. 374.

32 VIVELO, 1981, *op. cit.*, p. 196.

33 VIVELO, 1981, *op. cit.*, p. 202. Zur Entwicklung siehe auch: CARNEIRO, Robert L., 1973: «Eine Theorie zur Entstehung des Staates», pp. 153–174 in: Klaus EDER (Hrsg.): *Die Entstehung von Klassengesellschaften*. Frankfurt a. M., p. 153 ff. Hierzu bemerkt Durkheim: «[D]ass die niedrigen Gesellschaften (also jene, die diesem primitiven Stadium am nächsten stehen) aus einer einfachen Wiederholung derartiger Aggregate zusammengesetzt sind». DURKHEIM, Émile, 1996 (1930): *Über soziale Arbeitsteilung. Studie über die Organisation höherer Gesellschaften*. Frankfurt a. M.: Suhrkamp, p. 229.

34 Siehe hierzu das Kapitel über segmentäre Gesellschaften in: LUHMANN, Niklas, 1997: *Die Gesellschaft der Gesellschaft*. 2 Bände. Frankfurt a. M.: Suhrkamp, pp. 634–662.

rismatische Herrschaft aus, die auf der Grundlage von Einfluss operierte.[35] Solange sich der Häuptling bewähren und seine persönlichen Qualitäten immer wieder unter Beweis stellen konnte, wurde seine Herrschaft durch die Gemeinschaftsmitglieder anerkannt. Mangels gesicherter Quellen kann allerdings nur wenig über die frühere segmentäre Stammesgesellschaft gesagt werden, sodass der Blick nachfolgend auf die Sozialorganisation, wie sie sich im 18. Jahrhundert präsentierte, gerichtet werden soll.

Alle Einheimischen Rwandas waren Mitglied eines der 18 Clans, von welchen einige sogar mehrere Zehntausend Menschen umfassten.[36] Die Clans vermochten im Laufe der Zeit in stetiger Weise Macht und Reichtum zu akkumulieren und bildeten zunächst autonome, Häuptlingstümern ähnliche Kleinkönigreiche *(principautés)*, die im Kampf um Territorium und Ressourcen nicht selten gegeneinander in den Krieg zogen.

Der politische Zentralisierungsprozess mündete im 19. Jahrhundert in der Gründung eines traditionalen, segmentären Staates unter der Führung von König Kigeri Rwabugiri von der Clan-Dynastie der *Banyiginya*[37], der grosse Teile des heutigen Süd- und Zentralrwandas umfasste.[38] Es lässt sich somit eine intern verlaufende Entwicklung feststellen, in welcher nach

35 Siehe hierzu auch: SERVICE, 1977, *op. cit.*, p. 106f. Zu den Idealtypen der Herrschaft siehe: WEBER, Max, 1976: *Wirtschaft und Gesellschaft.* Grundriss der Verstehenden Soziologie. Fünfte, revidierte Auflage, besorgt von Johannes WINCKELMANN. Studienausgabe. Tübingen: J. C. B. Mohr, insbesondere pp. 124–142.

36 VIDAL, 1997, *op. cit.*, p. 7. Die einzelnen Clans werden aufgezählt in: MWOHORA, Émile, 1991: «L'État monarchique et son emprise sur la société dans la région des Grands Lacs au XIXe siècle», S. 37–58 in: DÉPARTEMENT D'HISTOIRE DE L'UNIVERSITÉ DU BURUNDI (ed.): *Histoire sociale de l'Afrique de l'Est (XIXe–XXe siècle).* Actes du Colloque de Bujumbura (17–24 octobre 1989). Paris: Karthala, p. 38.

37 Mitglieder dieser Dynastie waren ausschliesslich Tutsi.

38 Zu den Eroberungszügen von König Kigeri Rwabugiri, der von ca. 1860–1894 herrschte, siehe: NEWBURY, David, 1974: «Les campagnes de Rwabugiri: chronologie et bibliographie», in: *Cahiers d'études africaines*, Vol. 53, XIV–1: 181–191. Ferner ist zu bemerken, dass es zu damaliger Zeit in der gesamten Region der Grossen Seen rund 15 zentralistische Königreiche gab. MWOHORA, 1991, *op. cit.*, p. 37. Siehe schliesslich auch: GOUREVITCH, 1999, *op. cit.*, p. 59.

und nach fast alle geschwächten Kleinkönigreiche von dieser militarisierten Dynastie erobert und in einfache Provinzen umgewandelt wurden.[39] Als traditional wird dieses politische Gebilde deshalb bezeichnet, weil es – wie noch in Einzelheiten aufzuzeigen ist – keine ausdifferenzierte Bürokratie, keine ausgeprägte Rationalisierung sowie keine Schrift kannte, während der segmentäre Charakter auf die Rolle der Clanstruktur im politischen System sowie auf die Situation in der Peripherie des Reiches zurückzuführen ist.[40] Es wäre in der Tat weit verfehlt, eine homogene politische Herrschaft, die sich über das gesamte Territorium erstreckt, anzunehmen.[41] Dies trifft wohl für das Machtzentrum zu, mit zusehender Bewegung in Richtung Peripherie konnte allerdings eine massgebliche Abnahme der Zentralmacht beobachtet werden. Insbesondere der Norden, wo mitunter ein Hutu-Kleinkönigreich den Eroberungsversuchen widerstanden hatte, anerkannte die Autorität des Königs niemals an, behielt lange Zeit eine eigene politische Organisation und begnügte sich mit symbolischen Tributleistungen.[42] Dasselbe galt auch für die südliche Region um Kinyaga.[43]

Es handelte sich in dieser Zeit um eine patriarchal strukturierte Gesellschaft, an deren Spitze der allmächtige und sakrale König als Repräsentant des Gottes *imana* stand.[44] Das Symbol für die Einheit seines Volkes darstellend, hing das Wohlergehen jeder Person im Königreich gemäss

39 AFRICA GOVERNANCE FORUM 111, 1999: «Bonne Gouvernance et résolution des conflits pour un développement et une paix durables au Rwanda». Juin 1999, Bamako, p. 5 [http://129.194.252.80/catfiles/1675.pdf].

40 Siehe hierzu: BALANDIER, Georges, 1999 (1967): *Anthropologie politique.* 4e édition. Paris: Quadrige / Presses Universitaires de France, p. 167.

41 VIDAL, Claudine, 1999 (1985): «Situations ethniques au Rwanda», S. 167–184 in: Jean-Loup AMSELLE et Elikia M'BOKOLO (eds.): *Au cœur de l'ethnie. Ethnie, tribalisme et État en Afrique.* Paris: La Découverte, pp. 176 und 180.

42 VIDAL, Claudine, 1973: «Colonisation et décolonisation du Rwanda: la question tutsi-hutu», in: *Revue française d'études politiques africaines,* N° 91 (juillet 1973): 32–47, p. 37.

43 So schreibt Newbury: «But there was no political authority encompassing the entire region, and the population of Kinyaga enjoyed substantial autonomy vis-à-vis the royal court of Rwanda». NEWBURY, 1989, *op. cit.*, p. 23.

44 Zu den sakralen Grundlagen von Macht siehe auch: BALANDIER, 1999 (1967), *op. cit.*, p. 117ff.

damaligen Vorstellungen direkt von seinem persönlichen Wohlergehen ab.[45] Dieser traditionale Herrscher war gleichzeitig oberster Richter und Kriegsherr, seine Autorität war absolut.[46] Ebenso galt er als der Vater seines Volkes, während der Staat als umfassende und grössere Version einer Familie verstanden wurde.[47] Dementsprechend reproduzierte sich das Muster der elementaren Vater-Sohn-Beziehung in dieser patrilinearen Gesellschaft entlang aller sozialen Ebenen, bis hin zur kleinsten gesellschaftlichen Einheit, der Kernfamilie.

Die zentrale Stellung der Familie in der alten rwandischen Gesellschaft spiegelte sich im traditionellen Gewohnheitsrecht wieder, gemäss welchem einzig die Familie Rechtssubjekt war, während das Individuum lediglich im Rahmen seiner Verpflichtungen gegenüber der familiären Gruppe Rechte genoss.[48] In allen Belangen war das Leben kollektiv organisiert, wodurch auch die Gemeinschaft den Charakter eines sozialen Kollektivs erhielt. Rechte und Pflichten waren kollektiv, so beispielsweise auch das Erziehen von Kindern. Aufgrund der herausragenden Stellung der Familie erscheint es als angebracht, die Grundzüge der verwandtschaftlichen Organisation näher zu betrachten. Folgende drei familiale Einheiten können gemäss Ntampaka unterschieden werden:[49]

- Haushalt *(urugo)*: Hierbei handelt es sich um die Kernfamilie als Produktions- und Konsumeinheit, bestehend aus dem Patriarchen, seinen Ehefrauen, Kindern sowie sonstigen Personen, für die er die Verantwortung übernommen hat;

45 TAYLOR, Christopher C., 1990: «Condoms and cosmology. The ‹fractal› person and sexual risk in Rwanda», in: *Social Science and Medicine*, Vol. 31/9:1023–1028, p. 1025. Ferner: PRUNIER, 2002 (1995), *op. cit.*, p. 9.

46 Vgl. hierzu: MWOHORA, 1991, *op. cit.*, p. 43.

47 Zum Vergleich: AKINRINADE, Sola, 1999: «Warring...but not until death: Conflict prevention and resolution mechanisms in Yoruba military tradition». Paper presented at the *All-Africa Conference on African Principles of Conflict Resolution and Reconciliation*, United Nations Conference Centre, Addis Ababa, November 8–12, 1999, p. 3.

48 NTAMPAKA, Charles, 1997: «Family Law in Rwanda», S. 415–433 in: Andrew BAINHAM (ed.): *The International Survey of Family Law 1995*. The Hague, p. 416.

49 NTAMPAKA, 1997, *op. cit.*, p. 416f.

- Kleine *Lineage (inzu):* Diese besteht aus einigen Haushalten, die durch Blutsverwandtschaft miteinander verbunden sind und gemeinsamen Kollektivbesitz für sich beanspruchen. Die kleine *Lineage* umfasst drei bis sechs Generationen;
- Grosse *Lineage (umuryango):* Eine grosse Lineage setzt sich aus mehreren kleinen *Lineages* zusammen. An dessen Spitze steht der Chef. Ferner ist sie durch gemeinsamen Besitz gekennzeichnet.

Mehrere grosse *Lineages* bildeten einen Clan *(ubwoko)*. Dessen Mitglieder betrachteten sich als Nachfolgen eines gemeinsamen Ahnen, der allerdings ausserhalb des sozialen Gedächtnisses anzusiedeln war und aus diesem Grund nicht selten mythischen Charakter aufwies.[50] Während die *Lineages* aufgrund der patrilinearen Verwandtschaftsstruktur entweder nur aus Hutu, Tutsi oder Twa zusammengesetzt waren, stammten die Mitglieder jedes der 18 Clans – mit Ausnahme der *Banyiginya* – aus allen drei Gruppen.[51] Dies ist denn auch der Grund, weshalb die Bezeichnung von Kasten als unzutreffend erachtet werden kann, die nebst der Abwesenheit von Möglichkeiten sozialer Mobilität eine rigide soziale Trennung sowie strenge Regeln der Vermeidung erwarten liessen.[52]

Oberhaupt jeder *Lineage* war aufgrund der patrilinearen Deszendenz das älteste männliche Familienmitglied. Seine aufgrund des Alters unmittelbare Nähe zu den in Kulten geehrten Familienahnen machte den Patriarchen zum Vermittler zwischen Lebenden und Toten, zwischen der diesseitigen *Lineage* und der jenseitigen *Lineage* der Ahnen.[53] Sowohl in subsistenzwirtschaftlicher, rechtlich-regulativer, administrativer wie auch in moralisch-religiöser Hinsicht galt er als Oberhaupt der Gemeinschaft. So bestanden seine konkreten Aufgaben darin, interne Konflikte zu schlichten, zu richten, die erweiterte Familie in externen Konflikten zu vertreten und das Kollektivleben zu organisieren, zu administrieren sowie über die Befolgung sozialer Regeln zu wachen.[54] Mit anderen Worten war er für die soziale Ordnung im «Kleinen» verantwortlich.

50 Nkurikiyimfura, 1994, *op. cit.*, p. 33.
51 Prunier, 2002 (1995), *op. cit.*, p. 15.
52 Dies in Anlehnung an Rivers: Balandier, 1999 (1967), *op. cit.*, p. 106.
53 Balandier, 1999 (1967), *op. cit.*, p. 118.
54 Ntampaka, 1997, *op. cit.*, p. 418 f. Ferner: Newbury, 1989, *op. cit.*, p. 96 f.

Soziale Beziehungen innerhalb einer *Lineage* liessen sich in solche vertikalen und solche horizontalen Charakters unterscheiden.[55] Grundsätzlich waren vertikale Beziehungen durch Ehrfurcht und Respekt gegenüber älteren Verwandten gekennzeichnet. Horizontale Beziehungen hingegen prägten den Umgang zwischen Angehörigen der gleichen Generation, mitunter also *peer groups*, und galten als Beziehungen unter Gleichen.

Das Habitat war um den kollektiven Landbesitz der *Lineage (umunani)* organisiert. Traditionsgemäss galt das Land als mit den Ahnen verbunden und gehörte dem Prinzip des *ius abutendi* folgend den älteren Gemeinschaftsmitgliedern. Dieses wurde in der männlichen Linie weitervererbt.[56] So erhielt jeder Sohn eine Parzelle des Landbesitzes, über deren Verwendung er frei entscheiden konnte, solange keine Abtretung bevorstand, die einen Kollektiventscheid der *Lineage* erforderlich gemacht hätte.[57] Grundsätzlich war jeglicher Besitz, sei er beweglich oder unbeweglich, kollektiven Charakters. Töchtern war es indes nicht möglich, unbeweglichen Besitz zu erben.[58]

Die arrangierte Heirat wurde nicht als Verbindung zwischen zwei einzelnen Individuen, sondern als in der Regel strategisch wichtige Allianz zwischen Verwandtschaftsgruppen angesehen, die dadurch zustande kam, dass die eine Partei der anderen eine Frau übergab, dafür jedoch Güter in Form eines Brautpreises sowie immaterielle Rechte erlangte. Dies führte dazu, dass die Heirat mit reziproken Rechten und Pflichten verbunden war.[59] In früherer Zeit war die Polygamie gewohnheitsrechtlich anerkannt.[60] Diese wurde erst durch den von belgischen Kolonisatoren eingeführten Zivilcode abgeschafft. Neben Heiratsallianzen konnten auch durch Blutsbrüderschaft lebenslange Verbindungen zwischen Verwandtschaftsgruppen geschaffen werden.

55 NTAMPAKA, 1997, *op. cit.*, p. 417.

56 MESCHI, Lydia, 1974: «Évolution des structures foncières au Rwanda: le cas d'un lignage hutu», in: *Cahiers d'études africaines*, Vol. 53, XIV–1: 39–51, p. 40.

57 MESCHI, 1974, *op. cit.*, p. 41.

58 NTAMPAKA, 1997, *op. cit.*, p. 418.

59 MAUSS, 1990 (1950), *op. cit.*, p. 21 f. Siehe hierzu auch: LÉVI-STRAUSS, Claude, 1981: *Die elementaren Strukturen der Verwandtschaft*. Frankfurt a. M.: Suhrkamp, Kapitel XXIX.

60 NTAMPAKA, 1997, *op. cit.*, p. 417.

3. Die soziale Schichtung

Das Königreich war durch eine ausgeprägte soziale Schichtung mit massgeblichen Reichtumsunterschieden gekennzeichnet, an dessen Spitze der zahlenmässig geringe Adel situiert war, der in der Hauptsache aus den Reihen der Königsdynastie stammte. Die Mittelschicht bildeten die sogenannten «*petits* Tutsi» mit relativ unbedeutendem Besitz an Vieh sowie sozial aufgestiegene Hutu.[61] Der grösste Teil der Bevölkerung gehörte indessen zur Unterschicht, die massgeblich aus Hutu-Bauern zusammengesetzt war. Es wäre zu diesem Zeitpunkt der Geschichte allerdings noch nicht korrekt, die soziale Schichtung entlang der Unterscheidung von Hutu und Tutsi erklären zu wollen. Dies lässt sich am folgenden Beispiel der aristokratischen Schicht sowie anhand von Mechanismen sozialer Mobilität aufzeigen.

Die herrschende Klasse bestand in der Hauptsache aus Tutsi der Clan-Dynastie der *Banyiginya*. In diesem Sinne folgte die Aristokratie der Erblinie. Daneben existierte jedoch auch die – zwar seit der Etablierung des traditionalen Staates eher selten gewordene – Möglichkeit, dass eine Hutu-Frau aufgrund der patrilinearen Verwandtschaftsorganisation durch Heirat in die aristokratische Klasse Einzug halten konnte. Auf diese Weise wurden zwischen Clans matrimoniale Allianzen geschaffen. So bemerkt Mworoha:

> Autre tremplin pour accéder à l'aristocratie, les alliances matrimoniales étaient sources de pouvoir politique par l'accès à la chefferie et aussi de prestige et d'enrichissement en domaines fonciers, en vaches, etc. Le royaume du Rwanda nous fournit l'exemple de l'influence matrimoniale avec les clans des Bega et des Banyiginya.[62]

Daneben existierte eine Form ritueller Erhebung eines Hutu in den Adelsstand, *kwihutura* genannt, was mit «seinen Ursprung als Hutu leugnen» zu übersetzen ist und häufig als Folge der noch zu beschreibenden Klientel-

61 Dies wird denn auch durch Mamdani betont, der schreibt: «The identification of Tutsi noble families – the ‹well-born Tutsi›, as colonial and Church officials used to say – with all Tutsi was erroneous, for it ignored the poor Tutsi to whom these officials usually referred as ‹*petits* Tutsi›, and who clearly belonged to a different class». MAMDANI, 2001, *op. cit.*, p. 57 *[Hervorhebung im Original]*.

62 MWOHORA, 1991, *op. cit.*, p. 46f.

beziehungen erfolgte.[63] Es lässt sich somit aufzeigen, dass sich die aristokratische Schicht nicht durch rigide Undurchlässigkeit von den übrigen Schichten absetzte und nur aus Tutsi bestand, sondern dass es Hutu durchaus offen stand, Einzug in die Oberschicht zu halten.

4. Die politische Organisation

Das Territorium war in Provinzen, Distrikten und Hügeln eingeteilt. Die durch König Kigeri Rwabugiri (1860–1894) eingeführte, komplexe politische Hierarchie reichte von ihm über rund zwanzig Chefs auf Provinzebene und Hunderte von Unterchefs auf lokaler Ebene bis hin zu den gewöhnlichen Untertanen.[64] Dadurch wurde die Autonomie von *Lineages* auf empfindliche Weise tangiert. So existierten im Verwaltungsstab politisch-bürokratische Chefämter, die von durch den König ernannten Oberhäuptern einer grossen *Lineage* des herrschenden Clans der *Banyiginya* ausgeübt wurden.[65] Entlang der arbeitsteiligen Struktur handelte es sich um Chefs des Militärs *(abatware bw'ubutaka)*, Chefs der Weideflächen *(abatware bw'umukenke)* sowie um Chefs des Ackerlandes *(abatware bw'ingabo)*.[66] Diese waren Repräsentanten des militärischen und administra-

63 MAMDANI, Mahmood, 2002: «Auf der Suche nach Sinn in der politischen Gewalt im postkolonialen Afrika», S. 21–46 in: Okwui ENWEZOR, Carlos BASUALDO, Ute META BAUER, et al. (Hrsg.): *Experimente mit der Wahrheit: Rechtssysteme im Wandel und die Prozesse der Wahrheitsfindung und Versöhnung.* Documenta11_Plattform2. Ostfildern-Ruit: Verlag Hatje Cantz, p. 37.

64 Siehe hierzu: VIDAL, Claudine, 1974: «Économie de la société féodale rwandaise», in: *Cahiers d'études africaines*, Vol. 53, XIV–1: 52–74, p. 53 f.

65 VIDAL, Claudine, 1998: «Les relations entre Hutus et Tutsis de 1750 à 1973: période précoloniale, colonisation et indépendance, première République». *Réseau Documentaire International sur la Région des Grands Lacs Africains*, Genève, p. 1 [http://129.194.252.80/catfiles/1146.pdf].

66 FELTZ, Gaëtan, 1975: «Evolution des structures foncières et histoire politique du Rwanda (XIXe et XXe siècles)», in: *Etudes d'Histoire africaine*, Vol. VII: 143–154, p. 150.

tiven Systems. Während ein Chef des Militärs für eine gesamte Provinz verantwortlich war, verfügte jeder Distrikt sowohl über einen Chef der Weideflächen wie auch über einen Chef des Ackerlandes, denen ihrerseits Unterchefs zugeordnet waren.[67] Auf der nächst tieferen Ebene existierte ein Chef für jeden Hügel *(abatware b'umusoozi)*, der nicht in zwingender Weise von der Dynastie abstammen musste und an die Stelle früherer Führer einer *Lineage* trat.[68] Alle Chefs wurden in der Regel durch den König ernannt, wobei festzuhalten ist, dass keiner von ihnen die gesamte Bandbreite politischer Macht in einem eingegrenzten Gebiet ausüben konnte.[69]

Zunächst kam all diesen in gegenseitiger Konkurrenz stehenden Chefs – was durchaus einer Strategie des Monarchen entsprach – die administrative Aufgabe zu, jährlich Tribute zuhanden des Königs einzufordern, deren Höhe mitunter über ihr Prestige sowie ihre Position bestimmte.[70] Tributleistungen können denn auch als Beispiel für die Ergänzung von reziproken Tauschprozessen durch solche redistributiver Art angesehen werden.[71] Ferner waren die Chefs für die Schlichtung von Konflikten, die in ihren Aufgabenbereich fielen, im Rahmen von Gacaca-Versammlungen zuständig, so etwa der Chef der Weideflächen über Weiderechte oder derjenige des Ackerlandes über Landstreitigkeiten entschied.[72] Strikt familiäre Angelegenheiten wurden jedoch nach wie vor durch den Patriarchen behandelt, während bedeutsame Konflikte und Verbrechen direkt vor den König kamen. Da den vorkolonialen Gacacas ein gesamtes Kapitel gewidmet ist, sollen diese Bemerkungen zunächst genügen.

Der Aufgabenbereich der Chefs des Militärs betraf die Verteidigung des Territoriums sowie Angelegenheiten der Kriegsführung. Ferner waren sie für den Rinderbestand des Königs verantwortlich.[73] Das Königreich verfügte über eine staatliche Armee, deren Angehörige sowohl aus Hutu-

67 MAMDANI, 2001, *op. cit.*, p. 68.

68 NEWBURY, 1989, *op. cit.*, p. 115.

69 Siehe hierzu die hervorragende Studie von Catharine Newbury: NEWBURY, 1989, *op. cit.*, p. 4.

70 MESCHI, 1974, *op. cit.*, p. 42. Siehe auch: AFRICA GOVERNANCE FORUM 111, 1999, *op. cit.*, p. 6.

71 Hierzu: SERVICE, 1977, *op. cit.*, p. 361.

72 GLUCKMAN, 1984 (1965), *op. cit.*, p. 155.

73 NKURIKIYIMFURA, 1994, *op. cit.*, p. 138.

wie aus Tutsi-*Lineages* rekrutiert wurden.[74] Daneben bestanden jedoch unzählige weitere kleinere Armeen, hatte doch jeder König die Angewohnheit, bei seinem Machtantritt eine neue zu bilden.[75] Dies führte denn auch dazu, dass vor der Ankunft der Europäer nicht weniger als 87 Armeen existierten, die über eigenes Vieh verfügten.[76]

Die Chefs der Weideflächen beschäftigten sich mit pastoralen Angelegenheiten. Ungefähr anfangs des 19. Jahrhunderts etablierte sich aufgrund der Zunahme des Rinderbestandes eine Praxis, wonach sie entgegen bislang kollektiv gehandhabten Bodenrechten einem Haushalt Weiderechte *(ibikingi)* gewähren konnten, in dessen Gegenzug sie Naturalien – wie etwa Vieh – oder Arbeitsleistungen auf ihrem Besitztum *(inkike)* einzufordern pflegten.[77]

Das Ackerland dagegen befand sich vor der Herrschaft von Kigeri Rwabugiri im kollektiven Besitz der Verwandtschaftsgruppen, das in Parzellen zuhanden jeden Haushaltes aufgeteilt war.[78] Indessen zeichnete sich gegen Ende des 19. Jahrhunderts die Einführung von Anbaurechten *(isambu)* ab. Zunächst konnte dies in Bezug auf die eroberten Gebiete beobachtet werden.[79] Später kam es im Falle von Landstreitigkeiten zwischen Angehörigen einer Verwandtschaftsgruppe immer häufiger vor, dass der streitschlichtende Chef jeder Partei – einem Haushalt – eine Landparzelle zuwies, die auf diese Weise von Kollektiv- in gleichsam privatisierten Besitz überging. Dies versetzte den Chef in die Position, unter Missachtung bislang geltender Regeln der Reziprozität Naturalien sowie zwei Arbeitstage in der Woche auf seinen eigenen Feldern *(ubuletwa)* einzufordern.[80] Darunter konnte eine Form von Zwangsarbeit verstanden werden, die in spezifischer Weise die Hutu betraf.[81]

74 VIDAL, 1998, *op. cit.*, p. 2. Ferner: MWOHORA, 1991, *op. cit.*, p. 52ff.

75 GLUCKMAN, 1984 (1965), *op. cit.*, p. 155.

76 RWABUKUMBA, Joseph, et Vincent MUDANDAGIZI, 1974: «Les formes historiques de la dépendance personnelle dans l'État rwandais», in: *Cahiers d'Etudes Africaines*, Vol. 53, XIV–1: 6–25., p. 15, Fussnote 2.

77 MAQUET, Jacques, 1967: «La tenure des terres dans l'État rwanda traditionnel», in: *Cahiers d'études africaines*, Vol. 28, VII–4: 624–636, p. 626. Siehe auch: NKURIKIYIMFURA, 1994, *op. cit.*, p. 86f.

78 MAQUET, 1967, *op. cit.*, p. 627.

79 NKURIKIYIMFURA, 1994, *op. cit.*, p. 91.

80 Hierzu: MAQUET, 1967, *op. cit.*, p. 628.

81 PRUNIER, 2002 (1995), *op. cit.*, p. 12f. Ferner: NEWBURY, 1989, *op. cit.*, p. 112.

Obschon alle drei Chefämter auf lokaler Ebene (Unterchefs) sowohl von Hutu wie auch von Tutsi ausgeübt wurden, waren aufgrund ihrer subsistenzwirtschaftlichen Prägung überwiegend Hutu Chefs des Ackerlandes sowie überwiegend Tutsi Chefs der Weideflächen.[82] Insgesamt betrachtet, führte das Vorliegen mehrerer, ineinander verquickter politisch-administrativer Machtstrukturen zu einer ausgeprägten Kontrolle über die Untertanen.

5. *ubuhake*

Gegen 1850[83] – also etwa zeitgleich mit der Gründung des zentralrwandischen Staates – begannen sich die ersten politischen Klientelbeziehungen zu etablieren, die Unterschiede zwischen Clans und *Lineages* transzendierten. In der Tat handelte es sich hierbei um die Etablierung einer intransitiven Rangbeziehung ausserhalb des Verwandtschaftsnetzes. Ein wesentliches Merkmal der asymmetrischen Patron-Klient-Beziehung ist gemäss Balandier die soziale Ungleichheit zwischen den Partnern, wobei allerdings keine Hierarchie, sondern vielmehr ein auf Reziprozität beruhendes Netzwerk entsteht.[84] Die Abhängigkeit wird aufgrund von gegenseitigen Rechten und Pflichten zumindest teilweise kompensiert. Die Tatsache, dass die Aufnahme einer solchen Beziehung in der Regel das Resultat einer Wahl ist, lässt auf ihren strategischen Charakter schliessen. Ferner beruht sie auf einer vertraglichen Vereinbarung, in deren Rahmen etwa – wie im unten dargelegten Fall – die Übergabe einer Kuh als Beweis für die Schliessung eines Klientelvertrags gilt.[85]

Im Rahmen der rwandischen Institution des *ubuhake* nahm ein vermögender *shebuja* (Patron) einen *garagu* (Klient) unter seinen Schutz und

82 PRUNIER, 2002 (1995), *op. cit.*, pp. 11–12.

83 An anderen Stellen wird vom Beginn des 19. Jahrhunderts gesprochen, so in: RWABUKUMBA et MUDANDAGIZI, 1974, *op. cit.*, p. 15.

84 BALANDIER, Georges, 1969: «Les relations de dépendance personnelle: Présentation du thème», in: *Cahiers d'études africaines*, Vol. 35, IX–3: 345–349, p. 348.

85 BALANDIER, 1969, *op. cit.*, p. 348.

überreichte ihm als Zeichen des Einverständnisses Vieh zu dessen Nutzung, das allerdings in seinem Eigentum blieb.[86] Als Gegenleistung erhielt der Patron Ehrerbietungen, das Versprechen der Treue sowie unterschiedlichste Dienstleistungen.[87] Das als *ubuhake* bezeichnete System umfasste somit reziprok definierte Rechte und Pflichten zweier vielfach auch durch Freundschaft verbundene Vertragspartner von unterschiedlichem sozialen Status und trug nicht nur zur sozialen Kohäsion, sondern auch zur sozialen Mobilität der gesamten *Lineage* des *garagu* bei.[88] Zwar ist es richtig, dass das Vieh im Eigentum des Patrons blieb, doch konnte der Klient nach dem dritten Wurf von Kälbern Eigentümer eines weiblichen Kalbs werden.[89] Hierzu Prunier: «This could be the beginning of an upward social climb, where, once endowed with cattle, the Hutu lineage would become *icyihuture*, de-hutuised, i. e. tutsified».[90] Dabei handelt es sich denn auch um den vorher erwähnten Prozess des *kwihutura*.[91] Klientelbeziehungen waren, im Gegensatz zu solchen verwandtschaftlichen Charakters, Relationen persönlicher Abhängigkeit, die allerdings aufgrund ihrer Vererblichkeit den Tod des Klienten überdauern konnten.[92]

Diejenigen Klienten, welche Vieh erhielten, waren nicht nur Hutu, sondern auch weniger vermögende Tutsi mit einer geringen Anzahl Vieh.[93] So ist denn auch festzuhalten, dass *ubuhake* in seiner ursprünglichen Form eine Klientelbeziehung zwischen dem König und einem Tutsi war und in

86 MAQUET, 1967, *op. cit.*, p. 626.

87 VIDAL, 1997, *op. cit.*, p. 7. Ferner: MAQUET, Jacques, 1969: «Institutionalisation féodale des relations de dépendance dans quatre cultures interlacustres», in: *Cahiers d'études africaines*, Vol. 35, IX–3: 402–405, p. 403.

88 PRUNIER, 2002 (1995), *op. cit.*, p. 13.

89 NEWBURY, 1989, *op. cit.*, p. 134.

90 PRUNIER, 2002 (1995), *op. cit.*, p. 13 f. Dies wird ebenfalls bestätigt durch: NKURIKIYIMFURA, 1994, *op. cit.*, p. 131.

91 Siehe Seite 50.

92 Siehe hierzu: RWABUKUMBA et MUDANDAGIZI, 1974, *op. cit.*, p. 13.

93 MAQUET, 1969, *op. cit.*, p. 404. Interessanterweise konnte im vorkolonialen Burundi, welches grosse Ähnlichkeiten zu Rwanda aufweist, ein und derselbe Mensch Tutsi in Bezug auf seine Klienten und Hutu in Bezug auf seine Patrone sein. HINTJENS, Helen M., 1999: «Explaining the 1994 genocide in Rwanda», in: *The Journal of Modern African Studies*, Vol. 37/2: 241–286, p. 250.

seiner ersten Ausweitung ausschliesslich Tutsi mit unterschiedlichen Stati betraf.[94] Hierzu bemerken Rwabukumba und Mudandagizi:

> Il ne faudrait cependant pas s'exagérer le mouvement d'extension des relations de subordination. Ces dernières restaient encore confiées à une élite pastorale et contribuaient à la formation d'une aristocratie qui élargissait ses rangs: les petits Tutsi et la masse des Hutu ne se trouvaient pas encore insérés dans les réseaux de clientèle.[95]

Am Ende der Herrschaft von Kigeri Rwabugiri um 1880 war *ubuhake* bereits relativ weit verbreitet und besass in erster Linie noch politischen Charakter.[96] Vidal geht sogar davon aus, dass alle männlichen Gesellschaftsmitglieder ausser den Twa in einer solchen Patron-Klient-Beziehung standen.[97] Erst im Verlaufe der Kolonisierung wurde das System zu einem neo-traditionalistischen Mechanismus permutiert, in dessen Rahmen eine Verschiebung des rein politischen zu einem primär wirtschaftlichen Charakter vollzogen wurde.[98] Allerdings sollte es noch bis 1930 dauern, bis Hutu dazu genötigt wurden, für ihre Patrone auch Land zu bestellen.[99]

Ubuhake wurde nach der nationalen Unabhängigkeit Rwandas im Rahmen eines rassistischen Diskurses als Form von Zwangsarbeit bezeichnet und als Symbol für die jahrzehntealte Unterdrückung durch Tutsi instrumentalisiert. Die vorangegangenen Ausführungen sollten indes aufzeigen, dass es sich bis in die 1930er Jahre um eine politische Strategie handelte, die durch Reziprozität gekennzeichnet war. Hierzu bemerkt Prunier: «[T]he ubuhake which has been described as ‹typical› of Rwandese culture, praised by pro-Tutsi writers as a factor of social cohesion and vilified by Hutu ideologues as a symbol of evil exploitation was in fact largely a synthetic product developed by colonial Tutsi chiefs under the benevolent sponsorship of the Belgian administration».[100]

94 NEWBURY, 1989, *op. cit.*, p. 90.
95 RWABUKUMBA et MUDANDAGIZI, 1974, *op. cit.*, p. 16.
96 VIDAL, 1997, *op. cit.*, p. 6.
97 VIDAL, Claudine, 1969: «Le Rwanda des anthropologues ou le fétichisme de la vache», in: *Cahiers d'études africaines*, Vol. 35, IX–3: 384–401, p. 385.
98 Vgl. PRUNIER, 2002 (1995), *op. cit.*, p. 42.
99 VIDAL, 1997, *op. cit.*, p. 6.
100 PRUNIER, 2002 (1995), *op. cit.*, p. 30.

III. Wandel unter deutscher und belgischer Kolonialmacht

1. Die indirekte Herrschaft des Deutschen Reiches

a. Einleitung

Das Königreich Zentralrwanda wurde im Jahre 1894 als direkte Folge des Helgoland-Sansibar-Vertrags, der am 1. Januar 1890 zwischen der britischen Krone und dem Deutschen Reich am Berliner Kongress geschlossen wurde, Teil Deutsch-Ostafrikas und zu «deutschem Schutzgebiet» erklärt.[101] Dies markiert den Beginn der Kolonialisierung Rwandas. Um 1900 liessen sich ebenfalls die ersten französischen Missionare katholischen Glaubens, die «Weissen Väter», im deutschen Schutzgebiet nieder und richteten Missionsstationen ein.[102]

Als die ersten Europäer das rwandische Territorium betraten, fanden sie zu ihrer nicht geringen Überraschung ein fruchtbares Gebiet mit vergleichsweise sehr hoher Bevölkerungsdichte vor, die auf etwa 1,5 bis 2 Millionen Menschen geschätzt wurde.[103] Zum einen registrierten sie, dass die einheimische Gesellschaft stark hierarchisch strukturiert und politisch organisiert war, zum anderen begannen sie, physiognomische Unterschiede zwischen Hutu, Tutsi und Twa zu beschreiben und anhand der ihnen damals bekannten sowie weit verbreiteten Rassentheorien in hierarchischer Weise zu bewerten.[104] Beides sollte in einen verhängnisvollen Zusammenhang gebracht werden.

101 KELLY and FITZDUFF, 2002, *op. cit.*, p. 32.
102 VIDAL, 1973, *op. cit.*, p. 33 f.
103 MAQUET, 1967, *op. cit.*, p. 624.
104 Vgl. hierzu auch: LINDQVIST, Sven, 2002: *Durch das Herz der Finsternis. Ein Afrika-Reisender auf den Spuren des europäischen Völkermords.* Zürich: Unionsverlag, ab p. 144.

b. Die Rassentheorien

Tutsi wurden als äusserst hoch gewachsen beschrieben, mit einer geraden Nase, hoher Stirn, schmalen Lippen und feingliedriger Statur.[105] Diese Merkmale, gepaart mit relativ hellem Teint, liessen die Kolonisatoren zum Schluss gelangen, Tutsi seien eher Weisse als «Neger» oder gar «Europäer mit einer schwarzen Haut»[106], was sie indes nicht weiter erstaunte, gehörten diese doch weitestgehend zur herrschenden, aristokratischen Gruppe. Die Kolonisatoren nahmen an, dass diese den Europäern in eigenartiger Weise ähnlich sehenden Afrikaner «zum Regieren geboren» seien – eine Theorie des Herrenvolkes, die indes auch die Nazis träumen liess.[107] Es darf vermutet werden, dass die Deutschen aufgrund von Vorstellungen rassischer Überlegenheit die tatsächlich vorliegende soziale Ungleichheit in der rwandischen Gesellschaft nicht unwesentlich überhöhten. So schreibt der Arzt und Ethnologe Richard Kandt, erster deutscher kaiserlicher Resident, über Graf Goetzen:

> [E]r fand dies Volk in knechtischer Abhängigkeit von den Watussi, einer fremden semitischen oder hamitischen Adelskaste, deren Vorfahren aus den Gallaländern südlich Abessiniens kommend, das ganzen Zwischenseengebiet sich unterworfen hatten; er fand das Land eingeteilt in Provinzen und Distrikte, die unter der aussaugenden Verwaltung der Watussi standen, deren riesige, bis über zwei Meter hohe Gestalten ihn an die Welt der Märchen und Sagen erinnerten.[108]

Der Hinweis auf die Hamiten findet seinen Ursprung in kirchlichen Kreisen Europas, in welchen bis anfangs des 19. Jahrhunderts angenommen wurde, alle Afrikaner seien die Nachkommen von Cham *(Ham)*, einem

105 SCHÜRINGS, 1994, *op. cit.*, p. 138.

106 Diese Bezeichnung stammt von Pater François Médard aus dem Jahre 1917. Zit. in: CHRÉTIEN, Jean-Pierre, 1999 (1985): «Hutu et Tutsi au Rwanda et au Burundi», S. 129–164 in: AMSELLE et M'BOKOLO (eds.), *op. cit.*, p. 137.

107 CHRÉTIEN, 1999 (1985), *op. cit.*, p. 138.

108 KANDT, Richard, 1921: *Caput Nili – Eine empfindsame Reise zu den Quellen des Nils*. Berlin, p. 188–189, zit. in: SCHÜRINGS, 1994, *op. cit.*, p. 137. Damit sind die Oromo des heutigen Äthiopiens gemeint.

der Söhne Noahs.[109] Da Cham sich des Anblicks seines entblössten Vaters nicht entzogen hatte, wurde er von letzterem verflucht. Chams Nachkommen, Hamiten genannt, wurden als Folge davon in die entfernteste, unwirtlichste sowie durch die Sonne am stärksten verbrannte Region – den afrikanischen Kontinent – verdammt und sollten von nun an als Sklaven den Nachkommen aller europäischen Brüder dienen.[110]

Auf dieser Vorstellung basierend, formulierte der Nilforscher John Hanning Speke 1863 seine hamitische These, die grosse Popularität erlangte. So ging er zunächst davon aus, dass sämtliche Kultur und Zivilisation in Zentralafrika durch einen überlegenen Stamm äthiopischen Ursprungs eingeführt worden sei.[111] Beobachtungen in anderen Regionen Zentralafrikas wurden kurzerhand auf den rwandischen Kontext übertragen, sodass davon ausgegangen wurde, die Tutsi als Angehörige der hamitischen Rasse seien im 17. Jahrhundert aus Äthiopien eingewandert, und zwar erst nachdem sich Hutu und Twa bereits etabliert hatten.[112] Es darf an dieser Stelle bereits vorweg genommen werden, dass dieser vermeintliche Status der zuletzt gekommenen Invasoren massgeblich an der Konstruktion der Tutsi als Ausländer, Fremde und Eindringlinge im Gegensatz zu den einheimischen Hutu beteiligt war.[113] Dieser Annahme spielte allerdings auch die Vorstellung in die Hand, Gesellschaften Schwarzafrikas könnten keine eigenen kulturellen und zivilisatorischen Leistungen erbringen. So bemerkt auch Prunier: «[I]t seemed unthinkable at the time that ‹totally savage negroes› could have achieved such a degree of political and religious sophistication».[114] Demzufolge mussten die entsprechenden Errungenschaften, wie sie in Rwanda nicht von der Hand zu weisen waren, von aussen importiert worden sein – von den zuletzt gekommenen, «zum Regieren geborenen» Tutsi.[115] Die Analogie zu den weissen Kolonialherren schien denn auch nicht lange auf sich warten zu lassen. Die hamitische These blieb indes nicht die einzige Spekulation. Die feingliedrigen

109 SCHÜRINGS, 1994, *op. cit.*, p. 140.
110 Zum hamitischen Mythos siehe: CHRÉTIEN, 1999 (1985), *op. cit.*, p. 134f.
111 GOUREVITCH, 1999, *op. cit.*, p. 61f.
112 Vgl. PRUNIER, 2002 (1995), *op. cit.*, p. 7.
113 MAMDANI, 2001, *op. cit.*, p. 34.
114 PRUNIER, 2002 (1995), *op. cit.*, p. 10.
115 SCHÜRINGS, 1994, *op. cit.*, p. 141.

Riesen mussten auf die Kolonisatoren derart beachtlichen Eindruck gemacht haben, dass das Rätseln über deren Herkunft keinerlei Grenzen mehr kannte. Es mündete sogar in Behauptungen, wonach die Tutsi aus Tibet kämen oder gar die letzten Überlebenden des Sagen umworbenen Atlantis seien.[116] Selbst die Ausserirdischen wurden in diesem Zusammenhang bemüht.[117]

Im Gegensatz zu den adligen Tutsi wurde die grösste Bevölkerungsgruppe der Hutu als kleinwüchsig, von dunkler Hautfarbe, mit platter Nase und dicken Lippen beschrieben – und entsprach damit der gängigen Vorstellung des unterentwickelten «Negers». Es wurde angenommen, diese seien einst als zweite Volksgruppe aus dem Nordwesten Afrikas eingewandert und würden der Rasse der Bantu angehören. Zur Vervollständigung der Beschreibung wurden sie, die den Europäern zufolge kindliche Züge beibehalten hatten, als zum «Dienen geboren»[118] bezeichnet.[119] Die Bezugnahme auf eine zum Dienen und eine zum Regieren geborene Rasse passte indes auch ausgezeichnet in das Konzept der geburtsständischen Gesellschaft, in welcher die unterwürfige Volksmasse der Bauern von einigen wenigen Adligen beherrscht wird.

Die dritte Gruppe von verschwindend kleiner Anzahl stellten die kleinwüchsigen Twa dar. Als Jäger und Sammler überwiegend in Wäldern lebend, standen sie gemäss zeitgenössischen Theorien gesellschaftlicher Evolution auf der untersten Stufe der Zivilisation. Sie wurden von den Europäern der Rasse der Pygmäen zugerechnet und kurzum als Ureinwohner bezeichnet.

Begleitet wurden die stereotypen Beschreibungen von Hutu, Tutsi und Twa durch erniedrigende anthropometrische Messungen deren Gehirnmasse, Körpergrösse und weiterer körperlicher Merkmale, wodurch

116 PRUNIER, 2002 (1995), *op. cit.*, p. 8.

117 GOUREVITCH, 1999, *op. cit.*, p. 68, mit Verweis auf einen französischen Diplomaten.

118 Dies in Anlehnung an das Werk des belgischen Gouverneurs von Rwanda-Urundi: RYCKMANS, Pierre, 1931: *Dominer pour servir*. Brussels. Siehe: PRUNIER, 2002 (1995), *op. cit.*, p. 11.

119 Vgl. hierzu: ELIAS, Michel et Danielle HELBIG, 1992: «Deux mille collines pour les petits et les grands. Radioscopie des stéréotypes hutu et tutsi au Rwanda et au Burundi», in: *Politique Africaine*, Vol. 42: 65–73, p. 67.

die rassischen Theorien untermauert und soziale Kategorisierung mit somatischer Klassifizierung gleichgesetzt werden sollten.[120] Physische Züge wurden in engste Beziehung mit moralischen Qualitäten gesetzt. Indes sind – abgesehen von der Unhaltbarkeit rassischer Theorien – die angenommenen Wanderungsbewegungen bis heute nicht bestätigt. So bemerkt auch Schürings: «Die in der Kolonialzeit angenommene unterschiedliche geographische Herkunft ist durch nichts bewiesen, weder durch die Geschichtsforschung noch durch die orale Tradition der Rwander».[121]

c. *Die koloniale Administration der Deutschen*

Die Deutschen, wie auch ihre belgischen Nachfolger, wandten in Rwanda das Prinzip der indirekten Herrschaft an, indem sie die Grundlage ihrer Administration auf bestehenden Machtstrukturen abstützten.[122] Dementsprechend liessen sie selbst die königlichen Institutionen unangetastet, an deren Spitze sich zu damaliger Zeit Yuhi V. Musinga aus der Dynastie der *Banyiginya* befand.[123] Das nicht zuletzt auf die geringe Anzahl Deutscher vor Ort sowie auf mangelnde Erschliessung des Gebietes zurückführbare, ausgeprägte Prinzip des *laissez-faire* führte dazu, dass das Deutsche Reich keine wirklich nachhaltigen Eindrücke in Rwanda hinterliess.[124]

Im Jahre 1910 verlor Rwanda im Rahmen eines Abkommens zwischen England, Deutschland und Belgien etwa die Hälfte seines heutigen Territoriums an Uganda und Zaïre.[125] Diese Bewohner fühlen sich bis heute als *Banyarwanda*.[126] Der erste Weltkrieg wurde auch auf afrikanischem Boden ausgetragen. So kämpften Deutsche gegen Belgier und griffen Belgisch Kongo an. Am 6. Mai 1916 gelang es schliesslich Belgien, mithilfe von England Kigali einzunehmen, womit die deutsche Kolonialzeit ihr Ende fand.

120 CHRÉTIEN, 1999 (1985), *op. cit.*, p. 136f.
121 SCHÜRINGS, 1994, *op. cit.*, p. 17.
122 SARKIN, 2001b, *op. cit.*, p. 69.
123 Er herrschte zwischen 1897 und 1931.
124 Vgl. SARKIN, 2001b, *op. cit.*, p. 69.
125 SCHÜRINGS, 1994, *op. cit.*, p. 169.
126 SCHÜRINGS, 1994, *op. cit.*, p. 185.

2. Unter belgischer Kolonialmacht

a. Einleitung

Im Versailler-Vertrag von 1919 wurde Belgien das Völkerbund-Mandat über Rwanda übertragen. Ab 1923 übte es eine offiziell als indirekt bezeichnete Herrschaft aus, die jedoch in zunehmendem Masse von massgeblichen Eingriffen in die politische Struktur des Landes begleitet war. Wie auch ihre deutschen Vorgänger sahen die Belgier in den Tutsi die am wenigsten unterentwickelte Rasse. Im Unterschied zu den Deutschen trugen sie jedoch durch die ausgeprägte Bevorzugung der aristokratischen Elite zur Vertiefung des Grabens zwischen den Einheimischen bei, der mit der Zeit gefährliche Züge annahm. So bemerkt auch Mamdani, dass nicht etwa die Privilegien der Tutsi neu waren, sondern die Rechtfertigung ihres privilegierten Status.[127]

Zunächst nutzten die neuen Kolonialherren ihre Erfahrungen aus Belgisch Kongo, um den Strassenbau voranzutreiben, die monetäre Wirtschaft einzuführen sowie weitläufige Kaffeeplantagen einzurichten. In Nyanza wurde eine Schule für Söhne von Tutsi-Chefs eröffnet, damit diese auf die Übernahme administrativer Aufgaben vorbereitet würden.[128] Als Folge einer Verwaltungsreform im Jahre 1925 wurde die administrative Einheit in «Rwanda-Urundi» umbenannt und umfasste von da an auch weite Teile des heutigen Burundis. Des Weiteren erfuhr das Territorium eine Neueinteilung in Provinzen *(chefferie)* und Distrikten *(sous-chefferie)* einheitlicher Grösse, an deren Spitze von Belgiern eingesetzte einheimische Chefs und Unterchefs standen. Auf diese Weise wurde die frühere Dreiteilung in Chefs des Militärs, der Weideflächen und des Ackerlandes aufgegeben und durch die Machtkonzentration innerhalb einer einzigen Position ersetzt.[129] Die Chefs wurden ausschliesslich aus der Dynastie der *Banyiginya* rekrutiert, was deren Privilegierung verstärkte.[130] Bisherige Hutu-Chefs wurden da-

127 MAMDANI, 2002, *op. cit.*, p. 37.
128 VIDAL, 1973, *op. cit.*, p. 36.
129 HINTJENS, 1999, *op. cit.*, p. 253.
130 VIDAL, 1998, *op. cit.*, p. 2.

gegen aufgrund rassistischer Vorurteile abgesetzt.[131] Beides führte dazu, dass Hutu von nun an unter der Autorität von Tutsi standen.

Gleichzeitig wurden 1931 aus wirtschaftlichen Überlegungen heraus allgemeine Steuern eingeführt. Von grösserer Bedeutung für die Verstärkung sozialer Ungleichheit war allerdings die neu deklarierte Pflicht für alle Chefs und Unterchefs, Kaffee anzubauen. Diese übertrugen die Arbeit kurzerhand auf ihre Hutu-Klienten, die im Gegenzug zum Erhalt von Land dazu genötigt wurden, für ihre Chefs zu arbeiten. Prunier schätzt, dass ein normaler Bauer bis zu 60 % seiner Arbeitszeit für den unentgeltlichen Kaffeeanbau investieren musste.[132] Zu diesem Zeitpunkt fand also die Umgestaltung des früher auf freiwilliger Basis operierenden Klientelsystems statt, welches sich von einem politischen Instrument reziproken Charakters in einen Mechanismus wirtschaftlicher Ausnutzung durch Chefs umwandelte, in dessen Zentrum Geld stand.[133] Auf diese Weise wurde die ehemals persönliche Klientelbeziehung durch eine unpersönliche administrative Bindung ersetzt. *Ubuhake* wurde erst 1954 durch die Belgier abgeschafft.

Die wirtschaftliche Ausnutzung der Bauern war das Eine, dahinter verbarg sich allerdings auch eine ausgeklügelte Strategie der Belgier, lokale Chefs mit mehr Macht auszustatten, während gleichzeitig die zentrale Kontrolle durch den König verringert und geschwächt werden sollte.[134] Die königliche Macht konnte auf diese Weise untergraben werden, während sie vordergründig unangetastet blieb. So bemerkte der Gouverneur Ryckmans: «Es ist nicht […] allein aus reiner Liebe für die Tradition, die lokale Farbe oder das Romantische, weshalb wir die eingeborenen Könige behalten. […] Sie sind das familiäre Dekor, der [sic!] uns erlaubt, ohne dass das Volk in Aufruhr gerät, im Hintergrund zu handeln».[135] Durch die Absetzung von Hutu-Chefs sowie der einseitigen Favorisierung von Tutsi entstand eine Dynamik, die von Chrétien wie folgt beschrieben wird: «Les rangs des privilégiés s'ouvrirent donc à beaucoup de familles tutsi qui en avaient été précédemment tenues à l'écart par les grands lignages proches

131 CHRÉTIEN, 1999 (1985), *op. cit.*, p. 143.
132 PRUNIER, 2002 (1995), *op. cit.*, p. 35.
133 VIDAL, 1973, *op. cit.*, p. 40 f.
134 CHRÉTIEN, 1999 (1985), *op. cit.*, p. 143.
135 Zit. in: SCHÜRINGS, 1994, *op. cit.*, p. 186.

des dynasties régnantes, tandis qu'ils se fermaient à des familles hutu qui y avaient accédé jusque-là».[136]

In den 1930er Jahren wurde den katholischen Missionen die alleinige Verantwortung für die schulische Bildung übertragen, was sich als folgenschwer erwies.[137] Während sich auf der Grundstufe keinerlei soziale Diskriminierung beobachten liess, wurde der Zugang zum höheren Schulwesen in fast ausschliesslicher Weise den als intelligenter eingestuften Tutsi vorbehalten. Dementsprechend war es für Hutu fast gänzlich ausgeschlossen, administrative Ämter zu übernehmen. Bereits 1932 war die katholische Kirche die wichtigste soziale Organisation im Lande geworden, deren oberster Vertreter vor Ort, der französische Bischof Léon Paul Classe, die Absicht verfolgte, in Rwanda ein katholisches Königreich zu errichten.[138] Auch er vertrat die Ansicht, Tutsi wären «chefs nés, ceux-ci ont le sens du commandement».[139] 1933 fand eine richtiggehende Welle der Christianisierung statt, die schliesslich dazu führte, dass sich alle Chefs zum Christentum bekannten.[140] Einzig König Yuhi V. Musinga legte zähen Widerstand an den Tag, was ihm allerdings – wie sich noch zeigen wird – zum Verhängnis wurde.

b. Die Ethnogenese

1930 wurde in der Kolonie eine Volkszählung organisiert, die auch den Land- und Viehbesitz der Einheimischen registrierte. Auf deren Grundlage sollten drei Jahre später Identitätskarten mit Angaben zur ethnischen Zugehörigkeit eingeführt werden.[141] Die durch Aussenstehende vorgenommene Zuweisung der Ethnie erfolgte in erstaunlich willkürlicher Weise, wobei das Eigentum von mehr als zehn Rindern einen Einheimischen zu einem Tutsi machte.[142] Hiermit lässt sich also folgende Entwicklung er-

136 CHRÉTIEN, 1999 (1985), *op. cit.*, p. 145.
137 VIDAL, 1973, *op. cit.*, p. 36.
138 PRUNIER, 2002 (1995), *op. cit.*, p. 32.
139 DE LACGER, 1959: «Ruanda», p. 524, zit. in: VIDAL, 1973, *op. cit.*, p. 37.
140 VIDAL, 1973, *op. cit.*, p. 38.
141 SARKIN, 2001b, *op. cit.*, p. 69.
142 VIDAL, 1998, *op. cit.*, p. 2 f. Vergleiche hierzu auch die Ausführungen auf den Seiten 43 und 54 f.

kennen: Während Hutu und Tutsi ursprünglich zu unterschiedlichen Ethnien gehörten, hatte der kulturelle Assimilationsprozess im Laufe der Zeit dazu geführt, dass sich die Bezeichnung Hutu und Tutsi nur noch auf die Unterscheidung in der Produktionsweise bezog, während gleichzeitig soziale Mobilität durchwegs gängig war. Die belgischen Kolonisatoren nahmen daraufhin eine folgenschwere Umstrukturierung in der sozialen Schichtung vor, derzufolge diese tatsächlich entlang von Hutu und Tutsi operierte. In einem letzten Schritt sollte die Schichtzugehörigkeit wieder mit dem ethnischen Label versehen werden.

Dieser auf den ersten Blick harmlose administrative Akt sollte sechzig Jahre später für unzählige Tutsi zum Verhängnis werden. In der Tat verlangten die Völkermörder oftmals die Identitätskarte, bevor sie einen Tutsi töteten. Mit der Einführung von Identitätskarten fand die eigentliche Ethnogenese statt.[143] Waren bislang die Kategorien von Hutu und Tutsi äusserst flexibel gehandhabt und flüssig gewesen, erfuhren sie hiermit eine endgültige Fixierung auf dem Papier.[144] Die früher gängige soziale Mobilität war nicht mehr länger möglich. An dieser Stelle erscheint es nochmals für angebracht, einige Bemerkungen zum Begriff der Ethnizität zu machen. Diese wird durch Chabal und Daloz wie folgt definiert:

> We need to conceptualize ethnicity as a dynamic, multi-faceted and interactive cluster of *changeable self-validated attributes.* [...] There are ways of defining oneself and others in accordance with a set of beliefs, values and subjective perceptions which are both eminently malleable and susceptible to change over time.[145]

143 FIERENS, Jacques, 2001: »La Qualification de Génocide devant le Tribunal Pénal International pour le Rwanda et devant les Juridictions Rwandaises», in: *Actualité du Droit International Humanitaire, Les Dossiers de la Revue de Droit Pénal et de Criminologie,* Vol. 6: 183–209, p. 183.

144 LAMBOURNE, Wendy, 2001: «Justice and Reconciliation. Postconflict Peacebuilding in Cambodia and Rwanda», S. 311–337 in: Mohammed ABU-NIMER (ed.): *Reconciliation, Justice, and Coexistence: Theory and Practice.* Lanham, M. D.: Lexington Books, p. 322.

145 CHABAL, Patrick and Jean-Pascal DALOZ, 1999: *Africa Works: Disorder as Political Instrument.* Zit. in: DRUMBL, Mark A., 2000: «Punishment, Postgenocide: From Guilt to Shame to *Civis* in Rwanda», in: *New York University Law Review,* Vol. 75: 1221–1326, p. 1292 *[eigene Hervorhebung].*

Ethnizität bedarf keines Rückgriffs auf tatsächlich vorliegende Unterschiede zwischen Gruppen. Es geht vielmehr um die Definition von realen oder fiktiven Unterschieden mit Bezug auf die eigene Identität.[146] Diese Unterschiede können historisch zunehmen, abnehmen oder sogar verschwinden. Ethnizität ist somit kein starres Konzept und stammt sogar oftmals aus der Kolonialzeit.[147] Mit der Etablierung von Identitätskarten, die jede Person entweder als Hutu, Tutsi oder Twa definierten, wurde den Menschen glauben gemacht, sie würden tatsächlich zu einer bestimmten Ethnie gehören. Diese Überzeugung fusste indessen nicht auf einer kulturellen Basis, sondern war Bestandteil einer von aussen auferlegten, politischen Identität.[148] Es darf angenommen werden, dass die Kategorien in der Folge in stärkerem Masse interiorisiert wurden und an persönlicher Bedeutung gewannen. Interessant ist auch die Feststellung, dass im Rahmen der Hutu-Revolution von 1959 gefordert wurde, der Staat möge weiterhin Personalausweise ausstellen, damit jeder Einwohner als Hutu oder Tutsi identifiziert werden könne.[149] Auf diese Weise wurde geschaffen, was Anderson als *imagined community* bezeichnet.[150]

Im Jahre 1931 wurde König Yuhi V. Musinga durch die Belgier abgesetzt und ins Exil geschickt, da er sich noch immer standhaft weigerte, Christ zu werden und westliche Gewohnheiten anzunehmen. Er wurde

146 HIPPLER, Jochen, 1999: «Gewaltsame Konflikte, Ethnizität und Möglichkeiten von Solidarität und Hilfe». *Transnational Institute*, Amsterdam, keine Seitenangaben [http://www.tni.org/archives/hippler/gewalt.htm].

147 Vgl. MAMDANI, 2002, *op. cit.*, p. 27 ff.

148 Mamdani unterscheidet in diesem Zusammenhang zwischen ethnischer Zugehörigkeit als kultureller Identität und ethnischer Zugehörigkeit als politischer Identität. MAMDANI, 2002, *op. cit.*, p. 32.

149 MAMDANI, 2002, *op. cit.*, p. 34.

150 ANDERSON, Benedict, 1996 (1983): *Die Erfindung der Nation. Zur Karriere eines folgenreichen Konzepts*. Frankfurt; New York: Campus Verlag. *Imagined communities* bestehen aus Menschen, die sich selber als Mitglieder eines umfassenden Kollektivs wahrnehmen. Das Zugehörigkeitsgefühl erfolgt primär durch das Konstrukt einer gemeinsamen Identität und ist nicht auf direkte, zwischenmenschliche Beziehungen zurückzuführen. Zentral ist, dass kategoriale Identitäten als lokale Gemeinschaften imaginiert werden. Darunter fallen etwa Nationen, Klassen, Ethnien, Gender und religiöse Gruppen.

durch seinen ältesten Sohn Mutara III. Rudahigwa ersetzt, der ausgesprochene Offenheit gegenüber dem Christentum und westlichen Vorstellungen an den Tag legte.[151] Nach dem Ende des Zweiten Weltkriegs wurde Rwanda-Urundi am 13. Dezember 1946 aufgrund der Auflösung des Völkerbundes zu einem Treuhandgebiet der UN, blieb jedoch unter der Macht Belgiens.

c. Der nationalistische Weg zur Unabhängigkeit

In den 1950er Jahren zeichnete sich, wie auch in anderen afrikanischen Ländern, langsam das Ende der Kolonialzeit ab. Interessanterweise nahm der Unabhängigkeitsdiskurs der Rwander jedoch weniger Bezug auf die Kolonialisierung durch Deutsche und Belgier, als in seinem Zentrum vielmehr die Macht und Privilegierung von Tutsi standen.[152]

So formierten sich ab Mitte der 1950er Jahre in Hutu-Kreisen nationalistische Bewegungen, die einen Diskurs der Unterdrückung durch Tutsi führten. Im «Manifest der Bahutu» vom 24. März 1957 forderten neun Hutu, darunter Grégoire Kayibanda, die Gleichstellung aller Bevölkerungsgruppen, die entsprechend ihrer demographischen Verteilung erfolgen müsse. Der Untertitel ihres Manifestes, *Note sur l'aspect social du problème racial indigène au Ruanda*, liefert einen ersten Hinweis auf die Interiorisierung rassistischer Vorstellungen der Europäer.[153] So wurde argumentiert, die Emanzipation der Bevölkerungsmehrheit der Hutu sowie ihre Befreiung aus dem durch die aristokratischen Eroberer auferlegten Joch müsse vorangetrieben werden, andernfalls Hutu ewige Sklaven und Untermenschen blieben. Weniger die Belgier, als vielmehr die Tutsi wurden als Kolonisatoren

151 VIDAL, 1973, *op. cit.*, p. 37.

152 So bemerkt Schürings: «Tatsächlich wurden von den Führern niemals die politischen Wirkungen des Kolonialismus und des damit eingeführten kapitalistischen Systems analysiert wie Zwangsarbeit (Akazi), Prügelstrafe, Steuererhebung, die Vermittlung westlicher Normen und Werte, die wirtschaftliche Ausbeutung und Weltmarktorientierung etc. Batutsi war während der Kolonialzeit zu einem Symbol für Ausbeutung und Unterdrückung geworden». SCHÜRINGS, 1994, *op. cit.*, p. 149.

153 CHRÉTIEN, 1999 (1985), *op. cit.*, p. 151.

bezeichnet.[154] Es entstand ein nationalistisch-politisches Projekt, welches die koloniale Identität der Hutu als eingeborene Rasse der Bantu in die postkoloniale rwandische Nation übersetzte.[155]

Diese Entwicklungen wurden von den Europäern mit zunehmender Besorgnis mit verfolgt. Der Gefahr von Unabhängigkeitsbestrebungen ins Auge blickend, wechselten Mitte 1959 Belgien und die katholische Kirche hemmungslos das Lager, um nach der Unabhängigkeit auf der Seite der Sieger zu stehen.[156] Diese hatten aus strategischen, aber auch aus biologistisch-rassistischen Überlegungen Tutsi jahrzehntelang bezüglich Zugang zu politischer Macht, zu administrativen Ämtern und auch zu höherer Schulbildung favorisiert, sodass im Jahre 1959 43 der 45 *chefferies* und 549 der 559 *sous-chefferies* durch Tutsi geführt wurden.[157] Allerdings wäre es unkorrekt, anzunehmen, die politische Macht würde mit Reichtum einhergehen. So war das durchschnittliche Familieneinkommen von Hutu und Tutsi im Jahre 1959 in etwa gleich.[158] Im Vorfeld der Ereignisse von 1959 liess sich also eine Kehrtwendung der Europäer beobachten, wonach nun plötzlich die bislang benachteiligten Hutu in ihrem Kampf um Gerechtigkeit Unterstützung erhalten sollten. Opportunistischen Überlegungen folgend, wurde der nationalistisch-rassistische Diskurs von Hutu-Opponenten direkt übernommen.

Plötzlich schienen sich die Ereignisse zu überstürzen. Am 25. Juli 1959 starb König Mutara III. Rudahigwa in Burundi, zu dessen Nachfolger monarchietreue Tutsi seinen Halbbruder Kigeri V. Jean-Baptiste Ndahindurwa ernannten. Ab September 1959 fanden erste offizielle Parteigründungen von Hutu und Tutsi statt, im Zentrum derer Parteiprogramme das Monopol der Tutsi stand, dieses entweder verteidigend oder angreifend. Als wichtigste Partei figurierte die nationalistisch-rassistische Parmehutu *(Parti du Mouvement d'Emancipation Hutu)* unter der Leitung des Mitunterzeichners des «Manifestes der Bahutu», Grégoire Kayibanda, die 1960 in MDR *(Mouvement Démocrate Républicain)* umbenannt wurde.

154 ELIAS et HELBIG, 1992, *op. cit.*, p. 67.
155 MAMDANI, 2002, *op. cit.*, p. 39.
156 SARKIN, 2001b, *op. cit.*, p. 70.
157 PRUNIER, 2002 (1995), *op. cit.*, p. 27.
158 Siehe dazu die tabellarische Aufstellung in: PRUNIER, 2002 (1995), *op. cit.*, p. 50.

Weitere Parteien waren die überwiegend aus Hutu zusammengesetzte Aprosoma *(Association pour la Promotion Sociale de la Masse)* und der fortschrittlich orientierte Rader *(Rassemblement Démocratique Rwandais)*. Als wichtigste Tutsi-Partei galt die extremistische sowie royalistische UNAR *(Union Nationale Rwandaise)*.[159]

Im bereits eingesetzten Kampf um die politische Struktur und Macht nach Erlangung der Unabhängigkeit kam es am 1. November 1959 zu massiven Gewaltausschreitungen. So hiess es, die UNAR habe einen Hutu-Unterchef überfallen und ermordet. Hutu rächten sich als Folge davon in Massenmorden an Tutsi, was durch Terrorakte der UNAR gegen Hutu beantwortet wurde und zu einer massiven Eskalation der Gewalt führte.[160] Infolge dieser von der belgischen Verwaltung 14 Tage später niedergeschlagenen sogenannten «Novemberrevolution», die mehrere hundert Tote überwiegend auf der Seite von Tutsi forderte, flohen rund 153'000 Tutsi in die Nachbarländer. Daraufhin ersetzten die belgischen Verwalter rund die Hälfte der Tutsi-Chefs durch Hutu.[161]

Was unter dem Begriff der «Hutu-Revolution» in die nationale Geschichte Rwandas einging und den späteren Sturz der Tutsi-Monarchie einleitete, wurde von Hutu als Aufstand jahrelang Unterdrückter bezeichnet, als Aufstand einer Klasse von Sklaven, von Opfern, von Diskriminierten, die – wenn auch mit blutigen Mitteln – diesem Elend ein Ende bereiten wollten und unter Mithilfe Belgiens die erste Republik Rwandas ausriefen. Das Jahr 1959 markierte denn auch den Beginn von gewaltsamen Auseinandersetzungen grösseren Ausmasses zwischen Hutu und Tutsi. Die Meinung ist einhellig, wonach vor diesem Jahr keine Konflikte zwischen den beiden Gruppen zu verzeichnen waren.

159 Für eine Gegenüberstellung aller wichtigen Parteien Rwandas seit 1959 sowie ihrer Ziele siehe auch: CALMEYN, Stefaan, 2002: «Rwanda after the Genocide», S. 190–198 in: Timo KIVIMÄKI and Liisa LAAKSO (eds.): *Agents, Motives and Instruments. An Atlas of African Conflicts*. Helsinki: Helsinki University Press. Siehe auch die detaillierten Beschreibungen in: MAMDANI, 2001, *op. cit.*, p. 120 ff.

160 SCHÜRINGS, 1994, *op. cit.*, p. 151.

161 DES FORGES, 2002, *op. cit.*, p. 64 f.

Die geforderten politischen Strukturreformen, die demokratische Wahlen ermöglichen sollten, wurden schliesslich am 10. November 1959 durch Belgien zugelassen. Die Gemeindewahlen vom 26. Juni bis 31. Juli 1960 gingen mit einem überwältigenden Sieg der Parmehutu aus, die 70,4% der Stimmen erlangte.[162] König Kigeri V. Jean-Baptiste Ndahindurwa ging daraufhin ins Exil. Am 28. Januar 1961 wurde er für abgesetzt erklärt, die Erste Republik Rwanda wurde ausgerufen.

Die Republik Rwanda erhielt am 1. Februar 1961 ihre erste Verfassung, die fünf Tage später auch von Belgien offiziell anerkannt wurde. Am 26. Oktober 1961 wählte die Nationalversammlung Grégoire Kayibanda von der Parmehutu zum Präsidenten. Die Parlamentswahlen brachten der Parmehutu die Mehrheit, während auf administrativer Ebene die Tutsi-Chefs entmachtet wurden und mit ihren Gefolgsleuten in Massen ins Ausland flohen.[163] Die ethnische Mehrheit wurde als gleichbedeutend mit der demokratischen Mehrheit angesehen.[164] Rwanda erlangte schliesslich am 1. Juli 1962 seine Unabhängigkeit.

162 PRUNIER, 2002 (1995), *op. cit.*, p. 51.
163 VIDAL, 1973, *op. cit.*, p. 45.
164 DES FORGES, 2002, *op. cit.*, p. 65.

IV. Entwicklungen seit der Unabhängigkeit von 1962

1. Die erste Republik unter Kayibanda

In den ersten fünf Jahren der Republik versuchten emigrierte Tutsi mehrfach, ins Landesinnere von Rwanda einzudringen und ihre Rückkehr ins Land sowie an die Macht gewaltsam zu erzwingen.[165] Aufgrund dieser Operationen erhielten sie den Namen *inyenzi*, Kakerlaken. Gefolgt wurden diese Invasionen stets von Massakern an Tutsi, die in Rwanda geblieben waren und als Verbündete der Emigrierten angesehen wurden.[166] Die Jahre 1963 und 1964 waren durch richtiggehende Pogrome und Massaker geprägt, in deren Folge über 330'000 Tutsi in die Nachbarländer flohen.[167]

Die erste Republik unter Präsident Kayibanda war durch eine politische Monokultur sowie durch rigide ethnische Quoten, die der Bevölkerungsverteilung entsprachen, im Bildungssystem sowie in der staatlichen Administration gekennzeichnet.[168] Die Minderheit der Tutsi war aufgrund der von Belgiern eingeführten Identitätskarten praktisch vom sozialen, politischen und kulturellen Leben ausgeschlossen.[169] Offiziell wurde das Einparteienregime der MDR 1965 eingeführt. Die Gewalt hielt nach wie vor an und führte zu zahlreichen Ausschreitungen gegen Tutsi.

165 SCHÜRINGS, 1994, *op. cit.*, p. 157.
166 DES FORGES, 2002, *op. cit.*, p. 65.
167 PRUNIER, 2002 (1995), *op. cit.*, p. 62.
168 PRUNIER, 2002 (1995), *op. cit.*, p. 60.
169 SARKIN, 2001b, *op. cit.*, p. 70.

2. Die zweite Republik unter Habyarimana

Am 5. Juli 1973 gelangte General Juvénal Habyarimana durch einen Militärputsch an die Macht. Er rief die Zweite Republik aus, deren Präsident und Regierungschef er wurde. 1974 wurde die Einheitspartei MRND *(Mouvement Révolutionnaire National pour le Développement)* gegründet.[170] Bei dieser Partei handelte es sich um ein totalitäres politisches Gebilde, waren doch alle Bürgerinnen und Bürger Rwandas von Geburt an automatisch deren Mitglied. Im Zusammenhang mit der autokratischen MRND bemerkt Prunier: «Administrative control was probably the highest in the world among non-communist countries».[171]

Ein Verfassungsreferendum sowie Präsidentschaftswahlen, die Habyarimana im Amt bestätigten, fanden 1981 statt. Der Zugang zu weiterführenden Schulen und Stellen im öffentlichen Sektor wurde noch immer per Quotensystem geregelt. Daraus ergab sich eine stetig zunehmende Bevorzugung der Hutu-Mehrheit, während Tutsi absolut marginalisiert waren. In der gesamten Machtperiode von Habyarimana stellten Tutsi nur einen einzigen Bürgermeister in Butare, einen Offizier und zwei von insgesamt siebzig Parlamentariern.[172]

Ende der 1970er Jahre galt Rwanda als wirtschaftlich und politisch relativ stabil. Zum einen wurde die politische Opposition massivst unterdrückt, während die Infrastruktur des Landes erheblich ausgebaut wurde und zu einer hochstehenden schulischen und medizinischen Versorgung beitrug. Das von den Belgiern eingeführte System der unentgeltlichen Gemeindearbeit wurde unter der Bezeichnung *umuganda* weitergeführt.[173] Steigende Exporterlöse zogen massgebliche internationale Unterstützung nach sich, woher auch die Bezeichnung Rwandas als «Land der 1'000 Entwicklungshelfer» stammt. Lange sollte die wirtschaftliche Prosperität jedoch nicht anhalten. Mit der Senkung des Kaffeepreises Mitte der 1980er Jahre wurde das Land in eine tiefe Krise gestürzt, die sich ebenfalls auf die

170 PRUNIER, 2002 (1995), *op. cit.*, p. 76.
171 PRUNIER, 2002 (1995), *op. cit.*, p. 77.
172 PRUNIER, 2002 (1995), *op. cit.*, p. 75.
173 DES FORGES, 2002, *op. cit.*, p. 69.

politische Stabilität niederschlug.[174] Verstärkt wurde die Krise durch zunehmende Übervölkerung, Bodenknappheit, Arbeitslosigkeit und Hungersnöte. Auf politischer Ebene spitzte sich die Korruption, der Machtmissbrauch sowie die zunehmende Machtkonzentration auf die Hutu aus dem Norden, der Heimatregion von Habyarimana, zu. Was als *akazu* – kleines Haus – bezeichnet wurde, galt als Machtkern und umfasste Verwandte der Ehefrau von Habyarimana sowie Personen aus der Heimatregion des Präsidenten.[175]

1990 knüpfte die internationale Gemeinschaft die Vergabe von Entwicklungshilfe an die Bedingung der Bereitschaft zur Demokratisierung. Auch innerhalb der verarmten rwandischen Bevölkerung wurde der Ruf nach Demokratie laut. Als Folge dessen stimmte Habyarimana der Einführung eines Mehrparteiensystems und der Durchführung von Strukturanpassungsmassnahmen zu.[176] Doch gleichzeitig hatte im Nachbarland Uganda eine Entwicklung stattgefunden, welche die nächsten Jahre massgeblich beeinflusste. Ihr sollen die nachfolgenden Ausführungen gewidmet sein.

174 PRUNIER, 2002 (1995), *op. cit.*, p. 84 ff.
175 DES FORGES, 2002, *op. cit.*, p. 71.
176 PRUNIER, 2002 (1995), *op. cit.*, p. 90 f.

V. Die Zeit des Bürgerkriegs und der Genozid von 1994

1. Exil-Rwander in Uganda

In den 1970er Jahren lebte eine grosse Gemeinschaft von geflüchteten Tutsi und Hutu Dissidenten im Nachbarland Uganda. Als Museveni im Jahre 1981 mit dem Ziel, den ugandischen Präsidenten Obote zu stürzen, das *National Resistance Movement* (NRM) gründete, wurden zahlreiche Exil-Rwander – viele unter ihnen der zweiten Generation angehörend – in diese eingegliedert.[177] Dieses Ziel wurde im Januar 1986 erreicht, wobei rwandische Kämpfer rund einen Fünftel der Truppen ausmachten.[178] Nach seinem militärischen Sieg verlor jedoch der neue Präsident Ugandas aufgrund politischen Drucks das Interesse an seinen rwandischen Söldnern und manifestierte mangelnden Willen, diese in die ugandische Gesellschaft zu integrieren. Versprechen weitläufiger Einbürgerungen wurden ebenfalls nicht eingehalten.[179] Dies stellte mitunter einen der Gründe dar, weshalb die ehemaligen Kämpfer im Jahre 1987 eine politische Partei, die Rwandische Patriotische Front (RPF), mit dessen militärischem Arm, der Rwandischen Patriotischen Armee (RPA), gründeten, die in den nachfolgenden Ereignissen in der Region der Grossen Seen eine bedeutende Rolle spielen werden.

Innerhalb der Bevölkerung Ugandas verstärkte sich die anti-rwandische Stimmung zusehends und nahm besorgniserregende Züge an. Die rund 600'000 Exil-Rwander blieben seit jeher Fremde und richteten als Folge von Enttäuschung und Perspektivenlosigkeit mit zunehmender In-

177 PRUNIER, 2002 (1995), *op. cit.*, p. 67 ff. Siehe auch: CHRÉTIEN, Jean-Pierre, 1992: «‹Presse libre› et propagande raciste au Rwanda: Kangura et ‹les 10 commandements du Hutu›», in: *Politique Africaine*, Vol. 42: 109–120, p. 109.

178 PRUNIER, 2002 (1995), *op. cit.*, p. 70.

179 PRUNIER, 2002 (1995), *op. cit.*, p. 72.

tensität den Blick auf ihr Heimatland und die dortigen politischen Entwicklungen. Nachdem sie offiziell den Wunsch geäussert hatten, in ihr Heimatland zurückzukehren, wurden zwischen Rwanda und Uganda Verhandlungen geführt, die am 30. Juli 1990 in einen Aktionsplan mündeten. Darin wurden mitunter mögliche Rückkehrer für den Monat November aufgelistet.[180] Allerdings hätte die ordnungsgemässe Repatriierung rwandischer Flüchtlinge einem Angriff durch die RPA die Legitimität entzogen, weshalb sich die darauffolgenden Ereignisse überstürzten.

2. Der Bürgerkrieg von 1990

Der Wunsch, nach Rwanda zurückzukehren und die frühere Macht wiederzuerlangen, erreichte seinen Höhepunkt am 1. Oktober 1990, als die RPA unter der Führung von Generalmajor Fred Rwigyema mit rund 2'500 Soldaten von Uganda aus einen Angriff auf Rwandas nördliche Präfekturen Ruhengeri und Byumba startete.[181] Nach dem baldigen Tode von Rwigyema übernahm Major Paul Kagame die militärische Führung der RPA. Ein Bürgerkrieg, der drei Jahre dauern sollte, erfasste das gesamte Land und ging als «Oktoberkrieg» in die nationale Geschichte Rwandas ein.[182] Die RPF forderte in offizieller Lesart die Rückkehr der rwandischen Flüchtlinge, die Errichtung eines Rechtsstaates nach Absetzung von Habyarimana sowie die demokratische Teilung der Macht.[183]

Im Zuge der Intensivierung der Kämpfe startete die rwandische Nationalarmee (FAR) am 4. und 5. Oktober 1990 einen Scheinangriff auf die Hauptstadt Kigali, der fälschlicherweise als Offensive der RPA deklariert

180 PRUNIER, 2002 (1995), *op. cit.*, p. 91.

181 PRUNIER, 2002 (1995), *op. cit.*, p. 93.

182 Die Bezeichnung ist darauf zurückzuführen, dass am 31. Oktober 1990 in Rwanda das Ende des Krieges gefeiert wurde, da die RPA sich nach Uganda zurückziehen musste. Allerdings begann von nun an ein Guerillakrieg, der noch jahrelang andauern sollte. SCHÜRINGS, 1994, *op. cit.*, p. 239.

183 SCHÜRINGS, 1994, *op. cit.*, p. 113.

wurde.[184] Dies wurde denn auch als Vorwand benutzt, um rund 8'000 Rwander, in der Hauptsache Tutsi, zu verhaften, weil ihnen die Unterstützung der Rebellen unterstellt wurde.[185] Die internationale Gemeinschaft ihrerseits reagierte bereits einige Tage nach Beginn des Bürgerkriegs. Zur Unterstützung der rwandischen Nationalarmee wurden am 4. Oktober 300 französische Fallschirmjäger und 480 belgische Soldaten nach Rwanda entsandt. Kurz darauf folgten ebenfalls 500 zaïrische Soldaten, die jedoch schon bald aufgrund von Plünderungen, Morden und Vergewaltigungen wieder in ihr Heimatland zurückgeschickt wurden. In einem weiteren Schritt wurde die FAR mit Hilfe Frankreichs von 5'000 auf rund 30'000 Soldaten aufgestockt.[186]

Im Kampf zwischen der von Hutu dominierten FAR und der RPA, massgeblich aus Exil-Tutsi bestehend, wurde die vermeintlich ethnische Dimension zusehends instrumentalisiert und überlagerte die wahren Motive der Kampfhandlungen. Die ersten organisierten Massaker an Tutsi in den neunziger Jahren fanden zwischen dem 11. und 13. Oktober 1990 in Kibilira statt, wo mehr als 350 Menschen getötet und 500 Häuser verbrannt wurden.[187]

Traurige Berühmtheit erlangten die am 10. Dezember 1990 in der extremistischen Zeitung *Kangura* («Wecke ihn auf!») publizierten «Zehn Gebote für Hutu».[188] Da dieses Dokument Licht auf den rassistischen Diskurs zu werfen vermag und für das Verständnis der nachfolgenden Entwicklungen von zentraler Bedeutung ist, wurde es im Anhang abgedruckt. In beängstigender Weise versuchte dieses Dokument eine menschenverachtende Ideologie zu verbreiten. Es fällt auf, dass zunächst die verpönte sexuelle Vermischung von Hutu und Tutsi thematisiert wird, die der «Reinhaltung der Rasse» im Wege steht. Damit das einzige durch Tutsi verfolgte Ziel, nämlich die «Vorherrschaft seiner ethnischen Gruppe», kompromittiert werden könne, müssten diese aus geschäftlichen Angelegenheiten aus-

184 DES FORGES, 2002, *op. cit.*, p. 77.
185 PRUNIER, 2002 (1995), *op. cit.*, p. 102.
186 SCHÜRINGS, 1994, *op. cit.*, p. 197. Die Interventionen Frankreichs sind durch die grosse Freundschaft zwischen Mitterand und Habyarimana zu erklären.
187 PRUNIER, 2002 (1995), *op. cit.*, p. 110.
188 Zur Entstehungsgeschichte siehe: CHRÉTIEN, 1992, *op. cit.*

geschlossen werden, während strategisch wichtige Positionen in der Politik, Wirtschaft, Verwaltung sowie im Militär einzig durch Hutu besetzt werden sollten. In gefährlicher Weise wurde – unterstützt durch Massenmedien – eine solidarische Gemeinschaft von Hutu heraufbeschworen und als *imagined community* konstruiert, die sich geschlossen gegen Ambitionen von Tutsi, die alte Herrschaft der Gewalt wieder einzuführen, wehren sollte.[189] Bleibt zu erwähnen, dass in derselben Ausgabe von *Kangura* von einem Rückeroberungsplan der Tutsi die Rede war, der am 6. August 1962 im ehemaligen Zaïre hätte entdeckt werden sollen. Gemäss dieser aus der Luft gegriffenen Verschwörungstheorie beabsichtigten die Tutsi seither, die Macht über ganz Zentralafrika zu ergreifen.[190] Dagegen müssten sich die Hutu auflehnen und an ihren demokratischen Errungenschaften der Hutu-Revolution von 1959 festhalten. Jeder Hutu, der dieser Ideologie nicht folgte, wurde als Verräter seinen Brüdern gegenüber bezeichnet. Als Gegenstück zur solidarischen Gemeinschaft der Hutu wurde in polarisierender Weise eine Gruppe von fremden Eindringlingen konstruiert – ein Mechanismus, den die Rwander indes bei Weitem nicht erfunden haben.[191]

Das Jahr 1990 markierte mit der Veröffentlichung der «Zehn Gebote für Hutu» die Abkehr von einer bislang streng gehandhabten Pressezensur hin zur Tolerierung von Aussagen jeglicher Couleur. Wie sich in der Folge zeigen wird, haben Zeitungen sowie insbesondere Radiosender massive ideologische Propaganda betrieben, Falschinformationen generiert sowie in kaum abzuschätzendem Masse zum Völkermord von 1994 beigetragen.[192]

In der Zwischenzeit wurden die Kämpfe zwischen der RPA und der FAR weitergeführt. Ab und zu gelang es der RPA, Gebiete einzunehmen,

189 Hierzu: ANDERSON, 1996 (1983), *op. cit.* Dabei fällt auf, wie Massenmedien mit dem Ziele, das Gefühl imaginierter persönlicher Verbundenheit zu verstärken, instrumentalisiert werden können.

190 Der Artikel ist abgedruckt in: CHRÉTIEN, 1992, *op. cit.*, pp. 116–119.

191 Zur Konstruktion des «Anderen» im Zusammenhang mit Massengewalt und Genoziden siehe: PLATT, Kristin, 1998: «Genozid und Moderne. Einleitung», S. 5–39 in: Mihran DABAG und Kristin PLATT (Hrsg.): *Genozid und Moderne. Strukturen kollektiver Gewalt im 20. Jahrhundert.* Bd. 1. Opladen: Leske + Budrich, p. 11.

192 DES FORGES, 2002, *op. cit.*, p. 301 ff.

wie beispielsweise am 23. Januar 1991 das im Norden des Landes befindliche Ruhengeri.[193]

Auf politischer Ebene war am 16. April 1992 die Bildung der ersten Übergangsregierung in der Phase des Bürgerkriegs unter Ministerpräsident Dismas Nsengiyaremye (MDR) zu verzeichnen.[194] Gleichzeitig drängte die internationale Gemeinschaft auf eine Beendigung der kriegerischen Auseinandersetzungen, was am 12. Juli 1992 zur Aufnahme von Friedensverhandlungen in Arusha unter der Schirmherrschaft der Organisation Afrikanischer Einheit (OAU) sowie durch Vermittlung des Präsidenten von Tansania, Ali Hassan Mwinyi, führte.[195] Obschon ein Waffenstillstandsabkommen (1. Arusha-Abkommen) getroffen werden konnte, wurden weiterhin Kampfhandlungen auf beiden Seiten sowie Massaker an Tutsi registriert, woran die Milizen der MRND, die *Interahamwe*[196], massgeblich beteiligt waren. Die am 22. Juni 1993 zur Überwachung und Sicherung des Waffenstillstandes an die Grenze von Uganda entsandte UNOMUR *(United Nations Observer Mission Uganda-Rwanda)* vermochte ihre Aufgabe nicht zu erfüllen.

Bereits im Jahre 1992 existierten Todeslisten, welche zwei Jahre später zur Lokalisierung von Tutsi und oppositionellen Hutu verwendet wurden. Es gilt heute als weitgehend erwiesen, dass die Planung des Genozids zu diesem Zeitpunkt bereits abgeschlossen war.[197] Rund 400'000 Menschen galten damals als intern Vertriebene und lebten in Flüchtlingslagern.

Am 22. November 1992 hielt Mugesera vor einer Parteiversammlung der MRND seine berüchtigte Rede, wonach die Tutsi auf dem kürzesten Weg, nämlich über den Nyabarongo Fluss, nach Äthiopien zurückgeschickt werden sollen.[198] Diese Rede wurde aufgezeichnet und landesweit verbrei-

193 SCHÜRINGS, 1994, *op. cit.*, p. 175.

194 An dieser Regierung waren folgende Parteien beteiligt: MRND, MDR, PL, PSD und PDC.

195 SCHÜRINGS, 1994, *op. cit.*, p. 22.

196 Wörtlich: «die zusammenarbeiten».

197 PRUNIER, 2002 (1995), *op. cit.*, p. 246. KARNAVAS, Michael G., 1997: «Rwanda's Quest for Justice: National and International Efforts and Challenges, in: *The Champion Magazine*, National Association of Criminal Defense Lawyers, May 1997 [http://www.nacdl.org/CHAMPION/ARTICLES/97may01.htm].

198 DES FORGES, 2002, *op. cit.*, p. 116.

tet. Basierend auf rassistischem Gedankengut sowie auf dem niemals bestätigten Mythos, Tutsi seien einst als Abkömmlinge der hamitischen Rasse südwärts in die Region der Grossen Seen migriert, reaktivierte diese Rede gängige Stereotype. In der nachfolgenden Zeit wurde dieser Aufruf mehrfach wieder aufgegriffen und fand seine traurige Realisierung während des Genozids von 1994, als Hunderttausende von aufgeblähten Leichen sich am Ende des betreffenden Flusses ansammelten und das Wasser verseuchten.

Nach anhaltenden Kampfhandlungen gelang es der RPA im Februar 1993, die nördlichen Präfekturen Ruhengeri und Byumba einzunehmen. Rund eine Million Menschen war zu diesem Zeitpunkt auf der Flucht. Zwischenzeitlich wurden die Verhandlungen in Arusha unter massivem internationalem Druck fortgesetzt.[199] Ein Friedensvertrag konnte am 4. August 1993 unterzeichnet werden, der aus sieben Teilen bestand und unter anderem eine erweiterte Übergangsregierung unter Beteiligung der RPF, die Neuorganisierung und teilweise Demobilisierung der Armee sowie die Rückkehr und Reintegration der Flüchtlinge vorsah. Diese Entwicklung wurde vom Machtkern um Habyarimana, dem *akazu*, mit tiefster Missbilligung wahrgenommen, bedeutete dies doch ihren bevorstehenden Machtverlust. Durch Beschluss seiner Resolution Nr. 872 vom 5. Oktober 1993 entsandte der UN-Sicherheitsrat unter der Führung von General Dallaire die *U.N. Assistance Mission in Rwanda* (UNAMIR), bestehend aus rund 2'500 Blauhelmsoldaten, zur Überwachung des Arusha-Abkommens nach Rwanda.[200]

Doch bereits vier Tage nach Unterzeichnung des Friedensvertrages ging *Radio-Télévision Libre des Mille Collines* (RTLM), ein von der MRND und der rechtsextremistischen CDR *(Coalition pour la Défense de la République)* finanzierter Privatsender, unter der Leitung von Ferdinand Nahimana auf Sendung.[201] Nicht nur fand eine Hetzpropaganda gegen op-

199 LEMARCHAND, René, 1994: «Managing Transition Anarchies: Rwanda, Burundi, and South Africa in Comparative Perspective», in: *Journal of Modern African Studies*, Vol. 32/4: 581–604, p. 591.

200 MORRIS, Madeline H., 1997: «The Trials of Concurrent Jurisdiction: The Case of Rwanda», in: *Duke Journal of Comparative and International Law*, Vol. 7: 349–373, p. 350.

201 Für Einzelheiten siehe: DES FORGES, 2002, *op. cit.*, p. 96ff.

positionelle Parteien, gegen den Friedensvertrag von Arusha sowie die UN Blauhelme statt, die Moderatoren riefen ebenfalls zur Auslöschung der Tutsi auf.[202] Unter ihnen trat der Italiener Georges Ruggiu durch besondere Schärfe hervor.

Eine zweite Übergangsregierung sollte am 17. August 1993 unter Ministerpräsidentin Agathe Uwilingiyimana (MDR) sowie unter Beteiligung derselben Parteien der ersten Übergangsregierung gebildet werden. Am 28. Dezember 1993 zogen zwecks Bildung einer erweiterten Übergangsregierung RPF-Politiker, begleitet von 600 RPA-Soldaten und belgischen Blauhelmen, in das Parlamentsgebäude von Kigali ein.[203] Aufgrund von Parteistreitigkeiten scheiterte jedoch die Regierungsbildung. Als einziger wurde Präsident Juvénal Habyarimana vereidigt.

General Dallaire, Kommandant der UNAMIR, alarmierte am 11. Januar 1994 seine Vorgesetzten Kofi Annan, der 1994 Chef der UN-Blauhelmeinsätze war, über das Bevorstehen eines Völkermordes. Gemäss Aussagen von Dallaire im November 1997 vor dem Internationalen Strafgerichtshof in Arusha hätte der Genozid verhindert werden können, wären seine Warnungen ernst genommen worden.[204] Doch war er bei Weitem nicht der einzige, der Warnungen ausgesandt hatte.[205] Die Vorbereitungen des Genozids von 1994, darunter intensive Rekrutierungen von mittellosen Jugendlichen ohne Zukunftsperspektiven in Milizgruppierungen sowie massive Bewaffnungen, waren weder der rwandischen Bevölkerung noch internationalen Beobachtern entgangen.

202 SCHÜRINGS, 1994, *op. cit.*, p. 53f.

203 SCHÜRINGS, 1994, *op. cit.*, p. 199.

204 «...he has recently been in the public eye for claiming that the genocide could have been avoided had the UN acted upon his warnings of an impending Rwandan genocide». AFP, November 1997, zit. in: SCHERRER, Christian P., 1999: «Ethnisierung und Völkermord in Zentralafrika: Rwanda und Burundi – Länder der tausend Massengräber», pp. 101–129 in: Stig FÖRSTER und Gerhard HIRSCHFELD (Hrsg.): *Genozid in der modernen Geschichte*. Jahrbuch für historische Friedensforschung; 7. Münster: LIT Verlag, p. 124, Fussnote 37.

205 DES FORGES, 2002, *op. cit.*, p. 38. Zur Chronologie der Ereignisse zwischen November 1993 bis März 1994 siehe: DES FORGES, 2002, *op. cit.*, pp. 183–211.

3. Chronologie eines Völkermordes

Wir haben nur einen Feind
Wir kennen ihn
Es sind die Tutsi.[206]

Am 6. April 1994 flog Rwandas Präsident Juvénal Habyarimana zusammen mit seinem burundischen Amtskollegen, Cyprien Ntaryamira, zwei Ministern sowie weiteren rwandischen Politikern nach Verhandlungen zur Umsetzung der Arusha-Abkommen von Dar-es-Salaam in sein Heimatland zurück, die Maschine wurde jedoch kurz vor der Landung in Kigali um 20.30 Uhr von Raketen abgeschossen.[207] Kein Insasse des Flugzeugs überlebte den Absturz. Bereits innert einer Stunde wurden Strassensperren errichtet, an denen Identitätskarten verlangt wurden, sowie Befehle zu den Massakern gegeben.[208] Obschon RTML gleich nach dem Absturz meldete, «die Feinde des Friedens und der Demokratie hätten das Präsidentenflugzeug abgeschossen», erfuhr der grösste Teil der Bevölkerung erst am darauffolgenden Morgen vom Tod ihres Präsidenten.[209]

Am 7. April 1994 ermordeten die Präsidentengarde, die unter Drogen stehenden Milizen der MRND *(Interahamwe)* und der CDR *(Impuzamugambi)* sowie Teile der nationalen Streitkräfte die Ministerpräsidentin Agathe Uwilingiyimana – eine gemässigte Hutu – sowie die zehn belgischen Blauhelmsoldaten, denen ihr Schutz angeordnet worden war.[210] Fast im gesamten Land – mit hauptsächlicher Ausnahme des bislang regimekritischen Südens – begann die Ermordung der Tutsi-Bevölkerung sowie von Hutu, die der Opposition angehörten oder Tutsi in Schutz nahmen. Die Anzahl von Milizionären wurde landesweit auf rund 50'000 geschätzt.[211]

206 Dieses Lied wurde während des Völkermordes in den Strassen gesungen. DES FORGES, 2002, *op. cit.*, p. 246.

207 SCHÜRINGS, 1994, *op. cit.*, p. 13.

208 Auch dies wird gemeinhin als Beweis für den geplanten Charakter der Massaker angesehen.

209 SCHÜRINGS, 1994, *op. cit.*, p. 59 f.

210 PRUNIER, 2002 (1995), *op. cit.*, p. 229 ff.

211 PRUNIER, 2002 (1995), *op. cit.*, p. 243.

Das rasche Übergreifen auf verschiedenste Gebiete Rwandas lässt den systematischen Charakter der Massaker vermuten. Das Morden folgte einer Logik, wonach kein Überlebender einer Familie übrigbleiben sollte. Wie Schürings darauf hinweist, hätte dies «das Problem geschaffen, dass es Erben, Zeugen und Leute gegeben hätte, die sich eines Tages rächen würden».[212] Am selben Tag verliess die RPA mit 600 Soldaten das Parlamentsgebäude in Kigali und griff in die Auseinandersetzungen ein.[213]

Dem RTML kam bei der unablässigen Aufhetzung zum Morden eine zentrale Rolle zu. Es hatte eine Form interaktiver Ausstrahlung übernommen, wonach Rwanderinnen und Rwander direkt ins Studio anrufen und die Lokalisierung von Tutsi melden konnten.[214] Folgende Auszüge wurden am 12. April 1994 zwischen 7 und 10 Uhr morgens aufgezeichnet:

> Alle Hutu müssen verstehen, man muss verhindern, wieder in das Unrechtssystem zu geraten, mit Zwangsarbeiten und Schikane, in die Zeit der Knechtschaft, als Du einen Teil der Ernte dem Mwami abgeben musstest, obwohl Du selber nichts hattest. Auf dass die Hutu verstehen und gegen die Inyenzi-Inkotanyi[215] kämpfen, gegen jene, die wollen, dass unser Land wieder in die Sklavenzeit zurückfällt. Alle, die mit den beiden Parteien sympathisieren, sind Verräter [...] Sie werden die Folgen ihres Handelns spüren.[216]

Der Diskurs nahm einmal mehr konkreten Bezug auf die vorkoloniale Herrschaft der Tutsi-Aristokratie und zeichnete diese als jahrhundertealten Mechanismus der Unterdrückung durch den «inneren Feind».[217] Ferner ist im Ausdruck der Kakerlaken das Instrument der «Entmenschlichung» zu erkennen, wozu Akhavan bemerkt: «In essence, this process of dehumanization is often a contrivance of populist leaders which feeds on the primi-

212 SCHÜRINGS, 1994, *op. cit.*, p. 70.

213 SCHÜRINGS, 1994, *op. cit.*, p. 242.

214 DES FORGES, 2002, *op. cit.*, p. 250.

215 *Inkotanyi* sind diejenigen, die mit Eifer kämpfen. Es heisst, König Kigeri IV. Rwabugiri und seine Kämpfer seien derart betitelt worden. Diese Bezeichnung nimmt somit Bezug auf Eigenschaften der adligen Tutsi. SCHÜRINGS, 1994, *op. cit.*, p. 175.

216 *Traits d'Union* – Rwanda, Forum pour le Dialogue, N° 3, juillet 1994, zit. in: SCHÜRINGS, *op. cit.*, p. 54.

217 Siehe dazu den Artikel von Colette BRAECKMAN: «Autopsie d'un génocide planifié au Rwanda», *Le Monde diplomatique*, mars 1995.

tive impulse to denigrate others as a means of self-affirmation».[218] Durch diesen Diskurs sollten innerhalb der Bevölkerung Bedrohungsängste geweckt und verstärkt werden, zu dessen Bekämpfung einzig der Weg der Selbstverteidigung eingeschlagen werden konnte. In der Tat erhielten unzählige Hutu das Gefühl, sie seien diejenigen, die sich in Gefahr befänden und sich selber verteidigen müssten.[219] Eine gefährliche Umkehrung der Täter- und Opferrollen konnte herbeigeführt werden. Die Aufrufe auf RTLM fanden von behördlicher Seite her Unterstützung und stellten aufgrund der hohen Radiodichte im Land das wohl wirksamste Instrument dar, eine Botschaft unter die breite Bevölkerung zu bringen und Propaganda zu betreiben.

Nebst der Diffusion durch RTLM wurden Rwanderinnen und Rwander jedoch auch unmittelbar durch Einflusspersonen zu Verbrechen angestachelt, denn wie Des Forges zu bedenken gibt: «Die Dichte verwaltungsmässiger und politischer Hierarchien, die für Ruanda seit vielen Jahren charakteristisch gewesen war, ermöglichte es den Anführern des Völkermordes, rasch und ohne Schwierigkeiten Zugang zur Bevölkerung zu finden.»[220] Um die Motivation zu erhöhen, wurden den Mitläufern materielle Anreize wie die Aneignung der Felder und Häuser von Tutsi versprochen.[221]

Am 13. April 1994 erklärte die Regierung Belgiens vor dem UN-Sicherheitsrat, die Anwesenheit von Blauhelmen entbehre jeden Sinns und evakuierte daraufhin seine 450 Landsleute, die rund einen Fünftel aller Soldaten darstellten.[222] Im Nachhinein wurde die Ermordung jener zehn belgischen Blauhelmsoldaten, denen der Schutz von Ministerpräsidentin Agathe Uwilingiyimana angeordnet worden war, nicht selten als taktischer Schritt gewertet, der gerade den von Belgien gefassten Entschluss zum Ziele hatte.

Jean-Baptiste Habyalimana, Präfekt von Butare und einziger Tutsi-Bürgermeister während des Habyarimana-Regimes, wurde am 17. April 1994 abgesetzt und getötet.[223] Nachdem er sich bislang für die Bewah-

218 AKHAVAN, 1997, *op. cit.*, p. 348.
219 PRUNIER, 2002 (1995), *op. cit.*, p. 247.
220 DES FORGES, 2002, *op. cit.*, p. 27.
221 DES FORGES, 2002, *op. cit.*, p. 28.
222 SCHÜRINGS, 1994, *op. cit.*, p. 199.
223 «Autopsie d'un génocide planifié au Rwanda», *Le Monde diplomatique*, mars 1995.

rung der Ruhe in der Präfektur eingesetzt hatte, griffen die Massaker auch auf die betreffende Region über und umfassten von da an das gesamte Land.[224]

Wenn die ersten Massaker in der Hauptsache durch Angehörige von Milizen und Armee verübt wurden, so gilt es heute als erwiesen, dass die meisten Mörder gewöhnliche Bauern waren und in gewissen Regionen des Landes tatsächlich spontane Massaker stattfanden.[225] Rwanda wurde auf diese Weise Schauplatz eines Infernos, das drei Monate andauern sollte. Überall im Lande wurden Menschen auf die grausamste Art ermordet, zerstückelt, vergewaltigt und bei lebendigem Leibe verbrannt. Mütter wurden dazu gezwungen, ihre Kinder zu töten, Männer mussten zusehen, wie ihre Frauen vergewaltigt wurden.[226] In den Strassengräben häuften sich die Leichen, ein unerträglicher Gestank verbreitete sich überall, während vom Wahnsinn ergriffene Mörder Tutsi in ihren Verstecken aufspürten. Hierzu schreibt De Jonge mit Bezug auf den Sektor Murama:

> On raconte encore aujourd'hui la mort cruelle d'un certain Athanase que l'on coupait morceau par morceau, avec des intervalles de temps entre chaque torture: pied gauche, puis droit, jambe gauche, puis la droite, les avants bras, les bras, jusqu'au moment où l'on a coupé son pénis alors qu'il était encore vivant et qu'on lui a mis dans la bouche en le laissant agoniser sur place. Le matériel utilisé pour ‹balayer› tous les Tutsi était les épées, les machettes, les gros battons et les houes usées. On jetait des gens dans des latrines et dans le lac Kivu, mains et pieds liés, vivants...Les têtes des bébés furent écrasées contre les murs. Il y a eu des femmes à qui on enfonçait des bambous préalablement taillés dans le vagin en remontant jusqu'au cœur. Elles criaient terriblement avant de mourir. Il y eu ceux à qui on enfonçait des lances dans le ventre en les laissant agoniser. Par exemple, une vieille dame de 74 ans, à qui on avait coupé tous les muscles des cuisses, a été laissée comme ça plus d'une semaine avant de mourir, alors qu'elle avait déjà commencé à pourrir, devenant une proie pour les mouches et les fourmis.[227]

224 PRUNIER, 2002 (1995), *op. cit.*, p. 244.
225 PRUNIER, 2002 (1995), *op. cit.*, p. 247.
226 PRUNIER, 2002 (1995), *op. cit.*, p. 256.
227 PENAL REFORM INTERNATIONAL (PRI), 2003b: «Rapport de la Recherche sur la *Gacaca* – PRI Rapport V. Kigali. [Report V], p. 48. Diese NGO verfolgt weltweite Entwicklungen in der Rechtsprechung sowie im Strafvollzug und entsendet Beobachter in verschiedenste Länder, um an Verfahren teilzunehmen.

Allerdings herrschte dennoch keine Durkheim'sche Anomie, da kein Zusammenbruch der Normen erfolgt war. Vielmehr wurden die Morde und Verbrechen von derjenigen sozialen Norm geleitet, wonach eine bürgerliche Pflicht zu erfüllen sei, die zu einer besseren Welt beitragen würde.[228] Desgleichen wurden während des Genozids euphemistische und metaphorische Ausdrücke verwendet, welche das Morden als landwirtschaftliche Arbeit oder als das Fällen von Bäumen bezeichneten.[229]

Viele Tutsi suchten in Kirchen und Schulen Schutz, wo sie sich anlässlich früherer Massaker in Sicherheit wähnen konnten.[230] Diesmal jedoch sollten auch diese Orte nicht verschont bleiben, was dazu führte, dass dort mehrere Tausend Menschen auf einmal den Tod fanden.[231] Indes wäre die Annahme falsch, die gesamte Hutubevölkerung habe sich an den Verbrechen beteiligt, denn wie Prunier bemerkt: «Some people were denounced by their colleagues who wanted their jobs or killed by people who wanted their property, while others were saved by unknown Hutu disgusted by the violence».[232] Diejenigen, welche sich allerdings ganz offensichtlich weigerten, ihre «bürgerliche Pflicht» zu erfüllen, mussten vielfach selber mit dem Tode bezahlen.[233] Dies führte zu einer Situation, wie sie von Hintjens mit dem Hinweis auf Destexhe wie folgt beschrieben wird: «The result was the almost total destruction of social bonds and relations of trust, and a situation where ‹pupils were killed by their teachers, shop owners by their customers, neighbour killed neighbour and husbands killed wives in order to save them from a more terrible death›».[234]

228 DRUMBL, 2000, *op. cit.*, pp. 1245–1249.

229 HINTJENS, Helen M., 1999: «Explaining the 1994 genocide in Rwanda», in: *The Journal of Modern African Studies*, Vol. 37/2: 241–286, p. 268f.

230 FIERENS, 2001, *op. cit.*, p. 202.

231 Eine im Jahre 2002 veröffentlichte Statistik des rwandischen Ministeriums der Territorialverwaltung hält fest, dass 11,6% aller Morde in Kirchen begangen wurden. «Plus d'un million de morts: Bilan officiel», *Fondation Hirondelle*, 8 février 2002.

232 PRUNIER, 2002 (1995), *op. cit.*, p. 257.

233 HINTJENS, 1999, *op. cit.*, p. 269.

234 HINTJENS, 1999, *op. cit.*, p. 269, zitierend aus: DESTEXHE, A., 1995: *Rwanda and Genocide in the Twentieth Century*. London: Pluto Press, p. 31.

Als Folge der Resolution Nr. 912 des UN-Sicherheitsrates wurden bereits zwei Wochen nach Beginn des Genozids die Blauhelmsoldaten nicht etwa verstärkt, sondern bis auf 270 abgezogen. Da im Mandat der im Land verbliebenen Blauhelme eine Bewaffnung lediglich zum eigenen Schutz sowie keine Eingreifmöglichkeiten vorgesehen waren, sahen sich diese dazu gezwungen, der Ermordung von Tutsi und gemässigten Hutu tatenlos zuzusehen. Später besann sich der UN-Sicherheitsrat eines Besseren und beschloss mit der Resolution Nr. 918, die Anzahl der Blauhelme auf 5'500 zu erhöhen, während auch ihr Mandat erweitert wurde.[235] Diese sollten allerdings aus administrativen Gründen nie in Rwanda eintreffen.[236]

Vor dem anhaltenden Vormarsch der RPA flohen rund 250'000 Rwanderinnen und Rwander nach Tansania. Diese Tatsache wurde von verschiedenen Seiten als Zeichen mangelnden Vertrauens der Bevölkerung in die RPA interpretiert. Ein gewisses Mass an Misstrauen war zu einem Teil auf die massive Hetzpropaganda gegen die RPF und RPA zurückzuführen, zu einem grossen Teil jedoch auch auf die durch Soldaten der RPA begangenen Menschenrechtsverletzungen. Verschiedene Augenzeugen berichteten davon, wie Zivilisten aus ihren Häusern gerissen und umgebracht wurden. *Human Rights Watch* hält in diesem Zusammenhang fest: «But as the RPF forces advanced, they committed several massacres of unarmed and unresisting civilians, often in areas where large numbers of Tutsi had perished in the genocide».[237] Später wird die RPF-Regierung einräumen, dass Morde begangen wurden. In einem Bericht von Robert Gersony, Berater des UNHCR, wird davon ausgegangen, dass die RPF/RPA zwischen April und August 1994 25'000 bis 45'000 Menschen getötet hat.[238] Wie später noch eingehend dargelegt wird, stellen diese Kriegsverbrechen einen zentralen Streitpunkt im Zusammenhang mit der Vergangenheitsbewältigung dar.

Die UN-Kommission für Menschenrechte ernannte in einer ausserordentlichen Sitzung vom 24. bis 25. April 1994 den Sonderberichterstat-

235 SCHÜRINGS, 1994, *op. cit.*, p. 200.

236 HINTJENS, 1999, *op. cit.*, p. 273.

237 HUMAN RIGHTS WATCH / AFRICA, 1994: «Rwanda: A New Catastrophe? Increased International Efforts Required to Punish Genocide and Prevent Further Bloodshed», *Perio*, Vol. 6/12, december 1994, p. 10.

238 DES FORGES, 2002, *op. cit.*, p. 35. Für weitere Einzelheiten siehe auch: DES FORGES, 2002, *op. cit.*, p. 824 ff.

ter René Degni-Ségui und gab einen Bericht in Auftrag, der drei Wochen später – mit unverantwortlicher Verzögerung – in einer 21-Punkte-Erklärung feststellte, dass es sich bei den Verbrechen in Rwanda um einen Völkermord handelt.

Am 23. Juni 1994 wurde durch die knapp beschlossene Resolution Nr. 929 des UN Sicherheitsrates die bis zum 21. August 1994 befristete *Opération Turquoise* unter französischer Führung bewilligt und eingeleitet, die bis zum Eintreffen der 5'500 Blauhelmsoldaten einzig humanitären Zwecken dienen sollte.[239] Eine Sicherheitszone wurde trotz massiver Proteste der RPF vom ehemaligen Zaïre aus im Südwesten des Landes (Gikongoro, Kibuye, Cyangugu) eingerichtet, die Tausenden von Tutsi zwar das Leben rettete, andererseits aber Mördern, der Interimsregierung und der FAR die Flucht nach Zaïre ermöglichte.[240] Diese französische Aktion wurde durch Soldaten aus dem Senegal, aus Mali und dem Tschad unterstützt.

Im Juli zeichnete sich der militärische Sieg der RPA mit immer grösserer Deutlichkeit ab. Am 4. Juli 1994 marschierte sie in die Hauptstadt ein, einen Tag später vermochte sie Butare einzunehmen. Nachdem sich am 17. Juli 1994 der gesamte Nordwesten in ihrer Macht befand, wurden einen Tag später das Ende des Krieges sowie ein einseitiger Waffenstillstand deklariert.

Rund 1,2 Millionen Rwanderinnen und Rwander flohen, nicht zuletzt auf Anweisung ihrer Bürgermeister und des RTLM, innerhalb von drei Tagen in die Kivu-Region im damaligen Zaïre, weshalb die nachfolgenden Ausführungen dieser Region gewidmet sein sollen.[241]

239 DES FORGES, 2002, *op. cit.*, p. 786.
240 SCHÜRINGS, 1994, *op. cit.*, p. 27 f.
241 SCHÜRINGS, 1994, *op. cit.*, p. 202.

VI. Nach dem Genozid

1. Die Flüchtlingslager im ehemaligen Zaïre

Kurz nach Beendigung des Völkermordes schätzte das UNHCR, dass über 2,2 Millionen Menschen auf der Flucht waren. Deren grösster Teil wurde mit mehr als 1,4 Millionen im ehemaligen Zaïre lokalisiert, während 10'000 Flüchtlinge in Uganda, fast eine halbe Million in Tansania und rund 300'000 in Burundi vermutet wurden.[242]

An den Ufern des Kivu-Sees, der die Grenze zwischen Rwanda und dem damaligen Zaïre bildet, entstanden Flüchtlingslager gigantischen Ausmasses, die Prunier als «monstruous places» bezeichnete.[243] Die bekanntesten Lager waren diejenigen sechs in und um Goma sowie in Bukavu. Schon bald waren humanitäre Hilfsorganisationen, aber auch die westlichen Massenmedien vor Ort. Gezeichnet wurde ein Bild des Elends unwahrscheinlichen Ausmasses. Cholera- und Ruhrepidemien breiteten sich aufgrund der katastrophalen Versorgungslage innert wenigen Tagen aus und führten gemäss einer französischen Statistik täglich zum Tode von mehr als tausend Personen.[244] Das UNHCR verlor schon bald die Kontrolle über das, was in diesen Lagern geschah.[245]

Was erst später realisiert wurde, war die Tatsache, dass sich Genozidäre in gezielter Weise unter gewöhnliche Hutu-Flüchtlinge gemischt hatten. Erstere vermochten die Lager militärisch zu organisieren, sodass die früheren Führer eine beinahe totale Kontrolle über die dortigen Menschen ausüben konnten.[246] Flüchtlinge, die nach Rwanda zurückkehren woll-

242 Aus: Information Bulletin UNHCR, Juli 1994, in: SCHÜRINGS, 1994, *op. cit.*, p. 128 f.

243 PRUNIER, 2002 (1995), *op. cit.*, p. 313.

244 SCHÜRINGS, 1994, *op. cit.*, p. 96.

245 PRUNIER, 2002 (1995), *op. cit.*, p. 313.

246 PRUNIER, 2002 (1995), *op. cit.*, p. 314.

ten, wurden gewaltsam zurückgehalten, teilweise sogar erschossen. Im Schutz der Lager planten die Genozidäre denn auch die spätere Rückkehr nach Rwanda sowie die Fortsetzung der Massaker – genährt und versorgt durch die internationale Gemeinschaft.

2. Kein Ende der Gewalt

Während der UN-Sicherheitsrat am 8. November 1994 in seiner Resolution Nr. 955 die Einrichtung eines Internationalen Gerichtshofes für Rwanda beschloss, sollte die Region noch lange nicht den Frieden erlangen. So waren jahrelang wiederholte Kämpfe zwischen der RPA und Milizen der *Interahamwe*, die von der Demokratischen Republik Kongo aus operierten, zu verzeichnen[247], während auch die Übergriffe der RPA auf Zivilisten anhielten, deren besonders tragisches Beispiel das Massaker im Flüchtlingslager von Kibeho darstellt, wo am 22. April 1995 mehr als 4'000 Hutu-Flüchtlinge getötet wurden.[248] Ferner schritt die RPA, die mittlerweile als offizielle rwandische Armee galt, unter Mithilfe von Laurent Kabila im Jahre 1996 zur gewaltsamen Räumung der Flüchtlingslager in der Demokratischen Republik Kongo. Dabei wurden Hutu-Flüchtlinge unter Gewaltandrohungen zurück nach Rwanda getrieben.

Rwandische Truppen sind bis zum heutigen Tage massgeblich an verschiedenen Konflikten in der Region der Grossen Seen beteiligt, weshalb es verfehlt wäre, bereits zu diesem Zeitpunkt von einer postkonfliktiven Situation in Rwanda zu sprechen.[249]

247 «Difficile reconstruction au Rwanda», *Le Monde diplomatique*, juillet 1996.

248 PRUNIER, 2002 (1995), *op. cit.*, p. 362.

249 Siehe hierzu: HUMAN RIGHTS WATCH (HRW), 2002: «Rwanda», in: *Human Rights Watch World Report 2002*, pp. 76–81.

3. Und die Bilanz?

Schätzungen über die Anzahl Menschen, die während des rund hundert Tage andauernden Genozids getötet wurden, reichen von einer halben bis zu einer Million. Darunter werden zwischen 100'000 bis 200'000 Hutu, die nicht als Gruppe, sondern als einzelne Individuen ermordet wurden, vermutet.[250] Selbst die Annahme von 800'000 Toten, von welchen Prunier ausgeht, würde bedeuten, dass rund 11% der gesamten Bevölkerung aufgrund des Völkermordes ihr Leben verlor.[251] Daneben dürfen auch die später im Rahmen von Menschenrechtsverletzungen der RPA getöteten Menschen nicht vergessen werden. Deren Zahl wird auf zwischen 25'000 und 45'000 geschätzt.[252]

Zahlen vermögen bekanntlich nur wenig über das Ausmass des Elends auszusagen. So wird an dieser Stelle auch darauf verzichtet, eine Statistik des Völkermordes wiederzugeben, die aufgrund einer Volkszählung aus dem Jahre 2000 durch das rwandische Ministerium der Territorialverwaltung zwei Jahre später publiziert wurde.[253] Stattdessen soll Prunier zitiert werden, der Rwanda kurz nach dem Genozid beschreibt als «a wounded society where many people are not living in a ‹normal› state. The Rwandese call them the *Bapfuye Bauhagazi*, the ‹walking dead›. The country is full of them».[254] Eine Gesellschaft mit herumziehenden Toten, die sich vielleicht zeitweise sogar wünschen würden, sie hätten das Jahr 1994 nicht überlebt. Daneben Hunderttausende von Waisenkindern und Witwen, die

250 UVIN, Peter, 2000: «The Introduction of a Modernised Gacaca for Judging Suspects of Participation in the Genocide and the Massacres of 1994 in Rwanda. A Discussion Paper». *Belgian Secretary of State for Development Cooperation*, June 2000, p. 2 [http://fletcher.tufts.edu/humansecurity/pdf/Boutmans.pdf]. Siehe auch: DRUMBL, 2002, *op. cit.*, p. 1.

251 PRUNIER, 2002 (1995), *op. cit.*, p. 265.

252 DRUMBL, 2002, *op. cit.*, p. 8.

253 Alle Angaben sind zu finden in: «Plus d'un million de morts: Bilan officiel», *Fondation Hirondelle*, 8 février 2002.

254 PRUNIER, 2002 (1995), *op. cit.*, p. 358 [*Hervorhebung im Original*]. Der Bildband des Magnum-Photographen Gilles Peress spricht ebenfalls für sich: PERESS, Gilles, 1995: *The silence*. New York: Scalo Publishers.

sich – obschon sie einander gar früher unbekannt waren – um des Überlebens Willen in neuen Familien zusammenschlossen.[255] Schliesslich eine überaus komplexe Situation, in welcher Unschuldige schuldige Verwandte haben, Überlebende von Flüchtlingen als Kollaborateure bezeichnet werden, weil sie dem Tod entkamen, und Angehörige von getöteten Hutu nicht als richtige Überlebende gelten. Eine verwundete Gesellschaft, die sich vor unzähligen Herausforderungen gestellt sieht. Eine davon betrifft die Frage der Justiz, der Wahrheitsfindung und der Versöhnung. Nach allgemeinen Erläuterungen zur postgenozidären Gesellschaft sollen diese Komplexe Gegenstand der Ausführungen sein.

255 Hierzu: «Difficile reconstruction au Rwanda», *Le Monde diplomatique*, juillet 1996.

VII. Die postgenozidäre Gesellschaft Rwandas

> In Ruanda standen Tausende stundenlang am Strassenrand und beobachteten den Heimkehrerstrom mit der gleichen wortlosen Intensität. Nie zuvor in der modernen Geschichte hatte ein Volk, das ein anderes Volk hingemetzelt hatte oder in dessen Namen das Gemetzel stattgefunden hatte, mit den übriggebliebenen Mitgliedern des Volkes leben sollen, das hingemetzelt worden war – vollständig vermischt, in den gleichen winzigen Gemeinschaften, als eine zusammenhängende nationale Gesellschaft.[256]
>
> Philip Gourevitch

Nachfolgend sollen ausgewählte Aspekte der postgenozidären Gesellschaft Rwandas behandelt werden, die Licht auf die jüngsten politischen und demographischen Einwicklungen zu werfen vermögen.

1. Eine dualistische Gesellschaft

Drumbl unterscheidet zwischen drei Typen von postgenozidären Gesellschaften: homogene, dualistische und pluralistische.[257] Diese Typen schliessen einander weder aus noch sind sie undurchlässig, sondern können vielmehr als Idealtypen verstanden werden. Eine homogene postgenozidäre Gesellschaft liegt dann vor, wenn die gesamte Opfergruppe ausgelöscht wurde. Im dualistischen Typus sehen sich Opfer und Täter unweigerlich zur Koexistenz gezwungen, während eine pluralistische postgenozidäre Gesellschaft durch mehrere Opfer- und Tätergruppen gekennzeichnet ist. Zentrale Fragen im Zusammenhang mit dualistischen und pluralistischen

256 GOUREVITCH, 1999, *op. cit.*, p. 361 f.
257 DRUMBL, 2000, *op. cit.*, pp. 1231–1237.

postgenozidären Gesellschaften betreffen das Muster der Niederlassung sowie die Grösse und wirtschaftliche Dominanz derjenigen Gruppe, die sich an der Macht befindet.[258]

Die heutige rwandische Gesellschaft ist gemäss Drumbl's Konzept dualistischer Ausprägung. Opfer und Täter leben nebeneinander, wobei keine geographische Segregation feststellbar ist. Hierzu bemerkt Prunier: «Many survivors are living today in Rwanda side by side with people whom they know have taken part in the genocide».[259] Die zentrale Machtfrage soll im nachfolgenden Abschnitt zum politischen Transitionsprozess behandelt werden.

2. Der politische Transitionsprozess

Der politische Transitionsprozess basiert in seinen Grundzügen auf dem Friedensabkommen von Arusha aus dem Jahre 1993. Am 19. Juli 1994 wurde aus den Reihen der RPF eine neue Übergangsregierung der «Nationalen Einheit» gebildet.[260] Als Präsident wurde Pasteur Bizimungu ernannt, Vizepräsident und Verteidigungsminister wurde Paul Kagame, bisheriger Oberbefehlshaber der RPA und eigentlicher Machthaber. Zahlreiche weitere Regierungsämter wurden Exil-Rwandern übergeben, während als Zeichen des guten Willens der Hutu Faustin Twagiramungu (MDR) zum Ministerpräsidenten ernannt wurde.

Die politische Übergangszeit wurde zunächst auf fünf Jahre festgelegt. Gleich zu deren Beginn fand auf der Grundlage des Arusha-Abkommens die Einrichtung der Nationalversammlung des Überganges (*Assemblée Nationale de Transition*, A.N.T.) statt, bestehend aus siebzig Mitgliedern von acht Parteien und der Armee.[261] Ausserdem wurden die Nationale Kommission für Einheit und Versöhnung (*Commission Nationale de l'Unité et de la Réconciliation*, CNUR) sowie eine Menschenrechtskommission

258 Drumbl, 2000, *op. cit.*, p. 1237.
259 Prunier, 2002 (1995), *op. cit.*, p. 358.
260 Gouvernement d'Union Nationale de Transition (G.U.N.T.).
261 Africa Governance Forum 111, 1999, *op. cit.*, p. 11.

geschaffen.[262] Die CNUR wurde 1999 mit dem erklärten Ziel ins Leben gerufen, die nationale Versöhnung sowie eine Kultur der Toleranz zu fördern. Im Rahmen ihrer vielfältigen Tätigkeiten wurden mitunter Solidaritätscamps, Seminare und Konferenzen organisiert, die soziale Reintegration von Flüchtlingen und Soldaten sowie eine offene Diskussionen zu Themen der Versöhnung angestrebt.[263]

Nachdem 1999 die ersten Gemeindewahlen nach dem Genozid stattgefunden hatten, wurde die Übergangszeit um weitere vier Jahre verlängert.[264] Am 17. April 2000 wurde General Paul Kagame als Nachfolger von Präsident Pasteur Bizimungu ernannt. Schliesslich neigte sich im Jahre 2003 die politische Transitionsphase ihrem Ende zu. So wurde dem Land im Frühjahr 2003 eine neue Verfassung gegeben, während Präsident Kagame im September desselben Jahres im Rahmen der ersten Präsidentschaftswahlen seit dem Genozid als Staatsführer gewählt wurde.

Hinsichtlich der Machtfrage ist zu bemerken, dass Angehörige derjenigen Befreiungsarmee, die dem Genozid ein Ende zu bereiten vermochte, sowie weitere Tutsi die Mehrheit der Regierung stellen und die meisten Schlüsselpositionen besetzen.[265] So hält auch das UNHCR in einem Bericht aus dem Jahre 2000 fest: «Over the years, the current government demonstrated a lack of interest in establishing a broad political power base and in processes leading to power-sharing. Instead, gradual exclusion of Hutu opponents from the top political levels, as well as in the administration and in the judiciary, added to the current conflict potential».[266]

262 Presidential Order n° 25/01 of 25/10/97 establishing the Rwanda National Unity and Reconciliation Commission. *Official Gazette of the Republic of Rwanda*, 1st November 1997.

263 Auf die Tätigkeiten wird im Bericht des Sonderberichterstatters der UN-Menschenrechtskommission, Michel Moussalli, detailliert Bezug genommen: UNITED NATIONS ORGANIZATION, 2000, *op. cit.*, Abs. 148 f.

264 GREGOIRE, Thibault, 2000: «Rwanda», in: *the Courier*, Vol. 179 (February–March): 25–46, p. 27 f.

265 LAMBOURNE, 2001, *op. cit.*, p. 323.

266 UNHCR Background Paper on the Human Rights Situation in Rwanda, 2000, zit. in: SARKIN, Jeremy, 2001a: «The Tension between Justice and Reconciliation in Rwanda: Politics, Human Rights, Due Process and the Role of the Gacaca Courts in Dealing With the Genocide», in: *Journal of African Law*, 45/2: 143–172, p. 150 f.

Entgegen der weitverbreiteten Meinung, wonach heute Vertreter der Genozidopfer an der Macht seien, sollte die RPF vielmehr als distinkte Gruppe betrachtet werden, die in aller Regel aus anglophonen[267] Exil-Tutsi der zweiten Generation zusammengesetzt ist. Die ausgeprägte Machtkonzentration in den Händen von Tutsi lässt sich durchaus als Zeichen von nachvollziehbarem Misstrauen hinsichtlich der Ereignisse der Vergangenheit verstehen, allerdings birgt eine auch nur annäherungsweise etablierte Ethnokratie die Gefahr, dass sich Hutu als Opfer wahrnehmen, wodurch Versöhnungsbestrebungen in empfindlicher Weise beeinträchtigt würden.[268]

Mangelnde Bereitschaft zur Machtteilung ist das Eine, explizite Repression von politischen Oppositionellen und Beschneidung fundamentaler Menschenrechte jedoch das Andere. So finden in der Tat Einschüchterungen von Oppositionellen, Fälle von politischen Gefangenen, von Morden und des Verschwindenlassens von Regimekritikern sowie die Beschneidung der Meinungsfreiheit durch Zensur – meist unter dem Deckmantel der Verhinderung von ethnischem Separatismus – in jedem Bericht von internationalen Menschenrechtsorganisationen Erwähnung.[269] Die politische Oppositionspartei MDR wurde praktisch ausgeschaltet,

267 Dies ist auf deren Sozialisation in Uganda zurückzuführen.

268 DRUMBL, 2002, *op. cit.*, p. 12. So stand denn auch gerade die gefürchtete Wiedererlangung der Macht durch Tutsi im Zentrum des extremistischen Diskurses vor und während des Genozids. Siehe dazu die Seiten 77 und 82 vorliegender Arbeit.

269 So beispielsweise *Human Rights Watch* in seinen Jahresberichten und *Amnesty International.* Mit Bezug auf das Jahr 2002 stellt etwa *Amnesty International* fest: «The recent human rights record of the Rwandese government is characterized by the denial of freedom of expression and association, arbitrary arrests, illegal detentions and other violations of human rights». Aus: AMNESTY INTERNATIONAL, 2002b: «Gacaca – Gambling with Justice», *Amnesty International News Release,* June 19, 2002, London. AI Index No. AFR 47/003/2002. Siehe ferner: ALL PARTY PARLIAMENTARY GROUP ON RWANDA, THE GREAT LAKES AND PREVENTION ON GENOCIDE, 2000: «Visit to the Great Lakes Region», July 23 – August 1, 2000. Siehe insbesondere auch: HUMAN RIGHTS WATCH, 2002, *op. cit.,* sowie schliesslich: AMNESTY INTERNATIONAL, 2002a: «Rwanda». In: *Amnesty International Report 2002.* London. AI Index No. POL 10/001/2002, sowie HUMAN RIGHTS WATCH, 2002: «Rwanda», in: *Human Rights Watch World Report 2002*, pp. 76–81.

während gleichzeitig die Bildung neuer Parteien verhindert wird, sodass Rwanda faktisch ein Einparteienstaat ist. Ferner erwähnt *Human Rights Watch*, dass selbst noch im ersten Halbjahr 2003 «18 namhafte Persönlichkeiten» spurlos verschwunden sind.[270] Diese Beobachtungen liessen denn auch Barahona de Brito, González-Enríquez und Aguilar zum Schluss gelangen, Rwanda befinde sich nicht wirklich in einem politischen Transitionsprozess hin zu einer Demokratie, sondern habe lediglich einen Regierungswechsel erfahren, in dessen Rahmen weiterhin Menschenrechtsverletzungen begangen werden.[271]

3. Die ethnische Frage

Die Übergangsregierung der «Nationalen Einheit» liefert in ihrer Bezeichnung einen ersten Hinweis auf einen bedeutungsschweren Wandel hinsichtlich des offiziellen Verständnisses der rwandischen Gesellschaft. Wurde jahrzehntelang die ethnische Spaltung der Nation vorangetrieben, so wird heute in konsequenter Weise – zumindest von offizieller Seite – sowie mit dem Hinweis auf die weit zurückliegende und glorifizierte Vergangenheit nur noch von «einem rwandischen Volk» gesprochen. In diesem Zusammenhang bemerkt Huyse: «Memory can be manipulated. Policy makers in post-conflict societies often tend to impose a version of the past that increases the chances of much-needed unity being achieved».[272] Ins-

270 «Die historische Wahrheit für sich gepachtet», *NZZ am Sonntag*, 3.8.2003. Zuweilen haben zwei rwandische Politiker im Jahre 2003 in der Schweiz Asyl erhalten, was die Ernsthaftigkeit der politischen Lage unterstreicht.

271 BARAHONA DE BRITO, Alexandra, Carmen GONZÁLEZ-ENRÍQUEZ, and Paloma AGUILAR (eds.), 2001: *The Politics of Memory: Transitional Justice in Democratizing Societies*. Oxford: Oxford University Press, p. 8.

272 HUYSE, Luc, 2003a: The process of reconciliation», S. 19–33 in: INTERNATIONAL INSTITUTE FOR DEMOCRACY AND ELECTORAL ASSISTANCE (ed.): *Reconciliation after Violent Conflict. A Handbook*. Stockholm: International Institute for Democracy and Electoral Assistance, p. 30.

besondere die Nationale Kommission für Einheit und Versöhnung wurde mit der Aufgabe betraut, eine gemeinsame rwandische Identität zu entwickeln.[273]

Dem aufmerksamen Leser mag an dieser Stelle der Widerspruch aufgefallen sein, der darauf zurückzuführen ist, dass von Seiten der Regierung die mittlerweile tief verwurzelte ethnische Teilung zu verleugnen versucht wird. So wurden die Bezeichnungen «Hutu» und «Tutsi» mit einem strikten Tabu belegt, sodass jegliche Äusserung oder Handlung, welche darauf Bezug nimmt, massive Repression und sogar eine Inhaftierung zur Folge haben kann.[274] Die Bevölkerung dagegen definiert sich, allerdings nicht öffentlich, nach wie vor oder sogar stärker als früher aufgrund der konstruierten ethnischen Kategorien.[275] Wird diese Tatsache durch die Regierungsführung nun geleugnet und ignoriert, sind Bestrebungen zur Konstruktion einer neuen nationalen Identität zum Scheitern verurteilt. In der Tat bedarf es zuerst einer ernsthaften Auseinandersetzung mit der ethnischen Frage und ihres Diskurses, damit diese Kategorien dekonstruiert werden können.[276] Erst auf dieser Grundlage kann in Anerkennung der Diversität von sozialen Identitäten eine Vorrangstellung der nationalen Identität etabliert werden, die durch die Staatsangehörigkeit bestimmt ist.

273 Siehe dazu den Bericht des NORWEGIAN HELSINKI COMMITTEE «Prosecuting Genocide in Rwanda. The Gacaca system and the International Criminal Tribunal for Rwanda», Report II/2002.

274 LAMBOURNE, 2001, *op. cit.*, p. 323. Siehe hierzu auch den die Situation in Rwanda und Burundi vergleichenden Artikel: «Zwei Wege zur Lösung des Konflikts zwischen Hutu und Tutsi. Rwanda und Burundi in entscheidenden Etappen ihrer Versöhnungsprozesse», *Neue Zürcher Zeitung*, 21./22.6.2003.

275 DRUMBL, 2000, *op. cit.*, p. 1245.

276 PENAL REFORM INTERNATIONAL, 2001: «Interim report on research on Gacaca jurisdictions and its preparations (July – December 2001)». Kigali. [Report I], p. 45. Dieser Ansicht ist auch Drumbl: DRUMBL, 2000, *op. cit.*, p. 293.

4. Die Rückkehr von Flüchtlingen

Rwanda hat eine unwahrscheinlich hohe Anzahl von Rückkehrern erlebt. Zunächst kehrten anfangs August 1994 rund 60'000 Tutsi nach mehr als dreissigjähriger Emigration nach Rwanda zurück und liessen sich in leerstehenden Häusern nieder.[277] Eine zweite Rückkehrbewegung erfolgte im Jahre 1996, als die Regierung von Tansania über eine halbe Million Flüchtlinge zur Rückkehr nach Rwanda zwang und gleichzeitig die Flüchtlingslager im ehemaligen Zaïre gewaltsam geschlossen wurden.[278]

Dies stellte die Regierung von Rwanda vor beinahe unlösbare Probleme, die in der Hauptsache Landfragen betrafen. Anstatt diese auf befriedigende Weise zu lösen, wurden 1996 alle Rückkehrenden dazu genötigt, an einem sechs Monate andauernden, sogenannten «Wiedererziehungs-Training» zu partizipieren. Dies galt denn auch als Bedingung, um eine neue Identitätskarte zu erhalten, ohne die es unmöglich ist, einer legalen Arbeit nachzugehen oder sich für eine Schule anzumelden. Im Mai 1997 veröffentlichte die Regierung Rwandas gar ein Communiqué zuhanden der Arbeitgeber, wonach es ihnen untersagt sei, Menschen ohne Identitätskarte zu beschäftigen.[279]

5. Imudugudu

Am 13. Dezember 1996 initiierte die Regierung Rwandas im Rahmen ihrer *National Habitat Policy* ein staatliches Projekt zur Verdörferung, *Imudugudu* genannt.[280] In diesem Zusammenhang wurden seither insgesamt

277 SCHÜRINGS, 1994, *op. cit.*, p. 247.

278 KELLY and FITZDUFF, 2002, *op. cit.*, p. 33. Siehe auch die Ausführungen in vorliegender Arbeit ab S. 88.

279 Die Bemerkungen zum «Wiedererziehungs-Training» sind entnommen aus: SARKIN, 1999, *op. cit.*, p. 786.

280 HUMAN RIGHTS WATCH, 2001: «Uprooting the Rural Poor in Rwanda», *Human Rights Watch Report*, New York, Mai 2001, keine Seitenangaben [http://www.hrw.org/reports/2001/rwanda/rwnvilg-01.htm].

183 neue Dörfer bestehend aus über 100'000 Häusern gebaut, wo Obdachlose, rückkehrende Flüchtlinge, intern Vertriebene sowie später auch Mittellose sich niederlassen sollten.[281] Das Argument der Regierung zur Errichtung der Dörfer bezog sich in erster Linie auf die Frage der persönlichen Sicherheit, die durch Angriffe von Rebellen stark beeinträchtigt wurde, ferner jedoch auch auf die Absicht, einen besseren Zugang zur Infrastruktur, zum Gesundheits- und Bildungssystem sowie zu Land zu gewährleisten.[282]

Dörfer stellen indessen ein ungewöhnliches Habitat in Rwanda dar, in welchem bislang die Menschen in zerstreuten Siedlungen auf den Hügeln lebten. Der bevorstehende Wechsel der Lebensform sowie die Aufgabe von Investitionen haben zahlreiche Rwanderinnen und Rwander massgeblich beunruhigt.[283] In diesem Zusammenhang bemerkt Daly: «[T]his program has forced hundreds of thousands of Rwandans to give up their customary habit of living in dispersed homesteads on the hills to cluster in artificially created ‹villages›. [...] [T]he government has forced people to destroy their own homes before moving to sites where they find nothing».[284]

Diese Art staatlich ausgeübten Zwanges wird ebenfalls durch den Vertreter der UN-Menschenrechtskommission für Rwanda, Michel Moussalli, bestätigt. So mussten zwanzig der 150 Familien des Dorfes Gihinga in der Provinz Umutara, wo die Infrastruktur als deplorabel beschrieben wurde, ihr früheres Heim zerstören.[285] *Human Rights Watch* hielt in einem Bericht von 2001 fest, dass Kritiker sowie Personen, die sich der Beteiligung am Projekt verweigerten, durch staatliche Autoritäten belästigt und ihnen teilweise sogar Bussen und Haftstrafen auferlegt wurden.[286]

281 UNITED NATIONS ORGANIZATION, 2000, *op. cit.*, Abs. 36. Siehe auch: GREGOIRE, 2000, *op. cit.*, p. 42.

282 ALL PARTY PARLIAMENTARY GROUP ON RWANDA, THE GREAT LAKES AND PREVENTION ON GENOCIDE, 2000, *op. cit.*, p. 19.

283 Vgl. GREGOIRE, 2000, *op. cit.*, p. 42.

284 DALY, Erin, 2002: «Between punitive and reconstructive justice: The gacaca courts in Rwanda», in: *New York University Journal of International Law and Politics*, Vol. 34: 355–396, p. 378.

285 UNITED NATIONS ORGANIZATION, 2000, *op. cit.*, Abs. 178.

286 HUMAN RIGHTS WATCH, 2001, *op. cit.* Dies wird ebenfalls bestätigt in: KELLY and FITZDUFF, 2002, *op. cit.*, p. 33.

Ausserdem erweisen sich der Lebensstandard sowie der Zugang zu staatlichen Dienstleistungen in den neu geschaffenen Dörfern keineswegs als besser, wodurch der Verdacht aufkommt, diese seien in erster Linie zwecks Erleichterung von staatlicher Kontrolle der Bevölkerung errichtet worden.[287] So sind beispielsweise die Behausungen im Dorf Karambi (Provinz Gisenyi) lediglich mit Plastikplanen bedeckt, während im Dorf Rutanga (Kibungo) ein akutes Wasserproblem herrscht.[288] Oft konnte beobachtet werden, dass die Distanz zu den Feldern, zu Wasserstellen sowie zu Wohlfahrtseinrichtungen beachtlich ist. Insbesondere verletzliche Personengruppen hatten stark unter diesen Bedingungen zu leiden. Aufgrund genannter Schwächen sowie der Zurückhaltung seitens der Bevölkerung ist das Projekt der Verdörferung mittlerweile eingestellt worden.[289]

287 Im Mai 2000 wurde gar in einem von *Human Rights Watch* durchgeführten Interview der Vorwurf laut, die Regierung würde Hutu zwecks späterer Eliminierung in Konzentrationslagern festhalten. HUMAN RIGHTS WATCH, 2001, *op. cit.*, keine Seitenangaben.

288 UNITED NATIONS ORGANIZATION, 2000, *op. cit.*, Abs. 176f.

289 «Die Wunde vernarbt», *die tageszeitung*, 30.11.2002.

C. *Justiz, Wahrheitsfindung und Versöhnung nach dem Genozid*

I. Einleitung

Die Fundamente der rwandischen Gesellschaft sind aufgrund der tiefgreifenden Erfahrung des Genozids aufs Schwerste erschüttert worden. Es gibt keinen gesellschaftlichen Bereich, der durch die Massengewalt unberührt geblieben wäre. Während in der Zwischenzeit bereits ein wesentlicher Beitrag zum Wiederaufbau Rwandas geleistet werden konnte, befindet sich der langwierige und hochkomplexe Prozess der rechtlichen, politischen sowie moralischen Bewältigung des Völkermordes noch ganz am Anfang.[290] Im nachfolgenden Kapitel sollen mit Bezug auf den rwandischen Kontext drei zentrale Aspekte behandelt werden, die für das bessere Verständnis von Versöhnungsbestrebungen als unabdingbar zu erachten sind. Es handelt sich hierbei um die Frage der Individualverantwortung für Verbrechen, der Situation von Genozidverdächtigen in Haftanstalten und der Kenntnis von Opfern bezüglich Ereignissen während des Genozids.

290 Vgl. auch: SARKIN, Jeremy, 2000b: «Promoting Justice, Truth and Reconciliation in Transitional Societies: Evaluating Rwanda's Approach In the New Millennium of Using Community Based Gacaca Tribunals To Deal With the Past», in: *International Law FORUM du droit international*, 2/2: 112–121, p. 115. Ferner: «Die Wunde vernarbt», in: *die tageszeitung*, 30.11.2002. So hält auch der Vertreter der UN-Menschenrechtskommission für Rwanda, Michel Moussalli, in seinem Bericht aus dem Jahre 2000 fest: «S'il est un secteur dont l'état abominable ne s'est pas amélioré dans le Rwanda de l'après génocide, c'est bien celui du système carcéral». UNITED NATIONS ORGANIZATION, 2000, *op. cit.*, Abs. 12.

1. Die Frage der Individualverantwortung

Während des Genozids haben rund 800'000 Menschen ihr Leben verloren. Dazu sind indes unzählige Rwanderinnen und Rwander zu zählen, welche ihren Verletzungen nicht erlegen sind oder Opfer von Plünderungen wurden. Dies führt zur Vermutung, wonach sich ein überaus hoher Anteil der Bevölkerung an den Verbrechen des Genozids beteiligt hat. So bemerkt auch Alvarez: «The numbers of those implicated in these killings are even more difficult to estimate, but given the principal methods used – ‹inefficient› individual killings by machete – it is assumed that many thousands, perhaps millions, were directly involved».[291] Immer wieder wurden in der Geschichte Überlegungen dazu angestellt, wie ein derart grosser Anteil der Bevölkerung dazu gebracht werden kann, sich an Massakern, Vergewaltigungen und Plünderungen zu beteiligen. Während diese Frage nicht Gegenstand der vorliegenden Ausführungen ist, so soll an dieser Stelle jedoch darauf hingewiesen werden, wie sehr eine allzu vereinfachende Betrachtung der Ereignisse von 1994 zur irrigen sowie den Versöhnungsbestrebungen zuwiderlaufenden Annahme einer Kollektivschuld der Hutubevölkerung verleitet. Es gilt vielmehr, wie Daly bemerkt, zu bedenken:

> While the numbers are undeniably large, participation of about 650'000 people in the killing means that about one-tenth of the Hutu population was involved. This in turn means that nine-tenths of the Hutu population did not kill. As a societal norm, this is intolerable, but the difference between one-tenth and everyone is critical in terms of developing a response. Furthermore, many of those who actually did not kill nonetheless participated in the genocide in other ways.[292]

291 ALVAREZ, José E., 1999: «Crimes of States / Crimes of Hate: Lessons from Rwanda». In: *Yale Journal of International Law*, Vol. 24: 365–483, p. 391. Hochrechnungen aufgrund von Pilot-Gacacas liessen De Jonge zum Schluss gelangen, dass zwischen 50–60 % aller erwachsenen Männer aktiv am Genozid teilgenommen haben könnten. PENAL REFORM INTERNATIONAL, 2003b, *op. cit.*, p. 50.

292 DALY, 2002, *op. cit.*, p. 364.

Über die Ernsthaftigkeit der Tatsache, dass sich womöglich ein Zehntel der Hutubevölkerung der Beteiligung am Genozid schuldig gemacht hat, liesse sich ausgiebig diskutieren, der Blick auf die andere Seite jedoch, derjenigen, die Hutu umfasst, die den Aufforderungen zum Morden nicht folgten oder diesen gar explizit zuwiderliefen, indem sie Menschenleben – meist mit dem Risiko selber exekutiert zu werden – retteten, lässt es umso zentraler erscheinen, dass Schuld von Unschuld getrennt werde. Gerade dies wurde jedoch durch die Planer des Genozids zu verunmöglichen versucht. Mit Bezug auf die Organisatoren der Massaker bemerkt Des Forges:

> Doch verfolgten sie darüber hinaus das Ziel, eine kollektive Verantwortung für den Völkermord herbeizuführen. Die Menschen wurden ermuntert, gemeinsam zu töten – genau wie Soldaten in einem Exekutionskommando befohlen wird, gleichzeitig zu schiessen, damit keiner als einzelner die gesamte Verantwortung für die Hinrichtung trägt.[293]

Abgesehen von der absoluten Notwendigkeit von Mechanismen zur Etablierung der individuellen Verantwortlichkeit für Verbrechen, sollen die vorangegangenen Bemerkungen deutlich machen, dass dieses Unterfangen aufgrund der hohen Beteiligung der Bevölkerung sowie der verfolgten Absicht der Planer des Genozids, die Trennlinie zwischen Schuld und Unschuld zu verwischen, mit massgeblichen Herausforderungen und Schwierigkeiten verbunden ist.[294]

293 DES FORGES, 2002, *op. cit.*, p. 902.
294 Hierzu auch: DRUMBL, 2000, *op. cit.*, p. 1250.

2. Festnahmen von Genozidverdächtigen und die Situation in Haftanstalten

a. Allgemeine Bemerkungen

Rwanda hat nie einen funktionierenden Rechtsstaat gekannt und war seit Erlangung der Unabhängigkeit von einer ausgeprägten Kultur der Straflosigkeit geprägt.[295] Bereits in früheren Jahren ausserdem über nur unzureichend ausgestattete Rechtsinstitutionen verfügend, wurde dieses Land mit einem Genozid konfrontiert, der das gesamte Rechtssystem zerstörte und gleichzeitig zum weltweit höchsten Anteil an Inhaftierten führte.

Den Blick zurück ins Jahr 1994 richtend, präsentiert sich folgendes Bild: Nach Beendigung des Genozids war die öffentliche Meinung vorherrschend, keiner der am Völkermord Beteiligten dürfe mehr der Justiz entkommen. Dies führte dazu, dass die Nichtbeachtung formellen Rechts sowie die Festnahme Unschuldiger als kleineres Übel in Kauf genommen werden mussten.[296] So erfolgten die ersten Festnahmen von rund 40'000 Personen durch Soldaten der RPA oder durch lokale Administrationsbeamte, verfügte das Land noch über keine Inspektoren der Gerichtspolizei.[297] Diese Personen hatten in nur ganz seltenen Fällen polizeiliche Schulung genossen und besassen keine Kenntnisse des Rechts sowie der Untersuchung von Verbrechen.[298] Die Regierung Rwandas äusserte sich – nach beachtlicher Kritik durch *Amnesty International* – hierzu wie folgt:

295 GAHIMA, Gerald, 2002: «Re-establishing the Rule of Law and Encouraging Good Governance». *55th Annual DPI/NGO Conference*, New York, September 9, 2002 [http://www.un.org/dpi/ngosection/gahima.pdf]. Straflosigkeit wird nachfolgend als Resultat fehlender Strafverfolgung verstanden. Straffreiheit dagegen bezieht sich auf Fälle, in welchen ein Rechtsverfahren zwar eröffnet wurde, der Angeklagte jedoch keine Strafe erhielt.

296 Siehe dazu: KARNAVAS, 1997, *op. cit.*, keine Seitenangaben. Ferner: «Ruandas Justiz kämpft um Gerechtigkeit», in: *Die Weltwoche*, 9/29.2.1996.

297 INTERNATIONAL CRISIS GROUP (ICG), 1999: *Cinq ans après le génocide au Rwanda. La justice en question.* ICG Rapport Rwanda N°1, 7 avril 1999, p. 1.

298 HUMAN RIGHTS WATCH / AFRICA, 1994, *op. cit.*, p. 11.

By then, tens of thousands of people were already in custody on charges of crimes arising from the genocide. Most of these people had not been arrested in strict conformity with procedures stipulated by the law. They had been arrested by persons who had no legal powers to effect their arrest. The period of their detention had long exceeded the period set by the law. Their continued detention had not been approved by the court of law, as there were no functioning courts at the time. These detainees had criminal files that had scant information regarding the crimes of which they were being accused. Conditions of detention were worsening, as the numbers of detainees exceeded the existing capacity of the prisons.[299]

Zwischen Juli 1994 und September 1998 wurden monatlich tausend bis dreitausend Personen festgenommen, wobei die massive Rückkehrbewegung von Flüchtlingen im Jahre 1997 zu einem zusätzlichen Anstieg der Festnahmen beitrug.[300] Die Voraussetzungen zur Inhaftierung erfuhren eine massgebliche Lockerung, wobei in den meisten Fällen nicht weiter abgestützte Zeugenaussagen und Anschuldigungen als ausreichend angesehen wurden. Es ist ferner eine allgemein bekannte Tatsache, dass die rechtlich diffuse Lage vielfach dazu missbraucht wurde, in systematischer Art und Weise mittels Denunziationen persönliche Rechnungen zu begleichen und an ohnehin bereits knappe Landressourcen zu gelangen. So bemerkt auch Karnavas: «If you want to settle an old score or seize someone's property, you can easily find ‹witnesses› who will denounce anyone for the right price».[301]

299 Republic of Rwanda, 2000: «Reply to Amnesty International's Report ‹Rwanda: The troubled course of justice›», November, 6, 2000, Kigali, keine Seitenangaben.

300 International Crisis Group, 1999, *op. cit.*, p. 10.

301 Karnavas, 1997, *op. cit.*, keine Seitenangaben. Dazu auch: Vandeginste, Stef, 1997: «Justice for Rwanda and International Cooperation». Antwerp: Unpublished Paper [http://129.194.252.80/catfiles/0814.pdf]. Vandeginste verweist auf sogenannte «syndicates of denunciation», wonach meist Frauen für ihre Denunziation umgerechnet rund 33 US $ erhielten, bei Verhaftung der Beschuldigten noch einen zusätzlichen Bonus, p. 13. *Human Rights Watch* hält in einem Bericht fest: «The RPA soldiers arrest persons accused by others on the basis of the denunciation rather than as a result of criminal investigations. A significant number of these denunciations are false, motivated by hopes of personal profit – especially where questions of property are involved – or by the desire to settle some private score. The public prosecutor for the capital of Kigali estimates that as many as 20 percent of the prisoners now housed in Kigali Central Prison are innocent». Human Rights Watch / Africa, 1994, *op. cit.*, p. 12.

Die eingesetzte Dynamik führte dazu, dass bereits zwei Jahre später gegen 150'000 Menschen in Rwandas Gefängnissen ihr Dasein fristeten. In diesem Zusammenhang ist ebenfalls darauf hinzuweisen, dass sich hiermit rund ein Zehntel aller erwachsenen Hutu in Haft befand.[302] Sollten sich die Schätzungen von 50 bis 60 % der Erwachsenen, die sich am Genozid beteiligt haben, als richtig herausstellen, liesse dies massive Befürchtungen hinsichtlich der sich noch in Freiheit – sei dies in Rwanda oder im Ausland – befindlichen Täter aufkommen.[303]

Das höchst beeinträchtigte Rechtssystem vermochte aus strukturellen sowie personellen Gründen den allgemeinen Anforderungen, umfassende Dossiers zu erstellen, Anklageschriften in systematischer Weise zu verfassen, die Inhaftierten innert vorgegebener Fristen vor einen Richter zu führen und sie über den Grund ihrer Festnahme zu informieren, nicht gerecht zu werden. Die meisten Inhaftierten hatten noch 1996 gemäss Bericht des *Lawyers Committee for Human Rights* (LCHR) kein Dossier.[304] Werchick schätzt, dass im Jahre 2000 gegen rund 18'000 bis 40'000 Gefängnisinsassen keine offizielle Anklage erhoben worden war, während Moussalli mit Bezug auf September 1999 von 40% aller Festgenommenen ausgeht, die überdies auch nie einem Richter vorgeführt worden waren.[305]

302 DRUMBL, 2002, *op. cit.*, p. 2.

303 Siehe Fussnote 291.

304 LAWYERS COMMITTEE FOR HUMAN RIGHTS (LCHR), 1997: «Prosecuting Genocide in Rwanda: A Lawyers Committee report on the ICTR and National Trials», keine Seitenangaben [http://www.lchr.org/pubs/descriptions/rwanda.htm] (Inzwischen wurde die NGO in «human rights *first*» unbenannt). Siehe auch: VANDEGINSTE, 1997, *op. cit.*, p. 22, mit besonderer Referenz auf die Inhaftierten in sogenannten «cachots».

305 WERCHICK, Leah, 2000: «Prospects for Justice in Rwanda's Citizen Tribunals», in: *Human Rights Brief*, Vol.8/3. Ferner: UNITED NATIONS ORGANIZATION, 2000, *op. cit.*, Abs. 102.

b. Provisorische Freilassungen

Aufgrund der alarmierenden Situation wurden im März 1995 sogenannte Triagekommissionen *(Commissions de Triage)* geschaffen, ohne dass jedoch ein diesbezügliches Gesetz erlassen worden wäre.[306] Diese *ad hoc* Haftprüfungsausschüsse administrativen Charakters funktionierten zunächst auf der Ebene der Provinzen, wurden später jedoch ebenfalls auf Gemeindeebene etabliert. Ihre Aufgabe war es, nach eingehender Prüfung die provisorische Freilassung von Inhaftierten mit unvollständigen Dossiers, ohne schwerwiegende Anklagepunkte sowie von Angehörigen besonders verletzlicher Personengruppen anzuordnen.[307] Aufgrund ihres unregelmässigen sowie ineffizienten Funktionierens, welches nicht zuletzt zu internationaler Kritik führte, wurden die Triagekommissionen 1997 abgeschafft.[308]

An ihre Stelle traten im Mai 1997 mobile Einsatzteams *(groupes mobiles)*, bestehend aus Angehörigen der mittlerweile geschaffenen Gerichtspolizei, die zusätzlich zu den Aufgaben der Triagekommissionen Haftdossiers erstellen sowie gerichtliche Voruntersuchungen führen sollten. Ihre Arbeit zeichnete sich als weitaus effizienter als diejenige ihrer Vorläufer aus. So wurden bereits in den ersten zwei Monaten ihres Bestehens rund 400 Inhaftierte provisorisch freigelassen.[309] Bis Ende 1998 waren 60'000 Fälle beurteilt worden, was zu rund 1'000 Freilassungen führte, darunter zahlreiche aus humanitären Gründen.[310] 1999 wurden die mobilen Einsatzteams aufgelöst.

Durch einen Beschluss des Präsidenten wurden im Oktober 1999 insgesamt 3'500 Personen aufgrund ihres Alters, aufgrund von Krankheit oder mangels Beweisen entlassen.[311] Weitere Freilassungen aus humanitären

306 LAWYERS COMMITTEE FOR HUMAN RIGHTS, 1997, *op. cit.*, keine Seitenangaben.

307 AMNESTY INTERNATIONAL, 2002c: «Gacaca: Une question de justice». November 2002, London. AI Index No. AFR 47/007/2002 [http://web.amnesty.org/library], keine Seitenangaben.

308 KARNAVAS, 1997, *op. cit.*, keine Seitenangaben. Siehe auch: AMNESTY INTERNATIONAL, 2002c, *op. cit.*

309 VANDEGINSTE, 1997, *op. cit.*, p. 14.

310 AMNESTY INTERNATIONAL, 2002c, *op. cit.*

311 AKHAVAN, Payam, 2001: «Beyond Impunity: Can International Criminal Justice Prevent Future Atrocities?», in: *American Journal of International Law*, Vol. 95/7: 7–31, p. 25.

Gründen fanden in wiederholter Weise statt. Daneben konnte das *Lawyers Committee for Human Rights* jedoch auch mit Besorgnis feststellen, dass Freilassungen von Gemeinverbrechern immer üblicher wurden.[312]

Per 1. Januar 2003, also beinahe neun Jahre nach dem Genozid sowie während der Pilotphase des Gacaca-Projekts, erliess der Präsident ein weiteres Dekret, welches erlaubte, 25'029 der insgesamt rund 112'000 Inhaftierten bis zur Verhandlung ihres Falles vor einem Gacaca-Gericht bedingt freizulassen.[313] In den Genuss dieses Dekrets – wohl bemerkt der Exekutive und nicht der Judikative – kamen mehr als 2'000 alte, kranke und minderjährige Inhaftierte, ferner allerdings auch Geständige, aufgrund deren Dossiers oder – wo diese nicht vorhanden waren – aufgrund der gegen sie gerichteten Anschuldigungen davon ausgegangen werden durfte, dass sie ihre potentielle Strafe bereits abgesessen haben, jedoch nicht zu den Planern und Organisatoren des Völkermords gezählt werden können.[314] Die Überlebenden des Genozids nahmen das entsprechende Dekret mit grosser Bestürzung auf.[315] Es wurden Einschüchterungen und gar Ermordungen von Zeugen sowie das Entkommen der Justiz befürchtet.[316]

312 LAWYERS COMMITTEE FOR HUMAN RIGHTS, 1997, *op. cit.*, keine Seitenangaben.

313 AMNESTY INTERNATIONAL, 2003: «Rwanda: End of provisional release of genocide suspects». *Amnesty International Press Release,* April 29, 2003, London. AI Index No. AFR 47/005/2003 [http://web.amnesty.org/library]. Ferner: «Rwanda entlässt Genozid-Häftlinge», *Neue Zürcher Zeitung*, 12.1.2003. Siehe auch «Nur ein rwandisches Volk. Mitläufer beim Genozid bedingt in die Freizeit entlassen», *Neue Zürcher Zeitung*, 6.5.2003, sowie: «Wer aber waren dann die Mörder? In Rwanda haben die Prozesse gegen die Täter des Genozids von 1994 begonnen», *Neue Zürcher Zeitung*, 11.5.2003.

314 «Le Rwanda va relâcher plus de 30'000 suspects de génocide», *Fondation Hirondelle*, 23 janvier 2003.

315 AMNESTY INTERNATIONAL, 2003, *op. cit.*

316 AFRICAN RIGHTS, 2003: «Rwanda: Prisoner releases – A risk for the Gacaca System». 16 January 2003, Kigali [http://www.genocidewatch.org/Rwanda PRISONERRELEASES.htm]. Bezogen auf frühere Jahre wies die UNO in einem Bericht darauf hin, dass bereits 1996 schwarze Listen mit Namen von Zeugen, die eliminiert werden sollten, existierten. Aus: «Difficile reconstruction au Rwanda», *Le Monde diplomatique*, juillet 1996.

Die Überlebendenvereinigung IBUKA hat denn auch bekannt gegeben, dass vier Genozidopfer im Jahre 2003 ermordet wurden, nachdem sie die Bereitschaft zu Aussagen vor Gacaca-Gerichten manifestiert hatten.[317] Diese Morde führten zur Flucht von Überlebenden des Genozids in andere Provinzen.[318]

Die provisorisch Freigelassenen – ausgenommen Alte und Todkranke – wurden während mehr als zwei Monaten in einem der achtzehn eigens zu diesem Zwecke eingerichteten Solidaritätslagern *(ingando)* einer sogenannten «Umerziehung» unterzogen.[319] Die breit angelegte Schulung umfasst Themen wie die Geschichte Rwandas und der Genozid, Versöhnung, Demokratie, Staatsrecht und Bürgerpflichten, Menschenrechte, Gacacas, nationale Entwicklung und AIDS.[320] Danach konnten die provisorisch Freigelassenen an ihre Wohnorte zurückkehren, wo sie sich für das Aufgebot vor einem Gacaca-Gericht bereithalten müssen.

Noch immer befinden sich zum gegenwärtigen Zeitpunkt rund 85'000 Personen in Rwandas Gefängnissen, was dieses Land nach wie vor zu demjenigen mit dem weltweit höchsten Anteil an Inhaftierten macht. Die langsam vorankommende nationale Justiz, die in einem eigenen Kapitel behandelt wird, vermochte lediglich einige hundert Fälle pro Jahr abschliessend zu bearbeiten, wodurch sich die Haftabgänge mit Neuinhaftierungen die Waage hielten. Bis zum heutigen Tage wurden an die 9'000 Dossiers durch nationale Gerichte behandelt.

317 United Nations Integrated Regional Information Networks (IRIN), 2003: «Rwanda: Genocide survivor group denounces killings, harassment», in: *IRIN News*, December 16, 2003 [http://www.irinnews.org].

318 United Nations Integrated Regional Information Networks (IRIN), 2004: «Rwanda: Genocide survivors flee province over killings», in: *IRIN News*, January 12, 2004 [http://www.irinnews.org].

319 «Des milliers de suspects de génocide libérés des camps de solidarité», *Fondation Hirondelle*, 6 mai 2003. «Nur ein rwandisches Volk. Mitläufer beim Genozid bedingt in die Freiheit entlassen», *Neue Zürcher Zeitung*, 6.5.2003.

320 Penal Reform International, 2003a: «The guilty plea procedure, cornerstone of the Rwandan justice system». *PRI Research on Gacaca Report, Report IV*. Kigali. [Report IV], p. 12.

c. *Die Situation in den Haftanstalten*

Im Jahre 1994 waren Rwandas Haftanstalten für höchstens 18'000 Personen vorgesehen. Sie erfuhren im Laufe der Jahre 1996 und 1997 eine Erweiterung, wobei auch neue Anstalten eröffnet wurden.[321] Dennoch konnte die Kapazität auf höchstens 37'000 Personen erhöht werden.[322] Heute existieren in Rwanda 18 Haftanstalten, kleinere, durch Bürgermeister geführte Gemeindegefängnisse sowie 154 lokale Hafthäuser *(cachots)*, die ursprünglich für Festnahmen von maximal 48 Stunden vor dem Transfer in ein Gefängnis konzipiert worden waren.[323] Über die Zahl und Charakteristika der Militärgefängnisse gelangen indes kaum Informationen an die Öffentlichkeit.[324]

Die Situation in den Gefängnissen präsentiert sich auch nach der Reduzierung von Insassen als höchst deplorabel. Nebst der bereits erwähnten Überfüllung der Anstalten – gemäss Jahresbericht 2002 von *Amnesty International* waren diese generell zehnfach überbelegt – sind die hygienischen und versorgungstechnischen Bedingungen derart schlecht, dass sie zwischen 1994 und 2001 zum Tode von rund 11'000 Insassen geführt haben.[325] Im Oktober 1996 starben in der Gemeindeanstalt von Gitesi / Kibuye 16 Inhaftierte aufgrund einer durch Überfüllung verursachten Panik. Rund 120 Menschen waren damals in einer 20m^2 umfassenden Zelle untergebracht worden.[326] Inhaftierten Frauen und Minderjährigen

321 DES FORGES, 2002, *op. cit.*, p. 894. AMNESTY INTERNATIONAL, 2002c, *op. cit.* Siehe auch: REPUBLIC OF RWANDA, 2000, *op. cit.*, p. 11.

322 Vgl. auch: SARKIN, 2000b, *op. cit.*, Fussnote 8, p. 113.

323 AMNESTY INTERNATIONAL, 2002c, *op. cit.* 1997 sollen dort rund 37'500 Personen festgehalten worden sein. SARKIN, Jeremy, 1999: «The Necessity and Challenges of Establishing a Truth and Reconciliation Commission in Rwanda», in: *Human Rights Quarterly*, Vol. 21/3: 767–823, p. 788. UNITED NATIONS ORGANIZATION, 2000, *op. cit.*, Abs. 59.

324 INTERNATIONAL CRISIS GROUP, 1999, *op. cit.*, p. 12.

325 AMNESTY INTERNATIONAL, 2002c, *op. cit.*, keine Seitenangaben. Zu den Todesfällen in Haft siehe auch: «Au Rwanda, vivre avec le génocide», in *Le Monde diplomatique*, juillet 2000. Ferner: LAWYERS COMMITTEE FOR HUMAN RIGHTS, 1997, *op. cit.*, keine Seitenangaben.

326 LAWYERS COMMITTEE FOR HUMAN RIGHTS, 1997, *op. cit.*, keine Seitenangaben.

gebührt besondere Beachtung, denn diese sind nicht in allen Anstalten getrennt von männlichen Gefängnisinsassen untergebracht und infolgedessen massiven Missbräuchen ausgesetzt.[327] Moussalli vermutet aufgrund zahlreicher Übergriffe eine markante Zunahme der HIV-Rate.[328]

Im Laufe der Jahre bildete sich im Innern der Haftanstalten eine richtiggehende Parallelgesellschaft heraus, die dieselben Eigenheiten wie die rwandische Gesellschaft aufweist. Die rigide pyramidale Struktur widerspiegelnd, wurden dem Gefängnisalltag entsprechend Komitees ins Leben gerufen. Grégoire bemerkt hierzu: «Les prisons rwandaises sont une caricature de la société, avec ses différentes classes sociales, ses luttes de pouvoir, la hiérarchie. Il est dès lors difficile – et parfois dangereux – d'avouer un crime qui implique d'autres codétenus ou de dénoncer».[329] Wie später noch eingehend erläutert wird, wurden ungeachtet dieser Gefahr gar auf Initiative der Insassen hin sowie unter ihrer Federführung Gefängnis-Gacacas initiiert, welche Verfahren der Absprache über Schuldigerklärung vorantreiben sollten.[330]

d. Kosten

Abgesehen von der rechtlich wie auch hygienisch prekären Lage erweist sich die vorliegende Situation auch in Hinsicht auf den dringend nötigen Wiederaufbau des versehrten Landes als höchst ungünstig, wenn man bedenkt, dass junge Männer zwischen 20 und 30 Jahren den grössten Teil der Gefängnisinsassen darstellen. Das Internationale Komitee des Roten

327 Im Mai 1996 waren 377 Kinder zusammen mit ihren Müttern inhaftiert, während 1'163 Minderjährige mit der erwachsenen Gefängnispopulation untergebracht waren. KARNAVAS, 1997, *op. cit.*, keine Seitenangaben. Die weibliche Gefängnispopulation wird gegenwärtig auf 5 % geschätzt, während Ende 1999 4'454 Kinder in Haft waren. In 13 Anstalten waren diese nicht getrennt von Erwachsenen untergebracht. UNITED NATIONS ORGANIZATION, 2000, *op. cit.*, Abs. 63.

328 UNITED NATIONS ORGANIZATION, 2000, *op. cit.*, Abs. 80.

329 GREGOIRE, 2000, *op. cit.*, p. 40.

330 Das Verfahren der Absprache über Schuldigerklärung wird ab Seite 248 genau erläutert.

Kreuzes (IKRK) war bis Januar 2004 zu 55 % an der Lebensmittelversorgung in den zentralen Haftanstalten beteiligt, während die *cachots* von dieser Unterstützung ausgenommen waren.[331] Die internationale Gemeinschaft zahlt jährlich mehr als 18 Millionen Dollar für die Ernährung der Häftlinge in Zentralgefängnissen.[332] Im Falle der *cachots* sind es jedoch in der Hauptsache die Angehörigen, welche Nahrungsmittel bringen und dabei viel anderweitig nutzbare Zeit in diese täglichen Aufgaben investieren.[333] Schliesslich gilt auch zu bedenken, dass der Unterhalt von Gefängnissen – sei ihr Standard auch noch so niedrig – zu Kosten führt, die für den Wiederaufbau des Landes benötigt würden. Gerade von Seiten Überlebender des Genozids wird mit Argwohn vorgebracht, der Staat sorge sich mehr um die Inhaftierten als um die restliche Bevölkerung, indem Erstere eingekleidet und immerhin ernährt würden. Das Vorantreiben der Strafjustiz sowie die Leerung der Gefängnisse wird von der rwandischen Regierung, jedoch auch gleichermassen von Seiten der Opfer wie auch der Täter verlangt.[334] Angesichts der Langsamkeit nationaler Gerichtsbarkeit musste dringendst eine Lösung gefunden werden.

3. Wahrheitsfindung

Damit ein schwerwiegendes Ereignis durch Betroffene verarbeitet werden kann, ist es von zentraler Bedeutung, dass in möglichst umfassender Weise ans Licht gebracht wird, was geschehen ist. Der Anspruch auf absolute Wahrheit ist indes nicht realisierbar, bedenkt man die Tatsache, dass Wahrheit einen subjektiven Gehalt hat. Sie wird durch die Wahrnehmungsweise

331 United Nations Organization, 2000, *op. cit.*, Abs. 81. Danach wurde die Unterstützung des IKRK gekürzt.

332 Des Forges, 2002, *op. cit.*, p. 895.

333 «La clé pour juger 100'000 détenues», in: *L'Hebdo*, 8.3.2001.

334 Burke-White, William W., 2002: «A Community of Courts: Toward a System of International Criminal Law Enforcement», in: *Michigan Journal of International Law*, Vol. 24/1: 1–99.

geprägt und ist situationsabhängig. Wenn in diesem Abschnitt der Begriff Wahrheit verwendet wird, so in einem eingeschränkten Sinne. Konkret sind damit die Umstände eines Verbrechens, die Täterschaft sowie der Ort, wo sich die Gebeine des Opfers befinden, gemeint. Zahlreichen Angehörigen von Opfern würde es zweifelsohne bereits genügen, mit Sicherheit zu wissen, dass eine betreffende Person tatsächlich nicht mehr am Leben ist.

Diese Wahrheit im eingeschränkten Sinne kennen in der Regel nur diejenigen, die sich der entsprechenden Verbrechen schuldig gemacht haben. Überlebende des Völkermords dagegen verfügen meist über ein lediglich unvollständiges Bild der Ereignisse. Sei es, weil sie sich zu gegebenem Zeitpunkt nicht am Ort des Geschehens aufhielten, sei es, weil Todesangst oder ein Versteck es verunmöglichten, mitzuverfolgen, was geschah. Gerade jedoch ein unvollständiges Bild der Ereignisse kann betroffene Menschen jahrelang, wenn nicht sogar ein ganzes Leben, verfolgen. Die Konfrontation mit der Wahrheit mag zweifelsohne mit grossem Schmerz verbunden sein, dieser Preis würde jedoch von unzähligen Überlebenden in Kauf genommen werden, wenn sie danach mehr darüber wüssten, was mit ihren Familienangehörigen, Freunden, Nachbarn und Bekannten genau geschehen ist. Erst danach kann sich die Möglichkeit eröffnen, das Geschehen zu verarbeiten und abzuschliessen. Allerdings ist mit Bezug auf die Eigenheiten des rwandischen Völkermordes, der vor den Augen der Bevölkerung stattfand, sowie auf die Übersichtlichkeit der Lebensverhältnisse hervorzuheben, dass den Opfern in der Regel die Verbrecher persönlich bekannt sind. Dies ist ein Aspekt, der für die Durchführung der Gacaca-Gerichtsbarkeit von zentraler Bedeutung ist.

Während in diesem Kapitel drei im Zusammenhang mit der Bewältigung des Genozids zentrale Aspekte dargelegt wurden, soll im nachfolgenden Teil das Augenmerk auf das theoretische Konzept transitionaler Justiz gerichtet werden.

II. Die Möglichkeiten in Theorie: Transitionale Justiz

> How a society deals with its past has a mayor determining influence on whether that society will achieve long term peace and stability.[335]
>
> Jeremy Sarkin

Ausgehend von den Problemfeldern, mit welchen Rwanda seit dem Genozid mitunter konfrontiert ist – Justiz, Wahrheitsfindung und Versöhnung –, sollen diese nachfolgend in einen breiteren theoretischen Rahmen eingebettet werden. Angesichts seines Regimewechsels lässt sich das postgenozidäre Rwanda als Übergangsgesellschaft bezeichnen, deren mit vergangenen Verbrechen zusammenhängende Problemfelder mittels Konzepten der transitionalen Justiz *(transitional justice)* eingekreist werden können. Nach Darlegung der zentralen Begriffe und Fragestellungen transitionaler Justiz soll deren Umsetzung in die Praxis Gegenstand der Erläuterungen sein.

1. Transitionale Justiz

Transitionale Justiz ist eine vergleichsweise junge interdisziplinäre Forschungsrichtung, die sich vorwiegend in den Vereinigten Staaten etabliert hat und an der Schnittstelle zwischen Politologie, Soziologie und Rechtswissenschaft anzusiedeln ist.[336] Ihr Gegenstand sind Gesellschaften, welche in

335 SARKIN, Jeremy, 2000a: «Dealing with past human rights abuses. Promoting reconciliation in a future democratic Burma», in: *Burma Journal, Justice in Transition*, Vol. 7: 1–14, p. 1.

336 Vgl. hierzu: SIMON, Jan-Michael, 2003: «Strafrechtliche Verantwortlichkeit und Versöhnung. Erfahrungen zum Umgang mit politischer Massengewalt aus Südafrika, Ruanda und El Salvador». *Max-Planck Institut für ausländisches und inter-*

der Vergangenheit massive Menschenrechtsverletzungen und Gewalt erfahren haben und sich nach einem Machtwechsel in einem politischen Transitionsprozess befinden, der im Idealfall in der Stabilisierung einer neuen demokratischen Regierungsform mündet. Unterschieden werden gemäss Bronkhorst drei Phasen des Transitionsprozesses: Die erste Phase der Entstehung *(genesis phase)*, gekennzeichnet durch schwerste Verbrechen und Menschenrechtsverletzungen, diejenige der Transformation *(transformation)*, die um ein zentrales Ereignis wie etwa ein Friedensabkommen oder einen militärischen Sieg angesiedelt ist, und schliesslich die Phase der Wiederanpassung *(readjustment)*, in welcher die Auseinandersetzung mit den Themenkomplexen der Justiz, Wahrheitsfindung und Versöhnung stattfindet.[337]

Die zentrale Frage transitionaler Justiz besteht darin, wie die neu etablierte Staatsführung in der Phase der Wiederanpassung nebst zahlreichen weiteren Herausforderungen mit unter dem alten Regime begangenen Verbrechen umzugehen vermag und welcher Mechanismen sie sich hierzu – wenn überhaupt – bedient. Zum einen steht die Regierung vor der Wahl, ob und wie sie Täter zur Verantwortung ziehen möchte.[338] Daneben hat sie sich mit der Frage auseinanderzusetzen, wie sie ihre Pflicht zu Reparationsleistungen unterschiedlichster Art gegenüber den Opfern vergangener Verbrechen wahrnehmen kann. Schliesslich gilt es, die Vergangenheit aufzuarbeiten, zu dokumentieren und der Öffentlichkeit zugänglich zu machen. Ein erfolgreicher Umgang mit vergangenen Verbrechen gilt als eine der zentralen Bedingungen für das Vorantreiben des komplexen Versöhnungsprozesses, der seinerseits einen Beitrag zu einer längerfristig stabilen, durch Frieden gekennzeichneten Gesellschaft leistet. Die Methode transitionaler Justiz ist nicht zuletzt aufgrund der Analyse von länderspezifischen

---

nationales Strafrecht, Freiburg i. Br. [http://www.iuscrim.mpg.de/forsch/straf/docs/Simon_Lectures_11.pdf]. Siehe auch: SIEGEL, Richard L., 1998: «Transitional Justice: A Decade of Debate and Experience», in: *Human Rights* Quarterly, Vol. 20/2: 431–454.

337 BRONKHORST, Daan, 1995, *Truth and Reconciliation. Opportunities and obstructions for human rights*. Amsterdam: Amnesty International. Vgl. hierzu auch: MYSLIWIEC, Eva, 1999: «Transition and Reconciliation», in: *Cambodia Development Review*, Vol. 3/2: 5–8.

338 Das gegenwärtig (anfangs 2004) meist diskutierte Beispiel bezieht sich auf den früheren irakischen Machthaber Saddam Hussein. Siehe auch die Bemerkung auf der Seite 171 f.

Fallbeispielen interpretativ, historisch und vergleichend, und soll zu Schlussfolgerungen darüber verhelfen, was die einzelnen Mechanismen über das Verständnis von Justiz – hier im breiten Sinne als Verantwortlichkeit verstanden – in der politischen Übergangszeit auszusagen vermögen.[339]

Die historische Entwicklung transitionaler Justiz lässt sich gemäss Teitel in drei Phasen einteilen: die Phase nach dem Zweiten Weltkrieg, die Phase bis nach Ende des Kalten Krieges und schliesslich die aktuelle Phase.[340] In Orientierung an den genannten Phasen soll in Kürze ein historischer Abriss geliefert werden, der einen ersten Einblick in die grundlegenden Eigenheiten des Konzeptes erlauben soll.

2. Historische Entwicklung transitionaler Justiz

Das Ende des Zweiten Weltkrieges: Nürnberg

Als Symbol für die Anfangsphase transitionaler Justiz steht das Nürnberger Tribunal, in welchem sich der Wille einer zutiefst erschütterten internationalen Gemeinschaft widerspiegelte, die einzelnen Kriegsverbrecher für ihre Taten während des Holocausts zur Verantwortung zu ziehen. Der Akzent lag mitunter auf dem Prinzip der Vergeltung im Namen der Justiz, der Individualverantwortung für die begangenen Verbrechen sowie auf der Anwendung internationalen Strafrechts. Der Umgang der alliierten Siegermächte mit vergangenen Verbrechen war rein retributiven, vergeltenden Charakters und weniger durch Fragen allfällig späterer Versöhnung bestimmt.[341]

339 TEITEL, Ruti G., 2000: *Transitional Justice*. New York: Oxford University Press, p. 213.

340 TEITEL, Ruti G., 2003: «Transitional Justice Genealogy», in: *Harvard Human Rights Journal*, Vol. 16, Spring 2003: 69–94, p. 70.

341 Der bereits an dieser Stelle eingeführte Begriff der retributiven Justiz wird – wie auch sein Gegenstück der restaurativen Justiz – in einem eigenen Kapitel eingehend diskutiert.

Die «dritte Welle»: Weltweite Demokratisierungen

Die zweite Phase wurde durch eine richtiggehende Welle politischer Transitionen und allgemein beschleunigter Demokratisierung – gemäss Huntington als «dritte Welle der Demokratisierung» zu verstehen – eingeleitet, welche Mitte der 1970er Jahre in Südeuropa und in Südamerikas Militärdiktaturen ihren Anfang nahm, sich in den 1980er Jahren in Lateinamerika und schliesslich nach der Wende von 1989 in Osteuropa, Afrika und Zentralamerika fortsetzte.[342] So stieg auch zwischen 1987 und 1997 die Anzahl weltweiter Demokratien von 69 auf 118.[343] Angesichts dieser beachtlichen Entwicklung gewannen Fragen transitionaler Justiz zusehends an Gewicht, während deren Lösungen gleichzeitig eine Differenzierung erfuhren.

Ein zentraler Unterschied zur Nachkriegsphase ist auf das grundsätzlich gewandelte Verständnis von Verantwortlichkeit zurückzuführen, da Justiz in politischen Transitionszeiten aufgrund mangelnder Ressourcen und politischer Risiken weder vollkommen noch mustergültig zu sein vermag.[344] So etablierte sich ein pragmatischer Ansatz, der von der Annahme geleitet wird, Vergeltung stelle längst nicht die einzige Option im Umgang mit vergangenen Verbrechen dar. Diese Einsicht wurde auf einer höheren Ebene von einem Paradigmenwechsel von reiner Retribution hin zu prospektiven Instrumenten der längerfristigen politischen Stabilisierung und der Friedenssicherung begleitet. Noch entscheidender ist jedoch, dass

342 HUNTINGTON, Samuel P., 1991: *The Third Wave. Democratization in the Late Twentieth Century.* Norman, Oklahoma: University of Oklahoma Press, insbesondere pp. 13–26. Dabei lassen sich Wellen der Demokratisierung sowie solche des Rückfalls in autoritäre Herrschaftsstrukturen beobachten, wodurch einige Länder der ersten Welle, wie Argentinien und Uruguay, erneute Demokratisierungsprozesse anlässlich späterer Wellen durchlaufen haben. Siehe dazu auch die Abbildung bei Huntington auf Seite 14.

343 GARRETT, Stephen A., 2000: «Models of Transitional Justice – A Comparative Analysis». *International Studies Association*, Los Angeles, CA, keine Seitenangaben [http://www.ciaonet.org/isa/gas02/].

344 Wie noch im entsprechenden Kapitel ab Seite 158 aufgezeigt wird, ist das politische Risiko massgeblich auf die Art, wie die Transitionen eingeleitet wurde, zurückzuführen. Vorweggenommen sei an dieser Stelle, dass ungefähr die Hälfte der Transitionen zwischen 1974 und 1990 durch Reformen ermöglicht wurden. HUNTINGTON, 1991, *op. cit.*, p. 215.

Justiz, wie sie im engeren Sinne verstanden wird, mit den Zielen der Versöhnung als unvereinbar und dieser abträglich angesehen wurde. Der Tenor war somit massgeblich durch die Meinung bestimmt, Versöhnung und Vergebung seien die in längerfristiger Perspektive anzustrebenden Ziele, weshalb restaurative, wiederherstellende Mechanismen zusehends an Bedeutung gewannen und die retributiven in den Hintergrund drängten. So wurde im Allgemeinen denjenigen Ausprägungen transitionaler Justiz den Vorzug gegeben, die auf Vergeben und Vergessen basieren, während in den seltensten Fällen umfassende Strafverfolgungen stattfanden.[345]

Die Suche nach alternativen Strategien im Umgang mit vergangenen Verbrechen führte zu umfassenderen, jedoch gleichzeitig auch limitierten und provisorischen Kompromisslösungen des Rechtsstaates. Des Weiteren etablierten sich Bestrebungen, auf den jeweiligen Transitionskontext und somit auf die gesellschaftliche Dimension Rücksicht zu nehmen. Neben bewegten Diskussionen um die mögliche Gewährung von Amnestie zwecks Friedenssicherung wurde diese Phase auf praktischer Ebene jedoch in erster Linie durch die Errichtung zahlreicher Wahrheits- und Versöhnungskommissionen geprägt, in deren Rahmen die Geschichte aufgearbeitet und dokumentiert werden sollte.[346] So bemerkt auch Teitel: «In this phase, the main purpose of transitional justice was to construct an alternative history of past abuses».[347] Ein letzter massgeblicher Unterschied zur ersten Phase besteht darin, dass nicht mehr so sehr internationale Akteure, sondern vielmehr Akteure im nationalen und lokalen Kontext Projekte transitionaler Justiz umsetzten, wobei nicht zuletzt die Zivilgesellschaft in zunehmendem Masse an Gewicht gewann.[348]

345 MÉNDEZ, Juan E., 1997a: «Accountability for Past Accountability», in: *Human Rights Quarterly*, Vol. 19/2: 255–282, p. 266. Ferner: HUNTINGTON, 1991, *op. cit.*, p. 215.

346 Interessanterweise lag der Schwerpunkt in den Ländern Osteuropas weniger in der Aufzeichnung offizieller Geschichte, sondern vielmehr in der Öffnung von Archiven und im Zugang zu Akten und Dossiers.

347 TEITEL, 2003, *op. cit.*, p. 78.

348 Zivilgesellschaft umfasst gemäss Spiro «all associational activities of nongovernmental description, including churches, schools, places of employment, clubs, and other group affiliations». Zit. in: DRUMBL, 2000, *op. cit.*, p. 1234.

Transitionale Justiz heute: Im Zeichen der Globalisierung

Die aktuelle Phase transitionaler Justiz wurde nach der Jahrtausendwende eingeläutet. Diese Zeit ist durch weiter zunehmende, weltweite politische Instabilität und einen hohen Grad an innerstaatlicher Gewalt geprägt. Die Ereignisse vom 11. September 2001 führten ausserdem zu einem wachsenden Bewusstsein, wonach Gefahrenquellen als Folge der Globalisierung nicht mehr ohne Weiteres zu lokalisieren seien, sondern aufgrund von Errungenschaften der Informationstechnologien vielmehr dekontextualisiert wurden.

Transitionale Justiz entwickelte sich aufgrund der allgemeinen Instabilität zu einer Dauerfrage. Bezog sie sich in früheren Phasen auf aussergewöhnliche Situationen nach einem lokalisierbaren Konflikt, so wurde sie zusehends normalisiert, dessen Symbol die Errichtung des Internationalen Strafgerichtshofes (ICC) am 11. April 2002 in Den Haag darstellt.

Einerseits kann hiermit die Rückkehr zu internationaler Gerichtsbarkeit und eine erneute Zunahme der Bedeutung von Retribution beobachtet werden. Dies bedeutet allerdings keine Abbildung der ersten Phase transitionaler Justiz, sondern vielmehr eine Synthese der Erkenntnisse aus der ersten, rein retributiven, und zweiten Phase mit ihrer Betonung von Versöhnung. Die Vorstellung, Justiz und Versöhnung seien einander unvereinbar, gilt mittlerweile aufgrund der gewonnenen Erkenntnisse als überholt. Sie führte zu neuen institutionellen Lösungen, welche die Ziele von Justiz und Frieden zu versöhnen versuchen.[349] In diesem Zusammenhang ist auch die auf den ersten Blick entgegengesetzte Entwicklung zu verstehen, welche gleichzeitig durch die internationale Gerichtsbarkeit sowie durch eine Rückkehr zum Lokalen geprägt wird. Immer häufiger suchen durch vergangene Verbrechen und Gewalt geprägte Gesellschaften nach

349 So gibt auch Goldstone zu bedenken, dass die Entscheide zur Errichtung der beiden internationalen *ad hoc* Tribunale für das ehemalige Jugoslawien und für Rwanda «[were] founded upon the recognition of a direct link between peace and justice». GOLDSTONE, Richard J., 1996: «Justice as a Tool for Peace-Making: Truth Commissions and International Criminal Tribunals», in: *New York University Journal of International Law & Politics*, Vol. 28/3: 485–503, p. 486. Siehe auch: SIEFF, Michelle and Leslie V. WRIGHT, 1999: «Reconciling Order and Justice? New Institutional Solutions in Post-Conflict States», in: *Journal of International Affairs*, Vol. 52/2: 757–779, p. 758.

eigenen Lösungen, die zu transitionaler Justiz beitragen. So ist auch die zunehmende Bedeutung traditionaler Konfliktlösungsmechanismen wie die Gacaca-Gerichtsbarkeit in diese Entwicklung einzubetten.

3. Der Prozess der Versöhnung

> Wie um alles in der Welt soll man Wiedergutmachung oder Entschädigungen unter einen Hut bringen mit Aussöhnung oder Vergebung für angetanes Unrecht? Können wir wirklich anzunehmen wagen, dass beide Haltungen – auf ihre höchst unterschiedliche Art und Weise – die Sühne begangenen Unrechts und den Sieg des Rechts sicher zu stellen vermögen?[350]
>
> Wole Soyinka

a. Einleitende Bemerkungen

Im Zusammenhang mit den allgemein erstrebenswerten sowie längerfristigen Zielen in einem politischen Transitionsprozess werden in der Literatur Friedenssicherung, Stabilität gesellschaftlicher Strukturen, Konsolidierung des demokratischen Regierungssystems sowie individuelle und nationale Versöhnung genannt. Wie noch eingehend aufgezeigt werden wird, stehen alle genannten Aspekte in engstem Zusammenhang mit dem umfassenden Begriff der nationalen Versöhnung. Aufgrund des Fokus auf vergangene Verbrechen soll in nachfolgenden Ausführungen mitunter der Frage nachgegangen werden, wie der Versöhnungsprozess auf der Grundlage von Mechanismen transitionaler Justiz erfolgreich gestaltet werden kann.

Versöhnung nach erschütternden Gewalterfahrungen ist weder ein leichtes noch ein rasch erreichbares Unterfangen. Aufgrund der vielseitigen und grossen Herausforderungen, die damit verbunden sind, wird an dieser Stelle bevorzugt, von einem langfristigen und umfassenden Prozess und weniger

350 SOYINKA, Wole, 2001: *Die Last des Erinnerns. Was Europa Afrika schuldet – und was Afrika sich selbst schuldet.* Düsseldorf: Patmos Verlag, p. 39.

von einem definierten Ziel zu sprechen, dessen Fokussierung unweigerlich die Gefahr von Enttäuschungen in sich bergen würde. Auch darf nicht vorausgesetzt werden, dass der Prozess linear verlaufe. Rückschläge sind auf diesem schwierigen Wege durchaus zu erwarten. Schliesslich sei vorausgeschickt, dass die Zeit reif sein muss, um in einer Gesellschaft mit massiver Gewalterfahrung eine öffentliche Diskussion zum Thema der Versöhnung erfolgreich eröffnen zu können.[351] Strebt etwa bereits kurz nach Beendigung der Gewaltphase die Regierungsführung Versöhnung an, so kann dies insbesondere durch die Opfer als mangelnde Anerkennung ihres Leidens und als billiger Weg hin zu Vergessen und Vergebung interpretiert werden.

Es wird in der Folge mit der durch Bloomfield vorgeschlagenen Definition des Versöhnungsprozesses gearbeitet, die wie folgt lautet: «It is a process through which a society moves from a divided past to a shared future».[352] An dieser Stelle sei bemerkt, dass es sich hierbei um ein maximales Verständnis von Versöhnung handelt, welches über eine neutral geprägte Koexistenz hinausgeht. Diese Definition erlaubt es in einem ersten Schritt, zentrale Annahmen in Verbindung mit dem Prozess der Versöhnung genauer zu betrachten.

Zunächst wird der *Bezug zur Vergangenheit* deutlich, die es aufzuarbeiten und zu bewältigen gilt. Keinesfalls ist Versöhnung mit Vergessen oder Ignorierung der Tatsachen gleichzusetzen, was – wie weiter unten noch aufgezeigt wird – *a priori* als fehlende Verantwortlichkeit zu verstehen ist. Die Aufarbeitung der Vergangenheit verlangt, dass die Schuldigen für ihre Taten bestraft und erlittene Schäden im Rahmen des Möglichen wiedergutgemacht werden sowie auch Bestrebungen zur Wahrheitsfindung erfolgen. So kann beispielsweise der komplexe Akt der Vergebung nicht erfolgen, wenn die betreffende Person keinerlei Kenntnis davon hat, was sie genau vergeben könnte.[353] Goldstone bemerkt hierzu: «Forgiveness

351 THEISSEN, Gunnar, 2001: *Supporting Justice, Co-Existence and Reconciliation after Armed Conflict: Strategies for Dealing with the Past.* Berghof Handbook for Conflict Transformation. Berlin: Berghof Research Center for Constructive Conflict Management, p. 16.

352 BLOOMFIELD, David, 2003a: «Reconciliation: an Introduction», S. 10–18 in: INTERNATIONAL INSTITUTE FOR DEMOCRACY AND ELECTORAL ASSISTANCE (ed.), *op. cit.*, p. 12.

353 COHEN, Stanley, 1995: «State Crimes of Previous Regimes: Knowledge, Accountability and the Policing of the Past», in: *Law & Social Inquiry*, 20/1: 7–50, p. 41.

cannot be considered without knowledge and insight – and without forgiveness, there cannot be any meaningful reconciliation».[354] Des Weiteren ist jedoch auch der Unterschied zwischen Kennen und Anerkennen der Vergangenheit von entscheidender Bedeutung für den Verlauf des Versöhnungsprozesses. Blosse Kenntnisnahme vergangener Ereignisse ohne offizielle Stellungnahme und Zuschreibung der Verantwortlichkeit droht den Versöhnungsprozess in eine Sackgasse zu führen. Hierzu bemerkt Lederach: «Acknowledgment is decisive in the reconciliation dynamic. It is one thing to *know*; it is yet a very different social phenomenon to *acknowledge*».[355] Vergangenheit ist schliesslich auch keine objektive Begebenheit, sondern subjektiver Wahrnehmung und Interpretation unterworfen. Dies gilt es ebenso zu berücksichtigen, wie auch die Vergangenheit in sinnvoller Weise auf eine bestimmte Zeitspanne eingegrenzt werden muss, womit die Frage verbunden ist, wie weit der Versöhnungsprozess zurück reichen soll.[356] Gerade jedoch entsprechende Entscheidungen können sich je nach Kontext als sehr delikat erweisen.

Gleichzeitig impliziert der prozessuale Charakter den *Bezug zur Zukunft*, die in Abgrenzung zur Vergangenheit neu gestaltet werden muss. Dabei gilt es, eine Wiederholung der Gewalterfahrung oder einen Rückfall in ebendiese zu vermeiden. Ferner wird der Aspekt des Zusammenlebens und der Gemeinsamkeit betont, der sich in einem nachhaltigen Wiederaufbau von Vertrauensbeziehungen und gegenseitigem Verständnis manifestiert. Aufgrund vorangegangener Bemerkungen wird deutlich, dass der Prozess der Versöhnung ein umfassender Prozess ist, der die Gesellschaft in ihrer Gesamtheit betrifft.

Der Schwellencharakter transitionaler Justiz aufgrund ihres Bezuges sowohl zur Vergangenheit wie auch zur Zukunft stellt denn auch deren grosse Herausforderung dar. So schreibt Teitel in ihrem herausragend Werk zu transitionaler Justiz: «The threshold dilemma arises from the context of

354 GOLDSTONE, 1996, *op. cit.*, p. 492.

355 LEDERACH, John P., 1997: *Building Peace. Sustainable Reconciliation in Divided Societies*. Washington, D.C.: United States Institute of Peace Press, p. 26 *[Hervorhebung im Original]*.

356 Vgl. BLOOMFIELD, David, 2003b: «The context of reconciliation», S. 40–48 in: INTERNATIONAL INSTITUTE FOR DEMOCRACY AND ELECTORAL ASSISTANCE (ed.), *op. cit.*, p. 41.

justice in political transformation: Law is caught between the past and the future, between backward-looking and forward-looking, between retrospective and prospektive, between the individual and the collective».[357]

b. Keine Versöhnung ohne Etablierung der Verantwortlichkeit

Die Annahmen, wonach Versöhnung einen Antagonismus zu Justiz darstelle, scheinen wie bereits im historischen Teil angedeutet, mittlerweile überholt zu sein, wie auch Sieff und Wright bemerken: «The conventional view that placed peace and justice at loggerheads is receding as human rights concerns gains credibility and are integrated into political discourse across the globe».[358] In Anlehnung an diese Feststellung wird vielmehr davon ausgegangen, dass ein erfolgreicher Versöhnungsprozess zunächst mehrere Elemente zu umfassen hat: So müssen die Schuldigen für ihre Taten in adäquater Weise zur Verantwortung gezogen werden, es müssen ernsthafte und glaubwürdige Bestrebungen um die Wahrheitssuche unternommen werden, und die Opfer müssen Reparationsleistungen erhalten.

Die Gemeinsamkeit genannter Elemente ist im grundlegenden Prinzip der Verantwortlichkeit *(accountability)* zu erkennen. Dieses Prinzip ist in keiner Weise nur auf die gerichtliche Sanktionierung für vergangene Verbrechen beschränkt, sondern betrifft auf einer höheren Abstraktionsebene die Zurechenbarkeit der Verantwortung und gilt in Anlehnung an vorangegangene Bemerkungen als unverzichtbarer Bestandteil von Frieden und späterer Versöhnung.[359] Verantwortlichkeit weist eine sowohl politische und moralische wie auch rechtliche Dimension auf. In vorliegender Arbeit wird Verantwortlichkeit mit einem breiteren Verständnis von Justiz gleichgesetzt.[360]

357 TEITEL, 2000, *op. cit.*, p. 6.

358 SIEFF and WRIGHT, 1999, *op. cit.*, p. 758.

359 Für eine detaillierte Auseinandersetzung mit der Problematik siehe: BASSIOUNI, Cherif, 1996: «Searching For Peace And Achieving Justice: The Need For Accountability», in: *Law & Contemporary Problems*, Vol. 59: 9–28.

360 Im Gegensatz hierzu bezieht sich Justiz im engeren Sinne auf die Gerichtsbarkeit.

Verantwortlichkeit kann durch Gerichte etabliert werden, genauso jedoch auch durch Mechanismen, die zur Wahrheitsfindung beitragen, so etwa Wahrheits- oder Untersuchungskommissionen. Ebenso stehen jegliche Bestrebungen im Zusammenhang mit Reparationsleistungen im Zeichen der Verantwortlichkeit. Die Komplexe von Wahrheitsfindung, Justiz und Reparation als Kernbestandteile der Verantwortlichkeit gehören denn auch zum internationalen Instrumentarium, welches durch die Studie des UN-Berichterstatters Joinet massgeblich geprägt wurde.[361] Dies sind das Recht zu Wissen, das Recht auf Justiz und das Recht auf Reparationen.[362] Alle drei sind miteinander verbunden wie auch unteilbar, und sollten in ernsthafter Weise verfolgt werden.

Der Bezug zur Versöhnung und Friedenssicherung mittels Etablierung der Verantwortlichkeit wird nochmals deutlicher, wenn die Ziele von Verantwortlichkeit im Einzelnen aufgeführt werden. Es handelt sich gleichzeitig um utilitaristische Ziele, die gesellschaftliche Institutionen zum Schutze der öffentlichen Ordnung verfolgen.[363]

- Generelle Prävention;
- Beendigung von Rechtsverletzungen;
- Spezifische Abschreckung;[364]
- Wiederherstellung der öffentlichen Ordnung;
- Korrektur von Verhaltensweisen, die zum Konflikt geführt haben;[365]
- Rehabilitation der Gesellschaft und der Opfer;
- Wiederaufbau und Versöhnung in gesamtgesellschaftlichem Sinne.

Auf der Suche nach einem praktikablen Modell auf der Ebene konkreter Strategien findet sich das weitläufig verwendete Versöhnungsmodell heuristischen Charakters von Daan Bronkhorst. Unter der Bezeichnung *Indus-*

361 U.N. Doc. E/CN.4/Sub.2/1997.

362 ROHT-ARRIAZA, Naomi, 1996: «Combating Impunity: Some Thoughts on the Way Forward», in: *Law & Contemporary Problems*, Vol. 59: 93–102, p. 101 f.

363 REISMAN, Michael, 1996: «Legal Responses to Genocide and Other Massive Violations of Human Rights», in: *Law & Contemporary Problems*, Vol. 59: 75–80, p. 75. Siehe auch: BASSIOUNI, 1996, *op. cit.*, p. 23 f.

364 Darüber kann natürlich lange diskutiert werden, ist doch das Verhalten von Akteuren nicht vorhersehbar. Vgl. hierzu: MÉNDEZ, 1997a, *op. cit.*, p. 275.

365 Darin manifestiert sich der erzieherische Aspekt von Verantwortlichkeit.

trial Conciliation Model entwarf der Fachmann für Menschenrechte ein nützliches Analyseinstrument, das nachfolgende Elemente enthält:[366]

- *Investigation:* Offizielle Untersuchung und Veröffentlichung der Fakten. Ziel ist die Wahrheitsfindung;
- *Mediation:* Förderung des Dialogs zwischen den Parteien. Möglicherweise unter internationaler Patronage;
- *Arbitration:* Schlichtung oder Beilegung der Streitigkeit unter Einbezug disziplinarischer Massnahmen und kompensatorischer Reparationsleistungen zuhanden der Opfer. Findet ausserhalb von Gerichten statt;
- *Adjudication:* Strafrechtliche Verurteilung und Bestrafung der Täter unter Feststellung ihrer Individualschuld.

Genannte Elemente sind als kumulativ zu verstehen, wodurch deutlich wird, dass sowohl Vergeltung wie auch Wiedergutmachung für das Vorantreiben des Versöhnungsprozesses in zwingender Weise notwendig sind. Diese Feststellung beruht nicht zuletzt auf einer Sichtweise, wonach der Versöhnungsprozess in den gesellschaftlichen Kontext eingebettet werden muss, in welchem unterschiedlichste Interessensgruppen je eigene und vielfach divergierende Ziele verfolgen.[367] Ebenso können sich ihre Vorstellungen von Gerechtigkeit massgeblich voneinander unterscheiden. Darauf wird an späterer Stelle zurückgekommen.

c. *Individuelle und nationale Versöhnung*

Versöhnung findet auf verschiedenen Ebenen statt und ist mehrdimensional zu verstehen. So wird im Kontext transitionaler Justiz in der Hauptsache zwischen individueller Versöhnung und nationaler Versöhnung unterschieden. Erstere lässt sich in wiederhergestellten sozialen Beziehungen zwischen einzelnen Gesellschaftsmitgliedern erkennen, die durch Vertrauen

366 BRONKHORST, Daan, 2003: *Truth Commissions And Transitional Justice: A Short Guide*. Amsterdam: Amnesty International, p. 10ff.

367 Vgl. hierzu: SKAAR, Elin, 1999: «Truth commissions, trials – or nothing? Policy options in democratic transitions», in: *Third World Quarterly*, Vol. 20/6: 1109–1128, p. 1111f.

geprägt sind. Auf dieser Prämisse baut denn auch das Versöhnungsmodell von Lederach auf. Er umschreibt den individuellen Versöhnungsprozess wie folgt:

> Reconciliation, in essence, represents a place, the point of encounter where concerns about both the past and the future can meet. Reconciliation-as-encounter suggests that space for the acknowledging of the past and envisioning of the future is the necessary ingredient for reframing the present. For this to happen, people must find ways to encounter themselves and their enemies, their hopes and their fears.[368]

Im sozialen Raum der Versöhnung treffen sowohl Vergangenheit und Zukunft, Akteure mit unterschiedlichsten Interessen sowie Ideale der Justiz, Vergebung, Wahrheit und des Friedens zusammen.[369] Versöhnung auf der Mirkoebene unterliegt einer anders gestalteten Komplexität als ihr Pendant auf nationaler Ebene und kann aufgrund der Einzigartigkeit jedes Menschen kaum generalisiert werden.[370] In vorliegender Arbeit wird jedoch davon ausgegangen, dass ein nationaler Versöhnungsprozess in zwingender Weise seiner Verankerung in den einzelnen Gesellschaftsmitgliedern bedarf. Was Lederach als «Ort der Begegnung»[371] bezeichnet, an welchem eine öffentliche Auseinandersetzung mit begangenen Verbrechen stattfindet, wird von Assefa durch nachfolgende Elemente ergänzt:[372]

- Aufrichtige Anerkennung des Schadens / der Verletzung, die jede Partei der anderen zugefügt hat;
- Aufrichtiges Bedauern;
- Bereitschaft zur Entschuldigung;
- Bereitschaft, Bitterkeit und Ärger ein Ende zu setzen;

368 LEDERACH, 1997, *op. cit.*, p. 27.

369 LEDERACH, 1997, *op. cit.*, p. 29.

370 FREEMAN, Mark and Priscilla B. HAYNER, 2003a: «Truth-Telling», pp. 122–139 in: INTERNATIONAL INSTITUTE FOR DEMOCRACY AND ELECTORAL ASSISTANCE (ed.), *op. cit.*, p. 122.

371 LEDERACH, 1997, *op. cit.*, p. 27.

372 ASSEFA, Hizkias, 2001: «Reconciliation», pp. 336–342 in: Luc REYCHLER and Thania PAFFENHOLZ (eds.): *Peace Building: A Field Guide*. Boulder-London: Lynne Rienner, p. 340.

- Versprechen, die Verletzungen nicht zu wiederholen;
- Aufrichtige Bemühungen, Ursachen für vergangenes Leiden zu beheben und Kompensation im Rahmen der Möglichkeiten;
- Eintritt in eine neue, gegenseitig bereichernde Beziehung.

Im Zentrum individueller Versöhnung stehen die Begegnung zwischen Opfer und Täter sowie die Kommunikation zwischen ihnen, die als Dialog verstanden wird. Wiederum erhalten die Auseinandersetzung mit der Vergangenheit sowie die Bereitschaft, diese im Bewusstsein des erfolgten Schadens und seiner aufrichtigen Anerkennung hinter sich zu lassen, einen herausragenden Stellenwert. Im Idealfall folgen der Beseitigung negativer Gefühle wie Hass, Misstrauen und dem Willen nach Rache positive Gefühle des Vertrauens sowie gegenseitiges Verständnis und Vergebung.

Wenn nationale Versöhnung zwar ihrer Verankerung in den einzelnen Gesellschaftsmitgliedern bedarf, so kann sie dennoch nicht als Summe der individuellen Versöhnungen verstanden werden. Nichtsdestotrotz ist davon auszugehen, dass beide Arten von Versöhnung in interdependenter Weise zusammenhängen. Der Grund hierfür ist, dass die Versöhnung auf der Mikroebene Bestandteil der nationalen Versöhnung ist, und dass sich gleichzeitig Errungenschaften auf der Makroebene in einem *trickle-down* Effekt auf die Mikroebene niederschlagen.[373] In umfassender Weise tangiert der nationale Versöhnungsprozess die gesellschaftlichen Bereiche der Politik, der Ökonomie, des Rechtssystems sowie des Sozialen. Häusermann und Ghanea-Hercock nennen folgende strukturellen Bedingungen nationaler Versöhnung:[374]

- Ende der Kultur der Straflosigkeit und der Gewalt;
- Materieller Wiederaufbau;
- Breite politische Lösungen, inkl. Rückführung von Flüchtlingen;
- Wiederherstellung des sozialen Gefüges.

373 LEDERACH, 1997, *op. cit.*, p. 45.
374 HÄUSERMANN, Julia and Nazila GHANEA-HERCOCK, 2001: Peace and Reconciliation in Africa – Some questions regarding the application of Gacaca in the Rwandan context [http://www.africanprinciples.org/article. asp?cID=3&ID=2].

Jeder Versöhnungsprozess sollte auf politischer Ebene durch rechtsstaatliche Werte abgestützt werden. Im weiteren Verlauf der Arbeit wird deutlich werden, dass individuelle Versöhnung durch strukturelle Faktoren wie politische und wirtschaftliche Dynamiken stark beeinträchtigt werden kann.[375] So können beispielsweise Bestrebungen um die Beendigung der Straflosigkeit durch ungelöste Landstreitigkeiten zunichte gemacht werden. Genauso kann die instabile Lage in einem Nachbarland negative Auswirkungen auf das wieder gewonnene Vertrauensverhältnis der Menschen haben. Damit sei darauf hingewiesen, dass der nationale Versöhnungsprozess auch von regionalen Entwicklungen abhängig ist. Die weiteren Überlegungen werden sich indessen in der Hauptsache auf Akteure der Mikroebene beziehen.

d. Die Akteure im Versöhnungsprozess

Grundsätzlich lassen sich drei Akteure im transitionalen Versöhnungsprozess bestimmen, die je eigene Interessen verfolgen. Zum einen handelt es sich um die direkten und indirekten Opfer der Gewalt. Als Erweiterung dieser Gruppe kann die Zivilgesellschaft angesehen werden, die sich der Vertretung ihrer Interessen annimmt. Ihnen gegenüber stehen die Täter, die sich entweder durch eigenes Handeln oder in passiver Weise durch das Unterlassen von Hilfeleistungen schuldig gemacht haben. Als dritte Gruppe gilt die Machtelite, in deren Verantwortung die Entscheidung über die zu wählenden Mechanismen transitionaler Justiz liegt. In einem weiteren Sinne kann als vierter Akteur die internationale Gemeinschaft sowie in den Konflikt involvierte Nachbarstaaten definiert werden.[376] Wie noch deutlich werden wird, kann es sich insbesondere im Kontext von Massengewalt als ausgesprochen schwierig erweisen, in klarer Weise zwischen Opfern und Tätern zu unterscheiden. Ausserdem divergieren innerhalb einer Gesellschaft die Ansichten darüber, was unter Justiz und Gerechtigkeit verstanden werden kann, denn wie Drumbl bemerkt: «Justice may mean many

375 Vgl. auch: PANKHURST, Donna, 1999: «Issues of justice and reconciliation in complex political emergencies: conceptualising reconciliation, justice and peace», in: *Third World Quarterly*, Vol. 20/1: 239–256, p. 247.

376 Vgl. hierzu auch: MYSLIWIEC, 1999, *op. cit.*, p. 7 f.

things to many people».[377] So können etwa Opfer Exekutionen als gerecht erachten, während sich die Staatsführung durch international anerkannte Standards von Strafjustiz leiten lässt.[378] Zunächst sollen jedoch einige Bemerkungen zur Initiierung eines Versöhnungsprozesses erfolgen.

(i) Die Initiierung des Versöhnungsprozesses

Wenn bisher in der Hauptsache von der Verantwortlichkeit staatlicher Eliten im Zusammenhang mit dem Versöhnungsprozess gesprochen wurde, so gilt es, an dieser Stelle noch eine weitere Unterscheidung einzuführen. Der Prozess kann sowohl *bottom-up* wie auch *top-down* initiiert werden. *Bottom-up* Prozesse kommen in der Regel aufgrund von lokalen, nicht institutionalisierten Initiativen der Zivilgesellschaft zustande und fokussieren die sozialen Beziehungen innerhalb einer lokalen Gemeinschaft, bemühen sich also mit anderen Worten um die individuelle Versöhnung.[379] *Top-down* Prozesse hingegen beruhen auf staatlicher Initiative und erlangen aufgrund der Ressourcenverfügbarkeit in der Regel eine grössere Dimension als *bottom-up* Initiativen. Von entscheidender Bedeutung für die Glaubwürdigkeit und den Erfolg staatlicher Strategien ist indessen, dass die Bevölkerung in den entsprechenden Entscheidungsprozess einbezogen wird.[380]

Ein Beispiel für das gleichzeitige Vorliegen beider Strategien liefert das durch einen blutigen Bürgerkrieg geschädigte Guatemala, wo aufgrund von Friedensverhandlungen eine international administrierte nationale Wahrheitskommission eingerichtet wurde und kirchliche Kreise unter der Leitung des später ermordeten Bischofs Juan Gerardi auf eigene Initiative hin ein parallel tätiges Instrument zur Wahrheitssuche, das *Recovery of Historical Memory Project* (REMHI), schufen.[381] In solchen Fällen gleichzeitig operierender Initiativen sollten die Mechanismen in einander ergänzender Weise wirken.

377 DRUMBL, 2000, *op. cit.*, p. 1318.
378 Hierzu: BARAHONA DE BRITO, GONZÁLEZ-ENRÍQUEZ, and AGUILAR (eds.), 2001, *op. cit.*, p. 28.
379 HUYSE, 2003a, *op. cit.*, p. 25.
380 PANKHURST, 1999, *op. cit.*, p. 248.
381 BRONKHORST, 2003, *op. cit.*, p. 18.

(ii) Opfer und Täter

Unbestreitbare Tatsache ist, dass Opfer vergangener Verbrechen das Herzstück jeden Versöhnungsprozesses darstellen. Ebenso gilt es als weitestgehend erwiesen, dass diese, ihr nächstes soziales Umfeld sowie die sich ihrer annehmenden Interessensgruppen der Zivilgesellschaft in erster Linie beruhend auf ihrem Anspruchsadressat verlangen, dass die Schuldigen zur Verantwortung gezogen werden. Fehlt es staatlichen Rechtsinstitutionen an Möglichkeiten oder an Willen, dies zu bewerkstelligen, kommt es nicht selten zu Fällen von Privatjustiz, welche die Sicherheitslage des betreffenden Landes in empfindlicher Weise tangieren. In einem nächsten Schritt wollen Opfer und ihr soziales Umfeld jedoch auch Reparationsleistungen für die erlittenen Schäden materieller und immaterieller Art erhalten, Rehabilitation erfahren sowie in möglichst umfassender Weise die Wahrheit erfahren. Allerdings lässt sich feststellen, dass selbst innerhalb der Gruppe von Opfern stark divergierende Vorstellungen von Versöhnung anzutreffen sind.[382] Zu erwähnen ist in diesem Zusammenhang eine durch das in Kapstadt angesiedelte *Institute for Justice and Reconciliation* im Jahre 2002 durchgeführte Studie, in deren Rahmen Südafrikaner danach gefragt wurden, was sie unter dem Begriff der Versöhnung verstehen. Über 30 % der Befragten gaben an, es handle sich dabei um die Vergebung für begangene Taten. 24% nannten die Koexistenz, während 18 % darunter die Bereitschaft, Beziehungen aufzubauen, verstanden.[383]

Gleichzeitig stellt sich für die Verantwortlichen die Frage, wem der Opferstatus zugeschrieben werden kann. Sollen in einem Versöhnungsprozess lediglich die direkten Opfer, also Überlebende der Gewalt, berücksichtigt werden, oder gilt es vielmehr nicht auch, deren Angehörige – und wenn ja, welchen Grades – in den Prozess miteinzubeziehen, die etwa als Folge des Todes eines Familienmitglieds unter verstärkter Armut zu

382 Dazu: VAN ZYL, Paul, 1999: «Dilemmas of Transitional Justice: The Case of South Africa's Truth and Reconciliation Commission», in: *Journal of International Affairs*, Vol. 52/2 (Spring 1999): 647–667, p. 663.

383 «Die lange Reise der Versöhnung. Zusammenleben ist (noch) keine Selbstverständlichkeit», *Neue Zürcher Zeitung*, 28.11.2003.

leiden haben?[384] Aufgrund des ausgesprochen langfristigen Charakters eines Versöhnungsprozesses stellt sich ferner auch die Frage, ob nur die erste Generation von Opfern oder nicht auch deren Nachkommen berücksichtigt werden sollten. Grundsätzlich birgt das Ausschliessen oder Vernachlässigen bestimmter Personen oder Personengruppen, die für sich den Anspruch auf Anerkennung des Opferstatus in engerem oder weiterem Sinne erheben, die Gefahr eines Rückfalls in Gewalt und Instabilität. Darunter fallen etwa auch Emigrierte oder Asyl Suchende in anderen Ländern.[385]

Auf der anderen Seite der Unterscheidung befinden sich die Schuldigen, die andere Bedürfnisse als die Opfer haben, nämlich in erster Linie die Reintegration in die Gesellschaft. Doch bereits an dieser Stelle drängt sich wiederum die zentrale Frage auf, wie Schuld definiert werden kann. Soll zwischen direkter und indirekter Verantwortung – im Falle von Akten der Unterlassung – unterschieden, und wie soll mit Verbrechen umgegangen werden, die auf Befehl hin ausgeführt wurden?[386] Ferner ist zu berücksichtigen, dass nach westlichem Verständnis die Individualverantwortung für Verbrechen gilt, die im Rahmen strafrechtlicher Verfahren festgestellt werden kann. Zum einen lässt sich jedoch beobachten, dass Kollektivschuld in manchen Teilen der Welt nach wie vor aus kulturellen Gründen anerkannt ist, nicht zuletzt auf dem afrikanischen Kontinent. Zum anderen existiert Kollektivverantwortung unabhängig jeder kulturellen Frage

384 Vgl. hierzu: HUYSE, Luc, 2003b: «Victims», pp. 54–66 in: INTERNATIONAL INSTITUTE FOR DEMOCRACY AND ELECTORAL ASSISTANCE (ed.), *op. cit.* In der zentralen Studie des Sonderberichterstatters der UN-Menschenrechtskommission Theo van Boven zu Fragen der Reparation wird ganz deutlich von einem weit gefassten Opferbegriff ausgegangen. VAN BOVEN, Theo, 1995: «Study Concerning the Right to Restitution, Compensation and Rehabilitation for Victims of Gross Violations of Human Rights and Fundamental Freedoms», pp. 505–550 in: Neil J. KRITZ (ed.): *Transitional Justice: How Emerging Democracies Reckon with Former Regimes.* Vol. I: General Considerations. Washington, D.C.: United States Institute of Peace Press [excerpted from: U.N. Doc. E/CN.4/Sub.2/1990/10 (26 July 1990)], p. 515.

385 Vgl. hierzu auch: RAWSON, David, 2001: «Peace, Justice, Forgiveness: The Moral Challenge of Genocide». *Partners International,* Washington, p. 4.

386 ELSTER, Jon, 1998: «Coming to Terms with the Past. A framework for the study of justice in the transition to democracy», in: *Archives Européennes de Sociologie,* Vol. 39/1: 7–48, p. 19 f.

dann, wenn Institutionen als Ganzes an der aktiven oder passiven Begehung der Verbrechen beteiligt waren, wie dies im Falle der Medien, bestimmter Berufsgruppen oder kirchlicher Institutionen zutreffen kann.[387] Der Bestimmung allfälliger Kollektivschuld sind – wie noch eingehend aufgezeigt wird – insbesondere Wahrheits- und Versöhnungskommissionen dienlich. Sollen Schuldige nachhaltig in den Versöhnungsprozess einbezogen werden, bedarf es indessen auch ihrem Bewusstsein der Schuld. Gerade dieses Bewusstsein wird erheblich beeinträchtigt, wenn in der betreffenden Gesellschaft bislang eine Kultur der Straflosigkeit geherrscht hat, wie es Rwanda kannte.

Die Reintegration der Täter in die Gesellschaft ist nicht nur als ein ihnen eigenes Bedürfnis aufzufassen, sie verspricht auch positive Effekte für den umfassenden nationalen Versöhnungsprozess. Ein erster Grund hierfür ist, dass gerade in einer Zeit des dringend nötigen Wiederaufbaus die Tatkraft jeder einzelnen Person von Nutzen ist.[388] Befindet sich hingegen ein grosser Teil der männlichen Bevölkerung in jungem bis mittlerem Alter in Haftanstalten, wird dadurch der Wiederaufbau massgeblich verlangsamt, wenn nicht gar behindert. Dieser ersten Überlegung volkswirtschaftlichen Charakters ist eine weitere auf sozialintegrativem Niveau beizufügen. So birgt die Exklusion einer sozialen Gruppe stets grosse Gefahren in sich, insbesondere dann, wenn sich die Ausgeschlossenen in Netzwerken zu organisieren vermögen oder Subkulturen bilden, deren Ziel die Rache an den Ausschliessenden ist. Zwecks sozialer Wiedereingliederung von Tätern in die Gesellschaft bieten sich vielfältige Strategien und Mechanismen an, darunter etwa spezifische Reintegrationsprogramme mit dem Ziel der Resozialisierung durch erzieherische Inhalte, Projekte von Gemeinschaftsarbeit oder gar zeremonielle Riten. Welche Massnahmen auch ergriffen werden, von zentraler Bedeutung ist es, zu vermeiden, dass Opfer anlässlich der Begegnung mit denjenigen Personen, die ihnen Leid zugefügt haben, nicht retraumatisiert werden.

Die vorangegangenen Überlegungen beziehen sich auf Situationen, in welchen es möglich ist, in klarer Weise zwischen Opfern und Tätern zu

387 HUYSE, Luc, 2003c: «Offenders», pp. 67–76 in: INTERNATIONAL INSTITUTE FOR DEMOCRACY AND ELECTORAL ASSISTANCE (ed), *op. cit.*

388 Siehe dazu auch die Ausführungen zur Situation in Rwanda ab Seite 104, insbesondere jedoch auf den Seiten 111–112.

unterscheiden. Das Vorliegen massiver Menschenrechtsverletzungen und Gewalt, von welchem hier die Rede ist, führt diesbezüglich jedoch oftmals zu einer unscharfen Trennlinie. Gerade das Beispiel des rwandischen Völkermordes zeigt, dass die allzu einfache Unterscheidung zwischen Hutu und Tutsi nicht mit derjenigen zwischen Täter und Opfer übereinstimmt. Nicht alle Hutu haben gemordet, unzählige unter ihnen haben ihren bedrohten Nachbarn sogar das Leben gerettet. Ausserdem hat der Wahnsinn des Genozids auch zu Situationen geführt, in welchen beispielsweise ein Hutu dazu gezwungen wurde, seine Tutsi-Frau zu erschlagen. Dies soll zeigen, dass sogar ein und dieselbe Person zugleich Opfer und Täter sein kann, und dass sich dieses Konstrukt demzufolge nicht immer als brauchbar erweist. In Erweiterung des Zeithorizontes ist in diesem Zusammenhang auch denkbar, dass der jetzige Täter ein Opfer früherer Verbrechen ist, die niemals gesühnt wurden.

Somit liegt der Schluss nahe, dass es nicht immer sinnvoll ist, zwischen den Kategorien von Opfern und Tätern unterscheiden zu wollen. So schlägt denn auch Huyse aus diesem Grunde vor, die Unterscheidung durch den umfassenden Begriff der «Überlebenden» zu ersetzen, die alle im Idealfall Versöhnung anstreben.[389] Der Begriff enthält indes auch die Komponente, welche dem verwendeten Versöhnungsbegriff inhärent ist: den gemeinsamen Blick in die Zukunft. Die grosse Herausforderung für staatliche Eliten besteht nun darin, den Bedürfnissen möglichst aller sozialen Gruppen Rechnung zu tragen.

e. Ressourcen

Der Versöhnungsprozess ist zweifelsohne eine Frage des Willens. Daneben ist er jedoch auch von finanziellen und menschlichen Ressourcen abhängig, die gerade in Übergangsgesellschaften in besonderer Weise knapp sind. Ob es darum geht, ein Justizsystem wieder aufzubauen, Kommissionen verschiedenster Art oder Reparationsmechanismen einzurichten, immer bedarf es Ressourcen, die meist in der Anfangsphase in nicht unwesentlicher Weise durch die internationale Gemeinschaft zur Verfügung gestellt werden. Daneben unterliegt der Versöhnungsprozess oder vielmehr dessen

389 Vgl. hierzu: HUYSE, 2003b, *op. cit.*, p. 65.

Initiierung einem Zeitdruck. In der Regel sollten staatliche Eliten nicht allzu viele Jahre verstreichen lassen, bis die ersten Mechanismen zur Etablierung der Verantwortlichkeit, die dem Versöhnungsprozess als Grundlage dienen, eingerichtet sind. Dies ist nicht zuletzt um ihrer eigenen Glaubwürdigkeit Willen von grosser Bedeutung.

4. Die Gewichtung von Retribution im Rahmen der Strafjustiz

a. Allgemeine Bemerkungen

Wie bereits gesehen, muss ein Erfolg versprechender Versöhnungsprozess Elemente sowohl retributiven wie auch restaurativen Charakters umfassen. Nachfolgend soll in einem ersten Schritt die Retribution im Sinne von Bestrafung genauer betrachtet werden. In ihrer klassischen Ausprägung wird in diesem Zusammenhang zunächst an die proaktive Gerichtsjustiz gedacht, der wohl in eindeutigster Weise punitiven Institution. Wie allerdings noch in Einzelheiten aufzuzeigen ist, können auch an aussergerichtlichen Institutionen negativ sanktionierende Züge beobachtet werden, wie dies beispielsweise für vorwiegend restaurativ orientierte Wahrheits- und Versöhnungskommissionen der Fall sein kann. Da allerdings die Rechtsprechung einen zentralen Stellenwert in der Diskussion um transitionale Justiz einnimmt, soll diese Gegenstand vorliegenden Kapitels sein. Eine weitere Einschränkung des Gegenstandes betrifft die Unterscheidung transitionaler Retribution in den Bereichen des Strafrechts und des Verwaltungsrechts. Letzere präsentiert sich in der Form von Lustrationen und soll in einem späteren Kapitel behandelt werden.

Als Voraussetzung für ein Strafrechtsverfahren gilt, dass Partei und Gegenpartei klar definiert und voneinander unterschieden werden können. Einer dritten, im Idealfall objektiven Partei fällt die Aufgabe zu, über kriminelle Schuld und Unschuld zu entscheiden und auf dieser Basis Recht zu sprechen. Grundlegende Ziele der Strafjustiz als Mechanismus der Etablierung von Verantwortlichkeit sind neben der vorrangigen Bestrafung der Schuldigen auch die Prävention und die Abschreckung zukünftiger Verbrechen sowie – allerdings in nur beschränktem Masse – die Rehabilitation von Opfern und Tätern.[390] Dadurch wird deutlich, dass Strafjustiz trotz ihres retributiven Gewichts auch immer Ansätze wiederherstellender Elemente beinhaltet.

Der retributive Ansatz wird von der Annahme geleitet, dass ohne Vergeltung keine Gerechtigkeit herrscht. Darin widerspiegelt sich ein deontologischer Ansatz, der besagt, dass es als moralische Pflicht gilt, gewisse Akte zu bestrafen, und zwar unabhängig der daraus resultierenden praktischen Konsequenzen.[391] Daraus kann auf die retrospektive Orientierung der Retribution geschlossen werden. Kollektive Empörung (Durkheims *colère publique*) über Rechtsverletzungen münden in punitive Sanktionen, wobei die Institutionalisierung dieser Empörung die Strafjustiz darstellt, die unpersönlich, konfliktorientiert und staatszentriert ist.[392] So bemerkt Malamud-Goti: «Punishment performs an expressive function: A court's resolution conveys ‹disapproval›, serves to make public who and what is criminal, and ascribes stigma to certain persons and behaviors».[393] In erster Linie wird die retributive Sichtweise durch die Opfer von Verbrechen, ihr näheres soziales Umfeld sowie durch die ihre Anliegen vertretenden Interessensgruppen der Zivilgesellschaft eingenommen. Legalistische Gerechtigkeit wird dann als gegeben angesehen, wenn sich der durch den Täter verursachte Schaden mit demjenigen Schaden in symbolischer Weise die Waage hält, der dem Täter aufgrund eines Gerichtsurteils zuteil wird.[394]

390 BASSIOUNI, Cherif, 1996, *op. cit.*, p. 13. Der Unterschied zwischen Prävention und Abschreckung bezieht sich auf die zeitliche Dimension. Während Prävention allgemein zu verstehen ist, zielt die Abschreckung auf die Phase kurz nach Beendigung der Gewalt ab.

391 DRUMBL, 2000, *op. cit.*, p. 1228.

392 ZEHR, Howard, 2001: «Restorative Justice», S. 330–335 in: Luc REYCHLER and Thania PAFFENHOLZ (eds.), *op. cit.*, p. 330.

393 MALAMUD-GOTI, Jaime, 1995: «Transitional Governments in the Breach: Why Punish State Criminals?», pp. 189–202 in: Neil J. KRITZ (ed.), *op. cit.* [reprinted from: MALAMUD-GOTI, Jaime, 1990: «Transitional Governments in the Breach: Why Punish State Criminals?», in: *Human Rights Quarterly*, Vol. 12/1: 1–16], p. 199.

394 ESTRADA-HOLLENBECK, Mica, 2001: «The Attainment of Justice through Restoration, Not Litigation. The Subjective Road to Reconciliation», pp. 65–85 in: Mohammed ABU-NIMER (ed.), *op. cit.*, p. 68.

Die Frage, ob Vergeltung ungeachtet der Tatsache, dass es nicht ihr erklärtes Ziel ist, einen Beitrag zu individueller Versöhnung zu leisten, kann im Normalfall eher verneint werden. Wie noch aufzuzeigen ist, gehört dies nicht zu den Aufgaben der Justiz. Als erwiesen gilt indessen in Umkehrung der Frage, dass jegliche Unterlassung von Strafverfolgung – also *de facto* Straflosigkeit – in politischen Transitionszeiten zu einem Rückfall in die Gewalt führen und dem Versöhnungsprozess zweifelsohne abträglich sein kann. Die positiven Effekte der Strafverfolgung im Transitionskontext sowie die Gründe, die für ihre Veranlassung sprechen, sollen nachfolgend kurz dargestellt werden.[395]

Moralische Pflichterfüllung gegenüber den Opfern: Es darf als oberstes Gebot des Respekts gegenüber Opfern vergangener Verbrechen sowie als allgemeines Pflichtadressat angesehen werden, dass die neue Staatsführung ihr Möglichstes unternimmt, um die Schuldigen zur Verantwortung zu ziehen.[396] In diesem Kontext soll die Bestrafung die Bedürfnisse der Opfer befriedigen.

Verhinderung von Privatjustiz: Zweifelsohne kann der Wunsch von Opfern nach Rache insbesondere im Falle massivster Menschenrechtsverletzungen sehr ausgeprägt sein. Kontrollierte Sanktionierung im Rahmen von staatlichen Rechtsinstitutionen dämmt in ihrer Vermittlungsfunktion private Vergeltungsakte und damit auch den Rückfall in ein allgemeines Klima der Unsicherheit und in die Gewalt ein.[397]

Individualisierung der Schuld: Die Verurteilung einzelner Individuen verleiht den Tätern ein Gesicht und vermag dadurch Vorstellungen über die Kollektivschuld einer gesamten sozialen Gruppe zu untergraben. Es ist in

395 Diese finden sich unter: HUYSE, 2003d, *op. cit.*, p. 98 f. Siehe dazu auch: CASSESE, Antonio, 1998: «Reflections on International Criminal Justice», in: *Modern Law Review*, Vol. 61, zit. in: ALVAREZ, 1999, *op. cit.*, p. 373 f. Schliesslich werden die Punkte auch erwähnt in: HUNTINGTON, 1991, *op. cit.*, p. 213 f.

396 Hierzu: WESCHLER, Lawrence, 1995: «A Miracle, A Universe: Settlings Accounts With Torturers», pp. 491–499 in: Neil J. KRITZ (ed.), *op. cit.* [excerpted from: WESCHLER, Lawrence, 1990: *A Miracle, A Universe: Settling Accounts with Torturers*. Pantheon Books], p. 498.

397 MINOW, Martha, 1998: *Between Vengeance and Forgiveness. Facing History after Genocide and Mass Violence.* Boston: Beacon Press, p. 26.

der Tat das effektivste Mittel, Kollektivschuld von Individualschuld zu trennen.[398] Die undifferenzierte Zuweisung einer kollektiven Verantwortung für Verbrechen an eine bestimmte soziale Gruppe stellt einen Mechanismus dar, der die Gesellschaft in gefährlicher Weise spalten kann. Dieser Aspekt ist besonders – wie noch dargelegt werden soll – für den rwandischen Kontext mit seiner Konfliktlinie, die entlang der konstruierten Unterscheidung von Hutu und Tutsi verläuft, von zentraler Bedeutung. Bedingung für die Individualisierung der Schuld ist jedoch, dass keine Kollektivprozesse durchgeführt werden. Dagegen vermögen Gerichte die Verantwortlichkeit von Institutionen, wie beispielsweise die Kirche, Medien und das Bildungssystem, nicht zu etablieren.[399]

Gerichtliche Anerkennung der Fakten: Nach Etablierung der Schuld sowie der einzelnen Ereignisse wird es für Leugner und Revisionisten umso schwieriger sein, ihre Überzeugungskraft aufrecht zu erhalten.[400]

Bestimmung von Reparationsleistungen: Durch die Feststellung der Schuld eines Täters wird einem Gericht ermöglicht, diesem als zusätzliche Sanktion Kompensationszahlungen an das Opfer aufzuerlegen, was allerdings noch nicht mit der Garantie für die Leistungserbringung gleichzusetzen ist, da ausgeprägte Gewaltsituationen in der Regel zur verstärkten Verarmung der Bevölkerung führen.

Anerkennung des Status als Opfer: Ein Gerichtsurteil verhilft nicht nur dazu, über die Frage der Schuld zu bestimmen, sondern trägt auch zur offiziellen und öffentlichen Anerkennung des Opfers und seines Leidens bei und stellt einen Schritt in Richtung seiner Rehabilitierung dar. Dieses erfährt auf diese Weise persönliche Befriedigung und erhält das Recht, Reparationsleistungen zu verlangen, womit sich der Kreis zu oben erwähntem Punkt schliesst.[401]

398 MÉNDEZ, 1997a, *op. cit.*, p. 277.

399 Hierzu: OLSON, Laura, 2002: «Mechanisms complementing prosecution», in: *IRRC – International Review of the Red Cross*, Vol. 84, N° 845: 173–189, p. 175.

400 GOLDSTONE, 1996, *op. cit.*, p. 489.

401 Vgl. hierzu auch: LANDSMAN, Stephan, 1996: «Alternative Responses to Serious Human Rights Abuses: Of Prosecution and Truth Commissions», in: *Law & Contemporary Problems*, Vol. 59: 81–92, p. 84.

Verhinderung einer erneuten Machtergreifung «von innen»: Durch die zeitige Initiierung von effizienter Strafverfolgung kann einer allenfalls geplanten Rückübernahme der Macht durch die früheren Machthaber entgegengewirkt werden.[402] Dieser Aspekt ist im Sinne der Abschreckung zu verstehen.

Verstärkung der Legitimität der neuen Ordnung sowie demokratischer Werte: Strafverfolgung enthält eine klare Botschaft.[403] Eine neue Regierung kann durch die ernsthafte und gezielte Ahndung vergangener Verbrechen ihren Willen manifestieren und glaubhaft machen, von nun an das Rechtsstaatsprinzip gelten zu lassen und sich um eine funktionierende Rechtsordnung zu bemühen, in welcher die unveräusserlichen Rechte von Bürgerinnen und Bürgern respektiert werden und niemand über dem Recht steht.[404] Dadurch wird Erwartungssicherheit generiert. Durch die entschiedene Abgrenzung von der früheren Führung erfährt die neue Regierung eine zusätzliche Legitimierung. Im Willen nach Ahndung bestimmter Akte sowie in der Abstufung der Strafmasse manifestieren sich denn auch die in einer Gesellschaft geltenden Werte und Normen.

Beendigung der Straflosigkeit: Punitive Massnahmen können gegebenenfalls zur Abschreckung hinsichtlich zukünftiger Verbrechen beitragen. In nicht seltenen Fällen – so auch in Rwanda – ist es mitunter die grassierende Kultur der Straflosigkeit, welche zu schwerwiegendsten Verbrechen geführt hat, da die Täter im Bewusstsein handelten, sie würden wie bislang ungestraft bleiben. Darin manifestiert sich der utilitaristische Retributionsbegriff, wonach Menschen bei Furcht vor Bestrafung den rational abgewägten Entscheid fällen werden, keine kriminelle Handlung zu begehen.[405] Allerdings ist der Abschreckungseffekt von Strafjustiz höchst umstritten, insbesondere wenn es sich um Affekthandlungen handelt.

402 COHEN, 1995, *op. cit.*, p. 34.

403 THEISSEN, 2001, *op. cit.*, p. 3. Vgl. auch: DALY, 2002, *op. cit.*, p. 376.

404 BERAT, Lynn and Yossi SHAIN, 1995: «Retribution or Truth-telling in South Africa? Legacies of the Transitional Phase», in: *Law & Social Inquiry*, Vol. 20/1, 163–189, p. 188. Siehe auch: TEITEL, 2000, *op. cit.*, p. 30. Diese Tatsache wurde auch durch die Bilder nach der Festnahme Saddam Husseins ins Bewusstsein gerückt.

405 DRUMBL, 2000, *op. cit.*, p. 1253.

Genannte Aspekte lassen keine Zweifel an der Notwendigkeit von Strafverfolgungen nach einer Phase der Gewalt und massiver Verletzungen von Menschenrechten. Dennoch weist die Gerichtsjustiz gewisse Eigenschaften auf, die der Versöhnung abträglich sein können. Diese gehören nicht zuletzt zu den Gründen, weshalb Justiz und Versöhnung für lange Zeit als einander unvereinbar angesehen wurden.

b. Die Konsequenzen von Strafjustiz

Zunächst lässt sich Eindimensionalität hinsichtlich der Sicht der Ereignisse sowie der Schuldfrage feststellen, die der Komplexität einer Tat nicht gerecht zu werden vermag. Vor Gerichten gibt es nur Schuldige und Unschuldige, Gewinner und Verlierer, womit verbunden ist, dass nur eine Version der Ereignisse und somit auch nur eine Wahrheit – die juristische – offizielle Anerkennung findet.[406] Aubert hält in diesem Zusammenhang fest: «The verdict of the court has an either/or character; the decision is based upon a single, definite conception of what has actually taken place and upon a single interpretation of legal norms».[407] Was ausserhalb der im Rechtsfall behandelten Straftaten des Angeklagten angesiedelt ist, erscheint nicht von Interesse, denn das Recht vermag nur Verstösse gegen das Recht festzustellen.[408] Hierzu bemerkt Luhmann: «Gerichte rekonstruieren die Vergangenheit im Format des vorliegenden Falles. Was zur Fallentscheidung nötig ist, wird in Betracht gezogen – mehr nicht».[409] Diese Eingrenzung lässt auch die Aufarbeitung des breiteren Kontextes der Tat, so ihre soziale, historische und politische Dimension, nur ganz bedingt zu.[410]

406 SARKIN, 2000a, *op. cit.*, p. 2. In Anlehnung an Luhmann operiert das Rechtssystem einer funktional differenzierten Gesellschaft denn auch ausschliesslich nach dem Code Recht/Unrecht. Vgl. LUHMANN, 1995, *op. cit.*

407 AUBERT, Vilhelm, 1997 (1969): «Case Studies of Law in Western Societies», S. 273–303 in: Laura NADER: *Law in Culture and Society*. Berkeley; Los Angeles; London: University of California Press, p. 286.

408 Dazu: LUHMANN, Niklas, 1995: *Das Recht der Gesellschaft*. Frankfurt a.M.: Suhrkamp, p. 284.

409 LUHMANN, 1995, *op. cit.*, p. 326.

410 LANDSMAN, 1996, *op. cit.*, p. 88.

Ferner können wie etwa im Falle von Massenverbrechen keine Muster erkannt werden. In genereller Weise lässt sich sagen, dass Strafprozesse in nur sehr beschränktem Masse zur Aufdeckung jener rehabilitierenden Wahrheit beitragen, für welche sich die Opfer nebst der Schuldfrage interessieren. Allerdings sollte diese Eindimensionalität als unabdingbare Komplexitätsreduktion verstanden werden, denn wie Tallgren bemerkt: «By focusing on individual responsibility, criminal law reduces the perspective of the phenomenon to make it easier for the eye. Thereby it reduces the complexity and scale of multiple responsibilities of a mere background».[411] Ferner ist hervorzuheben, dass gerade durch die Berücksichtigung der Beweise und Aussagen von beiden Gegenparteien die etablierte juristische Wahrheit eine «getestete Qualität»[412] erhält und dadurch Vorteile gegenüber Berichten von Wahrheitskommissionen aufweist.[413]

Die Bestimmung von Gewinnern und Verlierern führt unweigerlich zu Enttäuschungen und Unzufriedenheit einer Partei, wobei mögliche Stigmatisierungseffekte nicht ausser Acht zu lassen sind.[414] Ebenso besteht das Risiko der Generierung neuer Konflikte. Der oftmals zähe sowie langwierige Kampf beider Parteien kann zu äusserst schmerzhaften Erfahrungen führen. In diesem Sinne vermögen Strafgerichte selten Konflikte zu lösen, sondern verfolgen vielmehr die Aufgabe, ungeachtet der weitläufigen sowie divergierenden Interessen von Opfern und Tätern eine im Sinne des Gesetzes gerechte Strafe durchzusetzen und generalisierte Erwartungen kontrafaktisch zu stabilisieren. Dabei zeichnet sich das Rechtssystem durch Immunität gegenüber betreffenden Erwartungsenttäuschungen aus und setzt nicht voraus, dass ein Konsens zwischen den Streitparteien zustande kommt. Ferner ist es für das Rechtssystem irrelevant, ob sich die Parteien miteinander versöhnen und ihre Beziehung künftig durch gewachsenes

411 TALLGREN, Immi, 2002: «The Sensibility and Sense of International Criminal Law», in: *European Journal of International Law*, p. 594, zit. in: DRUMBL, 2002, *op. cit.*, p. 9.

412 MÉNDEZ, 1997a, *op. cit.*, p. 278.

413 MÉNDEZ, 1997b, *op. cit.*, p. 16.

414 Im Zusammenhang mit den Enttäuschungen siehe: SMID, Stefan, 1986: «Zur Einführung: Niklas Luhmanns systemtheoretische Konzeption des Rechts», in: *Juristische Schulung*, Heft 7: 513–517, p. 516.

Vertrauen und gegenseitiges Verständnis geprägt sein wird.[415] Diese Tatsache bezeichnet Luhmann als Entlastung von Aufmerksamkeit und Verantwortlichkeit für Folgen der Entscheidung im Rahmen von Konditionalprogrammen.[416] Schliesslich spielt es auch keine Rolle für die Bestimmung der Schuld, ob der Täter diese einsieht oder gar bereut.[417]

Strafprozesse sind ausgesprochen täterzentriert, was zu vorrangigen Beschäftigungen mit Fragen der Fairness im Verfahren führt.[418] Der Täter wird nicht zuletzt durch die Vertretung eines Anwalts zu einem passiven Empfänger der negativen Sanktion gemacht und muss keinerlei Verantwortung übernehmen.[419] Der Sichtweise und Gefühlslage von Opfern dagegen, insbesondere jedoch ihrem Bedürfnis nach umfassender Anerkennung ihres Leidens, wird im Rahmen eines Gerichtsverfahrens, in welchem Konflikte zwischen dem Staat – oder vielmehr seinen Gesetzen – und den Angeklagten behandelt werden, nur ganz bedingt Rechnung getragen.[420] So bemerken Elton und Roybal: «The criminal justice system, as it exists now, often robs crime victims of their opportunity to express their views and feelings; this public expression might be all the victim needs to make sense of what has happened and to begin to move past the event».[421] Opfer werden im Rahmen von Strafprozessen auf ihre funktionale Rolle als Zeugen reduziert, erhalten nur eingeschränkte Möglichkeiten zur aktiven Partizipation und haben keine Kontrolle über den Ausgang des Prozesses.[422] Gerade die Rolle als Zeugen kann für die Opfer in massgeblicher Weise mit einer zweiten Victimisierung *(revictimization)* verbunden sein, und zwar insbesondere dann, wenn es im Rahmen angelsächsischer Rechtsordnung

415 MALAMUD-GOTI, 1995, *op. cit.*, p. 193.

416 LUHMANN, Niklas, 1987: *Rechtssoziologie*. 3. Auflage. Opladen: Westdeutscher Verlag, p. 231. Siehe auch: SMID, 1986, *op. cit.*, p. 516.

417 Wohl aber für die genaue Bestimmung des Strafmasses.

418 VAN NESS, Daniel W., 1996: «Restorative Justice and International Human Rights», S. 17–35 in: Burt GALAWAY and Joe HUDSON (eds.): *Restorative Justice: International Perspectives*. Monsey, N. Y.: Criminal Justice Press, p. 25.

419 ELTON, Kathy and Michelle M. ROYBAL, 2003: «Restoration, a Component of Justice», in: *Utah Law Review*, Vol. 2003/1: 43–56, p. 48.

420 Vgl. hierzu: ESTRADA-HOLLENBECK, 2001, *op. cit.*, p. 67.

421 ELTON and ROYBAL, 2003, *op. cit.*, p. 45.

422 VAN NESS, 1996, *op. cit.*, p. 24.

in ein möglicherweise unerbittliches Kreuzverhör genommen wird.[423] Doch auch ohne Kreuzverhör können traumatisierte Opfer durch die erneute Konfrontation mit dem Täter und den Ereignissen äusserst schwer zu bewältigende Momente vor Gericht erleben.

Bezogen sich diese Überlegungen auf allgemeine Charakteristika der Gerichtsjustiz, so ist die Rechtsprechung angesichts der besonderen Situation in politischen Transitionen mit zusätzlichen Gefahren verbunden, die in erster Linie die Interessen der Tatverdächtigen tangieren.

c. Strafjustiz im politischen Transitionsprozess

Funktionierende Strafjustiz setzt massgebliche finanzielle und personelle Ressourcen voraus. In der Anfangsphase politischer Transition ist jedoch je nach Art des vorangegangenen Konfliktes der Justizapparat entweder in seinen grössten Teilen zerstört oder aus anderen Gründen funktionsunfähig.[424] Gleichzeitig schnellt insbesondere nach Fällen von Massengewalt die Anzahl Tatverdächtiger in womöglich improvisierten Haftanstalten massiv in die Höhe.[425] Der (Wieder-)Aufbau des Rechtssystems sowie die Durchführung von Prozessen bedarf viel Zeit und finanzieller Ressourcen, wobei gleichzeitig zu bemerken ist, dass auch normal funktionierende Rechtssysteme in der Regel nicht in der Lage wären, Massenverbrechen adäquat zu behandeln. Das Resultat für die Gesellschaften am Anfang des Transitionsprozesses ist demzufolge vielfach, dass schlichtweg kein Recht gesprochen werden kann.

Geschieht dies dennoch, so kann es sich in Form von Notstandsjustiz unter Beibezug von Laienrichtern an Sondergerichten präsentieren, welche die allgemeinen Rechtsstandards, darunter insbesondere die Rechte des Angeklagten, nicht zu respektieren vermag.[426] Oftmals lässt sich ein Zwiespalt zwischen dem Wunsch nach zügiger Aburteilung und dem Wil-

423 HUYSE, 2003d, *op. cit.*, p. 104 f.

424 So bedarf es beispielsweise nicht zwingend eines Bürgerkrieges, damit das Rechtssystem funktionsunfähig ist. Dies war etwa in Südafrika der Fall.

425 Vgl. hierzu: PANKHURST, 1999, *op. cit.*, p. 242.

426 HUYSE, 2003d, *op. cit.*, p. 104 f.

len nach Respektierung von Rechtsnormen beobachten. Sollen Verbrechen geahndet werden, die bislang in keinem Gesetz verankert waren, tritt zudem das Problem der Retroaktivität auf. Der Grundsatz *nullum crimen sine lege, nulla poena sine lege* verbietet es, Strafakte *ex post facto* zu verfolgen, die zum Zeitpunkt ihrer Begehung nicht strafbar waren.[427]

In personeller Hinsicht stellt sich die Frage, inwieweit die alte Ordnung noch im Justizapparat vertreten ist.[428] Ist sie dies in hohem Grade, wird die Glaubwürdigkeit der Strafjustiz massgeblich in Frage gestellt. Wurden Juristen als Folge von Säuberungsaktionen ihrer öffentlichen Ämter enthoben, kann andererseits unter der Bevölkerung die Wahrnehmung von ungerechter Siegerjustiz entstehen.

Ferner besteht stets die Gefahr selektiver Strafverfolgung.[429] Diese ist im Zusammenhang mit Massengewalt – nicht zuletzt aus logistischen und finanziellen Gründen – oftmals nicht zu vermeiden, sollte jedoch auf transparenten Kriterien beruhen. Eine pragmatische Lösung dieses Problems stellt die Kategorisierung der Angeklagten gemäss dem Grad ihrer Verantwortung dar.[430] Ferner kann es jedoch auch sein, dass eine beachtliche Anzahl Schuldiger ins Ausland geflohen oder tot ist. Ausserdem zeichnet sich die Beweislage nach Massengewalt in der Regel durch ausgeprägte Dürftigkeit aus. Verbunden mit der früheren Gewaltsituation ist es sehr wahrscheinlich, dass Beweismaterial entweder zerstört wurde oder gar nie existiert hat. Belastungen können infolgedessen nur aufgrund von Zeugenaussagen untermauert werden. Eine mögliche Konsequenz ist der Freispruch von Angeklagten mangels Beweisen, was seitens der Opfer zu massiven Ressentiments führen kann. Gleichzeitig sind die Richter gerade aus diesem Grund dem Druck ausgesetzt, es zu keinem Freispruch kommen zu lassen. Die aktuelle Forschung transitionaler Justiz vertritt den Stand-

427 Vgl. HUYSE, 2003d, *op. cit.*, p. 104f.

428 Siehe: ELSTER, 1998, *op. cit.*, p. 24.

429 THEISSEN, 2001, *op. cit.*, p. 2.

430 KRITZ, Neil, 1996a: «Coming to Terms with Atrocities: A Review of Accountability Mechanisms for Mass Violations of Human Rights» in: *Law & Contemporary Problems*, Vol. 59: 127–152, p. 134. Wie noch aufgezeigt wird, hat Rwanda im Rahmen der nationalen Rechtsprechung diesen durchaus geläufigen Weg gewählt. Ebenso gilt dies für Argentinien. Für Einzelheiten siehe: MALAMUD-GOTI, 1995, *op. cit.*, pp. 189–193.

punkt, dass der Rechtsstaat aufgrund genannter Schwierigkeiten für kurze Zeit einer minimalistischen Version entsprechen darf.[431] Entscheidend ist hierbei, ob die staatlichen Bemühungen angesichts zahlreicher Hindernisse und Schwierigkeiten in bester Absicht verfolgt werden.[432]

Die bereits weiter oben angedeutete, für ein Strafverfahren unabdingbare Kategorisierung von Opfern und Tätern als klar voneinander unterscheidbare Gruppen erweist sich insbesondere nach Massengewalt als höchst problematisch.[433]

Schliesslich sei mit Hinblick auf den Strafvollzug und der Möglichkeit einer Haftstrafe auf den sozialen Ausschluss der Schuldigen aus der Gesellschaft hingewiesen. Bereits an anderer Stelle wurde auf entsprechende Konsequenzen hinsichtlich des dringend nötigen Wiederaufbaus sowie der Gefahren von Subkulturen aufmerksam gemacht. Jegliche Wahrnehmung von Unrecht seitens der Täter, sei dies aufgrund der Gestaltung des Strafverfahrens, sei es aufgrund des Verdachts auf Siegerjustiz oder einer Isolierung aus der Gesellschaft kann die fragile Sicherheitslage in einer Transitionsgesellschaft gefährden. Die Mobilisierung einer sozialen Gruppe, die durch ihre Wahrnehmung erlittenen Unrechts vereint wird, findet möglicherweise ihre Ausprägung in der Bildung von Subkulturen und Netzwerken, die eine junge Demokratie auf die Zerreissprobe stellen können.

Der retributive Ansatz mit seinem Fokus auf der Individualschuld entspricht dem westlichen Verständnis von Justiz. Wie noch aufgezeigt werden wird, liegt der restaurative Ansatz, welcher der Wiederherstellung sozialer Harmonie verpflichtet ist, vielen nicht-westlichen Kulturen näher, in welchen die kollektive Gemeinschaftsdimension und das Verständnis von Kollektivschuld nach wie vor sehr ausgeprägt sind. Ausserdem besteht die Möglichkeit, dass der Strafjustiz aufgrund ihres unpersönlichen, formellen Charakters in solchen Kulturen mit Ablehnung begegnet wird.

Den genannten Schwachstellen und Fallstricken der Strafjustiz begegnend, wurden in nicht seltenen Fällen Anreize für die Angeklagten durch die Begrenzung der strafrechtlichen Sanktion geschaffen, sei dies beispielsweise durch die Umwandlung eines Teils der Strafe in Gemeinschaftsarbeit

431 PANKHURST, 1999, *op. cit.*, p. 243, mit Hinweis auf: MANI, Rama, 2002: *Beyond Retribution: Seeking Justice in the Shadows of War*. Polity Press and Blackwell.

432 Vgl. MÉNDEZ, 1997a, *op. cit.*, p. 264.

433 ESTRADA-HOLLENBECK, 2001, *op. cit.*, p. 72.

oder durch die Strafreduktion nach einem Schuldbekenntnis. So bemerkt Teitel: «Die begrenzte strafrechtliche Sanktion ist eine aussergewöhnliche Form der Bestrafung, denn sie zielt weniger darauf ab, Täter zu bestrafen, als darauf, die normative Verschiebung in einem politischen Wandlungsprozess zu befördern».[434] Damit sei die Überleitung zum Verständnis restaurativer Justiz gemacht, die einen in sozialer Hinsicht umfassenderen Fokus widerspiegelt.

5. Restaurative Justiz

a. Einleitende Bemerkungen

Das Paradigma restaurativer Justiz findet in den 1970er Jahren seinen Ausgangspunkt in der kriminologischen Kritik klassischer Strafjustiz, wie sie im vorangegangenen Kapitel beschrieben wurde.[435] Im Wesentlichen nimmt die Kritik Bezug auf Fragen sozialer Ungleichheit im Zugang zum staatlichen Rechtssystem oder während des Rechtsverfahrens, auf verfahrenstechnische Beschränkungen, die zum täterzentrierten Charakter unter gleichzeitiger Vernachlässigung der Bedürfnisse des Opfers führen, oder auch auf den Strafvollzug, der mitunter von überfüllten Haftanstalten und hohen Kosten sozialer und finanzieller Art begleitet ist. Die Suche nach alternativen Lösungsansätzen mündete allerdings bis zum heutigen Tage

434 TEITEL, Ruti G., 2002: «Der Wandel des Rechtssystems als liberale Erzählung», pp. 273–293 in: ENWEZOR, BASUALDO, META BAUER, et al. (Hrsg.), *op. cit.*, p. 281.

435 MCCOLD, Paul, 1996: «Restorative Justice and the Role of Community», pp. 85–101 in: Burt GALAWAY and Joe HUDSON (eds.), *op. cit.*, p. 86. Siehe auch: DILULIO, John J., 1993: «Rethinking the Criminal Justice System: Toward a New Paradigm». Article prepared for the *U.S. Department of Justice*, Bureau of Justice Assistance, Washington D.C. [http://www.ojp.usdoj.gov/BJA/evaluation/guide/documents/documentI.html]. Schliesslich: ELTON and ROYBAL, 2003, *op. cit.*, p. 49.

nicht in eine systematisch erarbeitete Theorie restaurativer Justiz. Vielmehr lässt sich die Existenz einer Vielzahl praktischer Modelle feststellen, die von grundsätzlichen Überlegungen theoretischer Art begleitet sind, sodass restaurativer Justiz programmatischen Charakter zugesprochen werden kann. Hierzu bemerkt Walgrave:

> Actuellement, la justice restaurative est loin d'être un ensemble complet de pratiques basé sur une théorie juridique toute faite. C'est plutôt un mouvement et un terrain d'expérimentation et de recherche reposant sur un idéal intuitif de justice dans un idéal vague de société. [...] Pour l'instant, le paradigme de la justice restaurative est vulnérable par la disparité de ses concepts, de ses théories et de ses pratiques.[436]

Obschon es nicht zuletzt aus diesem Grund schwer fällt, das junge sowie noch relativ diffuse Konzept restaurativer Justiz – das zur allgemeinen Verwirrung auch noch als Philosophie bezeichnet wird[437] – auf befriedigende Weise zu erfassen, sollen an dieser Stelle angesichts der Tatsache, dass die rwandische Gacaca-Gerichtsbarkeit oftmals diese Bezeichnung trägt, dessen zentralste theoretische Annahmen sowie daran anschliessend dessen Umsetzung in die Praxis diskutiert werden.

Die Wurzeln restaurativer Justiz reichen weit in die Vergangenheit zurück und finden sich in Konzepten der Gemeinschaftsjustiz und traditioneller Konfliktschlichtungsmechanismen wieder, wie sie im entsprechenden Kapitel ab Seite 196 dargelegt werden.[438] Eine international weitestgehend akzeptierte Definition lautet wie folgt: «Restorative Justice is a process whereby parties with a stake in a specific offence collectively resolve how to deal with the aftermath of the offence and its implications for the future».[439] Wie sich allerdings noch zeigen wird, vernachlässigt diese Definition den punitiven Charakter restaurativer Justiz, weshalb Bazemore

436 WALGRAVE, Lode, 1999: «La justice restaurative: à la recherche d'une théorie et d'un programme», in: *Criminologie*, Vol. 32/1: 7–29, p. 24.

437 ELTON and ROYBAL, 2003, *op. cit.*, p. 44.

438 ZEHR, 2001, *op. cit.*, p. 331.

439 MARSHALL, Tony F., 1999: «Restorative Justice: An Overview». A report by the *Home Office Research Development and Statistics Directorate*, London, p. 5 [http://www.homeoffice.gov.uk/rds/pdfs/occ-resjus.pdf].

und Walgrave folgende Alternative vorgeschlagen haben, welcher an dieser Stelle den Vorzug gegeben wird: «Restorative justice is every action that is primarily oriented towards doing justice by restoring the harm that has been caused by a crime».[440]

b. Einige Überlegungen theoretischer Art

Zunächst lässt sich im Vergleich zur retributiven Justiz eine fundamentale Verschiebung hinsichtlich der Definition eines Verbrechens beobachten.[441] Dieses wird nicht mehr so sehr als Verletzung gegenüber dem Staat und seiner Gesetze verstanden, sondern primär als Konflikt zwischen Individuen, der zu materiellen und immateriellen Schädigungen sowohl von Opfern und Tätern wie auch von lokalen Gemeinschaften führt.[442] Indes weist Walgrave zu Recht darauf hin, dass die Schädigungen der Gemeinschaft in der Literatur weder auf befriedigende Weise definiert noch sonstwie konkretisiert werden.[443] In der Regel wird dabei auf das verletzte Sicherheitsgefühl hingewiesen. Des Gleichen scheint die Definition von Gemeinschaft Mühe zu bereiten, was durchaus nachvollziehbar ist. Wir verstehen an dieser Stelle unter Gemeinschaft die Summe indirekter Opfer, so die Angehörigen, Nachbarn und weiteren Bekannten primär Geschädigter.

Aus diesem Verständnis von Verbrechen folgt, dass die Konfliktlösung weniger durch die intermediäre Vertretung des Staates, sondern zunächst auf der Mikroebene sowie in direkter und diskursiver Weise durch alle betroffenen Personen und ihrer Angehörigen erfolgen soll.[444] Im Rahmen dieser Dezentralisierung der Justiz werden alle Akteure, die bislang lediglich in Anerkennung ihrer zugeschriebenen Rollen als Zeugen oder

440 Zit. in: WALGRAVE, 1999, *op. cit.*, p. 9.

441 DOLINKO, David, 2003: «Restorative Justice and the Justification of Punishment», in: *Utah Law Review*, Vol. 2003/1: 319–342, p. 319.

442 ESTRADA-HOLLENBECK, 2001, *op. cit.*, p. 74f. Siehe auch: DRUMBL, 2000, *op. cit.*, p. 1232.

443 WALGRAVE, 1999, *op. cit.*, p. 10.

444 HUDSON, Joe and Burt GALAWAY, 1996: «Introduction», pp. 1–14 in: GALAWAY and HUDSON, 1996, *op. cit.*, p. 3.

Angeklagte sowie durch die Vertretung von Professionellen Teil des Rechtsprozesses waren, dazu ermächtigt, am lokalen und flexibel gestalteten Prozess der Konfliktlösung zu partizipieren, der keinen formalen Regeln folgt.[445] Dieser wird grundsätzlich als verhandelbar verstanden und kommt durch den informellen Dialog zustande, der im Idealfall in der Zufriedenstellung reziproker Erwartungen aller Akteure und dem Ausbalancieren ihrer Interessen gewährleistet wird.[446] Dadurch wird dessen Grundlegung auf Konsensfindung sehr deutlich.[447] Von ganz besonderer Bedeutung erscheint die nun aktive Beteiligung und Anerkennung des bislang relativ machtlosen Opfers sowie die Fokussierung auf seine Bedürfnisse.[448] Des Gleichen tritt der Täter aus seiner bisher passiven Rolle des Rezipienten einer Strafe und beteiligt sich an diesbezüglichen Verhandlungen.

Der Staat interveniert nur in marginaler Weise in gemeinschaftsorientierte Prozesse restaurativer Justiz. Dies erfolgt etwa durch technische, infrastrukturelle oder finanzielle Unterstützung von *bottom-up* Initiativen der Konfliktschlichtung oder deren Supervision hinsichtlich Fragen der Fairness.[449] Gilt ein Schlichtungsversuch als gescheitert, kann jederzeit auf das formale Justizsystem zurückgegriffen werden, während dies auch auf die Garantie der Umsetzung von getroffenen Vereinbarungen zutrifft.[450]

445 Siehe dazu: McCOLD, 1996, *op. cit.*, p. 97. Ebenso: HUDSON and GALAWAY, 1996, *op. cit.*, p. 3. Ferner: CLEAR, Todd R. and David R. KARP, 2000: «Toward the Ideal of Community Justice», in: *National Institute of Justice Journal*, N° 245 (October 2000): 21–28, p. 21.

446 VAN NESS, 1996, *op. cit.*, p. 29. Siehe auch: CLEAR and KARP, 2000, *op. cit.*, p. 23.

447 DALY, Kathleen, 1999: «Revisiting the Relationship between Retributive and Restorative Justice». Revised paper presented at Restorative Justice and Civil Society Conference, Australian National University, Canberra, February 1999, p. 5. (to appear in: STRANG, Heather and John BRAITHWAITE (eds.), 2000: Restorative Justice: From Philosophy to Practice. Dartmouth: Aldershot), [http://www.griffith.edu.au/school/ccj/kdaly_docs/ kdpaper6.pdf].

448 ELTON and ROYBAL, 2003, *op. cit.*, p. 50.

449 CENTER FOR RESTORATIVE JUSTICE & PEACEMAKING (ed.), 1996: «Restorative Justice for Victims, Communities and Offenders». St. Paul, M.N.: University of Minnesota, p. 32 f. [http://2ssw.che.umn.edu/rjp/Ressources/Documents/cctr96a.pdf].

450 CENTER FOR RESTORATIVE JUSTICE & PEACEMAKING (ed.), 1996, *op. cit.*, p. 7.

In Ermangelung einer mit Urteilskomptetenz ausgestatteten Rechtsautorität wird restaurativer Justiz aussergerichtlichen – und im strengen Sinne auch extralegalen – Charakter zugesprochen.[451] Sie kann als horizontal operierende, informelle Konfliktschlichtung bezeichnet werden, in deren Rahmen der Täter direkt durch die Gemeinschaft verantwortet wird.[452]

Gleichzeitig erfährt ebenso das durch den Lösungsprozess verfolgte Ziel eine wesentliche Verschiebung. So wird mittels Mechanismen restaurativer Justiz nicht primär die retrospektive Bestrafung des Schuldigen angestrebt, sondern vielmehr die prospektive Versöhnung aller Parteien durch Wiedergutmachung und Reparation der vielfältigen Schädigungen. Restaurative Justiz verfolgt damit ein zweckrationales Ziel, welches im Idealfall in der Wiederherstellung sozialer Harmonie mündet, anstatt gegnerische Positionen zu erhärten. Indes wäre es verfehlt, dem punitiven Charakter restaurativer Justiz einen allzu marginalen Stellenwert einzuräumen. Sowohl mittels restaurativer wie auch retributiver Justiz werden Täter zur Verantwortung gezogen und mit negativen Sanktionen belegt. Dies ist mit auch ein Grund, weswegen Daly in Abgrenzung zu den Alternativen zur Bestrafung von *alternativen Formen* der Bestrafung spricht.[453] Die negative Sanktionierung im Rahmen restaurativer Justiz trägt symbolische Züge – so etwa durch die Entschuldigung des Täters beim Opfer oder durch ausgedrückte Gefühle der Scham –, oder aber sie manifestiert sich durch materielle Reparationen in der Form von Entschädigungszahlungen oder Leistungen gemeinnütziger Arbeit zuhanden der betroffenen Lokalgemeinschaft.[454] Im Gegensatz zum retributiven Verständnis der Bestrafung wird sie in diesem Kontext als konsequentialistisch verstanden und dient prospektiven Zielen.[455] Wo allerdings Sanktionen gesprochen werden, gelten Garantien eines minimalen rechtlichen Schutzes als unabdingbar.[456]

451 MINOR, Kevin I. and J. T. MORRISON, 1996: «A Theoretical Study and Critique of Restorative Justice», pp. 117–133 in: GALAWAY and HUDSON, *op. cit.*, p. 123.
452 HUYSE, 2003d, *op. cit.*, p. 111.
453 DALY, 1999, *op. cit.*, p. 3. Siehe auch: DOLINKO, 2003, *op. cit.*, p. 323.
454 CENTER FOR RESTORATIVE JUSTICE & PEACEMAKING (ed.), 1996, *op. cit.*, p. 3.
455 MALAMUD-GOTI, 1995, *op. cit.*, p. 193.
456 WALGRAVE, 1999, *op. cit.*, p. 23.

Neben negativen Sanktionen kann indes auch eine Form positiver Sanktionierung festgestellt werden, die sich in der Reintegration des Täters nach erfolgter Reparation symbolischer oder materieller Art manifestiert. Da der symbolischen Reparation durch den Ausdruck von Scham und Reue im Rahmen restaurativer Justiz einen zentralen Stellenwert zukommt, sollen die nachfolgenden Überlegungen diesem Komplex gewidmet sein.

c. Scham versus Schuld

Auffallend ist die Leitunterscheidung zwischen Schuld und Scham. Während Schuld durch ein von Aussen auferlegtes Urteil etabliert wird, entsteht Scham durch den inneren Prozess der Anerkennung, wonach die begangene Tat tadelnswert ist.[457] Im Rahmen retributiver Justiz und ihrer Anwendung des Gesetzes kann vielfach beobachtet werden, dass diese nicht zwingend zur Einsicht des Täters führt, er habe etwas verwerfliches getan, denn wie Drumbl bemerkt: «Guilt arises by virtue of judicial fiat, and many of those whose guilt externally has been imposed actually do not feel guilty».[458] Dies ist dann umso ausgeprägter, wenn die Straftat zum Zeitpunkt ihrer Begehung nicht als illegal galt oder bislang eine Kultur der Straflosigkeit geherrscht hat, wie dies für Rwanda zutrifft.

In seinem Werk *Crime, Shame and Reintegration* legt Braithwaite seiner Theorie restaurativer Justiz den Schlüsselbegriff der «reintegrativen Scham» zugrunde.[459] So geht er zunächst von kriminologischen Erkenntnissen aus, wonach die Schwere des Strafmasses kein überzeugendes Kriterium im Zusammenhang mit der Abschreckung der Begehung einer Straftat darstellt. Vielmehr sind es die sozialen Kosten, die durch den direkten oder indirekten Ausdruck von Missbilligung und den Entzug von Respekt durch signifikante Andere gekennzeichnet sind, die eine nachhaltige Wirkung auf das Bewusstsein des Täters zu zeitigen vermögen.[460]

457 DRUMBL, 2000, *op. cit.*, p. 1232.
458 DRUMBL, 2000, *op. cit.*, p. 1256.
459 BRAITHWAITE, John, 1989: *Crime, Shame and Reintegration.* Cambridge: Cambridge University Press, p. 1.
460 BRAITHWAITE, 1989, *op. cit.*, p. 59.

Als indirekter Ausdruck von Missbilligung kann etwa das Gerede angesehen werden, welches dem Täter zu Ohren kommt. In diesem Sinne erachtet Braithwaite die Kritik durch Familienangehörige, Bekannte und weitere Personen des sozialen Umfeldes als zentrales Moment im Rahmen restaurativer Justiz. Damit der Prozess erfolgreich verläuft, bedarf es in der Folge jedoch des Ausdrucks erneuter Aufnahme in die Gemeinschaft.[461] Dadurch unterscheidet sich reintegrative Scham von ihrer stigmatisierenden Form.

Zwei gesellschaftliche Bedingungen sind zur Entstehung von Schamgefühlen und ihrer sozialen Relevanz notwendig. Die erste ist auf der Mikroebene anzusiedeln und betrifft den interdependenten Charakter sozialer Beziehungen, die durch intensive persönliche Bindung und Respekt, aber auch durch Abhängigkeit gekennzeichnet sind. Dies ist insofern einleuchtend, als die Kritik durch Personen, die jeglicher sozialen Relevanz entbehren, nur in den seltensten Fällen ein Gefühl der Scham zu erzeugen vermögen. Gleichzeitig wird deutlich, dass reintegrative Scham nur in jenem sozialen Kontext operieren kann, in welchem Moral greift. Die zweite Bedingung baut auf dieser Grundlage auf und manifestiert sich auf der Makroebene im Kommunitarismus.[462] Als Gegenstück zu einem individualistischen Gesellschaftsmodell konzipiert, ist eine kommunitarische Gesellschaft durch massgebliche Gruppenloyalitäten und reziproke Pflichten gekennzeichnet, die persönlichen Interessen vorangehen.[463] Als Beispiel hierfür kann etwa Japan angesehen werden, wo die soziale Kohäsion im Rahmen von familiären, nachbarschaftlichen und professionellen Beziehungen stark ausgeprägt ist.[464] Gleichzeitig führen Urbanisierung und soziale Mobilität jedoch dazu, dass es weniger signifikante Andere gibt, denen gegenüber Scham empfunden werden könnte. Kommunitarismus ist – wie Walgrave bemerkt – mittlerweile mehr ein Programm, als es eine existierende Situation beschreiben würde.[465]

461 Braithwaite, 1989, *op. cit.*, p. 55.
462 Braithwaite, 1989, *op. cit.*, p. 84.
463 Braithwaite, 1989, *op. cit.*, p. 85 f.
464 Braithwaite, 1989, *op. cit.*, pp. 62–64.
465 Walgrave, 1999, *op. cit.*, p. 15.

Die Verlockung erscheint gross, restaurative und retributive Justiz in allzu vereinfachender und verallgemeinernder Weise einander gegenüberzustellen. Davor soll an dieser Stelle mit Nachdruck gewarnt werden. Denn grundsätzlich wäre es verfehlt, die Unterscheidung staatlich-formaler Justiz und informeller Konfliktschlichtung entlang der starren Dichotomie retributiv/rückwärtsgewandt – restaurativ/zukunftsgerichtet zu konstruieren. So weisen auch klassische Gerichte rehabilitative, prospektive Elemente auf, so etwa in ihrer Funktion der Abschreckung hinsichtlich zukünftiger Verbrechen. Des Gleichen sind auch restaurative Formen der Justiz durch die Integration punitiver Massnahmen retributiv, weisen daneben jedoch einen ausgeprägt rehabilitativen Charakter auf.[466]

d. Restaurative Justiz in der Praxis

Die vorangegangenen Ausführungen mögen wohl bereits die Vermutung aufkommen lassen, dass sich die restaurative Justiz in erster Linie im Bereich des Jugendstrafrechts sowie im Zusammenhang mit geringfügigeren Eigentumsdelikten etabliert hat.[467] In seiner konkreten und reinsten Ausprägung präsentiert sich restaurative Justiz überwiegend in der Form des Opfer-Täter-Ausgleichs, der Ende der 1970er Jahre in den Vereinigten Staaten aufgekommen ist und nachfolgend näher betrachtet werden soll.

(i) Opfer-Täter-Ausgleich

Im Rahmen dieser aussergerichtlichen Schlichtungsstrategie, die nicht selten zeremonielle Elemente aufweist, steht die Kommunikation zwischen den am Konflikt beteiligten Individuen im Mittelpunkt.[468] Wurde ein Gerichtsverfahren eingeleitet, kann der Ausgleich sowohl vor wie auch nach dem Prozess stattfinden.[469] Weigern sich die Parteien, eine vorgerichtliche,

466 DALY, 1999, *op. cit.*, p. 4.
467 CENTER FOR RESTORATIVE JUSTICE & PEACEMAKING (ed.), 1996, *op. cit.*, p. 21.
468 ESTRADA-HOLLENBECK, 2001, *op. cit.*, p. 79.
469 ELTON and ROYBAL, 2003, *op. cit.*, p. 53.

restaurative Strategie in Anspruch zu nehmen, wird der Weg klassischer Justiz eingeschlagen.

Der Ausgleich ist durch die aktive und freiwillige Partizipation von Opfer und Täter in Anwesenheit eines neutralen Mediators – meist Mitglied der lokalen Gemeinschaft – gekennzeichnet.[470] Dessen Ausgang liegt in der alleinigen Verantwortung der Konfliktbeteiligten. Das Opfer erhält dabei die Möglichkeit, dem Täter Fragen zu stellen und ihn um die Erhellung der Tat und ihrer Begleitumstände zu bitten. Dadurch wird nicht nur ein Beitrag zur Wahrheitsfindung geleistet, dem vielleicht bislang auf stereotype Weise wahrgenommenen Täter kann auch ein Gesicht gegeben werden.[471] Ferner bietet sich für das Opfer die Gelegenheit, seinen Gefühlen auf kathartische Weise Ausdruck zu verleihen und zu erklären, welche persönlichen Folgen das Verbrechen gezeitigt hat.[472] Durch die Enthüllung der «emotionalen Wahrheit» des Opfers[473] kann dem Täter das Ausmass seiner Tat bewusster werden. Ihm wird der Raum gegeben, Gefühle der Scham zu entwickeln, Reue zu zeigen und auf eigene Initiative hin sein Opfer um Vergebung zu bitten.[474] Eine Entschuldigung darf als erster symbolischer Akt der Reparation zugunsten des Opfers verstanden werden. Vermag dieses als Zeichen der Akzeptanz des Täters zu verzeihen, ist eine erste Grundlage für eine zumindest neutral geprägte Beziehung zwischen Opfer und Täter geschaffen.[475] Zudem können während des

470 VAN NESS, 1996, *op. cit.*, p. 24.

471 LIEBMANN, Marian, 2002: «Victims and Restorative Justice Around the Globe», in: *VOMA Connections* (Research and Practice Insert), N° 10 (Spring, 2002): 1–8, p. 1.

472 Vgl. hierzu: NETZIG, Lutz and Thomas TRENCZEK, 1996: «Restorative Justice as Participation: Theory, Law, Experience and Research», pp. 241–260 in: GALAWAY and HUDSON, *op. cit.*, p. 255.

473 CROCKER, David A., 2000, «Truth Commissions, Transitional Justice, and Civil Society», pp. 99–121 in: Robert I. ROTBERG and Dennis THOMPSON (eds.): *Truth v. Justice: The Moral Efficacy of Truth Commissions: South Africa and Beyond. Princeton*, N.J.: Princeton University Press, p. 101.

474 MARSHALL, 1999, *op. cit.*, p. 11.

475 Die zentrale Bedeutung des Akts des Verzeihens wurde empirisch untersucht in: ESTRADA-HOLLENBECK, Mica, 1996: «Forgiving in the Face of Injustice: Victims' and Perpetrators' Perspectives», pp. 303–313 in: GALAWAY and HUDSON, *op. cit.*, p. 305 ff.

Ausgleichs materielle Reparationsleistungen ausgehandelt und in einem schriftlichen Vertrag festgehalten werden.

Die Bedürfnisse aller Beteiligten können durch eine erfolgreich verlaufende Mediation befriedigt werden, da sie auf einem konsensuellen Entscheid beruht.[476] Eine getroffene Einigung ist durch das Gefühl begleitet, alle Akteure seien fair behandelt worden, während sie sich gleichzeitig mit dem durch sie erzielten Resultat identifizieren können.[477] So wurde auch bislang grosse Zufriedenheit aller Parteien festgestellt. Umbreit gelangte im Rahmen einer Untersuchung von vier Opfer-Täter-Programmen (VOP) im Zusammenhang mit Delikten von Jugendlichen in den Vereinigten Staaten zum Resultat, dass 79 % der Opfer und 87 % der Täter mit dem Ausgang der Prozedur zufrieden waren. Des Weiteren wurde das Verfahren von 83 % der Opfer und 89 % der Täter als fair bezeichnet.[478]

Neben der direkten Mediation existiert auch die indirekte Mediation ohne unmittelbares Zusammentreffen der Parteien. Ferner wurden Konzepte für Treffen von ganzen Opfer- und Tätergruppen, Familienkonferenzen, Selbsthilfegruppen, Nachbarschaftsnetzwerke und Projekte in Institutionen wie Schulen und Haftanstalten entwickelt.[479] Schliesslich gehören im entfernteren Sinne auch Reintegrationsprojekte für Täter dazu, in deren Rahmen Probleme mit der Arbeit, Gewalt und Sucht thematisiert werden, aber auch Beratungen im Zusammenhang mit Weiterbildungen stattfinden.[480]

(ii) Restaurative Justiz im politischen Transitionsprozess

Während vorangegangene Ausführungen die Einbettung restaurativer Justiz in der westlichen Welt sowie zu Normalzeiten betrafen, soll an dieser Stelle die Anwendung des Konzepts auf politische Transitionsprozesse the-

476 ELTON and ROYBAL, 2003, *op. cit.*, p. 52.

477 NETZIG and TRENCZEK, 1996, *op. cit.*, p. 258. Ferner: ELTON and ROYBAL, 2003, *op. cit.*, p. 53.

478 CENTER FOR RESTORATIVE JUSTICE & PEACEMAKING (ed.), 1996, *op. cit.*, p. 4.

479 Siehe dazu: CENTER FOR RESTORATIVE JUSTICE & PEACEMAKING (ed.), 1996, *op. cit.*

480 MARSHALL, 1999, *op. cit.*, p. 13.

matisiert werden. Wie bereits gesehen, rekurrierte in Abgrenzung zur ersten Phase transitionaler Justiz die zweite, pragmatischere Phase auf restaurative Elemente. Prominentestes Beispiel hierfür sind die aussergerichtlichen Wahrheits- und Versöhnungskommissionen, die auf dem Modell einer Opfer-Täter-Mediation operieren. Ferner sind traditionale Konfliktlösungsmechanismen, Einigungen über Reparationsleistungen materieller wie auch symbolischer Art, Konzepte von gemeinnütziger Arbeit und Möglichkeiten einer Entschuldigung zuhanden des Opfers zu nennen.

e. Kritische Betrachtungen

Es darf als bedauerlich erachtet werden, dass der Grossteil der Literatur zu restaurativer Justiz eine zentrale Problematik weitestgehend ausklammert, nämlich die Tatsache, dass sie sich nur auf einen Bruchteil aller Situationen, die durch das Vorliegen eines Delikts gekennzeichnet sind, beschränkt. Dabei handelt es sich um geringfügige Straftaten, die wiedergutgemacht werden können und wo sowohl ein Opfer wie auch ein Täter identifiziert wurden. Es darf hierbei angefügt werden, dass es jedoch gerade Opfer schwererer Verbrechen sind, die umso ausgeprägtere Bedürfnisse nach vielfältigen Formen von Reparationen haben, gleichzeitig jedoch umso stärker eine Aburteilung im Rahmen der klassischen Strafjustiz verlangen.[481] Das Konzept restaurativer Justiz stösst spätestens dann an eine seiner Grenzen, wenn keine Möglichkeit der Reparation gegeben ist, so im Falle von Mord und Tötung, oder wenn es sich um ein Delikt gegenüber anonymen Opfern oder gar ohne Opfer handelt.[482] Ferner bedingt der erfolgreiche Ausgang eines restaurativen Verfahrens ein zumindest in seinen Ansätzen vorhandenes Schuldbewusstsein des Täters, das ihn zur Dialogbereitschaft bewegt. Es kann sogar so weit gegangen werden zu sagen, restaurative Justiz mache nur dann Sinn, wenn der Täter seine Tat bereits zugegeben hat.[483] All diese Bedingungen treffen wohl auf einen nur sehr kleinen Anteil

481 WALGRAVE, 1999, *op. cit.*, p. 12.
482 DOLINKO, 2003, *op. cit.*, p. 338.
483 DALY, 1999, *op. cit.*, p. 22.

aller Straftaten zu, sodass restaurative Justiz die Gefahr läuft, ein relativ marginaler Zusatzmechanismus zur Strafjustiz zu bleiben.[484]

In der Literatur wird vielfach die Opferzentriertheit restaurativer Justiz sowie insbesondere deren Bedürfnisbefriedigung hervorgehoben und gelobt.[485] Dieser Meinung wird kritisch gegenübergetreten, denn in der Regel sind es gerade Opfer von Verbrechen, die Vergeltung verlangen. Die Ansicht, es sei ihr tiefstes Bedürfnis, mit dem Täter in einen Dialog zu treten, erscheint insbesondere nach schweren Verbrechen als allzu beschönigend und relativ realitätsfremd.

Schliesslich ist die restaurative Justiz in Ermangelung einer urteilenden Instanz auf partizipative Konsensfindung im Rahmen einer Gemeinschaft angewiesen. Angesichts allgemeiner Desintegration von postmodernen und urbanisierten Gesellschaften, in welchen Individualismus und soziale Ungleichheit den sozialen Zusammenhalt massgeblich beeinträchtigt haben, vermögen freiwillige Partizipation und Konsensfindung ganz besonders im Zusammenhang mit divergierenden Interessen im Rahmen eines Konfliktfalles jedoch nur schwerlich bewerkstelligt zu werden.[486]

Ungeachtet der Schwachstellen restaurativer Justiz beinhaltet sie ein bemerkenswertes Potential, damit Opfer eine gerechtere, lokale Gemeinschaften eine zusehends versichernde und Täter eine reintegrativere Justiz erfahren.[487]

484 WALGRAVE, 1999, *op. cit.*, p. 13.

485 So: MARSHALL, 1999, *op. cit.*, p. 6; HUYSE, 2003d, *op. cit.*, p. 111; RAWSON, 2001, *op. cit.*, p. 4.

486 Dazu auch: WALGRAVE, 1999, *op. cit.*, p. 12.

487 WALGRAVE, 1999, *op. cit.*, p. 26.

6. Die konkreten Strategien transitionaler Justiz

> The difficulty lies in achieving a just solution that is acceptable to a long-suffering population and that steers clear of both witchhunts and whitewashes.[488]
>
> Jamal Benomar

a. Einleitung

Nachdem die grundlegende Unterscheidung zwischen Retribution und Restauration im Allgemeinen sowie im Zusammenhang mit dem Versöhnungsprozess präsentiert wurde, soll im folgenden Schritt auf die einzelnen Mechanismen transitionaler Justiz näher eingegangen werden. Es wird nochmals deutlich werden, dass jeder einzelne Mechanismus in der Regel sowohl retributive wie auch restaurative Elemente enthält, wodurch eine klare Kategorisierung verunmöglicht wird. Allerdings lassen sich Tendenzen aufzeigen, gemäss welchen ein Instrument eher der Vergeltung oder der Wiedergutmachung dient.

Im Rahmen transitionaler Justiz existieren nachfolgende Mechanismen zur Etablierung von Verantwortlichkeit, die in unterschiedlichster Weise auf die vergangenen Verbrechen Bezug nehmen und einen Beitrag zum Versöhnungsprozess zu leisten vermögen:[489]

- Internationale Strafverfolgung
- Nationale Strafverfolgung
- Lustrationen
- Amnestiegesetze
- Nationale und internationale Strafuntersuchungskommissionen[490]

488 BENOMAR, Jamal, 1995: «Justice after Transitions», pp. 32–43 in: Neil J. KRITZ (ed.), *op. cit.* [excerpted from: BENOMAR, Jamal, 1993: «Justice after Transition» in: *Journal of Democracy*, Vol. 4/1: 3–14], p. 32.

489 Siehe dazu etwa: BASSIOUNI, 1996, *op. cit.*, p. 19 ff.

490 Strafuntersuchungskommissionen dienen in erster Linie der Sammlung von Beweismaterial, das später im Rahmen von Strafprozessen verwendet werden kann. Gewöhnliche Untersuchungskommissionen dagegen tragen zur Wahrheitsfindung in breiterem Sinne bei.

– Versöhnungs- und Wahrheitskommissionen
– Nationale und internationale Reparationsmechanismen
– Traditionelle Konfliktlösungsmechanismen

Während die einzelnen Mechanismen später eingehend diskutiert werden, soll zunächst der zentralen Frage nachgegangen werden, welche Faktoren für die Wahl einer oder mehrerer Optionen aus der Sicht von Regierungseliten ausschlaggebend sind.

b. Faktoren, die Entscheidungen von Eliten beeinflussen

Regierungseliten stehen im politischen Transitionsprozess vor der äusserst delikaten Wahl, wie mit Tätern und Opfern von unter dem alten Regime begangenen Verbrechen umgegangen werden soll. In Anerkennung der Eigenheiten der Vergangenheit, der Hindernisse der Gegenwart sowie zukünftiger Bedürfnisse der Gesellschaft ist, wie Goldstone treffend bemerkt, eine Wahl zu treffen.[491] Es kann festgestellt werden, dass jeder der zuvor genannten Mechanismen transitionaler Justiz unter gewissen Umständen Risiken der politischen Destabilisierung in sich birgt, jedoch auch von massgeblichen Vorteilen begleitet ist.[492] Justiz in Transitionszeiten weist weitaus politischere Züge als in Normalzeiten auf und basiert auf politischen Entscheiden von Machteliten, die etwa in Gesetzen und Dekreten ihren Ausdruck finden.[493]

Nachfolgende Überlegungen stützen sich auf ein Modell rationalen Entscheidungshandelns, welches idealtypische Elemente enthält. Hinzugezogen wird eine Handlungstheorie, in deren Rahmen Akteure Optionen auf der Grundlage einer Kosten-Nutzen-Rechnung, in welcher Erwartungen, Interessen und Einstellungen einfliessen, auswählen. Die Analyse stützt sich auf abhängige und unabhängige Variablen. So werden die durch einen Entscheid der Regierungseliten vorgenommenen Handlungen, die sich im Rahmen transitionaler Justiz auf den Umgang mit Opfern und Tätern beziehen, als *abhängige* Variablen betrachtet. Strukturelle und ressourcen-

491 GOLDSTONE, 1996, *op. cit.*, p. 486.
492 ELSTER, 1998, *op. cit.*, p. 13.
493 ELSTER, 1998, *op. cit.*, p. 16.

bedingte Einschränkungen der Wahl sowie Interessen und Einstellungen der Akteure im Transitionsprozess gelten dagegen als *unabhängige* Variablen.[494] Aufgrund der immanenten Bedeutung der unabhängigen Variablen lässt sich indes feststellen, dass Regierungseliten keine wirkliche Wahl haben, sondern dass ihre Entscheidung vielmehr eine Funktion der Umstände darstellt.[495]

(i) Einschränkungen struktureller Art

Zunächst kann festgestellt werden, dass die Möglichkeiten und Entscheidungen neuer Machthaber massgeblich durch die Art bestimmt werden, wie der politische Übergang herbeigeführt wurde.[496] Diese Frage stellt sich in einem politologischen Ansatz.[497] In diesem Zusammenhang hat Huntington eine Typologie dreier verschiedener Transitionsszenarien entwickelt, in welchen sich der strukturelle Faktor in Form des relativen Machtverhältnisses von alter und neuer Ordnung widerspiegelt. Die drei Szenarien sind der Austausch *(replacement)*, die Umwandlung *(transformation)* sowie die Verschiebung *(transplacement)*.[498] Genauer genommen ist allerdings das relative Mass an Macht, welches das alte Regime nach der Transition noch besitzt, von entscheidender Bedeutung.[499] Die Korrelation der Mächte ist ein dynamisches Konzept und unterliegt Schwankungen in der zeitlichen Dimension. Auf das Konzept von Huntington Bezug nehmend schlug Rustow eine alternative Terminologie vor, welche hier aufgrund ihrer grösseren

494 Siehe hierzu den ausgezeichneten Artikel von Elster: ELSTER, 1998, *op. cit.*

495 HUYSE, Luc, 1998: «Transitional Justice», pp. 273–280 in: Peter HARRIS and Ben REILLY (eds.): *Democracy and Deep-Rooted Conflict: Options for Negotiators.* Stockholm: International Institute for Democracy and Electoral Assistance, p. 280.

496 HUYSE, Luc, 1995: «Justice after transition: On the choices successor elites make in dealing with the past», in: *Law & Social Inquiry*, Vol. 20: 51–78.

497 DRUMBL, 2000, *op. cit.*, p. 1226.

498 HUNTINGTON, 1991, *op. cit.*, Kapitel 3, pp. 109–163.

499 Vgl. LEE, Ji-Young, 2000: «A Study on the Impact of Transitional Justice on Sustainable Peace in War-torn Societies». *School of International and Area Studies SIAS*, Seoul. Unpublished Master-Thesis, p. 9f. [http://gsis.snu.ac.kr/studata/0208thesis_200023259jylee.PDF].

Präzision und Klarheit verwendet werden soll: *Sturz*, *Reform* und *Kompromiss*.[500] Die Eigenheiten dieser Transitionsszenarien sollen im Rahmen der später folgenden Analyse genauer beschrieben werden.

(ii) Ressourcenbedingte Einschränkungen

Politische Transitionen sind durch eine ausgeprägte Knappheit an Ressourcen gekennzeichnet. Während die Folgen von Ressourcenknappheit bereits im Zusammenhang mit der Strafverfolgung in Transitionszeiten auf den Seiten 142 bis 145 eingehend dargelegt wurden, soll an dieser Stelle nochmals in Erinnerung gerufen werden, dass unter diesen Ressourcen der Zeitfaktor, finanzielle Mittel sowie das Vorhandensein kompetenten Personals und Informationen fallen.[501]

(iii) Interessen von Akteuren

In einem nächsten Schritt gilt es, die zentralen Akteure des Transformationsprozesses sowie ihre Interessen im Zusammenhang mit der Transition näher zu bestimmen.[502] Es wird davon ausgegangen, dass sich die unterschiedlichen Interessen je nach ihrer Stärke in expliziten Forderungen manifestieren, die im Falle einer Enttäuschung durch Drohungen begleitet sowie je nach Umfang der Macht von Akteuren mit negativen Sanktionen beantwortet werden können. Zu unterscheiden sind die Mitglieder der alten Ordnung, die Opfer und Zivilgesellschaft umfassende «Öffentlichkeit» sowie die aktuellen Machthaber.

Es darf vermutet werden, dass *Mitglieder der alten Ordnung* ein massgebliches Interesse an Straffreiheit und Amnestie haben und dieses auch durchzusetzen versuchen werden. Je nach Ausmass ihrer verbleibenden Macht drohen sie der neuen Ordnung mit dem Rückfall in die Gewalt.

500 RUSTOW, Dankwart, 1992: «The Surging Tide of Democracy», in: *Journal of Democracy*, Vol. 3/1, zit. in: HUYSE, 1995, *op. cit.*, p. 75.

501 ELSTER, 1998, *op. cit.*, p. 29.

502 Nachfolgende Ausführungen basieren in der Hauptsache auf: SKAAR, 1999, *op. cit.* Ferner auf: SIEFF and WRIGHT, 1999, *op. cit.*

Opfer und Zivilgesellschaft (nachfolgend zusammenfassend als «*Öffentlichkeit*» bezeichnet) verlangen in der Hauptsache Wahrheit und Vergeltung. Unter Öffentlichkeit werden ebenfalls sogenannte *transnational advocacy networks* subsumiert. Zu diesen *pressure groups* zählen nationale und internationale Menschenrechtsorganisationen wie *Amnesty International* und *Human Rights Watch*, die Medien sowie weitere politische Aktivisten.[503] Im Rahmen eines neoinstitutionalistischen Ansatzes wird der Frage nachgegangen, inwiefern die Penetration von internationalen Institutionen und Nichtregierungsorganisationen legale Interventionen zu unterstützen vermag.[504] *Transnational advocacy networks* generieren einen Diskurs über die vergangenen Verbrechen, indem sie diese beispielsweise in Dokumentationen benennen und beziffern sowie entsprechende Beweise liefern.[505] Sind die Forderungen der Öffentlichkeit stark und kommt die neue Regierung diesen nicht nach, droht die Öffentlichkeit ihrerseits mit Entzug von Unterstützung und Legitimität.[506]

Die *neue politische Führung* hat ihrerseits ein Interesse an der Konsolidierung und Legitimierung ihrer Macht. Des Weiteren verfolgt sie das Ziel, den Rückfall in die Gewalt zu verhindern. Alte Ordnung wie auch die Öffentlichkeit können je nach Stärke ihrer Interessen sowie ihrer Sanktionierungsmacht im Falle von Enttäuschungen die Interessen der neuen Ordnung gefährden.[507]

(iv) Einstellungen zum Verhältnis von Justiz und Versöhnung

Da die Entscheidung in den Händen der Regierungsführung liegt, erscheint zunächst ihr eigenes Verständnis vom Verhältnis zwischen Justiz und Frieden von Bedeutung für die Wahl einzelner Mechanismen transitionaler Justiz. Ausserdem ist von Bedeutung, welche Wirkung von den einzelnen

503 Sieff and Wright, 1999, *op. cit.*, p. 761.
504 Drumbl, 2000, *op. cit.*, p. 1226.
505 Sieff and Wright, 1999, *op. cit.*, pp. 761–768. So war es denn auch *Human Rights Watch*, die sich sehr stark für Strafverfolgung im postgenozidären Rwanda einsetzte.
506 Skaar, 1999, *op. cit.*, p. 1110.
507 Skaar, 1999, *op. cit.*, p. 1112.

Mechanismen erwartet wird.[508] Ist die Regierung der Meinung, dass Justiz und Frieden versöhnbar sind, wird sie eher für Strafverfolgung optieren. Ist sie gegenteiliger Ansicht, wird sie mit grösserer Wahrscheinlichkeit den Weg der Wahrheits- und Versöhnungskommission beschreiten.[509] Das wahrgenommene Dilemma zwischen Stabilisierung der Lage und Vergeltung wird aller Erwartung nach unter Verzicht auf Strafverfolgung zugunsten politischer Schlichtung gelöst werden.[510]

(v) Die Analyse

In einem nächsten Schritt sollen die einzelnen Transitionsszenarien unter Berücksichtigung der Interessen der Akteure, der Stärke ihrer Erwartungen sowie ihrer Sanktionierungsmacht im Falle von Enttäuschung in idealtypischer Weise diskutiert werden. Aus Gründen der Vereinfachung wird in nachfolgenden Überlegungen davon ausgegangen, dass die Verfügbarkeit von Ressourcen gegeben ist.

Der gewaltsame *Sturz* oder Zusammenbruch eines alten Regimes ist mit dem klaren Sieg der neuen Kräfte verbunden, während das alte Regime jegliche Legitimation verloren hat. Hinsichtlich der Mechanismen transitionaler Justiz, insbesondere jedoch der Möglichkeit zur Strafverfolgung und Bestrafung, besteht in diesem Szenario der grösste Entscheidungsspielraum für die neuen Machthaber.[511] Es ist zu erwarten, dass die neue Führung dem Interesse der Öffentlichkeit nachkommt und angesichts mangelnder Sanktionierungsmacht der alten Ordnung die Option der Strafverfolgung wählt.[512] Als Beispiele für dieses Szenario können mitunter Rwanda, Griechenland und Eritrea genannt werden.[513]

508 ELSTER, 1998, *op. cit.*, p. 141 f.
509 SIEFF and WRIGHT, 1999, *op. cit.*, p. 769.
510 BASSIOUNI, 1996, *op. cit.*, p. 11 f.
511 HUYSE, 1995, *op. cit.*, p. 75.
512 Siehe auch: HUNTINGTON, 1991, *op. cit.*, p. 218 f.
513 Die genannten Nationen wurden im Hinblick auf die später folgenden Beispiele gewählt. Ferner gehören dazu: Argentinien, die DDR, Persien und die Philippinen.

Eine *Reform* kommt aufgrund von Initiativen einer Gruppe innerhalb des alten Regimes zustande. Diese Gruppe übernimmt nach der Transition die politische Führung, während die Opposition relativ schwach ist.[514] Da die alte Ordnung in personeller Hinsicht noch massgeblich an der Macht beteiligt ist, lässt sich erwarten, dass sie zwecks Selbstschutz ihre eigenen Interessen hinsichtlich Amnestie und Straffreiheit gegenüber den Forderungen von Seiten der Öffentlichkeit durchsetzen wird. Die Transition in Spanien kam nach dem Tod des Diktators Franco aufgrund einer Reform zustande.[515]

Der *Kompromiss* ist das Resultat von (Friedens-)Verhandlungen zwischen Regierung und Opposition. Zu erwarten ist eine Balance zwischen dem Willen nach Retribution der Opposition und demjenigen nach Amnestie und Straffreiheit der alten Ordnung, da keine Partei über genügend Macht verfügt, ihre gewünschte Form transitionaler Justiz durchzusetzen.[516] In dieser Konstellation ist die Errichtung einer Wahrheits- und Versöhnungskommission in Form eines Kompromisses, welcher der politischen Schlichtung dient, am wahrscheinlichsten. Als Beispiel für den Kompromiss gelten Südafrika und Guatemala.[517] So bemerkt auch Goldstone zum Transitionsprozess in seinem Heimatland:

> If the ANC had insisted on Nuremberg style trials for the leaders of the former apartheid government, there would have been no peaceful transition to democracy. And, if the former government had insisted on a blanket amnesty, then similarly, the negotiations would have broken down. A bloody revolution, sooner rather than later, would have been inevitable.[518]

Zu bemerken ist an dieser Stelle, dass sich Rwanda bereits nach dem Bürgerkrieg von 1990 ganz zu Beginn eines politischen Transitionsprozesses befand, der in massgeblicher Weise durch die Friedensverhandlungen in Arusha geprägt wurde. Wie bereits im historischen Teil darauf hingewiesen

514 SARKIN, 2001a, *op. cit.*, p. 145.

515 Weitere Beispiele sind Chile und Ungarn.

516 SIEFF and WRIGHT, 1999, *op. cit.*, p. 760. Vgl. hierzu auch etwa: BLOOMFIELD, 2003b, *op. cit.*, p. 43.

517 Ferner El Salvador, Namibia, Nicaragua, Uruguay und Simbabwe.

518 GOLDSTONE, 1996, *op. cit.*, p. 493.

wurde, stand eine Machtteilung zwischen der Regierung und der RPF unmittelbar bevor, sodass die Opposition bereits im Dezember 1993 zwecks Regierungsbildung in das Parlamentsgebäude zog. Während keine disproportionalen Forderungen nach Strafverfolgung von Mitgliedern des damaligen Regimes seitens der RPF gemacht worden waren, trug die ausgesprochen hohe Machtkonzentration um die Ehefrau des Präsidenten dazu bei, dass den Transformationsbestrebungen ein Ende gesetzt wurde. Dies war der Beginn des Genozids.

Skaar hat in ihrer Studie dreissig Gesellschaften im politischen Übergangsprozess unter Berücksichtigung der oben genannten Kriterien empirisch untersucht und gelangte dabei zum Schluss, dass die Kriterien der Interessen der Akteure, der Stärke ihrer Erwartungen sowie ihrer Sanktionierungsmacht im Falle von Enttäuschung notwendige, jedoch nicht hinreichende Bedingungen für die Wahl zwischen Strafverfolgung, Wahrheits- und Versöhnungskommissionen sowie Amnestie/Straffreiheit darstellen.[519] Sieff und Wright gelangten zu einer ähnlichen Schlussfolgerung, nämlich dass die relative Macht alter und neuer Ordnung nicht allein für die Wahl bestimmend ist, sondern eine bestimmte Option lediglich wahrscheinlicher erscheinen lässt.[520]

Schliesslich ist die Völkerrechtsprofessorin Roht-Arriaza zu nennen, die unsere Überlegungen in einen breiteren internationalen Kontext stellt. In der Tat vertritt sie die Meinung, dass die Frage der Strafverfolgung im Zusammenhang mit Verbrechen gegen die Menschlichkeit nicht mehr wirklich in der Zuständigkeit einzelner Nationen liegt, sondern von völkerrechtlichen Prinzipien geleitet wird, welche für diese Fälle in zwingender Weise Strafverfolgung verlangen.[521] Dies gilt es nachfolgend im Auge zu behalten.

519 SKAAR, 1999, *op. cit.*, p. 1125.

520 SIEFF and WRIGHT, 1999, *op. cit.*, p. 760.

521 ROHT-ARRIAZA, 1996, *op. cit.*, p. 93. Zur Pflicht der Strafverfolgung im internationalen Recht siehe auch: ORENTLICHER, Diane F., 1995: «Settling Accounts: The Duty to Prosecute Human Rights Violations of a Prior Regime», pp. 375–416 in: Neil J. KRITZ (ed.), *op. cit.* [excerpted from: ORENTLICHER, Diane F., 1991: «Settling Accounts: The Duty to Prosecute Human Rights Violations of a Prior Regime», in: *The Yale Law Journal*, Vol. 100: 2539–2558, 2560–2569, 2571–2579, 2582–2586, 2593–2612, 2615], pp. 383–402.

c. Einzelne Strategien transitionaler Justiz

(i) Einleitende Bemerkungen

An dieser Stelle ist es nun angebracht, wieder auf die einzelnen Mechanismen transitionaler Justiz zurückzukommen. Sie sollen gleichzeitig ausdifferenziert und gemäss nachfolgenden Kriterien zusammengefasst werden. So können sie danach unterschieden werden, ob sie eher restaurativen Charakters und damit in ausgeprägter Weise opferzentriert sind und sozial wiederherstellend wirken oder aber überwiegend retributive, sanktionierende Ziele verfolgen.[522] In diesem Zusammenhang stellt sich mit anderen Worten die Frage, ob sich der Mechanismus primär an der Verantwortlichkeit der Täter oder aber an den Opfern und ihrem Leiden orientiert.[523] Rechtliche Sanktionen können entweder im Bereich des Strafrechts oder in demjenigen des Verwaltungsrechts angesiedelt sein. Ausserdem lassen sich die Mechanismen gemäss ihrer nationalen oder internationalen Referenz unterscheiden.

Tabelle 1: Die einzelnen Mechanismen transitionaler Justiz

			Nationale Ebene	*Internationale Ebene*
Keine Verantwortlichkeit	*Weder Retribution noch Restauration:* «vergessen und vergeben»		Straflosigkeit	
			Amnestie vor Etablierung der Verantwortlichkeit	
Mechanismen der Verantwortlichkeit	*Primär retributiv und punitiv* Rechtliche Sanktionierung	Strafrechtliche Verfolgung vor Gerichten	Nationale Rechtsprechung	Ad-hoc Tribunale
			Weltrechtsprinzip	Internationaler Strafgerichtshof (ICC)
		Verwaltungsrechtliche Sanktionierung	Lustrationen	
	Primär restaurativ Konfliktschlichtung		Wahrheits- und Versöhnungskommissionen	Wahrheits- und Versöhnungskommissionen
			Untersuchungskommissionen	Untersuchungskommissionen
			Reparationsmechanismen	
			Traditionelle Konfliktlösungsmechanismen	
			Heilungsmechanismen	

522 Vgl. hierzu auch: SARKIN, 2000a, *op. cit.*, p. 4.

523 GOLDSTONE, 1996, *op. cit.*, p. 492.

Die genannten Institutionen und Praktiken ersetzen einander im politischen Übergangsprozess nicht und gelten demzufolge nicht als Alternativen, sondern behandeln vielmehr verschiedene Aspekte des Problems der Verantwortlichkeit und verfolgen unterschiedliche Ziele.[524] Ferner können sie für gewisse Ziele nachhaltige Vorteile aufweisen, während sie gleichzeitig andere Ziele in negativer Weise beeinträchtigen. Schliesslich ist auch zwischen ihren primären und sekundären Wirkungen zu unterscheiden. Sekundäre Wirkungen divergieren sehr stark innerhalb unterschiedlicher Gruppen von Akteuren und betreffen etwa die Einstellung der Bevölkerung zur neuen Regierung, allgemeine Haltungen und Dispositionen von verschiedensten Akteuren sowie ihr Vertrauen in konkrete staatliche Institutionen.[525]

Im Folgenden sollen die einzelnen Mechanismen kurz dargestellt und kommentiert werden. Gleichzeitig werden jeweils konkrete Fallbeispiele aus aller Welt geliefert.

(ii) Die Unterlassung retributiver und restaurativer Strategien

> Wer erinnert sich noch an die Armenier?[526]
> Adolf Hitler

1. Allgemeine Bemerkungen

Nachfolgende Überlegungen beziehen sich auf Situationen, in welchen die Verantwortlichkeit für vergangene Verbrechen nicht etabliert wird. So finden weder Strafverfolgungen noch öffentliche Diskussionen über die Vergangenheit statt. Das Buch der Vergangenheit wird mit Blick auf die

524 Vgl. REISMAN, 1996, *op. cit.*, p. 76f. Siehe auch: MÉNDEZ, 1997a, *op. cit.*, p. 255.

525 OFFE, Claus, 1992: «Coming to Terms with Past Injustices. An Introduction to Legal Strategies available in Post-Communist societies», in: *Archives Européennes de Sociologie*, Vol. 33:195–201, p. 196.

526 Zit. in: KRITZ, Neil J., 1996b: «The Rule of Law in the Postconflict Phase», pp. 587–606 in: Chester A. CROCKER, Fen Osler HAMPSON, and Pamela AALL (eds.): *Managing Global Chaos: Sources of and Responses to International Conflict*. Washington, D.C.: United States Institute of Peace Press, p. 597 *[eigene Übersetzung]*.

Zukunft geschlossen, während das Ziel in Vergessen und Amnesie besteht. Dies kann auf zwei unterschiedlichen Wegen erfolgen, so durch absolute Ignorierung des begangenen Unrechts, die in Straflosigkeit mündet, oder durch die bewusste Gewährung von Amnestie ohne vorgängige und nähere Bestimmung der Schuld im Rahmen einer Untersuchung *(blanket amnesty).*[527] Bedingungslose Amnestie kann kurz vor Beginn der Transformationsphase in einem einseitigen Akt der bisherigen Machthaber zwecks Eigenschutz deklariert (Selbstamnestie) oder aber nach bilateralen Verhandlungen mit der neuen politischen Führung in reziproker Weise ausgehandelt werden.[528] Beide Spielarten führen dazu, dass gesamte Kollektive vor späterer Strafverfolgung befreit werden.

Amnestiegesetze wurden insbesondere in den 1970er und 1980er Jahren in südamerikanischen Ländern erlassen, so in Argentinien[529], Uruguay, Chile, Nicaragua, Brasilien und El Salvador.[530] Selten ist jedoch der Fall umfassender und bedingungsloser Amnestie. Wie noch aufgezeigt werden soll, wird sie in der Regel vielmehr im Zusammenhang mit Mechanismen der Verantwortlichkeit aufgrund mehrerer Kriterien und Bedingungen ausgesprochen, so als Gegenleistung für vollständiges Offenlegen der Fakten vor einer Wahrheits- und Versöhnungskommission, für ein Geständnis *(plea bargaining)*, vorbildliches Verhalten in Haft oder aufgrund des Alters oder des Gesundheitszustandes der inhaftierten Person. Dabei handelt es sich um Ausprägungen der Strafmilderung. Diese Formen sollen indes an späterer Stelle behandelt werden.

Abgesehen davon, dass die hier diskutierte Option internationales Recht verletzen kann, das die Straflosigkeit im Falle schwerwiegender Menschenrechtsverletzungen in eindeutiger Weise sowie in Anlehnung an das Prinzip der Staatshaftung verbietet,[531] erscheint das Fehlen jeglicher

527 Davon unterscheidet sich die Gewährung von Amnestie nach Etablierung der Schuld.

528 HUYSE, Luc, 2003d: «Justice», pp. 97–115 in: INTERNATIONAL INSTITUTE FOR DEMOCRACY AND ELECTORAL ASSISTANCE (ed.), *op. cit.*, p. 109.

529 Dies geschah 1978 durch ein einseitiges Dekret von Pinochet.

530 REISMAN, 1996, *op. cit.*, Fussnote 5. Wie noch zu sehen ist, haben sowohl El Salvador und Argentinien wie auch Chile eine Wahrheitskommission eingerichtet.

531 KRITZ, 1996a, *op. cit.* p. 129.

Mechanismen zur Etablierung der Verantwortlichkeit zweifelsohne als derjenige Weg, der hinsichtlich des Versöhnungsprozesses am bedenklichsten ist. Berücksichtigt werden in diesem Zusammenhang lediglich die Interessen der Täter, sodass die bisher grassierende Straflosigkeit perpetuiert wird, zu erneuten Rechtsverletzungen ermutigt und dem Revisionismus den Weg bereitet.[532] Die Rechte des Opfers auf Wahrheit, Justiz und Reparationen werden dagegen missachtet, während auch ihr Leiden in keiner Weise offizielle Anerkennung findet, wie auch ihre menschliche Würde nicht wiederhergestellt wird.[533] Ausserdem wird auf Seiten der Machthaber die Möglichkeit nicht wahrgenommen, ein starkes politisches Signal zu setzen, wonach der Rechtsstaat ein zentrales Fundament der neuen Ordnung darstellen soll. Nachfolgend soll ein Beispiel zur Illustration der Ausführungen präsentiert werden.

2. Das «Amnesie-Modell»[534]

Eines der prominentesten Beispiele für dieses Modell ist Spanien. Nach dem Tod des Diktators Franco im Jahre 1975 wurden keinerlei Initiativen zur Ahndung vergangener Verbrechen lanciert oder Untersuchungen zwecks Wahrheitsfindung eingeleitet.[535] Das umfassende Amnestiegesetz von 1977, welches politische Verbrechen sowohl von Regierungskräften wie auch der Opposition betraf, trug zu einem «institutionalisierten Vergessen» hinsichtlich des Bürgerkrieges und der Diktatur bei.[536] Der wenig ausgeprägte Wille zur Etablierung der Verantwortlichkeit ist in Anlehnung an das zuvor erläuterte Entscheidungsmodell mit dem Vorliegen einer Reform zu erklären, in deren Zusammenhang Mitglieder des alten Regimes in massgeblicher Weise an der neuen Ordnung beteiligt waren und angesichts geringer Nachfrage seitens der Öffentlichkeit nach Strafverfolgung und

532 MÉNDEZ, Juan E., 1997b: «In Defense of Transitional Justice», pp. 1–26 in: James A. MCADAMS (ed.): *Transitional Justice and the Rule of Law in New Democracies*. Notre Dame and London: University of Notre Dame Press, p. 3.

533 VAN BOVEN, 1995, *op. cit.*, p. 543.

534 Diese Bezeichnung ist entnommen aus: GARRETT, 2000, *op. cit.*, keine Seitenangaben.

535 Vgl. hierzu: GARRETT, 2000, *op. cit.*, keine Seitenangaben.

536 BARAHONA DE BRITO, GONZÁLEZ-ENRÍQUEZ and AGUILAR (eds.), 2001, *op. cit.*, p. 4. Ferner: ELSTER, 1998, *op. cit.*, p. 18.

Wahrheitsfindung ihre eigenen Interessen an Straflosigkeit durchzusetzen vermochten.[537]

«However, it is unlikely, even in these instances, that demands for truth and justice will simply go away».[538] Was Méndez zu bedenken gab, trifft ebenfalls auf Spanien zu. Angesichts dieser für die Opfer höchst unbefriedigenden Situation scheint es, als seien die Geister der Vergangenheit zurückgekehrt. Interessanterweise hat nämlich auf Seiten der in breitem Sinne definierten Kategorie der Opfer die jüngere spanische Generation vor Kurzem umfassende *bottom-up* Initiativen eingeleitet, um an Stelle ihrer Väter und Grossväter die Vergangenheit aufzuarbeiten. So kann festgestellt werden:

> ...allenthalben wird eine Geschichte sichergestellt, die bisher, wenn schon nicht im Verborgenen lag, so doch weithin verdrängt worden war: geopfert einem als modellhaft gepriesenen Übergang zur Demokratie. Amnestie sollte es sein nach Francos Tod, Straffreiheit für die Sieger des Bürgerkriegs, politische Mitsprache für die Verlierer. Das Ergebnis war Amnesie, die Angst, das Unrecht auch nur zu benennen.[539]

Ihre kollektive Suche nach der Wahrheit ist indessen nicht vom Willen um Vergeltung begleitet: «Sie wollen die Wahrheit, aber eben auch nichts als die Wahrheit. Sie registrieren. Sie rechnen nicht ab, rufen nicht nach Gerechtigkeit».[540] Landesweit werden zur Zeit Kongresse und Ausstellungen organisiert, Erfahrungsberichte publiziert und Fernsehdokumentationen ausgestrahlt, welche die öffentliche Diskussion über die unbewältigte Vergangenheit beleben. Ein jüngst gegründeter «Verein zur Wiedererlangung des historischen Gedächtnisses» lässt gar Gräber öffnen. Dieses Beispiel zeigt, wie wichtig die Aufarbeitung der gewaltsamen Vergangenheit auch nach mehreren Jahrzehnten bleibt. Kollektives Vergessen kann zwar vorder-

537 Siehe dazu auch die Ausführungen von Huntington: HUNTINGTON, 1991, *op. cit.*, p. 124 ff.

538 MÉNDEZ, 1997b, *op. cit.*, p. 2.

539 «Plötzlich will jeder die Wahrheit wissen. Die Spanier stellen sich ihrer Vergangenheit», in: *NZZ am Sonntag*, 8.12.2002.

540 «Plötzlich will jeder die Wahrheit wissen. Die Spanier stellen sich ihrer Vergangenheit», in: *NZZ am Sonntag*, 8.12.2002.

gründig andauern, jedoch nur solange, bis direkt oder indirekt Betroffene diesen Zustand nicht mehr akzeptieren.

Alle weiteren Ausführungen beziehen sich auf Mechanismen, welche die Verantwortlichkeit für begangene Verbrechen zu etablieren erlauben. Zunächst wird das Augenmerk auf primär retributive Institutionen gerichtet.

(iii) Strafverfolgung vor nationalen Tribunalen

1. Allgemeine Bemerkungen

Diese Option erscheint dann am wahrscheinlichsten, wenn die politische Transition in Form eines Sturzes der alten Ordnung erfolgt und die Nachfrage der Öffentlichkeit nach Vergeltung stark ausgeprägt ist. Während bereits an anderer Stelle die Eigenheiten von Strafjustiz sowie ihre Vor- und Nachteile im Zusammenhang mit dem Prozess der Versöhnung eingehend dargelegt wurden, soll hier nochmals auf die besondere Situation nach Vorliegen von Massengewalt eingegangen werden, die zu einer Limitierung der Möglichkeiten führt.

Diese verunmöglicht es – nicht zuletzt mangels Ressourcen – jede schuldige Person vor Gericht zu bringen.[541] Ausserdem präsentiert sich die Beweislage vielfach als prekär. Aus diesen Gründen haben Regierungen nicht selten pragmatische und teilweise selektive Modelle der Strafverfolgung übernommen. Einerseits kann es sich hierbei um die Integration von Prozeduren der Absprache über Schuldigerklärung *(plea bargaining)* handeln, mittels deren der Mangel an Beweisen zu überbrücken versucht wird. Andererseits kann die Abstufung des Verschuldungsgrades dazu verhelfen, die grössten Verbrecher gezielt zu verfolgen, während Tätern geringfügigerer Delikte wie etwa Plünderungen keine strafrechtlichen, sondern lediglich zivilrechtliche Sanktionen in Form von Reparationsleistungen auferlegt werden.[542] Schliesslich kann die Regierung für ein selektives Modell der Strafverfolgung optieren, welches sich auf eine Auswahl von zu verfolgenden Personen beschränkt. In der Regel handelt es sich hierbei um die prominentesten politischen oder militärischen Figuren des alten

541 Siehe auch: VAN ZYL, 1999, *op. cit.*, p. 648.
542 THEISSEN, 2001, *op. cit.*, p. 5.

Regimes. Im Falle übriger Verbrecher minderer Verantwortung wird auf Strafverfolgung verzichtet. Beruht eine Selektion auf nachvollziehbaren und fairen Kriterien, kann diese als durchaus berechtigt erscheinen.[543]

2. *Das selektive Vergeltungsmodell: Äthiopien und Griechenland*[544]

In Äthiopien wurde nach dem im Jahre 1991 durch Rebellen herbeigeführten Sturz von Mengistu beschlossen, rund 3'000 Mitglieder seines Regimes, dem *Dergue*, strafrechtlich zu verfolgen.[545] Gleiches gilt für das Ende der griechischen Militärdiktatur im Jahre 1974, als sich im Rahmen der durch die Regierung Karamanlis eingeleiteten «Dejuntifikation» lediglich hochrangige Armeeangehörige vor Gerichten zu verantworten hatten.[546] Es darf davon ausgegangen werden, dass zwischen hundert und vierhundert relativ rasch eingeleitete Prozesse von Armeeangehörigen stattfanden und bereits zwei Jahre nach der Machtübernahme der neuen Regierung die Strafverfolgung weitestgehend abgeschlossen war.[547] In beiden Fällen wurde die Transition durch einen Sturz des alten Regimes herbeigeführt, wobei die öffentliche Nachfrage hinsichtlich Strafverfolgung stark ausgeprägt war.[548]

Eine ähnliche Entwicklung scheint sich gegenwärtig im Irak mit Bezug auf den gestürzten Diktator Saddam Hussein und seinem Baath-Regime abzuzeichnen. So wurde innert relativ kurzer Zeit ein Sondergericht eingerichtet, welches die Richtkompetenz über Verbrechen des früheren Regimes, die zwischen 1968 und 2003 verübt wurden, besitzt.[549] Dabei

543 MÉNDEZ, 1997b, *op. cit.*, p. 17.

544 Diese Beispiele stammen aus: GARRETT, 2000, *op. cit.*, keine Seitenangaben.

545 Hierzu auch: BENOMAR, 1995, *op. cit.*, p. 40.

546 BARAHONA DE BRITO, GONZÁLEZ-ENRÍQUEZ and AGUILAR (eds.), 2001, *op. cit.*, p. 3.

547 HUNTINGTON, 1991, *op. cit.*, p. 220. Die ungenaue Zahl der Prozesse ist auf das Vorliegen mehrerer gerichtlicher Zuständigkeiten sowie auf die Vielfalt der behandelten Verbrechen zurückzuführen.

548 Für Griechenland siehe: HUNTINGTON, 1991, *op. cit.*, p. 219.

549 «Tribunal für Verbrechen des Baath-Regimes. Irakischer Regierender Rat richtet Sondergericht ein», *Neue Zürcher Zeitung*, 11.12.2003. Siehe ebenfalls: «Die Suche nach Saddam Husseins Richtern. Nationale oder internationale Gerichtsbarkeit?, *Neue Zürcher Zeitung*, 20./21.12.2003.

ist aufgrund der wirtschaftlichen Lage des Iraks davon auszugehen, dass die zentralsten politischen Figuren strafrechtlich verfolgt werden.

(iv) Lustrationen

1. Allgemeine Bemerkungen

Die lateinische Wurzel des Begriffes Lustration bezieht sich auf die Reinigung durch ein sühnendes Opfer oder durch eine zeremonielle Waschung.[550] Im Kontext politischer Transition ist darunter eine verwaltungsrechtliche Sanktion disziplinarischen Charakters zu verstehen, die in persönlicher oder politischer Disqualifikation eines Mitglieds der alten Ordnung hinsichtlich seiner Partizipationsmöglichkeit in der neuen mündet.[551] Sie wird durch Schwartz folgendermassen definiert: «Lustration is the disqualification, and, where in office, the removal of certain categories of office-holders under the prior regime from certain public or private offices under the new regime».[552] Zu beachten gilt, dass zur Disqualifikation weniger konkrete Taten denn vielmehr der Status als Mitglied bestimmter Organe und Institutionen bestimmend ist.[553] Die Disqualifikation kann in zeitlich beschränkter Hinsicht oder für immer das Recht zur Ausübung öffentlicher Ämter oder bestimmter Berufe betreffen, oder gar zum Verlust politischer und bürgerlicher Rechte führen.[554]

Lustrationen haftet angesichts des Vorgehens – und weniger des Resultats – der Hauch mangelnder Fairness an. Sie haben oftmals einen hochpolitischen Charakter, was den Verdacht der Abrechnung und Hexenjagd durch die neue politische Elite sowie den Effekt der kollektiven Stigmatisierung verstärkt. Dies gilt umso mehr, wenn sie ausserhalb eines fairen

550 Definition aus dem *Oxford Concise Dictionary*, zit. in: HUYSE, 1995, *op. cit.*, p. 53.

551 HUYSE, 2003d, *op. cit.*, p. 102.

552 SCHWARTZ, Herman, 1995: «Lustration in Eastern Europe», pp. 461–483 in: Neil J. KRITZ (ed.), *op. cit.* [excerpted from: SCHWARTZ, Herman, 1994: «Lustration in Eastern Europe», in: *Parker School of East European Law*, Vol. 1/2: 141–171], p. 461.

553 Diese Tatsache bezeichnet Offe als «guilt by association». OFFE, 1992, *op. cit.*, p. 199 f. Siehe auch: TEITEL, 2000, *op. cit.*, p. 164.

554 Vgl. hierzu: BASSIOUNI, 1996, *op. cit.*, p. 21 f.

Verfahrens eingeleitet werden und keine Möglichkeiten der Verteidigung, des Rechtsmittelwegs oder der Überprüfung von Beweisen vorgesehen sind.[555] In der Tat basieren die meisten Entscheide auf schriftlichen Beweisen wie etwa Geheimdienstakten, die ihrerseits nicht über alle Zweifel erhaben sind.[556] So bemerkt auch Bassiouni in diesem Zusammenhang:

> Though, punitive in nature, these mechanisms are essentially used as a political sanction that carries moral, social, political, and economic consequences, but they do not avail individuals of their due process rights. The dangers with such mechanisms is that they tend to deal with classes or categories of people without regard to individual criminal responsibility.[557]

Ausserdem können Lustrationen – insbesondere im Kontext des Wiederaufbaus zerrütteter Staaten – höchst kontraproduktiv sein, kann doch schwerlich auf erfahrene und kaum ersetzbare Fachleute verzichtet werden.[558] Theissen spricht sogar von der Möglichkeit des Zusammenbruchs der öffentlichen Administration als Folge umfassender Lustrationen.[559] Lustrationen tragen kaum zum Versöhnungsprozess bei. Der punitive Akt erscheint als politische Angelegenheit zwischen der neuen Regierungselite und Mitgliedern der alten Ordnung. Die Opfer dagegen sind aus diesem Prozess ausgeschlossen. Wie das nachfolgende Beispiel allerdings aufzeigen wird, finden Lustrationen in der Regel in ganz besonderen Konstellationen statt, in welchen ein beachtlicher Anteil der Bevölkerung eine zumindest moralische Verantwortung für die vergangenen Verbrechen trägt.

2. Zentral- und Osteuropa

Lustrationen stellen die regionale Lösung für die ehemaligen kommunistischen Länder Zentral- und Osteuropas dar, die sich durch weitestgehend friedliche und kontrollierte Transitionen, eingeleitet durch einen ideolo-

555 Vgl. MÉNDEZ, 1997a, *op. cit.*, p. 281. Siehe auch: BASSIOUNI, 1996, *op. cit.*, p. 22 und COHEN, 1995, *op. cit.*, p. 27.

556 OFFE, 1992, *op. cit.*, p. 198. So gelten sie oftmals als unzuverlässig, unvollständig und sogar absichtlich verfälscht. SCHWARTZ, 1995, *op. cit.*, p. 464.

557 BASSIOUNI, 1996, *op. cit.*, p. 21.

558 HUYSE, 1995, *op. cit.*, p. 64. Ferner: OFFE, 1992, *op. cit.*, p. 198.

559 THEISSEN, 2001, *op. cit.*, p. 5.

gischen Kollaps, auszeichneten.[560] In der Regel waren die ausgehenden Regierungen relativ stark. Die öffentliche Nachfrage nach Bestrafung blieb ihrerseits schwach, da zahlreiche Staatsangehörige dieser Länder in direkter oder indirekter Weise in die Unterdrückungsmechanismen involviert waren und dementsprechend ihre eigenen Interessen zu beschützen suchten.[561] Der hohe Grad an diffuser Partizipation an den Verbrechen des Kommunismus liess denn auch die Option individueller Strafverfolgung als kaum zu bewerkstelligen erscheinen.[562] Aufgrund der moralischen Verantwortung eines grossen Teils der Bevölkerung wäre die Trennlinie zwischen Schuld und Unschuld nur schwerlich zu bestimmen gewesen, wie Vaclav Havel in seiner berühmten Neujahrsrede 1990 zu bedenken gab: «All of us are responsible, each to a different degree, for keeping the totalitarian machine running. None of us is merely a victim of it, because all of us helped to create it together».[563] Die per Gesetz ermöglichten Lustrations-Prozesse basierten in allen Ländern auf Informationen aus Archiven der Geheimpolizei.

(v) Internationale Gerichtsbarkeit

In diesem Kontext kann zwischen internationalen und gemischt national-internationalen *ad hoc* Tribunalen, die durch Beschluss des UN-Sicherheitsrates eingerichtet wurden, und dem permanenten Strafgerichtshof (ICC) in Den Haag unterschieden werden.

Internationale Tribunale wie diejenigen für Rwanda und Ex-Jugoslawien zeichnen sich durch den wohl höchsten Grad an Rechtsstandards sowie der Neutralität und Fairness von Prozeduren aus. Ausserdem sind

560 LEVI, Margaret, and Cynthia M. HORNE, 2003: «Does Lustration Promote Trustworthy Governance? An Exploration of the Experience of Central and Eastern Europe». *Paper prepared for Trust and Honesty Project*, Budapest Collegium, January 2003, keine Seitenangaben [http://www.colbud.hu/honesty-trust/horne/LeviHorne. doc]. Vgl. auch: BARAHONA DE BRITO, GONZÁLEZ-ENRÍQUEZ, AGUILAR (eds.), 2001, *op. cit.*, p. 12.

561 SKAAR, 1999, *op. cit.*, p. 1117.

562 LEVI and HORNE, 2003, *op. cit.*, keine Seitenangaben. Ferner: COHEN, 1995, *op. cit.*, p. 25.

563 Zit. in: SCHWARTZ, 1995, *op. cit.*, p. 464.

sie in der Regel in personeller wie auch in materieller Hinsicht besser ausgestattet als nationale Tribunale.[564] Schliesslich unterliegen sie weniger den Destabilisierungseffekten aufgrund politischer Entwicklungen.[565] Trotz bemerkenswerter Ausstattung beschränkt sich die *ratione materiae* in grundsätzlicher Weise auf die schwerwiegendsten Verletzungen internationalen Rechts, sodass lediglich diejenigen Verbrecher mit dem höchsten Verschuldungsgrad vor solche Gerichte gebracht werden, wie etwa Regierungsverantwortliche, Politiker und weitere Ranghöhere.[566] Das internationale Mandat stellt vielfach den einzigen Weg dar, an ins Ausland geflüchtete Personen zu gelangen. Gleichzeitig wird das Funktionieren internationaler Tribunale durch das weitestgehende Fehlen von Mitteln zur Durchsetzung sowie von polizeilichen Behörden stark beeinträchtigt. Die aktive Mitarbeit von Vertragsstaaten bei der Auslieferung von Tatverdächtigen ist von entscheidender Bedeutung für den Erfolg der Gerichtsbarkeit. Ferner werden internationale Tribunale vielfach aufgrund ihrer hohen Kosten, ihres zeitaufwendigen Charakters sowie ihrer geographischen wie auch kulturellen Distanz zum Konfliktherd massiv kritisiert.[567]

In Anerkennung dieser Schwachstellen wurden in letzter Zeit internationale Tribunale hybriden Charakters errichtet, die ihren Sitz am Ort des Geschehens haben, unter internationaler Aufsicht stehen und sowohl aus einheimischen wie auch aus Richtern anderer Nationalitäten zusammengesetzt sind. Zu nennen sind in diesem Zusammenhang einerseits das «international gestützte Sondergericht» in Kambodscha, welches Verbrechen der früheren Khmer Rouge zwischen 1975 und 1979 gemäss nationalem Recht behandelt[568], andererseits das internationale Sondergericht für Sierra Leone, zuständig für die Ahndung von schweren Menschenrechtsverletzungen

564 KRITZ, 1996a, *op. cit.*, p. 129.
565 ALVAREZ, 1999, *op. cit.*, p. 375. Siehe auch: KRITZ, 1996b, *op. cit.*, p. 602.
566 BASSIOUNI, 1996, *op. cit.*, p. 20.
567 THEISSEN, 2001, *op. cit.*, p. 3.
568 «Gerechtigkeit und Versöhnung in Kambodscha? Schwindende Hoffnung auf ein faires Uno-Tribunal», *Neue Zürcher Zeitung*, 12./13.2.2000. Ferner: «Doch noch ein Uno-Tribunal in Kambodscha. Durchbruch nach fünfjährigen Verhandlungen», *Neue Zürcher Zeitung*, 18.3.2003.

während des Bürgerkrieges[569], sowie das Sondergericht in Osttimor.[570] Sowohl in Sierra Leone wie auch in Osttimor wurden gleichzeitig Wahrheits- und Versöhnungskommissionen eingerichtet. Interessanterweise stellt Stahn für den internationalen Kontext eine Entwicklung fest, die ebenfalls auf die Bemühungen Rwandas zutrifft:

> The examples of East Timor and Sierra Leone are of special interest here because they are typical of the second to the above-mentioned trends, namely the increasing reliance of the United Nations on combined accountability and reconciliation mechanisms, limiting prosecution to the most serious atrocities while furthering alternative forms of justice in the case of less serious crimes.[571]

Der Internationale Strafgerichtshof (ICC) in Den Haag wurde basierend auf dem Statut von Rom am 1. Juli 2002 eingerichtet und stellt einen bemerkenswerten Erfolg in der Entwicklung und Institutionalisierung internationaler Gerichtsbarkeit dar.[572] Wurden vor seinem Vorgänger, dem Internationalen Gerichtshof (IGH), nur Klagen von Staaten anerkannt, so befasst sich der ICC mit Individuen, welche nach dem 1. Juli 2002 in einem internen oder internationalen Konflikt schwerwiegende Menschenrechtsverletzungen, Kriegsverbrechen, Genozid oder andere Verbrechen gegen die Menschlichkeit begangen haben.[573] Während das Primat bei nationalen Gerichten bleibt, soll der ICC erst im Sinne einer subsidiären Absicherung aktiv werden. Eingeschränkt wird die Gerichtsbarkeit jedoch durch die Tatsache, dass nur Täter von Vertragsstaaten sowie Verbrechen, die auf dem Territorium ebendieser begangen wurden, unter die Jurisdiktion des ICC fallen. Opfer geniessen eine bessere Stellung und können Entschädigungen verlangen. Als höchst interessant erscheint das geltende

569 «Gerechtigkeit für Sierra Leone. Plan für Uno-Tribunal zur Ahndung von Kriegsverbrechen», *Neue Zürcher Zeitung*, 27.2.2001.

570 STAHN, Carsten, 2002: «United Nations peace-building, amnesties and alternative forms of justice: A change in practice?», *IRRC – International Review of the Red Cross*, Vol. 84, N° 845: 191–205, p. 196ff.

571 STAHN, 2002, *op. cit.*, p. 198.

572 ROHT-ARRIAZA, Naomi, 1999: «Institutions of International Justice», in: *Journal of International Affairs*, Vol. 52/2: 473–491, p. 473.

573 «Eine heikle Aufgabe für den Chefankläger. Der Internationale Strafgerichtshof bleibt umstritten», *Neue Zürcher Zeitung*, 17.7.2003.

Opportunitätsprinzip, welches erlaubt, ein Verfahren einzustellen, wenn «die Fortführung nicht dem Interesse der Gerechtigkeit dient beziehungsweise einen Befriedungsprozss durch ein Verfahren oder gar durch eine Verurteilung hemmen oder ihm schaden könnte».[574] Der alte Konflikt zwischen Justiz und Versöhnung erfährt dadurch eine Neuauflage. Da dem Internationalen Strafgerichtshof für Rwanda ein eigenes Kapitel auf den Seiten 222–238 gewidmet ist, soll an dieser Stelle direkt zur Anwendung des Weltrechtsprinzips übergegangen werden.

(vi) Die Anwendung des Weltrechtsprinzips

Das Weltrechtsprinzip (Universalitätsprinzip) findet im Gegensatz zur internationalen Gerichtsbarkeit Anwendung vor nationalen Gerichten. Es besagt, dass jeder Staat durch eigene Gerichte Verletzungen von international besonders schutzwürdigen Rechtsgütern ungeachtet des Begehungsortes sowie der Nationalität des Täters im Interesse der internationalen Staatengemeinschaft in zwingender Weise zu ahnden hat.[575] Die betreffenden besonders schutzwürdigen und unveräusserlichen Rechtsgüter beziehen sich auf die elementaren Rechtsgebote, die sich im völkerrechtlichen *ius cogens* widerspiegeln. Dieses umfasst das Verbot des Völkermordes, der willkürlichen Tötung, der Folter, der unmenschlichen Behandlung und der Sklaverei, das Verbot des Angriffskrieges sowie schliesslich die Freiheit der Hohen

574 «Pragmatisches Vorgehen des Internationalen Strafgerichtshofs», *Neue Zürcher Zeitung*, 15.1.2004.

575 Das Weltrechtsprinzip (in frühster Prägung als Option und nicht als Pflicht verstanden) wurde von Randall wie folgt definiert: «This principle provides every state with jurisdiction over a limited category of offenses generally recognized as of universal concern, regardless of the situs of the offense and nationalities of the offender and the offended. While the other jurisdictional bases demand direct connections between the prosecuting state and the offense, the universality principle assumes that every state has an interest in exercising jurisdiction to combat egregious offenses that states universally have condemned». RANDALL, Kenneth C., 1988: «Universal Jurisdiction Under International Law», in: *Texan Law Review*, Vol. 66, p. 788, zit. in: BROWN, Bartram S., 2001: «The Evolving Concept of Universal Jurisdiction», in: *New England Law Review*, Vol. 35/2: 383–397, p. 383.

See. Verletzungen dieser Prinzipien und Verbote werden allesamt als völkerrechtliche Verbrechen verstanden. So liegt hinter dem supranationalen Konzept der Verbrechen gegen die Menschlichkeit denn auch die Idee, dass diese Verbrechen die Menschlichkeit in ihrer Gesamtheit betreffen (*erga omnes* Doktrin) und deswegen durch alle Staaten geahndet werden müssen, indem diese ihre nationale Gesetzgebung dementsprechend ausgestalten.[576] Gewährung von Amnestie ist in diesen Fällen ausgeschlossen.[577]

Die zunehmende Bedeutung des Weltrechtsprinzips erscheint nicht zuletzt im Lichte der Entstehung einer Weltgesellschaft von besonderem Interesse, denn wie Teitel bemerkt: «In a world that is increasingly economically, technologically, politically, and juridically interdependent, profound questions arise at the intersection of the principles of jurisdiction and sovereignty».[578] Es kann indes mit Bedauern festgestellt werden, dass dieses Prinzip in zwar zunehmendem Masse, jedoch noch immer nur beschränkt durch Staaten anerkannt wird.[579]

Eines der bekanntesten Beispiele für die Anwendung des Weltrechtsprinzips stellt die im Jahre 2001 durch den spanischen Richter Garzòn veranlasste Festnahme Pinochets in Grossbritannien dar.[580]

(vii) Restaurative Mechanismen der Wahrheitssuche

1. Allgemeine Bemerkungen

Prominentestes Beispiel für aussergerichtliche Institutionen restaurativer Justiz, welche sich der Wahrheitssuche bezüglich vergangener Verbrechen und somit dem Recht der Opfer auf Wissen verpflichtet haben, sind Wahrheits- und Versöhnungskommissionen. Zu erwähnen sind in diesem Kontext auch historische Kommissionen, wie etwa die schweizerische Bergier-Kommission im Zusammenhang mit dem Nazigold, die sich meist mit

576 KIMMINICH, Otto und Stefan HOBE, 2000: *Einführung in das Völkerrecht.* 7. Aufl. Tübingen; Basel: Francke, Kap. 7.

577 BASSIOUNI, 1996, *op. cit.*, p. 17f.

578 TEITEL, 2003, *op. cit.*, p. 88.

579 BASSIOUNI, 1996, *op. cit.*, p. 17.

580 Vgl. ROHT-ARRIAZA, 1999, *op. cit.*, p. 490f. Ferner: MEINTJES, Garth and Juan E. MÉNDEZ, 2000: «Reconciling Amnesties with Universal Jurisdiction», in: *International Law FORUM du droit international*, Vol. 2: 76–97, p. 86f.

länger zurückliegendem Unrecht beschäftigen und in der Hauptsache der Rehabilitierung von Opfern dienen. Des Weiteren existieren politisch-administrative Untersuchungskommissionen, die auf der Ebene des Parlaments, des Kongresses oder nationaler Menschenrechtsbeobachter tätig sind. Schliesslich sind internationale Untersuchungskommissionen sowie durch Nichtregierungsorganisationen errichtete Kommissionen zu nennen.[581] Im Falle früherer kommunistischer Staaten kann festgestellt werden, dass Informationen über die Vergangenheit in minutiöser Weise in Archiven deponiert wurden. Aus diesem Grund erwies sich in solchen Staaten die Gewährung des Zugangs zu Archiven als zentral. Ferner wird die Art der Aufdeckung der Wahrheit im Rahmen eines schadensbasierten Ansatzes in grundsätzlicher Weise dadurch bestimmt, ob die Verbrechen im Geheimen oder öffentlich begangen wurden.[582] Staatlich administrierte und offizielle Kommissionen, einen *top-down*-Ansatz widerspiegelnd, sind weitaus häufiger anzutreffen als *bottom-up* Institutionen der Zivilgesellschaft.

Die weiteren Ausführungen beschränken sich auf Wahrheits- und Versöhnungskommissionen, welche durch den Grundsatz «vergeben, aber nicht vergessen» geprägt sind.[583] Bislang wurden seit den 1970er Jahren weltweit über zwanzig Kommissionen eingesetzt, die entweder rein national ausgestaltet waren oder internationaler Aufsicht unterlagen.[584] Sie unter-

581 FREEMAN and HAYNER, 2003, *op. cit.*, p. 123.

582 Vgl. BARAHONA DE BRITO, GONZÁLEZ-ENRÍQUEZ, and AGUILAR (eds.), 2001, *op. cit.*, p. 19. Der Bezug zum schadensbasierten Ansatz findet sich in: DRUMBL, 2000, *op. cit.*, p. 1226.

583 HUYSE, 1998, *op. cit.*, p. 274.

584 In chronologischer Reihenfolge handelt es sich um nachfolgende Länder: Uganda (1974), Bolivien (1982–1984), Argentinien (1983–1984), Uruguay (1985), Simbabwe (1985), Uganda (1986–1995), Nepal (1990–1991), Chile (1990–1991), Tschad (1991–1992), Südafrika/ANC (1992), Deutschland (1992–1994), El Salvador (1992–1993), Südafrika/ANC (1993), Sri Lanka (1994–1997), Haiti (1995–1996), Burundi (1995–1996), Südafrika (1995–2000), Ecuador (1996–1997), Guatemala (1997–1999), Nigeria (1999–2000), Sierra Leone (2000–2001), ferner Peru und Osttimor. In: OLSON, 2002, *op. cit.*, Fussnote 8. Siehe auch: BRONKHORST, 2003, *op. cit.*, p. 2. In Bolivien, Uruguay, Paraguay und Brasilien nahmen ausserdem Untersuchungskommissionen ihre Arbeit auf. BARAHONA DE BRITO, GONZÁLEZ-ENRÍQUEZ and AGUILAR (eds.), 2001, *op. cit.*, p. 4. Siehe auch: HAYNER, Pricilla B., 1996: «Commissioning the truth: further research questions», in: *Third World Quarterly*, Vol. 17/1: 19–29, p. 20.

scheiden sich in grundlegender Weise darin, ob als Gegenleistung für Informationen oder «die Wahrheit» Amnestie garantiert wird oder ob keine Befreiung vor allfälliger Strafverfolgung vorgesehen ist. Im Idealfall ist das primäre Ziel dieser zeitlich begrenzten Institutionen die Dokumentation und Aufarbeitung vergangener Menschenrechtsverletzungen in einem definierten Zeitrahmen, die in einem Schlussbericht zusammen mit unverbindlichen Empfehlungen zu institutionellen und legislativen Reformen der Öffentlichkeit präsentiert wird, ferner die Identifizierung von Opfern und Tätern sowie die Errichtung eines Forums, in welchem Erzählungen von Betroffenen angehört werden.

Die öffentliche und offizielle Darlegung der Wahrheit ist für sich genommen eine Form der Justiz, da sie mit Verantwortlichkeit verbunden ist.[585] Der Beitrag «historischer Justiz»[586] am Versöhnungsprozess ist unbestreitbar. Nachfolgend werden die positiven Effekte präsentiert.

Etablierung einer mehrdimensionalen Wahrheit: Die Sammlung unterschiedlichster Berichte von Zeugen, darunter Opfer wie Täter, erlaubt es, der Wahrheit ihre Mehrdimensionalität zuzugestehen. Im Gegensatz zur juristischen Wahrheit, die auf die Kategorien «Schuld – Unschuld» beschränkt ist, untersuchen Wahrheits- und Versöhnungskommissionen unterschiedliche Versionen der vergangenen Ereignisse, die als subjektive, narrative Wahrheit zutage treten, gleichen sie mit etablierter, faktischer Wahrheit ab und vereinigen diese im Idealfall in ihrem Schlussbericht, mittels welchem nationale Geschichte geschrieben und der zum Bestandteil des kollektiven Gedächtnisses wird.[587] Durch die Vielschichtigkeit der Berichte können umfassendere Muster der Planung und Durchführung von Verbrechen erhellt werden und auf diese Weise zu einem differenzierteren Verständnis ebendieser beitragen. Nicht zuletzt aufgrund ihrer zeitlichen Beschränktheit vermögen Wahrheitskommissionen jedoch stets nur einen selektiven Teil der gesamten Wahrheit aufzudecken.[588]

585 GOLDSTONE, 1996, *op. cit.*, p. 491.

586 HUYSE, 2003d, *op. cit.*, p. 97.

587 Die Hinweise auf narrative und faktische Wahrheit finden sich in: BRONKHORST, 2003, *op. cit.*, p. 18. Siehe auch: SARKIN, 2000a, *op. cit.*, p. 6. Ferner: TEITEL, 2000, *op. cit.*, p. 116.

588 HAYNER, 1996, *op. cit.*, p. 24.

Verhinderung revisionistischer Tendenzen durch öffentliche Anerkennung der Fakten: Dieser Punkt hängt stark mit oben stehenden Ausführungen zusammen. Oftmals ist in groben Zügen bekannt, was während einer Phase der Gewalt geschehen ist.[589] Hierzu Soyinka:

> Denn selbst während wir noch von «Enthüllung» reden, ist es doch nur eine Enthüllung konkreter Einzelheiten: Gesichter werden bestimmten Taten zugeordnet, einzelne Personen gestehen ihre Rollen im Kontext bekannter verbrecherischer Vorgänge ein, die bereits identifizierten Täter gestehen Taten, die sie zuvor geleugnet hatten. Nichts davon ist wirklich neu. Der Unterschied besteht allein darin, dass das Wissen jetzt geteilt wird, kollektiv eben, und dass dieses Wissen jetzt ganz formal in die Archive der Nation eingeht.[590]

Aufgrund der unparteiischen und öffentlichen Anerkennung der Vergangenheit durch eine offiziell legitimierte Körperschaft sowie aufgrund kollektiver Anstrengung der Nation kann revisionistischen Absichten entgegen gewirkt werden.[591] So bemerkte ein Minister des ANC nach Veröffentlichung des Schlussberichtes der südafrikanischen Wahrheits- und Versöhnungskommission: «Les Blancs peuvent aujourd'hui dire: je ne savais pas. Mais ils ne pourront jamais dire à nouveau: cela n'a pas eu lieu».[592] Ein sozietaler Konsens hinsichtlich der Geschichte und als illegitim erachteter Akte bereitet den Weg für kollektive Erinnerung.[593] Das blosse Kennen der Vergangenheit reicht indessen nicht aus, um einen Beitrag zum

589 KRITZ, 1996a, *op. cit.*, p. 141.

590 SOYINKA, 2001, *op. cit.*, p. 47. An dieser Stelle darf ebenfalls Weschler zitiert werden: «[It is a] mysterious, powerful, almost magical notion, because often everyone already knows the truth – everyone knows who the torturers were and what they did, the torturers know that everyone knows, and everyone knows that they know. Why, then, this need to risk everything to render that knowledge explicit?» In: WESCHLER, 1995, *op. cit.*, p. 491.

591 FREEMAN and HAYNER, 2003a, *op. cit.*, p. 125 f. Siehe auch: SCHARF, Michael P., 1999: «Responding to Rwanda: Accountability Mechanisms in the Aftermath of Genocide», in: *Journal of International Affairs*, Vol. 52/2: 621–638, p. 625 f.

592 Zit. in: «Vérité et réconciliation en Afrique du Sud», *Le Monde diplomatique*, décembre 1998.

593 KRITZ, 1996a, *op. cit.*, p. 143 f.

Versöhnungsprozess zu leisten, sondern es ist vielmehr die offizielle Anerkennung des Unrechts, die den ganzen Unterschied macht.[594]

Generierung eines breiten gesellschaftlichen Diskurses: Auf breiter gesellschaftlicher Ebene kann eine kritische Diskussion über die Vergangenheit in Gang gesetzt werden, die noch lange nach Beendigung der Arbeit der Kommission ihre Früchte tragen wird. Das Schweigen wird gebrochen, an seine Stelle kann soziales Bewusstsein gefördert werden.[595]

Bereitstellung eines öffentlichen Forums für Opfer: Versöhnungs- und Wahrheitskommissionen sind ausgesprochen opferzentriert.[596] Für die Opfer besteht durch die Erzählung ihres Leidens und dessen Externalisierung die Möglichkeit kathartischer Wirkung, insbesondere dann, wenn sie zum ersten Mal in der Öffentlichkeit davon berichten.[597] So bemerkt Weschler in eindrücklicher Weise im Zusammenhang mit den Kommissionen in Brasilien und Uruguay: «These victims – hollowed-out, burn-out shells – came alive once again by testifying to the truth of their own experiences. And that truth, to a degree, has set both themselves and their societies free».[598] Den Opfern wird eine öffentliche Plattform angeboten, auf welcher sie als grundsätzlich glaubwürdige Personen in aktiver Weise zur Wahrheitsfindung und deren Aufzeichnung beitragen sowie den Tätern begegnen und mit ihnen diskutieren können.[599] Die Anerkennung ihres Status als Opfer und ihres Leidens in einem Klima der empathischen Aufmerksamkeit kann zu persönlicher Befriedigung sowie zur Wiedererlangung ihrer menschlichen Würde führen.[600] Der südafrikanische Richter Sachs äussert sich zur Wahrheitskommission in seinem Land wie folgt:

> Richter weinen nicht, aber Erzbischof Tutu weinte. Das war kein Gerichtshof, wenn man darunter eine kalte Institution versteht, die nach einem formalen

594 Der viel zitierte Hinweis von Prof. Thomas Nagel findet sich unter anderem in: HUYSE, 1995, *op. cit.*, p. 52.
595 MÉNDEZ, 1997b, *op. cit.*, p. 15.
596 BRONKHORST, 2003, *op. cit.*, p. 40 f.
597 BRONKHORST, 2003, *op. cit.*, p. 25.
598 WESCHLER, 1995, *op. cit.*, p. 499.
599 FREEMAN and HAYNER, 2003a, *op. cit.*, p. 125 f. Siehe auch: TEITEL, 2000, *op. cit.*, p. 88.
600 MINOW, 1998, *op. cit.*, p. 73.

> Verfahren zu Urteilen kommt. Vielmehr war es ein sehr menschliches Gremium, das zusammentrat, um in einem würdigen Rahmen das Zeugnis von Menschen anzuhören, die Schlimmes durchgemacht hatten. In einem Gerichtssaal steht keiner dem Zeugen bei, keiner legt ihm die Hand auf die Schulter, reicht ihm ein Glas Wasser oder ein Taschentuch, wenn ihm die Tränen kommen. Bei der TRC [*Truth and Reconciliation Commission*, d.Verf.] sass immer jemand neben den Zeugen und half ihnen, wenn es schwer für sie wurde.[601]

In diesem Sinne tragen Wahrheits- und Versöhnungskommissionen mit ihrem narrativen Ansatz zu kompensatorischer und restaurativer Justiz bei, nicht zuletzt aufgrund der Tatsache, dass sie auch die Grundlage für spätere Reparationszahlungen an Opfer zu liefern vermögen.[602] Im Unterschied zum Opfer-Täter-Ausgleich erhält das Opfer jedoch keine aktive Rolle bei der Bestimmung der einzelnen Modalitäten zur Reparation, die überdies in der Regel durch den Staat erfolgt. Schliesslich bereitet die Kenntnis über die Vergangenheit den Weg zur Vergebung und den Abschluss der Trauer.

Moralische Sanktionierung der Verantwortlichen: Im Falle, dass die betreffende Nation keinerlei Strafverfolgung vorgesehen hat, kann in der Veröffentlichung des Schlussberichtes der Kommission ein retributives Element erkannt werden, das sich durch stigmatisierende Schande über die Schuldigen, soziale Zensur und Ächtung manifestiert.[603] So bemerkt auch Pankhurst: «The primary contribution to justice from a TC [*Truth Commission*, d. Verf.] is the final report, in which a judgement is passed on the morality and legality of different parties».[604] Die informelle Form der Bestrafung wird im Falle der Nennung von Namen verstärkt, wobei sich dies aufgrund der Tatsache, dass die Verantwortlichkeit nicht im Rahmen eines formalen Rechtsverfahrens festgestellt wurde, in welchem die Rechte des Angeklagten respektiert werden und die Gleichheit der Waffen vorliegt, als problematisch erweisen kann.[605]

601 SACHS, Albie, 2002: «Verschiedene Arten von Wahrheit: Die Südafrikanische Wahrheits- und Versöhnungskommission», pp. 47–66 in: ENWEZOR, BASUALDO, META BAUER, et al. (Hrsg.), *op. cit.*, p. 54.

602 CROCKER, 2000, *op. cit.*, p. 100.

603 Vgl. LANDSMAN, 1996, *op. cit.*, p. 89.

604 PANKHURST, 1999, *op. cit.*, p. 250.

605 BRONKHORST, 2003, *op. cit.*, p. 30. Siehe auch: SCHARF, 1999, *op. cit.*, p. 627.

Sammlung von Beweisen: Existiert parallel zur Kommission strafrechtliche Verfolgung, so stellen die gesammelten Zeugenaussagen und Beweise eine wesentliche Hilfestellung für die Arbeit von Gerichten dar.[606] Allerdings kam es nach der Veröffentlichung eines Schlussberichts in den seltensten Fällen zu Strafprozessen.[607] In grundsätzlicher Weise kann indes gesagt werden, dass alle Instrumente der Wahrheitsfindung dazu verhelfen, Beweise zu sammeln, so auch Untersuchungskommissionen.[608]

Trotz mannigfacher Vorteile dürfen die mit Wahrheits- und Versöhnungskommissionen verbundenen Gefahren nicht ausser Acht gelassen werden. So entsprechen die wenigsten bislang eingerichteten Kommissionen dem beschriebenen Idealfall und haben eine längerfristige Wirkung erzielt. Nicht immer wurden Wahrheits- und Versöhnungskommissionen mit dem hehren Ziel der Wahrheitsfindung errichtet. So kann die Motivation staatlicher Führung auch darin bestehen, die eigene Verantwortlichkeit zu delegieren, die öffentliche Wahrnehmung zu manipulieren oder gar an der früheren politischen Elite Rache zu üben.[609] In einem allgemeinen Klima der Unsicherheit und der Instabilität wird es ausserdem nur schwerlich zu bewerkstelligen sein, potentiellen Zeugen ihre Angst zu nehmen, vor der Öffentlichkeit Aussagen zu machen. Schliesslich ist zu bedenken, dass gerade für die Opfer die Wahrheit sehr schmerzhaft sein und zu verstärkten Gefühlen der Bitterkeit und des Zorns führen kann. So bemerkt van Zyl: «While truth may lead to reconciliation, it is a myth to presume it automatically does so. In many cases the manner in which truth is sought and presented has as much influence on whether it leads to reconciliation as the content of the revelations themselves».[610]

606 BRONKHORST, 2003, *op. cit.*, p. 40 f.
607 HAYNER, Priscilla B., 1995: «Fifteen Truth Commissions – 1974 to 1994: A Comparative Study», S. 225–261 in: Neil J. KRITZ (ed.), *op. cit.* [excerpted from: HAYNER, Priscilla B., 1994: «Fifteen Truth Commissions – 1974 to 1994: A Comparative Study», in: *Human Rights Quarterly*, Vol. 16/2: 600–611, 613–633, 635–655], p. 226.
608 BASSIOUNI, 1996, *op. cit.*, p. 20.
609 Vgl. FREEMAN and HAYNER, 2003a, *op. cit.*, p. 127 f. Ferner: HAYNER, 1996, *op. cit.*, p. 22 und MÉNDEZ, 1997b, *op. cit.*, p. 21.
610 VAN ZYL, 1999, *op. cit.*, p. 662.

Nachfolgend sollen zwei Beispiele von Institutionen der Wahrheitsfindung eingehender beleuchtet werden. Die eine, die zu einem internationalen Vorzeigemodell avancierte südafrikanische Wahrheits- und Versöhnungskommission (TRC), ist in einen politischen Kontext einzubetten, wonach mit dem erklärten Ziel nationaler Versöhnung sowohl Amnestie wie auch Strafverfolgung vorgesehen werden sollten. Die «Kommission historischer Erhellung» in Guatemala hingegen galt einzig der Aufarbeitung der Vergangenheit.

2. Das gemischte Erinnerungs- und Vergeltungsmodell: Südafrika

Der Weg, Justiz im engeren Sinne mit kollektiver Aufarbeitung der Vergangenheit zwecks nationaler Versöhnung zu kombinieren, wurde von Südafrika im Jahre 1995 mit der Einrichtung der *Truth and Reconciliation Commission* (nachfolgend TRC) unter der Leitung von Erzbischof Desmond Tutu gewählt.[611] Hinsichtlich des Transitionsszenarios lag in diesem Falle ein Kompromiss vor, der aus Verhandlungen zwischen Regierung und Befreiungsbewegungen resultierte. So bemerkt van der Merwe:

> The key political tension was between the demand of the outgoing government to protect their members from criminal and civil prosecution, and that of the liberation movements to hold the previous government accountable for past abuses. As part of the constitutional negotiations, both sides wanted the question of a truth commission to be addressed.[612]

Aufgearbeitet wurden im Rahmen der äusserst stark medialisierten TRC politische Verbrechen, die zwischen dem 1. März 1960 und dem 10. Mai 1994 begangen wurden. Von zentraler Bedeutung ist, dass im Rahmen dieser *top-down* Initiative zur Erlangung sozialer Justiz eine ganzheitliche historische Aufzeichnung durch persönliche Berichte von Apartheidopfern und von mutmasslichen Schuldigen angestrebt wurde, deren Gegenstand Vergehen sowohl des alten Apartheidregimes wie auch der Befreiungs-

611 Zur Vorgeschichte der Errichtung der Kommission siehe: BERAT and SHAIN, 1995, *op. cit.*

612 VAN DER MERWE, Hugo, 2001: «Reconciliation and Justice in South Africa. Lessons from the TRC's Community Interventions», pp. 187–207 in: Mohammed ABU-NIMER (ed.), *op. cit.*, p. 188.

bewegungen ANC und *Inkatha* waren.[613] Begegnungen von Opfern und Tätern wurde grosses Gewicht beigemessen. Ausserdem wurde ebenfalls die kollektive Verantwortung von politischen Parteien, der Medien, des Justizapparates, des Wirtschafts- wie auch des Gesundheitssektors und von Glaubensgemeinschaften untersucht, damit die kollektive Dimension der Apartheid und somit auch ihr breiterer Kontext erhellt werden könne.[614]

Die drei Komitees der Kommission beschäftigten sich je mit der Untersuchung von Menschenrechtsverletzungen mitunter durch Informationen von Opfern, mit Möglichkeiten der Amnestie sowie mit Fragen der Entschädigung und Rehabilitation.[615] Individuelle Amnestie konnte im Sinne eines Sozialvertrages im Gegenzug zur vollständigen Darlegung der begangenen Verbrechen gewährt werden, wobei jedoch nur Verbrechen politischen Charakters in Betracht kamen, die im Rahmen eines öffentlichen Amtes verübt wurden und ein gewisses Mass an Schwere nicht überschritten.[616] Interessanterweise wird in der die TRC einrichtenden Übergangsverfassung auf das traditionelle afrikanische Konzept des *ubuntu* verwiesen:

> [...] there is a need for understanding but not for vengeance, a need for reparation but not for retaliation, a need for Ubuntu but not for victimization. In order to advance such reconciliation and reconstruction, amnesty shall be granted in respect of acts, omissions and offenses associated with political objectives and committed in the course of conflicts of the past.[617]

613 MEINTJES and MÉNDEZ, 2000, *op. cit.*, p. 89 ff. Siehe auch: HUYSE, Luc, 2001: «Dealing with the Past in South Africa», pp. 358–364 in: REYCHLER and PAFFENHOLZ (eds.), *op. cit.*, p. 362.

614 BURTON, Mary, 1998: «The South African Truth and Reconciliation Commission: Looking back, moving forward – revisiting conflicts, striving towards peace», pp. 13–24 in: Brandon HAMBER (ed.): *Past Imperfect: Dealing with the Past in Northern Ireland and South Africa.* Derry / Londonderry, Northern Ireland: INCORE / UU, p. 19. Mary Burton war selber Mitglied der TRC.

615 VAN ZYL, 1999, *op. cit.*, p. 654 f.

616 Zur Bedeutung von Anreizen zur Offenbarung der Fakten siehe: ZALAQUETT, José, 1995: «Confronting Human Rights Violations Committed by Former Governments: Principles Applicable and Political Constraints», pp. 3–31 in: Neil J. KRITZ (ed.), *op. cit.* [excerpted from: ZALAQUETT, José, 1989: «Confronting Human Rights Violations Committed by Former Governments: Principles Applicable and Political Constraints», pp. 23, 26–65 in: ASPEN INSTITUTE (ed.): *State Crimes: Punishment or Pardon*], p. 7 f.

617 Zit. in: VAN DER MERWE, 2001, *op. cit.*, Fussnote 3.

Eine Entschuldigung war für die Amnestiegewährung dagegen nicht vorausgesetzt. Wurden diese Bedingungen nicht erfüllt oder verweigerte die Person ihre Aussage vor der Kommission, konnte der Weg formaler Strafverfolgung eingeschlagen werden. Gerade diese reale Gefahr, die nicht zuletzt aufgrund von Aussagen anderer Personen akuter wurde, dürfte zur grossen Anzahl an Schuldbekenntnissen geführt haben.[618] Südafrika kannte hiernach weder generelle oder einseitig garantierte Selbstamnestie noch staatliche Immunität vor Verfolgung. Grosse Bedenken wurden indes dahingehend geäussert, dass Verantwortliche von Verbrechen beliebige Aussagen machten, nur, um der Strafverfolgung sowie ziviler Reparationspflichten zu entkommen, wobei dem entgegen gehalten werden kann, dass das Untersuchungskomitee dies weitestgehend zu verhindern vermochte.[619] Nicht minder beunruhigend ist die Feststellung von Meintjes und Méndez, aufrichtige Anerkennung ihrer Tat sei seitens früherer Regierungsverantwortlicher allzu spärlich gesät gewesen, so auch weder Botha noch De Klerk die Möglichkeiten von Amnestie oder Vergebung wahrnahmen.[620]

Insgesamt sind rund 23'000 Zeugen angehört worden, darunter 2'000 im Rahmen öffentlicher Sitzungen.[621] Mary Burton, Mitglied der Kommission, bemerkt rückblickend:

> Sometimes, we can say with honesty and humility, the generosity of forgiveness has astonished us all. Sometimes, at least, speaking out has provided a kind of catharsis, or perhaps a safe channel for long submerged anger. The right to be heard and acknowledged, with respect and empathy, do contribute to a process of healing in many cases. People have told us that being enabled to set out their own understanding of events has been a relief to them. For some, the exhumation of the bodies of their family members have brought much longed-for comfort.[622]

618 KRITZ, 1996a, *op. cit.*, p. 143. Kriminologen haben denn auch immer wieder betont, dass die Unsicherheit hinsichtlich einer Sanktion das Verhalten von Menschen stärker bestimmt als deren Schwere. Siehe dazu: DRUMBL, 2000, *op. cit.*, p. 1255.

619 BURTON, 1998, *op. cit.*, p. 17.

620 MEINTJES and MÉNDEZ, 2000, *op. cit.*, p. 92. Siehe auch: SOYINKA, 2001, *op. cit.*, p. 49.

621 FREEMAN, Mark and Priscilla B. HAYNER, 2003b: «The Truth Commissions of South Africa and Guatemala», pp. 140–144 in: INTERNATIONAL INSTITUTE FOR DEMOCRACY AND ELECTORAL ASSISTANCE (ed.), *op. cit.*, p. 140.

622 BURTON, 1998, *op. cit.*, p. 20.

Im Oktober 1998 wurde der umfangreiche Schlussbericht der Kommission veröffentlicht, der sowohl Untersuchungsresultate wie auch Zeugenaussagen umfasst.[623] Nebst der Anerkennung von Apartheid als Verbrechen gegen die Menschlichkeit enthält der Bericht mitunter Empfehlungen für Reparationen zuhanden von Apartheidopfern sowie für Massnahmen zur Vermeidung zukünftiger Menschenrechtsverletzungen zuhanden der Regierung. Ende 2003 begann die Regierung denn auch mit der Entschädigung, in deren Zusammenhang 19'000 Opfer umgerechnet rund 5'700 Schweizer Franken erhalten sollen.[624] Bis zur Veröffentlichung des Schlussberichtes hatte die Kommission etwa 7'000 Anfragen zur Gewährung von Amnestie registriert. Lediglich 216 – in der Hauptsache Polizei- und Sicherheitsdienstbeamte betreffend – wurde stattgegeben, wobei trotz dieser Tatsache nur wenige Strafverfahren eingeleitet wurden. Alle Personen, denen Amnestie gewährt wurde, fanden namentliche Erwähnung in der *Government Gazette*, was in nicht unwesentlichem Masse zur Generierung von Schamgefühlen beigetragen haben dürfte.[625] Bis im Jahre 2000 wurden noch die letzten Anträge für Amnestie angehört. Van der Merwe konnte in einer empirischen Untersuchung zweier *townships* von Johannesburg feststellen, dass nur eine kleine Minderheit von Opfern das Vorgehen der TRC als ungerecht empfand. Ferner bemerkt er: «Most victims and community leaders accepted restorative justice as an appropriate of even preferable approach in addressing human rights violations».[626] Die Dokumente der Kommission wurden archiviert und sind für die Öffentlichkeit und Forschende zugänglich.

Aufgrund ihrer Modalitäten sowie ihres staatlich-instiutionellen Charakters kann die TRC als minimalisierte Version restaurativer Justiz be-

623 Die Tatsache, dass sowohl der ehemalige Staatspräsident de Klerk wie auch der ANC in letzter Minute diese Veröffentlichung zu verhindern versuchten, darf als Zeichen dafür angesehen werden, dass die Kommission ihre Aufgabe in unparteiischer Weise erfüllt hatte. Dazu: VAN ZYL, 1999, *op. cit.*, p. 647. Siehe auch: «Vérité et réconciliation en Afrique du Sud», *Le Monde diplomatique*, décembre 1998.

624 «Pretoria entschädigt Opfer der Apartheid», *Neue Zürcher Zeitung*, 24. 12. 2003.

625 VAN ZYL, 1999, *op. cit.*, p. 656.

626 VAN DER MERWE, 2001, *op. cit.*, p. 198. Bei den entsprechenden *townships* handelt es sich um Duduza und Katorus, wo politische Gewalterfahrungen sehr ausgeprägt waren.

zeichnet werden. So hat das Opfer keinen Einfluss auf den Entscheid zur Gewährung von Amnestie und erhält allfällige Reparationsleistungen nicht direkt durch den Täter.[627]

3. *Das Modell historischer Erhellung: Guatemala*[628]

Guatemalas 36-jähriger Bürgerkrieg fand im Jahre 1996 durch ein Friedensabkommen zwischen der Regierung und der linksgerichteten Guerillabewegung URNG sein Ende. Auch hier liegt also wiederum ein Kompromiss dem Transitionsprozess zugrunde. Bereits 1994 wurde mit Unterstützung der Vereinten Nationen im Rahmen von Verhandlungen eine nationale Wahrheitskommission für den Zeitraum von 1962 bis 1996 vorgesehen, in deren Präambel betont wurde, dass «[...] the right to know the whole concerning these events, clarification of which will help avoid a repetition to these sad and painful events and to strengthen the process of democratization in Guatemala».[629]

Die Kommission nahm im Herbst 1997 ihre Arbeit auf. Insgesamt wurden während der 18 Monate Kommissionsarbeit 7'338 Aussagen unter Ausschluss der Öffentlichkeit registriert.[630] In ihrer Aufarbeitung der Vergangenheit verzichtete die Kommission auf die Individualisierung der Verantwortlichkeit. So enthielt denn auch der am 25. Februar 1999 veröffentlichte Schlussbericht *«Guatemala: Memory of Silence»* keinerlei Namen, benannte jedoch das Vorgehen des Militärs, welches rund 200'000 Opfer forderte, mitunter als Völkermord gegenüber der indigenen Minderheit der Maya. 93% der dokumentierten Menschenrechtsverletzungen wurden der Regierung zugeschrieben. Die Kommission verlangte ebenfalls, dass die Genozidverbrechen gegen die Maya strafrechtlich geahndet würden, was allerdings – wie auch die übrigen Empfehlungen – von der Regierung mit dem Hinweis, diesen werde durch das Friedensabkommen

627 HAMBER, Brandon, and Richard WILSON, 2002: «Symbolic closure through memory, reparation and revenge in post-conflict societies», in: *Journal of Human Rights*, Vol. 1/1: 35–53, Fussnote 27.

628 Der Begriff stammt aus: GARRETT, 2000, *op. cit.*, keine Seitenangaben.

629 Zit. in: LEE, 2000, *op. cit.*, p. 44. Siehe dazu auch: FREEMAN and HAYNER, 2003b, *op. cit.*

630 FREEMAN and HAYNER, 2003b, *op. cit.*, p. 142.

bereits genügend Rechnung getragen, nicht wahrgenommen wurde.[631] Gerade jedoch ein solcher Schritt hätte die Glaubwürdigkeit der Machthaber untermauert. So werden auch die Worte Goldstone's folgendermassen wiedergegeben: «Doch eine der wichtigsten Bedingungen für einen erfolgreichen Prozess zur Wahrheitsfindung sei eine Regierung, welche nicht nur die Opfer, sondern auch die Vorschläge einer solchen Kommission ernst nehme und sie auch umsetze».[632]

Die Aufarbeitung der Vergangenheit wurde durch eine auf mangelnden politischen Willen und öffentlicher Apathie zurückzuführende Straflosigkeit in negativer Weise beeinträchtigt.[633] Die Regierung liess sich im Rahmen politischer Verhandlungen zwar dazu überreden, die Vergangenheit in groben Zügen aufzuhellen, verfolgte umfassende Bestrebungen um Versöhnung und Rehabilitation der Opfer allerdings nicht in ernsthafter Weise und liess es an Willen fehlen, eine breite öffentliche Diskussion über die vergangenen Verbrechen in Gang zu setzen und die Schuldigen beim Namen zu nennen. Sobald die Wahrheit erhellt war, wurde diese auf sich beruhen gelassen.

Immerhin scheint – wie auch in Spanien – im Jahre 2002 eine neue Dynamik entstanden zu sein. So wurde im Oktober desselben Jahres im Rahmen eines historischen Prozesses der Oberst der Präsidentengarde, Juan Valencia, zu dreissig Jahren Haft verurteilt, weil er 1990 den Mord an Myrna Mack befohlen hatte. Die Ethnologin war zu dieser Zeit mit Nachforschungen zum Völkermord an den Maya beschäftigt gewesen. Das bahnbrechende Gerichtsurteil hat innerhalb der Bevölkerung grosse Hoffnungen geweckt:

> Mit der Verurteilung eines Obersts wurde ein Präzedenzfall für die Aufarbeitung der Vergangenheit in Guatemala geschaffen. [...] Erstmals sei in einem Gericht offen über die jüngste Vergangenheit des Landes gesprochen worden. Ohne über die Geschichte zu sprechen, sei in Guatemala keine Versöhnung möglich.[634]

631 FREEMAN and HAYNER, 2003b, *op. cit.*, p. 142.

632 «Wahrheit für Apartheid-Opfer», in: *NZZ am Sonntag*, 23.3.2003.

633 MEINTJES and MÉNDEZ, 2000, *op. cit.*, p. 87. Siehe auch: «Guatemalas unbewältigte Vergangenheit», *Neue Zürcher Zeitung*, 23./24.11.2002.

634 «Historischer Gerichtsentscheid in Guatemala», *Neue Zürcher Zeitung*, 5./6.10.2002.

In Guatemala liegt der Fall vor, in welchem neben einer nationalen Kommission kirchliche Kreise und Menschenrechtsorganisationen unter der Leitung des Bischofs Juan Gerardi auf eigene *bottom-up* Initiative hin ein parallel tätiges Instrument inoffiziellen Charakters zur Wahrheitssuche, das *Recovery of Historical Memory Project* (REMHI), schufen, dessen Bericht im Jahre 1998 unter dem Titel «*Guatemala: Never again*» veröffentlicht wurde.[635] Es waren nicht einmal 48 Stunden nach der Überreichung des Schlussberichtes an die Regierung vergangen, als der Bischof auf offener Strasse erschlagen wurde.

Die durch Südafrika und Guatemala eingeschlagenen Wege haben höchst unterschiedliche Resultate erzielt. Während der südafrikanischen TRC weitestgehender Erfolg beschieden war, zog die durch Guatemala vorgenommene Aufarbeitung der Vergangenheit – trotz internationaler Unterstützung und Supervision – mangels internen politischen Willens und Interesses innerhalb der Bevölkerung keine nachhaltigen Wirkungen nach sich. In der Tat widerspiegelt das Beispiel Guatemalas im Vergleich zu Südafrika einen weitestgehend gescheiterten Versuch nationaler Versöhnung, der sich mitunter anhand des Unterschiedes zwischen Kennen und Anerkennen der Vergangenheit erklären lässt.

(viii) Reparationen

> Wenn das Gewebe der Gesellschaft [...] geheilt werden sollte, dann musste zunächst Wiedergutmachung stattfinden. Wahrheit allein reicht nie aus, um eine Versöhnung zu garantieren. Dies hat nun wenig mit Verbrechen und Bestrafung zu tun, sondern mit Einfallsreichtum – d. h. dem Entwerfen einer sozialen Formel...[636]
>
> Wole Soyinka

1. Allgemeine Bemerkungen

Dieser opferzentrierte Mechanismus restaurativer Justiz erlaubt es, zur umfassenden Reintegration der Geschädigten in die Gesellschaft sowie zur Wiederherstellung ihrer menschlichen Würde beizutragen, und gehört zum festen und unverzichtbaren Bestandteil jedes Versöhnungsprozesses. Auf

635 BRONKHORST, 2003, *op. cit.*, p. 18.
636 SOYINKA, 2001, *op. cit.*, p. 88.

terminologischer Ebene kann jedoch zunächst festgestellt werden, dass im Bereich «kompensatorischer Justiz»[637] oftmals unterschiedliche Begriffe als Synonyme Verwendung finden, was zu erheblicher Verwirrung führt. Die Begriffe sind namentlich: Reparation, Restitution, Kompensation, Genugtuung und Rehabilitation. In einem ersten Schritt sollen die Unterschiede zwecks besserer Verständlichkeit herausgearbeitet werden.[638]

- Der Referenzrahmen der *Restitution* (Entschädigung) ist die Situation vor der Krise, die es wiederherzustellen gilt. Zu dieser Praxis gehören etwa die Rückerstattung von Eigentum, die Entlassung aus der Haft, die Wiedererlangung des Bürgerrechts sowie die Rückführung an den früheren Wohnort.
- *Kompensationen* erfolgen immer in Form einer Zahlung, die sich auf Schäden materieller und immaterieller Art bezieht.
- Unter einer *Rehabilitation* versteht man die Wiederherstellung der physischen und psychischen Gesundheit sowie der persönlichen Würde. Dies ist bei entmenschlichten Opfern umso zentraler.
- *Genugtuung* beinhaltet unter anderem die Überprüfung und Veröffentlichung der Fakten, Formen der Entschuldigung, Strafverfolgung der Schuldigen sowie die Errichtung von Denkmälern.
- Der Begriff der *Reparation* (Wiedergutmachung) umfasst alle vorher genannten Strategien.

Reparationsleistungen werden in der Hauptsache durch den Staat erbracht, wobei allerdings Kompensationen und Genugtuung auch direkt durch Schädiger erfolgen können. Die Staatshaftung für die durch frühere politische Entscheidungsträger begangenen Verbrechen und erwirkten Schäden ist in zahlreichen Instrumenten des internationalen Rechts verankert, so mitunter in der UN-Konvention gegen Folter und im Internationalen Pakt für Bürgerliche und Politische Rechte (*International Covenant of Civil*

637 HUYSE, 2003d, *op. cit.*, p. 97.

638 Die Ausführungen beziehen sich auf: VANDEGINSTE, Stef, 2003: «Reparation», pp. 145–162 in: INTERNATIONAL INSTITUTE FOR DEMOCRACY AND ELECTORAL ASSISTANCE (ed.), *op. cit.*, p. 145 f. Einzelheiten finden sich in der Studie zu Fragen der Reparation des Sonderberichterstatters der UN-Menschenrechtskommission: VAN BOVEN, 1995, *op. cit.*

and Political Rights, nachfolgend ICCPR).[639] Grundsätzlich ist allerdings zu bemerken, dass eine direkt durch den Schädiger an sein Opfer erbrachte Reparationsleistung in Hinsicht auf die Frage der Versöhnung und der Genugtuung weitaus grössere Wirksamkeit aufweist.[640]

Eine zentrale Leitunterscheidung im Bereich der Reparationen bezieht sich auf die Frage, ob diese durch den Staat einzelnen Individuen oder vielmehr einem Kollektiv zugesprochen werden.[641] Der individuelle Ansatz, wonach der Anspruch auf Reparationen von Fall zu Fall geprüft wird, vermag zwar der begünstigten Person zusätzliche Befriedigung durch die gleichzeitige offizielle Anerkennung ihres Status als Opfer zu verschaffen, erweist sich allerdings als aufwendig und kostspielig. Der kollektive Ansatz hingegen erlaubt es, mehr Personen auf einmal zu begünstigen, was in der Regel durch die Gewährung des Zugangs zu medizinischer Versorgung, Bildung und Arbeit erfolgt.[642] Vandeginste empfiehlt aufgrund der Vor- und Nachteile beider Ansätze eine Kombination ebendieser.[643] Wie noch dargelegt werden wird, hat sich Rwanda für diese Lösung entschieden.

Kompensationen können im Rahmen von Gerichtsverhandlungen sowie auf aussergerichtlichem Wege geregelt werden. Ferner wird im Falle von Gerichtsverfahren zwischen Strafprozessen mit Zivilparteien und Schuldrechtsverfahren unterschieden. Allerdings können zahlreiche Personen mangels Rechtskenntnissen, Beweisen oder finanzieller Mittel keinen Gebrauch des Gerichtswegs machen oder sich in dessen Rahmen durchsetzen. Die aussergerichtliche Gewährung von Reparationen bezieht sich hingegen auf staatlich administrierte Fonds, Schlichtungen oder andere Formen restaurativer Justiz.

639 VANDEGINSTE, Stef, 2001: »Réparations pour les victimes de génocide, de crimes contre l'humanité et de crimes de guerre au Rwanda», *Draft Paper*, Avril 2001, Anvers, p. 2. Später publiziert in: Filip REYNTJENS et Stefaan MARYSSE (eds.): *L'Afrique des Grands Lacs. Annuaire 2000–2001.* Paris: L'Harmattan [http://129.194.252.80/catfiles/1980.pdf].

640 MINOW, 1998, *op. cit.*, p. 107.

641 VANDEGINSTE, 2003, *op. cit.*, p. 147.

642 Elster nennt dies «preferential treatment in the allocation of scarce goods«. ELSTER, 1998, *op. cit.*, p. 23.

643 VANDEGINSTE, 2003, *op. cit.*, p. 158.

Nebst materiellen Formen der Reparation erweisen sich die vielfältigen symbolischen Formen der Genugtuung von nicht minderer Bedeutung. Hierzu zählt die «restaurative Wahrheit»[644], so unterschiedlichste Mechanismen der Wahrheitsfindung, deren Resultate den Opfern zuteil werden, wie Berichte von Wahrheits- und sonstigen Kommissionen oder Exhumationen, die von angemessenen Bestattungen und Möglichkeiten der Trauer gefolgt werden können. Gerade bei Angehörigen von Verschwundenen – so etwa im Falle von Argentinien – ist dies von vitaler Bedeutung.[645] Auch Begegnungen zwischen Opfern und Tätern können reparative Effekte aufweisen, dies umso mehr, wenn sie durch eine Entschuldigung zuhanden des Opfers begleitet werden, die seine Würde wiederherstellt.[646] In der Tat bedarf eine Entschuldigung der direkten Kommunikation zwischen Opfer und Täter.[647] Gilt die Gnade als institutioneller Akt der Regierung, so kann im Gegensatz dazu eine Entschuldigung nur durch das Opfer selbst angenommen werden.[648] Nicht zuletzt aus diesem Grund erweisen sich Selbstamnestien als problematisch, macht es doch keinen Sinn, sich selber zu vergeben.

Kollektive symbolische Formen der Reparation manifestieren sich in der Errichtung von Mahnmalen und Gedenkstätten, der Einführung von Gedenktagen oder weiteren Gemeinschaftsereignissen wie etwa Riten oder Feiern.[649] Jegliche offizielle Anerkennung des Leidens eines Opfers kann eine Reparation darstellen.[650] Bereits in abgeschwächter Form trifft dies für Strafurteile zu, vielmehr jedoch bei Vorliegen von veröffentlichten Berichten.

Gleichzeitig werfen Reparationsbestrebungen äusserst delikate Fragen auf. Zunächst gilt es zu bestimmen, wer als Opfer angesehen werden soll, was unweigerlich zu Unmut innerhalb der betreffenden Bevölkerung führen kann. Ferner ist zu entscheiden, ob nur direkte oder auch indirekte Opfer, die etwa durch den Tod eines nahen Angehörigen materielle wie auch immaterielle Schäden erlitten haben, einen Anspruch auf Reparatio-

644 BRONKHORST, 2003, *op. cit.*, p. 18.
645 ZALAQUETT, 1995, *op. cit.*, p. 10 f.
646 BRONKHORST, 2003, *op. cit.*, p. 24.
647 MINOW, 1998, *op. cit.*, p. 114.
648 Siehe dazu: BASSIOUNI, 1996, *op. cit.*, p. 24.
649 BRONKHORST, 2003, *op. cit.*, p. 24.
650 ZALAQUETT, 1995, *op. cit.*, p. 11.

nen geltend machen können.[651] Schliesslich gilt es, Kriterien für die Bemessung des Umfangs von Reparationsleistungen aufzustellen, wobei sowohl die Orientierung am Leiden aufgrund seiner Nichtquantifizierbarkeit wie auch diejenige an den aktuellen Bedürfnissen von Personen unbefriedigend ausfallen.[652] Hamber und Wilson weisen ausserdem darauf hin, dass das Annehmen einer Reparationsleistung für Angehörige von Opfern eine einschneidende Wirkung haben kann, nämlich dann, wenn damit endgültig die Hoffnung auf die Rückkehr des geliebten Menschen aufgegeben wird.[653] Schliesslich ist der Zeitpunkt der Reparation von entscheidender Bedeutung. Ist das Opfer in seinem persönlichen Verarbeitungsprozess noch nicht sehr weit fortgeschritten, besteht die Gefahr, dass Reparationen als Blutgeld oder als Strategie des Staates, allzu schnell die Vergangenheit vergessen zu wollen, missverstanden werden.[654]

2. Traditionale Mechanismen der Rehabilitation in Mosambik

1992 konnte in Mosambik ein Friedensabkommen geschlossen werden, welches dem 15 Jahre andauernden Bürgerkrieg zwischen der Regierung und der *Mozambique National Resistance (Renamo)* ein Ende setzte. Zur psychosozialen Bewältigung der massiven Gewalterfahrung und Traumatisierung der Bevölkerung wurde aufgrund lokaler Initiativen in ländlichen Gebieten auf traditionelle Heilungsriten zurückgegriffen.[655]

Im kulturellen Verständnis ist der Zustand guter Gesundheit auf ein harmonisches Gleichgewicht zwischen der sozialen Welt, die sowohl Lebende wie auch Ahnen umfasst, und der physischen Welt zurückzuführen. Krankheit wird als soziales Phänomen begriffen und gilt dementsprechend

651 VANDEGINSTE, 2003, *op. cit.*, p. 157.

652 Hierzu auch: OLSON, 2002, *op. cit.*, p. 184.

653 HAMBER and WILSON, 2002, *op. cit.*, p. 45.

654 HAMBER and WILSON, 2002, *op. cit.*, p. 47.

655 Vgl. hierzu: ROTH, Kenneth and Alison DES FORGES, 2002: «Justice or Therapy?», in: *Boston Review*, July 2002 [http://www.hrw.org/editorials/2002/ictr0724.htm]. Die nachfolgenden Ausführungen beziehen sich alle auf: HONWANA, Alcinda, 1998: «Sealing the Past, Facing the Future: Trauma Healing in Rural Mozambique», in: *Accord – An International Review of Peace Initiatives*. Vol. 3: The Mozambican Peace Process in Perspective [http://www.c-r.org/accord/moz/accord3/honwana.shtml].

als Ungleichgewicht, welches durch böswillige Geister oder unzufriedene Ahnen herbeigeführt wird. So bemerkt Honwana: «‹Appeasing the spirits› is thus a mechanism for redressing the wrongs of the past and restoring well-being both within and between communities».[656] *Mpfhukwa* sind die Geister von Kämpfern und Zivilisten, welche während des Krieges ihr Leben verloren haben und denen die kulturell vorgeschriebenen Bestattungsriten nicht zuteil werden konnten. Aus Bitterkeit, so die Annahmen im ländlichen Mosambik, würden diese nun ganze Familien mit Krankheit und Tod heimsuchen. Um ihrer Besänftigung Willen führen lokale Medien am Ort ihres Todes oder der entscheidenden Schlacht Riten durch und begleiten die Geister in ihr Reich.

Eine andere Strategie der Vergangenheitsbewältigung stellt der Rückgriff auf Reinigungsriten dar. Hierzu schreibt Honwana: «Ritual cleansing, like ceremonies to bar the way to malevolent spirits, is tied to the notion of ‹social pollution› which must be eliminated before the links to the past can be cut».[657] Auf diese Weise wird die Reintegration in die Gemeinschaft ermöglicht.

Die vorangegangenen Ausführungen stellen ein Beispiel dafür dar, wie unter Einbezug lokaler Krankheitskonzepte der Versuch unternommen werden kann, Erfahrungen der Gewalt zu bewältigen und damit einen Beitrag zur psychosozialen Rehabilitation der Opfer zu leisten. Es darf davon ausgegangen werden, dass westliche Modelle der Traumabehandlung aufgrund ihrer kulturellen Distanz nur mässig erfolgversprechend ausfallen würden.

(ix) Traditionale Konfliktlösungsmechanismen

1. Einleitende Bemerkungen

In zahlreichen Gesellschaften haben Elemente vielfältiger Mechanismen sozialer Kontrolle traditionalen Ursprungs überlebt. Im Zusammenhang mit Konflikten kann zwischen sozialen Mechanismen zu deren Prävention und Institutionen zur Lösung gewaltfreier sowie durch Gewalt geprägter Konflikte unterschieden werden. Im Zuge gesellschaftlicher Differenzie-

656 HONWANA, 1998, *op. cit.*, keine Seitenangaben.
657 HONWANA, 1998, *op. cit.*, keine Seitenangaben.

rung sowie durch den westlichen Einfluss wurden diese Mechanismen und Institutionen jedoch massgeblichen Modifikationen unterworfen, sodass sie kaum mehr in ihrer ursprünglichen Reinform existieren, wohl aber deren früheren Geist widerspiegeln.[658]

Nicht jeder Mechanismus sozialer Kontrolle, welcher im Kontext des Zusammenlebens der Einschränkung menschlicher Impulse dient, kann als Recht verstanden werden. Gemäss Redfield besitzt Recht ein eigenes Konzept sowie eine eigene Struktur.[659] Das *Konzept des Rechts* besteht aus expliziten sowie intern konsistenten Prinzipien und Regeln, die Handeln beschränken oder erforderlich machen. Die *Struktur des Rechts* dagegen manifestiert sich in Gerichten und Rechtsverfahren.

In der Frage, welche wesentlichen *Elemente* das Recht ausmachen, ist in Anlehnung an Pospisil zunächst die Existenz einer Autorität zu nennen, deren Entscheid durch die Parteien als verbindlich akzeptiert wird. Was als die «Absicht universeller Anwendung» *(intention of universal application)* bezeichnet wird, bezieht sich auf die Tatsache, dass ein Rechtsentscheid durch seinen Bezug auf abstrakte Tatbestände auch auf alle ähnlichen Situationen in Zukunft angewandt werden kann und soll.[660] Das Element der *obligatio* bezieht sich auf jenen Teil des Rechtsentscheides, welcher die Pflicht der einen Partei sowie das Recht der anderen bestimmt. Die Feststellung einer ungleichgewichtigen Beziehung zwischen den Streitparteien wird durch eine Lösung begleitet, deren Ziel die Wiederherstellung des gestörten Gleichgewichts ist.[661] Schliesslich enthält das Recht

658 Kolonialmächte in Afrika übten zunächst massgeblichen Einfluss auf die Arten von Delikten, die noch vor einheimischen Gerichten behandelt werden durften. Daneben eliminierten sie praktisch vollständig die Verwendung von Ordalien und Weissagungstechniken im Rahmen von Anklagen der Hexerei. GLUCKMAN, 1984 (1965), *op. cit.*, p. 174 f. Eine herausragende Beschreibung der Verwendung von Orakel, mitunter in der Rechtsprechung, lieferte Evans-Pritchard mit seiner berühmten Studie über die Azande: EVANS-PRITCHARD, Edward E., 1988: *Hexerei, Orakel und Magie bei den Zande*. Frankfurt a. M.: Suhrkamp.

659 Die nachfolgenden Ausführungen stammen aus: REDFIELD, Robert, 1967: «Primitive Law», pp. 3–24 in: Paul BOHANNAN (ed.): *Law and Warfare. Studies in the Anthropology of Conflict.* Garden City, N.Y.: The Natural History Press, p. 5 ff.

660 POSPISIL, Leopold, 1967: «The Attributes of Law», pp. 25–41 in: Paul BOHANNAN (ed.), *op. cit.*, p. 33.

661 SERVICE, 1977, *op. cit.*, p. 124 f.

stets negative Sanktionen, die physischer oder symbolischer Natur sein können.[662] Auf der Suche nach Rechtsinstitutionen und Rechtsformen in traditionalen Gesellschaften fällt nun auf, dass diese meist in nur unvollständiger, rudimentärer Weise existieren und dem von Max Weber beschriebenen Idealtypus des material-irrationalen Rechts entsprechen.[663] Nachfolgend soll in einem ersten Schritt die gesellschaftliche Ausdifferenzierung des Rechts nachgezeichnet werden. Daran anschliessend gilt es, das Augenmerk auf den Umgang mit Konflikten, wie er früher auf dem afrikanischen Kontinent gepflegt wurde, zu richten.

2. Theoretische Überlegungen zur Ausdifferenzierung von Recht

Wie bereits im historischen Teil dargelegt, darf aufgrund von differenzierungstheoretischen Erkenntnissen davon ausgegangen werden, dass sich die früheste Sozialorganisation zunächst in Form voneinander unabhängiger Horden präsentierte, die gemäss dem Prinzip der Verwandtschaft organisiert waren. Das noch schwach ausgeprägte System von Sitten und Gebräuchen führte dazu, dass im Zentrum von Konflikten zwischen Horden die unmittelbar äquivalente Vergeltung durch das Opfer selbst stand, die als Praktik zur Selbsthilfe zu verstehen ist.[664] Auf diese Weise wurde Gewalt mit Gewalt beantwortet, was die Gefahr von öffentlicher Unordnung in sich barg und hohe Kosten verursachte.[665]

Bereits die Entwicklung segmentärer Clangesellschaften, zusammengesetzt aus mehreren gleichwertigen *Lineages*, wurde durch die Ausdifferenzierung sozialintegrativer Bräuche begleitet. In diesem Zusammenhang kann beobachtet werden, dass Konflikte mit einer fremden Gruppe, zu

662 Zu allen genannten Elementen des Rechts siehe: POSPISIL, 1967, *op. cit.*, p. 27–38.

663 WEBER, 1972, *op. cit.*, p. 396. Dabei sind konkrete Wertungen ethischer, gefühlsmässiger oder politischer Art für die Entscheidung massgebend. Siehe auch: ROSSI, Pietro, 1987: «Die Rationalisierung des Rechts und ihre Beziehung zur Wirtschaft», pp. 37–54 in: REHBINDER, Manfred und Klaus-Peter TIECK (Hrsg.): *Max Weber als Rechtssoziologe*. Schriftenreihe zur Rechtssoziologie und Rechtstatsachenforschung, Bd. 63. Berlin: Duncker & Humblot, p. 44 f.

664 HABERMAS, Jürgen, 1992 (1986): «Recht und Moral (Tanner Lecturers 1986)», pp. 541–599 in: DERS.: *Faktizität und Geltung. Beiträge zur Diskurstheorie des Rechts und des demokratischen Rechtsstaats*. Frankfurt a. M.: Suhrkamp, p. 585.

665 REDFIELD, 1967, *op. cit.*, p. 8 f.

welcher keine durch Reziprozität geprägten Beziehungen – etwa durch Heiratsallianzen – bestanden, nicht selten in gewaltvoller Weise ausgetragen und nach wie vor im Zeichen der Rache standen.[666] Handelte es sich jedoch um einen gruppeninternen Konflikt, so wurde dieser als dem sozialen Zusammenhalt abträglich angesehen und verlangte aus diesem Grunde wenn immer möglich eine versöhnende, wiederherstellende Antwort.[667] Es galt, angesichts eines Konfliktes die weitere Lebensführung sowie den Bestand der sozialen Gruppe zu gewährleisten.[668] Der gewaltsame Umgang zwischen Mitgliedern eines Clans wurde aufgrund von Bräuchen eingedämmt. Hierzu bemerkt Redfield: «Custom restrains an injured party from unlimited revenge. Retaliative force is stylized by custom into a sort of ritualistic revenge».[669] So verhängte ein Ältester in Absprache mit übrigen Gemeinschaftsmitgliedern in fallspezifischer Weise negative Sanktionen überwiegend erzieherischen Charakters, in welchen sich die Missbilligung der Gruppe hinsichtlich der Missachtung von konkreten Regeln des Zusammenlebens, Sitten und Gebräuchen öffentlich manifestierte.[670] Der Konflikt wurde unter Berücksichtigung des Ansehens des Übeltäters und interpersonaler Beziehungen behandelt. Grundsätzlich ist jedoch zu beachten, dass die Sanktion auf gemeinschaftlichem Konsens und inneren Zwängen der Moral beruhte und nicht durch eine offizielle Autoritätsperson mit institutionalisierten Machtbefugnissen bindend verhängt wurde.[671] Auch wenn ein Ältester aufgrund seines Ansehens gewisse Vorrechte genoss, so galt er dennoch als «Gleicher unter Gleichen», der auf Konsens und verwandtschaftlichen Anhang angewiesen

666 Vgl. hierzu, mit Verweis auf Hoebel: POSPISIL, 1967, *op. cit.*, p. 26. Hierzu bemerkt auch Luhmann: «Nicht dazugehörige Menschen, Stämme der Umwelt, zu denen kein Verhältnis gemeinsamer Abstammung besteht, erscheinen demzufolge als rechtlos». LUHMANN, 1987, *op. cit.*, p. 151.

667 Zur Unterscheidung des Sühneverfahrens zwischen verschiedenen Sippen und interner, patriarchaler Streitschlichtung siehe auch: WEBER, 1972, *op. cit.*, p. 417. Ferner: ROSSI, 1987, *op. cit.*, p. 45.

668 LUHMANN, 1995, *op. cit.*, p. 161. Siehe auch: LUHMANN, 1987, *op. cit.*, p. 147.

669 REDFIELD, 1967, *op. cit.*, p. 12.

670 LAMPE, Ernst-Joachim, 1991: «Rechtsanthropologie heute», in: *Archiv für Rechts- und Sozialphilosophie*, Beiheft 44: 222–235, p. 227. Siehe auch: WEBER, 1972, *op. cit.*, p. 190.

671 SERVICE, 1977, *op. cit.*, p. 122. Ferner: LUHMANN, 1995, *op. cit.*, p. 39f.

blieb. Entscheide beruhten auf Einfluss und Überzeugung einer bestimmten, im verwandtschaftlichen Kontext eingebundenen Person und wurden durch sozialen Druck durchgesetzt, sodass die Konfliktlösung horizontalen Charakter aufwies.[672]

Die Bestrafungen reichten von Demonstrationen der Verachtung über Meidung als Form sozialer Sanktionierung bis hin zu weiteren Akten der symbolischen Vergeltung wie etwa die Forderung von funktional äquivalenten Entschädigungsleistungen.[673] Diese Sanktionen operierten nicht mehr auf der Ebene physischer Gewalt, sondern auf derjenigen der Moral, und hatten einerseits zum Ziel, die soziale Harmonie wiederherzustellen, andererseits jedoch auch, dem Übeltäter Scham aufzuerlegen. Als ganz besonders beschämend galten Formen öffentlichen Lächerlichmachens, wobei in diesem Zusammenhang die Gesangwettstreite bei den Inuit grosse Berühmtheit erlangten.[674] Dabei galt es, das Gegenüber mit Witz zu verspotten, während dem Publikum die Aufgabe zukam, die Vorführung zu beurteilen. Dadurch wurden nicht zuletzt Konflikte und feindliche Gefühle sublimiert. Hierzu bemerkt Vivelo:

> Dadurch wird den Sängern die Möglichkeit gegeben, ihre Feindseligkeit und ihren Zorn loszuwerden, ohne die Harmonie des Lagerlebens in Gefahr zu bringen. Nach diesem Sängerwettstreit tauschen die Sänger Gaben aus und bezeichnen damit die Beendigung des Streites und das Aufhören der Feindseligkeit.[675]

Verlassen wir nun aber die einfachen Stammesgesellschaften und richten wir unsere Aufmerksamkeit auf die Entwicklung von Häuptlings- und Königstümern. Bereits segmentäre Häuptlingstümer zeichneten sich durch zunehmende Rollendifferenzierung aus, kannten allerdings noch keine institutionalisierte Zentralgewalt.[676] Der Häuptling, von demjenigen Clan

672 Hierzu bemerkt Luhmann, dass die Rechtsverfahren *ad hominem* argumentiert wurden. LUHMANN, 1995, *op. cit.*, p. 262. Siehe auch: HABERMAS, 1992 (1986), *op. cit.*, p. 586.

673 REDFIELD, 1967, *op. cit.*, p. 13.

674 HOEBEL, E. Adamson, 1976: «Song Duels among the Eskimo», pp. 255–262 in: Paul BOHANNAN (ed.), *op. cit.*

675 VIVELO, 1981, *op. cit.*, p. 207.

676 VIVELO, 1981, *op. cit.*, p. 202. Zur Entwicklung siehe auch: CARNEIRO, 1973, *op. cit.*, p. 153ff.

an der Spitze der sozialen Hierarchie abstammend, galt als politisch-familialer Führer und übte eine als charismatisch bezeichnete Herrschaft aus, die auf der Grundlage von Einfluss operierte.[677] Erst durch die Bildung von vertikal differenzierten Königreichen mit ausgeprägter Sozialhierarchie etablierte sich eine politische Zentralgewalt, die auf institutionalisierter Macht beruhte und nicht mehr auf die Zuschreibungsmerkmale des Alters und des Geschlechts rekurrierte.[678]

Eine auf institutionalisierter Macht basierende, hierarchische Gesellschaftsordnung ermöglichte die bindende Streitentscheidung durch eine übergeordnete dritte Instanz – meist dem König –, die Zwangsbefugnisse besass und nicht mehr auf die Zustimmung der beteiligten Parteien angewiesen war.[679] In diesem Zusammenhang kann eine Dekontextualisierung des bislang im Rahmen der Verwandtschaftsgruppe operierenden, konkreten Vertrauens beobachtet werden. Die Anwendung von Gewalt – hier im weitesten Sinne verstanden – erhielt einen unpersönlichen Charakter und wurde aus der Privatsphäre in den öffentlichen Bereich übertragen. Es entstanden im Zusammenhang mit der Rechtsprechung Ämter, welche unabhängig ihrer Inhaber sichergestellt werden konnten. Gleichzeitig lässt sich – nicht zuletzt aufgrund zunehmender Problemdichte[680] – eine Entwicklung feststellen, die zur Ausdifferenzierung des Rechts, wie es eingangs definiert wurde, führte.[681] So wurden Mechanismen zur Konfliktlösung zusehends formalisiert und institutionalisiert. Nach der Entwicklung von Rechtskonzepten, bestehend aus zusehends systematischen und abstrakt formulierten Regeln und Prinzipien, die für eine Vielzahl von Fällen gelten sollten, folgte die Ausdifferenzierung der Rechtsstruktur in Form von Gerichtsinstitutionen, die bereits ein weitaus höheres Mass an politischer Organisation voraussetzten. Dies war beispielsweise beim westafrikanischen Königreich der Ashanti der Fall.[682] Allerdings sollte die Ausdifferenzierung eines rationalen Rechtssystems, verbunden mit der Verschiebung des Fokus von moralischen Normen des Brauchs auf veräusserlichte Rechts-

677 Siehe hierzu auch: SERVICE, 1977, *op. cit.*, p. 106f.
678 SERVICE, 1977, *op. cit.*, p. 122.
679 LAMPE, 1991, *op. cit.*, p. 227. Ferner: LUHMANN, 1987, *op. cit.*, p. 162.
680 LUHMANN, 1995, *op. cit.*, p. 260.
681 LAMPE, 1991, *op. cit.*, p. 228.
682 REDFIELD, 1967, *op. cit.*, p. 18.

normen, der Formulierung rechtlicher Tatbestände, der Herausbildung subjektiver Rechte sowie der Professionalisierung bis zur Entstehung moderner Schriftgesellschaften auf sich warten lassen.[683] Erst dann sollte das Ansehen einer Person vor dem Recht keine Rolle mehr spielen und würden Fälle unabhängig der jeweiligen Erwartungen gleich behandelt werden.[684]

Diese Ausführungen zur Ausdifferenzierung des Rechts sollen nachfolgend durch die vertiefte Betrachtung von traditionalen Formen des Umgangs mit Konflikten, wie er früher auf dem afrikanischen Kontinent anzutreffen war, ergänzt werden. Gesellschaftliche Institutionen können – wie bereits gesehen – nicht losgelöst von ihrem sozio-kulturellen Gesamtkontext, der die Art der Sozialorganisation und -integration betrifft, beschrieben werden. In diesem Sinne sind die idealtypischen Eigenheiten der nachfolgend präsentierten traditionalen Konfliktlösungsmechanismen auf segmentäre Clangesellschaften zu beziehen, die durch Oralität geprägt sind. Unterschieden wird zwischen sozialen Mechanismen zur Konfliktprävention und Institutionen zur Lösung gewaltfreier sowie durch Gewalt geprägter Konflikte.

3. Meidung von Konflikten

Mit Bezug auf Konflikte bestehen in segmentären Gesellschaften soziale Einrichtungen, welche zu deren Vermeidung beitragen, indem sie soziale Beziehungen aufrechterhalten, verstärken und institutionalisieren. Bereits die Sozialorganisation an sich steht im Zeichen der Konfliktvermeidung, indem das Gemeinschaftsmitglied in ein dichtes Geflecht von Verantwortungen eingebunden wird. In Anlehnung an die oben angeführte Definition des Rechts gehören diese allerdings in den Bereich allgemeiner sozialer Kontrolle und greifen definitionsgemäss im Kontext sozialer und räumlicher Nähe. Dazu zählen mitunter Abhängigkeitsnetzwerke wie die mit Rechten und Pflichten verbundenen Verwandtschaftsverbindungen

683 Zur Verschiebung von moralischen Normen auf formalisierte Rechtsnormen siehe: LAMPE, 1991, *op. cit.*, p. 228.

684 So lässt sich auch beobachten, dass ein Anwalt etwa die Interessen seines Klienten zu vertreten hat, und zwar unabhängig davon, was er von ihm hält. LUHMANN, 1995, *op. cit.*, p. 318.

sowie Heirats- und Opferallianzen mit politischen, wirtschaftlichen und militärischen Implikationen in Form von *cross-cutting-ties* sowie schliesslich elaborierte Systeme des Gabentausches. Ferner sind soziale Pakte, Spiele und institutionalisierte Wortgefechte, effektive Meidungen durch temporären Abbruch der Kommunikation sowie gesellschaftliche Tabus zu nennen.[685] Einen weiteren Mechanismus zur Konfliktvermeidung stellen diplomatische Beziehungen unter Einbezug von Gesandten dar, die allerdings bereits eine ausdifferenziertere gesellschaftliche Organisationsform voraussetzen.[686] Weniger explizit, doch nicht minder von Bedeutung ist die Rolle von reisenden Händlerinnen und Händlern, die oftmals den wichtigsten Kontakt zwischen Clans oder Staaten darstellten. In Bezug auf die Königreiche der Yoruba in Nigeria konnte aufgezeigt werden, dass diese Handelsleute in Friedenszeiten unbeschränkte Bewegungs- und Äusserungsfreiheit genossen.[687] So schreibt Akinrinade mit Bezug auf die Händlerinnen bei den Yoruba: «Women were crucial to the maintenance of peace, as they were crucial agents and effective tools for cementing alliances».[688]

4. Verhandlung und Judikation im Konfliktfall

Bah unterscheidet im afrikanischen Kontext drei Konfliktlösungsmechnismen, nämlich Verhandlungen, Vermittlungen durch Dritte mit dem Ziel des Kompromisses und Palaver als (Vor-)Form von Gerichten.[689] In Anlehnung an Gulliver wird an dieser Stelle allerdings bevorzugt, zwischen der *Verhandlung (negotiation)*, welche direkt oder durch Vermittlung

685 KOCH, Klaus-Friedrich, 1976: «Meidung, rituelle Konfliktlösung und soziale Struktur bei den Jalé (Neuguinea)», in: *Sociologus*, Vol. 26/1: 43–50.

686 BAH, Thierno, 1999: «Les mécanismes traditionnels de prévention et de résolution des conflits en afrique noire», pp. 22–34 in: Federico M. MAYOR et Edouard MATOKO (eds.): *Les fondements endogènes d'une culture de la paix en Afrique: Mécanismes traditionnels de prévention et de résolution des conflits*. Paris: UNESCO [http://www.unesco.org/cpp/publications/mecanismes/]. Sehr ausgeprägt war die Institutionalisierung von diplomatischen Beziehungen zwischen den Königreichen der Yoruba in Nigeria. Siehe dazu: AKINRINADE, 1999, *op. cit.*, p. 4ff.

687 AKINRINADE, 1999, *op. cit.*, p. 5f.

688 AKINRINADE, 1999, *op. cit.*, p. 11.

689 BAH, 1999, *op. cit.*

Dritter erfolgen kann, und der *Judikation (adjudication)* zu differenzieren, wobei letztere allerdings angesichts unseres Fokus auf Clangesellschaften eher als Vorform richterlichen Entscheidens bezeichnet werden sollte und Züge von Konfliktschlichtung trägt, die im Zeichen der Vermeidung von Gewaltakten steht.[690] Der Übergang von einer Verhandlungspartei zu einem Mediator bis hin zu einem Schlichter und Urteilssprechenden ist durch zunehmende Ausübung sozialen Drucks gekennzeichnet, basiert allerdings, solange keine institutionalisierte Zentralmacht vorhanden ist, auf Überzeugung, persönlichem Einfluss und Ansehen.[691] Bei den betreffenden Konfliktlösungsmechanismen handelt es sich um heuristische Idealtypen, die erklärenden Charakters sind, wobei lediglich die Schlichtung als rudimentäre Rechtsform verstanden werden kann.

Die direkte, bilaterale Verhandlung von Streitparteien findet höchstens in Anwesenheit weiterer Gemeinschaftsmitglieder statt, welche die am Streit Beteiligten moralisch unterstützen. Dagegen fehlt eine Autorität, welche eine Lösung vorschlagen würde oder darüber entschiede, welche Normen Anwendung finden sollten. Die offene Form der Verhandlung wird im Idealfall durch eine gegenseitig akzeptierbare Kompromisslösung abgeschlossen, deren Umsetzung kein nennenswertes Problem darstellt, wurde die Konfliktlösung doch einvernehmlich herbeigeführt.[692]

Wird ein Vermittler, meist ein älteres Gemeinschaftsmitglied von hohem Status, in die Verhandlung miteinbezogen, so beschränkt sich dessen Funktion auf die Aufrechterhaltung der Kommunikation zwischen den Streitparteien.[693] Auch in diesem Fall sind es die Beteiligten des Streites selbst, die eine Kompromisslösung finden und einvernehmlich beschliessen.

Die Konfliktschlichtung hingegen schliesst eine Person oder eine Personengruppe mit gewissem zugeschriebenem Autoritätsgrad und sozialer Macht ein, welche in ihrer Funktion als dritte Instanz einen durch sozialen Druck erzwingbaren Rechtsentscheid fällt, nachdem beide Parteien angehört wurden. Aufgrund der Tatsache, dass die vorkolonialen Gacacas zu

690 GULLIVER, P.H., 1997 (1969): «Case Studies of Law in Non-Western Societies», S. 11–23 in: Laura NADER (ed.), *op. cit.*, p. 17 ff.

691 GLUCKMAN, 1984 (1965), *op. cit.*, p. 189.

692 GULLIVER, 1997 (1969), *op. cit.*, p. 17.

693 Vgl. HUYSE, 2003d, *op. cit.*, p. 112.

dieser Ausprägung traditionaler Konfliktlösung gehören, soll die Schlichtung eingehender betrachtet werden.

Der Rahmen, in welchem Schlichtungen stattfinden, wird je nach dem etwa als Palaver, Ältestenrat, Familienrat oder Richterrat bezeichnet, deren grundlegende Eigenheiten lassen sich jedoch typischerweise wie folgt beschreiben, wobei an dieser Stelle betont sei, dass die genannten Merkmale in keiner Weise der Vielfalt von Judikationsformen gerecht werden.

Die Rolle von älteren Gemeinschaftsmitgliedern: In der Regel sind es respektierte ältere Männer mit hohem gesellschaftlichen Status, welche die Funktion des Schlichters übernehmen.[694] So bemerkt Redfield: «In both continents [*North America and Australia, d. Verf.*] power is distributed among the elder men, and councils of these discuss a case and come to a decision».[695] Ihnen wird aufgrund ihrer grösseren Nähe zu den Ahnen sowie aufgrund ihrer lebenslang angereicherten Erfahrung Weisheit, ein hohes Mass an Moral, Integrität und Ehrlichkeit nachgesagt. Sie gelten in einer oralen Gesellschaft als die Hüter von Traditionen und repräsentieren deren Werte, worauf auch die berühmten Worte Amadou Hampaté Bâs, «Wenn in Afrika ein Greis stirbt, verbrennt eine Bibliothek», Bezug nehmen.

Der flexible Charakter: Traditionale Institutionen der Konfliktschlichtung sind in den Worten Redfields geprägt durch «...little that could be called a rule of procedure or of evidence and without any strong sense of litigation as a contest within rules».[696] In der Tat sind die flexiblen Regeln des Verfahrens sowie der Beweiserbringung meist Bestandteil der oralen Überlieferung und stellen kraft Einverständnis kasuistisches Gewohnheitsrecht dar.[697]

Der gemeinschaftliche Charakter: Die Entscheidungsfindung im Rahmen der Streitschlichtung ist eine kollektive Angelegenheit, auch wenn den Richtenden das letzte Wort zukommt. Angesichts der Tatsache, dass jeg-

694 Siehe dazu: SILVERMAN, Philip and Robert J. MAXWELL, 1987: «The significance of information and power in the comparative study of the aged», pp. 43–55 in: Jay SOKOLOVSKY (ed.): *Growing old in different societies: Cross-cultural perspectives..* Acton, MA: Copley Publishing Group. Ferner: SIMMONS, Leo W., 1945: *The role of the aged in primitive society*. New Haven: Yale University Press.

695 REDFIELD, 1967, *op. cit.*, p. 19.

696 REDFIELD, 1967, *op. cit.*, p. 19.

697 HUYSE, 2003d, *op. cit.*, p. 112.

liche soziale Disruption die Gemeinschaft als Ganzes betrifft und sie in ihrer Existenz gefährdet, kommt es ihr auch zu, in aktiver Weise zu deren Lösung beizutragen. Grundsätzlich steht das soziale Ereignis der Streitschlichtung allen erwachsenen und somit initiierten Gemeinschaftsmitgliedern offen, es sei denn, die Schwere der zu behandelnden Angelegenheit würde absolute Diskretion verlangen, wodurch die Möglichkeit des Ausschlusses von Frauen ins Auge gefasst würde. Im Zentrum der Streitschlichtung steht das Wort, wodurch der Bezug zum Ausdruck «Palaver» deutlich wird. Die Zusammenkunft wird als offenes Diskussionsforum verstanden, in welchem breit angelegte sowie intensiv geführte Debatten stattfinden, die Konsensfindung erleichtern.[698] So ist denn auch die Reihenfolge der Rede Regeln unterworfen, wobei die Dauer der Zusammenkunft zur Geduld einlädt.[699] Im Zusammenhang mit dem Palaver hält Bah fest:

> Outre la parole, il y a toute une symbolique de gestes ritualisés, des silences lourds de signification, tout cela étant l'expression d'une éducation et d'une culture fort élaborées. La palabre n'a pas pour finalité d'établir les torts respectifs des parties en conflit et de prononcer des sentences qui conduisent à l'exclusion et au rejet. La palabre apparaît plutôt comme une logothérapie qui a pour but de briser le cercle infernal de la violence et de la contre-violence afin de rétablir l'harmonie et la paix.[700]

Die Wiederherstellung des sozialen Gleichgewichts: Traditionale Institutionen der Konfliktschlichtung verhängen keine Haftstrafen und nur selten körperliche Strafen. In nur absolut schwerwiegenden Fällen kann die schuldige Person aus der Gemeinschaft ausgeschlossen werden, was allerdings ihrem sozialen Tod gleichkommt. Dies hat nicht zuletzt seine pragmatischen Gründe, wird doch in einer kleineren Gemeinschaft der Beitrag jeder Person hinsichtlich des täglichen Überlebens benötigt.[701] Normaler-

698 ALL-AFRICA CONFERENCE ON AFRICAN PRINCIPLES OF CONFLICT RESOLUTION AND RECONCILIATION, 1999: «Report of the All-Africa Conference on African Principles of Conflict Resolution and Reconciliation». United Nations Conference Centre, Addis Ababa, November 8–12, 1999, p. 21.

699 Vgl. hierzu: CREATIVE ASSOCIATES INTERNATIONAL, keine Jahresangabe: «Indigenous Conflict Management Mechanisms» [http://www.caii-dc.com/ghai/toolbox4.htm].

700 BAH, 1999, *op. cit.*, p. 29.

701 HUYSE, 2003d, *op. cit.*, p. 112.

weise besteht der durch sozialen Druck respektierte Entscheid der Richtenden vielmehr aus der Bestimmung von Reparationsleistungen zuhanden der geschädigten Gruppe und der Forderung nach einer öffentlichen Entschuldigung zuhanden der gesamten Gemeinschaft. Der Schuldige seinerseits teilt die Verantwortung mit den Mitgliedern seiner Verwandtschaftsgruppe. An dieser Stelle fällt der ausgeprägt restaurative Charakter betreffender Institutionen auf, deren primäres Ziel es ist, das soziale Gleichgewicht wiederherzustellen.[702] So schreiben Joutsen und Zvekic: «Personal reparation predates imprisonment and is a common form of compensatory payment and a part of reconciliation procedures in almost all African societies».[703] Aus diesem Grunde kann denn auch vielmehr von Streitschlichtung denn von Verurteilung gesprochen werden.[704]

Die Bekräftigung einer ewigen sozialen Ordnung: Die Streitschlichtung wird in der Regel durch Riten der Wiedereingliederung und der Versöhnung öffentlich bekräftigt.[705] An dieser Stelle finden sich oftmals auch symbolische Akte wie das Teilen einer Kolanuss oder das gemeinsame Trinken von Bier. Daran anschliessend ist der wiedergefundene Frieden endgültig besiegelt, und die Rückkehr zur sozialen Harmonie sowie zur Ordnung wird im Rahmen eines Gemeinschaftsfestes zelebriert, welches sowohl die dies- wie auch die jenseitige Gemeinschaft einbezieht. Bei dieser Gelegenheit werden nicht nur Erwartungen und soziale Beziehungen – mitunter durch den Gabentausch und Riten – neu definiert oder bestätigt, auch die der sozialen Ordnung zugrundeliegenden Werte werden auf ein Neues bekräftigt.[706] Redfield bemerkt im Zusammenhang mit der Bekräftigung sozialer Beziehungen: «Obligations and rights exist in custom in latency, so to speak, but very commonly there is some overt act which makes the

702 Vgl. ALL-AFRICA CONFERENCE ON AFRICAN PRINCIPLES OF CONFLICT RESOLUTION AND RECONCILIATION, 1999, *op. cit.*, p. 30.

703 JOUTSEN, Matti and Ugljesa ZVEKIC, 1994: «Noncustodial Sanctions: Comparative Overview», pp. 1–42 in: Ugljesa ZVEKIC (ed.): *Alternatives to imprisonment in comparative perspective*. Chicago: United Nations Interregional Crime and Justice Research Institute, p. 15.

704 GULLIVER, 1997 (1969), *op. cit.*, p. 13.

705 CENTRE FOR CONFLICT RESOLUTION (CECORE): «African Traditional Methods in Conflict Resolution» [http://www.cecore.org/african.html].

706 GLUCKMAN, 1984 (1965), *op. cit.*, p. 190.

relationship binding; ritual is the seal on the deed; it makes it effective».[707] So werden beispielsweise im Rahmen der traditionalen Versöhnungszeremonie bei den Acholi Nordugandas alte Geschichten und Legenden erzählt, auf welchen die Gemeinschaft gründet.[708] Diese ausgeprägte affirmative Komponente findet sich indes bei allen Ereignissen, wie etwa auch dem Tod, welche für die Gemeinschaft als solche eine Gefahr darstellen. Durch solche Ereignisse wird ein grundsätzlicher Gegensatz zwischen der ewigen Ordnung und der vergänglichen Gemeinschaft von Menschen deutlich.[709]

Im Kontext politischer Transition empfiehlt es sich, wenn immer möglich auf endogene kulturelle Ressourcen im Rahmen der Streitschlichtung zurückzugreifen. Während im Zusammenhang mit den Erläuterungen zur Gacaca-Gerichtsbarkeit noch eingehend auf die Vor- und Nachteile traditionaler Konfliktmechanismen eingegangen wird, sollen an dieser Stelle lediglich deren lokale Angepasstheit, die Erreichbarkeit für die rurale Bevölkerung sowie die Einfachheit der Prozeduren betont werden.[710] Hinsichtlich der dürftigen Rechtsstandards, der fehlenden professionellen Rechtsverteidigung sowie der möglichen Parteilichkeit entsprechend demographischer und sozialer Kriterien wird jedoch in der Regel empfohlen, solche Mechanismen der Behandlung geringfügigerer Delikte vorzubehalten.

Nachfolgend soll aus der Fülle indigener Institutionen zur gewaltlosen Konfliktschlichtung ein relativ gut dokumentiertes Beispiel herausgegriffen und diskutiert werden. Aufgrund ihrer ausgesprochenen Affinität zu den rwandischen Gacacas wird an dieser Stelle die Institution der *Bashingantahe* im kulturell wie auch hinsichtlich gewaltsamer Vergangenheit nahen Burundi vorgestellt. Interessanterweise hat auch der Schwesterstaat Rwandas beschlossen, dem aktuellen blutigen Konflikt mittels Revitalisierung einer traditionalen Rechtsinstitution entgegenzuwirken und auf deren Basis den Weg hin zur Demokratie und nationaler Versöhnung zu ebnen.

707 REDFIELD, 1967, *op. cit.*, p. 16.

708 ALL-AFRICA CONFERENCE ON AFRICAN PRINCIPLES OF CONFLICT RESOLUTION AND RECONCILIATION, 1999, *op. cit.*, p. 39.

709 Siehe in diesem Zusammenhang den ausgezeichneten Artikel von Goody über die LoDagaa in Nordghana: GOODY, Jack,1959; «Death and social control among the LoDagaa», in: *Man*, Vol. 59: 134–138.

710 HUYSE, 2003d, *op. cit.*, p. 112.

5. *Bashingantahe in Burundi*

Bereits im 19. Jahrhundert kannte das Königreich des traditionalen Burundis die oral geprägte Institution der *Bashingantahe*, auch «Rat der Weisen» genannt.[711] Der Ausdruck setzt sich aus dem Verb *gushinga* (pflanzen, befestigen, etablieren) und dem Substantiv *intahe* (Stab der Weisheit) zusammen und bezeichnet denjenigen, der «den Stab der Weisheit in den Boden steckt».[712] In der Literatur wird vielfach nur die richterliche Funktion der *Bashingantahe* im Rahmen der Streitschlichtung hervorgehoben, deren gesellschaftliche Aufgaben sind jedoch weitaus vielfältiger. Zu ihnen gehören:[713]

- Beilegung von Streitigkeiten durch friedliche Übereinkunft oder Rechtsurteil;
- Versöhnung von Personen und Familien;
- Autentifizierung von Verträgen;
- Überwachung von Wahrheit und Recht im lokalen Kontext;
- Gewährleistung der Sicherheit von Personen und Gütern;
- Beratung und Ausgleich von politischen Mächten;
- Verteidigung des Gemeingutes sowie von Grundrechten;
- Bestätigung neuer Regenten, Chefs und Unterchefs;
- Überwachung der Sitten;
- Vertretung der Bevölkerung;
- Beurteilung der Kriegsoption;

711 DE LESPINAY, Charles, 2000: «Valeurs traditionnelles, justice de proximité et institutions (Rwanda et Burundi)», in: Charles DE LESPINAY et Emile MWOROHA (eds.): *Construire l'État de droit. Le Burundi et la région des Grands Lacs.* Paris: L'Harmattan.

712 NTABONA, Adrien, 2000: «L'Institution des Bashingantahe (Sages) et la reconstruction de l'État de droit au Burundi», in: Charles DE LESPINAY et Emile MWOROHA (eds.), *op. cit.* Der Autor hat selber die Funktion eines *Mushingantahe* inne. Deren Bezeichnung weist auf die Verbindung zu den Ahnen hin. Dieser Punkt wird nachfolgend nochmals aufgegriffen.

713 NTABONA, Adrien, 1999: «Pour un recours aux institutions des sages en vue de la résolution pacifique des conflits en Afrique. Les cas des Bashingantahe / Sages au Burundi.» *Centre des Recherches pour l'Inculturation et le Développement (CRID).* Novembre 1999, Bujumbura. Siehe auch: NTAHOMBAYE, Philippe, 1999: «L'institution des bashingantahe en tant que mécanisme traditionnel de prévention et de résolution pacifique des conflits au Burundi», pp. 57–69 in: Federico M. MAYOR et Edouard MATOKO (eds.), *op. cit.*

- Überwachung des Kriegscodes;
- Beendigung feindlicher Auseinandersetzungen;
- Organisation von Verhandlungen und Förderung der Versöhnung nach bewaffneten Konflikten.

In nachfolgenden Ausführungen wird der Schwerpunkt auf Fragen der Konfliktschlichtung gelegt. Aufgrund ihrer rechtlichen Funktion kann gemäss de Lespinay durchaus zur Feststellung gelangt werden, Burundi habe bereits in vorkolonialer Zeit die Eigenschaft eines traditionellen Rechtsstaates innegehabt.[714] Der Rat der Weisen stellte zwar eine auf unterschiedlichen administrativen Ebenen – allerdings hauptsächlich auf der Ebene der Dörfer *(collines)* – unabhängig funktionierende Institution mit eigener Rechtssprache dar, stand jedoch im Dienste der Staatsadministration, mitunter des Königs.[715] So galt auch der *Mushingantahe*, wie das einzelne Mitglied des *Bashingantahe* genannt wird, als Repräsentant des Monarchen *(mwami)* und damit des höchsten Gottes *imana*.

Schon in jungem Alter wurde ein männlicher Anwärter dieses Amtes zusammen mit gleichaltrigen *peers* durch einen ihm zugeteilten Mentor oder «Paten» vorbereitet und einer mehrjährigen Lehrzeit unterzogen. Zu gegebener Zeit wurde er dem Rat vorgeführt, wobei im Rahmen einer eingehenden Befragung geprüft werden sollte, ob er nachfolgende Bedingungen zu erfüllen vermochte: a) mindestens 25 Jahre alt; b) verheiratet sein und in Harmonie mit seiner Ehefrau leben; c) als Mann der Weisheit und der Wahrheit allgemein bekannt sein; d) für seinen Lebensunterhalt in ehrlicher Weise aufkommen.[716] Akzeptiert wurde er durch einen Kon-

714 NTABONA, 2000, *op. cit.*

715 INTERNATIONAL CRISIS GROUP (ICG), 2003: «Réfugiés et Déplacés au Burundi: Désamorcer la Bombe Foncière». *ICG Rapport Afrique N° 70*, 7 octobre 2003, Brussels, p. 17. Siehe auch: LAELY, Thomas, 1992: «Le destin du *Bushingantahe*. Transformations d'une structure locale d'autorité au Burundi», in: *Genève-Afrique*, Vol. 30/2: 75–98, p. 77.

716 ALL-AFRICA CONFERENCE ON AFRICAN PRINCIPLES OF CONFLICT RESOLUTION AND RECONCILIATION, 1999, *op. cit.* Im Zusammenhang mit der Bedingung b) wird auch auf die zentrale Rolle der Ehefrau des *Mushingantahe* hingewiesen, denn – so der Bericht – «behind every man, there is a woman» (p. 34) – eine Ehefrau, welche zwar eine passive Rolle einnimmt, ihren Gatten allerdings durch Ratschläge in seiner Funktion unterstützt und auf diese Weise Einfluss nehmen kann.

sensentscheid des Rates, woraufhin er sich einem Eidschwur unterwerfen musste, bevor er durch die Bevölkerung als symbolischer Vater der Gemeinschaft, als «Mann aller», öffentlich anerkannt und gefeiert wurde. Ntabona weist darauf hin, dass diese Initiation den Charakter eines Paktes zwischen dem *Mushingantahe* und der Gemeinschaft habe.[717] Besonders hervorzuheben sind in diesem Zusammenhang auch die Übergabe des «Weisheitsstabes», mittels dessen zwecks Anrufung der Ahnen auf den Boden geklopft wurde, sowie das gemeinsame Trinken von Bananenwein aller *Bashingantahe* als Zeichen der Vereinigung.

Grundsätzlich kann im Rahmen der Konfliktschlichtung zwischen dem Einbezug der *Bashingantahe* in nicht bewaffnete sowie in bewaffnete Konflikte unterschieden werden. Interessant ist die Feststellung, dass im Falle unbewaffneter Konflikte – in deren Rahmen noch heute *Bashingantahe* tätig werden – Gute Dienste, durchaus dem heutigen völkerrechtlichen Verständnis entsprechend, angeboten werden. Erst nach Erreichung eines gewissen Grades an Übereinkunft werden die beiden Parteien in Anwesenheit des *Bashingantahe* miteinander konfrontiert, was als Vorkehrung gegen den Verlust des Gesichts verstanden werden kann. Die ansässige Bevölkerung hingegen wird erst in einem dritten Schritt miteinbezogen. Ziel ist weniger die Lösung der Streitigkeit durch die Bestimmung eines Schuldigen, sondern vielmehr der konsensuelle Akt der Versöhnung.[718]

Kann aufgrund der Verhandlung keine einvernehmliche Schlichtung erreicht werden, kommt es zu einem für alle Gemeinschaftsmitglieder öffentlichen Gerichtsverfahren, das in genannter Reihenfolge die Elemente der Untersuchung und der sorgfältigen Beweisführung unter Berücksichtigung beider Parteien, der Befragung von unter Eid stehenden Zeugen, der Beratung sowie des Urteilsspruchs, der nicht abgelehnt werden kann, umfasst.[719] Das Urteil wird von den sich zurückziehenden *Bashingantahe* nach dem Konsensprinzip gefällt, gilt der Rat doch als Körperschaft. Die öffentliche Verhandlung findet ihren Abschluss durch ein gemeinsames Trinkritual, wodurch um ein weiteres Mal der gemeinschaftliche, partizipative Aspekt und insbesondere der Zusammenhalt von Anwesenden

717 NTABONA, 2000, *op. cit.*
718 NTABONA, 2000, *op. cit.*
719 ALL-AFRICA CONFERENCE ON AFRICAN PRINCIPLES OF CONFLICT RESOLUTION AND RECONCILIATION, 1999, *op. cit.*

unterstrichen wird. Hervorzuheben ist ebenfalls, dass keinerlei Strafen ausgesprochen werden, sondern dass vielmehr die Wiederherstellung des Gleichgewichts sowie der sozialen Harmonie durch Wiedergutmachung im Vordergrund steht. Aus diesem Grunde können *Bashingantahe* eher mit modernen Friedensrichtern verglichen werden, deren Funktion in der Streitschlichtung und weniger in der Retribution besteht.[720] Das Respektieren der Entscheide der *Bashingantahe* ist auf ihre Autorität juristisch-moralischen Charakters zurückzuführen.

Noch heute wird in Burundi im Falle geringfügigerer Delikte zunächst die Rechtsprechung der *Bashingantahe* in Anspruch genommen, bevor die Angelegenheit allenfalls vor ein ordentliches Gericht weitergezogen wird.

Im Falle früherer bewaffneter Konflikte innerhalb dieser einst durchaus kriegerischen Gesellschaft kam den *Bashingantahe* zunächst die Aufgabe zu, die Einhaltung von Kriegsregeln zu überwachen. Entgegen der weit verbreiteten Meinung, wonach vorkoloniale Kriege das Mass an Grausamkeiten sowie Anarchie kaum zu übertreffen vermochten, galten in diesem Kontext sorgfältig ausgearbeitete Regeln der Kriegsführung, die den Genfer Konventionen in nichts nachstanden.[721] So waren Kampfhandlungen lediglich bei Tage erlaubt. Fliehende Kämpfer sowie alte Menschen, Frauen und Kinder mussten vor Angriffen geschützt werden.[722] Die Tötung von

720 LAELY, 1992, *op. cit.*, p. 78.

721 Auch die Königreiche der Yoruba in Nigeria kannten im 19. Jahrhundert zahlreiche Kriege, die elaborierten Regeln unterworfen waren. So wurde dem Feind durch Entsendung eines Boten stets bekannt gegeben, dass ein Angriff bevorstehe. Erst wenn dieser sich damit einverstanden erklärte und alle Möglichkeiten friedlicher Konfliktlösung ausgeschöpft waren, begannen die Kriegshandlungen, wobei dem Feind genügend Zeit eingeräumt wurde, die nötigen Vorbereitungen zu treffen. Selbst zu Kriegszeiten wurden diplomatische und Handelsbeziehungen zwischen den Parteien aufrecht erhalten. Verwundete beider Kriegsparteien sollten mit Milde und Respekt behandelt werden, und Kriegsgefangenen wurde erlaubt, zu ihrer Gruppe zurückzukehren. Diplomatische Gesandte wurden nicht festgenommen, um die diplomatische Kommunikation aufrecht zu erhalten. AKINRINADE, 1999, *op. cit.*, p. 6 ff.

722 Mit Bezug auf Ethnien in Kenia wird dies ebenfalls bestätigt: «[V]ulnerable groups such as children, women, the old and the sick were never the objects of attack during a conflict». ALL-AFRICA CONFERENCE ON AFRICAN PRINCIPLES OF CONFLICT RESOLUTION AND RECONCILIATION, 1999, *op. cit.*, p. 18.

Gegnern musste grundsätzlich vermieden werden, um einer möglichen Rache entgegenzuwirken.

Nach Beendigung der Kampfhandlungen kam es unter der Führung der *Bashingantahe* zu Friedensverhandlungen, in deren Rahmen beide Parteien Anhörungsrecht genossen sowie allenfalls erlittene menschliche Verluste durch die Gabe von Rindern wiedergutgemacht wurden. Dadurch sollte das soziale Gleichgewicht wiederhergestellt werden. Die Schuld hatte stets kollektiven Charakter. Ferner wurden die Hände der am Kampf Beteiligten im Blut eines geopferten Stieres gewaschen und mit einem Ohr eines weissen Schafes, Symbol der Weisheit und Reinheit des Gottes *imana*, getrocknet. Nach einer Versöhnungsrede durch die *Bashingantahe* wurde ein gemeinsames Mahl eingenommen, welches durch Tänze und Gesang seinen Abschluss fand.

Wie bereits weiter oben angedeutet, konnte die Institution der *Bashingantahe* bis in die heutige Zeit überleben. Ihr Geltungsbereich beschränkt sich allerdings auf nicht bewaffnete Konflikte. Im Hinweis darauf, das Wesen der durch die *Bashingantahe* präsentierten Werte könne durchaus in die heutige Zeit überführt werden, plädiert Ntabona für die kreative Revitalisierung dieser Institution, die im Laufe der Zeit bedauerlicherweise abgeflacht, ihres Sinns entleert, folklorisiert und sogar durch die Parteipolitik permutiert wurde.[723] So wurden die Verfahren bürokratisiert, während immer mehr Mitgliedern der Einheitspartei UPRONA die Eigenschaft von *Bashingantahe* zuteil wurde.[724] Sie waren gleichsam Staatsbeamte und hatten die der Oralität verpflichteten Ältesten verdrängt. Trotz dieser Tatsache behielten die authentischen *Bashingantahe* grosse Wichtigkeit für die Bevölkerung, während die jungen Bürokraten nicht wirklich ernst genommen wurden.[725] Ntabonas Vorschlag zielt auf Massnahmen zur Wiedererrichtung des Rechtsstaates im Kontext der politischen Krise ab dem Jahre 1988 sowie des Bürgerkrieges seit 1993 ab, der bisher über 200'000 Opfer gefordert hat. Angestrebt wird nicht etwa die Rückkehr zu einer Rechtsinstitution, die es in dieser Form gar nicht mehr gibt, sondern

723 So wurden beispielsweise die Prozeduren zur Investitur eines neuen *Mushingantahe* stark vereinfacht, später sogar abgeschafft. Auch wurden zusehends weniger Bedingungen für die Ausübung dieser Funktion gestellt.

724 Zu dieser Entwicklung im Detail siehe: LAELY, 1992, *op. cit.*, pp. 83–94.

725 LAELY, 1992, *op. cit.*, pp. 76 und 90f.

vielmehr die Schaffung eines neuen Modells, welches mit Bezug auf das kollektive Gedächtnis Tradition und Moderne, lokale Kultur und Einflüsse westlicher Prägung in sich vereinigen sollte.

Im Rahmen der Errichtung eines Rechtsstaates betraute die Regierung Burundis im Jahre 1988 eine nationale Kommission mit der Aufgabe, die Frage der nationalen Einheit zu untersuchen. Dabei unterstrich sie ihre Bestrebungen, diejenigen grundlegenden Werte zu fördern, welche zur Entstehung der burundischen Nation beigetragen haben, namentlich die *Bashingantahe,* «diesen wahrhaften Garanten sozialer Ordnung».[726] Selbst in der Verfassung vom 9. März 1992 wird auf die *Bashingantahe* Bezug genommen, und zwar im Hinweis darauf, dass die Wahl der Gemeindeversammlung nicht auf parteipolitischen Überlegungen, sondern auf dieser Institution zu fundieren habe.[727] Ferner hat die Regierung in ihrem Dekret 100/050 vom 21. März 1997 eine nationale technische Kommission zur Aufwertung dieser Institution ins Leben gerufen, da sie basisdemokratische Werte widerspiegele. Schliesslich werden die *Bashingantahe* im Art. 1 Abs. 2 der Arusha-Abkommen vom 28. August 2000 – also inmitten der politischen Transitionszeit – als fundamentaler traditioneller Wert, als Faktor des sozialen Zusammenhaltes genannt.[728] Gegenwärtig werden landesweit «*Comités de Gestion du Milieu*» (CGM), bestehend aus *Bashingantahe,* errichtet. Die Verstaatlichung der Institution wird jedoch nicht angestrebt, denn die betreffenden Personen würden sich vehement gegen dieses Unterfangen sträuben. Ferner ist eine Untersuchung geplant, um alle *Bashingantahe* zu identifizieren und in den CGM zu vereinigen. Diese Bemühungen sind indes mit grosser Vorsicht zu geniessen.[729]

726 Siehe dazu: MIHIGO, E., 2002: «L'institution d'Ubushingantahe au Burundi à la lumière de la Sociologie des Droits de l'Homme: Hypothèse de recherche». *Centre National de Démocratie*, Bujumbura, keine Seitenangaben, *Übersetzung d. Verf.* [http://www.arib.info/Abashingantahe.htm#d'Ubushingantahe].

727 Art. 178 der burundischen Verfassung vom 9. März 1992, zit. in: MIHIGO, 2002, *op. cit.*, keine Seitenangaben. Siehe auch: LAELY, 1992, *op. cit.*, p. 75.

728 MIHIGO, 2002, *op. cit.*, keine Seitenangaben.

729 LAELY, 1992, *op. cit.*, p. 93.

(x) Schlussbemerkungen

Die diskutierten Mechanismen transitionaler Justiz bieten vielfältige Möglichkeiten des Umgangs mit Verbrechen, die unter einem alten Regime begangen wurden. In der Praxis wurden sie – wie es die Fallbeispiele aufgezeigt haben – teilweise kombiniert, wobei auch die jeweils vorhandenen retributiven und restaurativen Elemente eine unterschiedliche Gewichtung erfuhren, um dem Kontext, in welchem die Verbrechen stattfanden, sowie demjenigen des politischen Transitionsprozesses besser gerecht zu werden. So bemerkt auch Bassiouni: «The accountability mechanisms described above are not mutually exclusive, they are complementary. Each mechanism need not be taken as a whole. Rather, a portion may be used and combined with other mechanisms».[730] Während Justiz, Wahrheitsfindung und Reparationen unverzichtbare Ziele im Rahmen der Bewältigung einer blutigen Vergangenheit darstellen, bestehen demzufolge höchst vielfältige Wege, diese zu erreichen. Welchen Weg Rwanda zur Bewältigung des Genozids eingeschlagen hat, ist Gegenstand des nachfolgenden Kapitels.

730 BASSIOUNI, 1996, *op. cit.*, p. 23.

III. Die Antworten Rwandas

1. Einleitung

Neu etablierte Regierungen können nach massiven Menschenrechtsverletzungen und Gewalterfahrungen auf diejenigen Mechanismen transitionaler Justiz zurückgreifen, die zuvor eingehend diskutiert wurden. So schreibt auch Sarkin im Zusammenhang mit vergangenen Verbrechen: «New democracies have various options in dealing with these issues. They make their choices according to the contexts of their transitions, taking into account the seriousness of the crimes and the resources available to deal with these issues».[731] In Rwanda wurden nach dem Genozid weitreichende Überlegungen dazu angestellt, welches angesichts der Einzigartigkeit der Ereignisse die realisierbaren und angemessenen Strategien seien. Zu berücksichtigen war nicht zuletzt die sehr hohe Beteiligung der Bevölkerung an den Verbrechen, die noch viel höhere Anzahl der Opfer sowie die Tatsache, dass die Verbrechen in aller Öffentlichkeit begangen wurden.[732] Einige Optionen transitionaler Justiz mussten unberücksichtigt bleiben, während andere in Angriff genommen werden konnten.

An dieser Stelle sollen zunächst die Erkenntnisse hinsichtlich der Faktoren, welche die Wahl von Regierungen beeinflussen, hinzugezogen werden.[733] In struktureller Hinsicht wurde der aktuelle Transitionsprozess durch einen Sturz des alten Regimes eingeleitet, dessen Mitglieder in der Mehrzahl aus dem Land geflohen sind. In diesem Sinne standen den neuen Machthabern alle Möglichkeiten offen, insbesondere jedoch diejenige der Strafverfolgung. Hinzu kommt, dass die öffentliche Nachfrage nach Vergeltung stark ausgeprägt war.[734] Dies führte dazu, dass das primäre

731 SARKIN, 2000a, *op. cit.*, p. 2.
732 DRUMBL, 2000, *op. cit.*, p. 1231.
733 Siehe dazu die Ausführungen auf den Seiten 158 bis 164.
734 SKAAR, 1999, *op. cit.*, p. 1118.

Ziel der Regierung in der Bestrafung der Schuldigen bestand. Erst nach erfolgter Vergeltung, so die einhellige Meinung, könne der Versöhnungsprozess einsetzen.[735] So weigerte sich die Regierung denn auch fünf Jahre lang, überhaupt von Versöhnung zu sprechen.[736] Selbst ein Besuch von rwandischen Delegierten in Südafrika vermochte die Einstellung nicht zu ändern. Versöhnung sei schön, sagten sie, doch würden sie Justiz bevorzugen. Die Versöhnung könne warten.[737] Waren der Entscheidung für Strafjustiz keine politischen Grenzen gesetzt, so stellte die Frage der Ressourcen ein massgebliches Problem dar, musste doch – wie noch in Einzelheiten aufzuzeigen ist – zuerst das gesamte Rechtssystem wieder aufgebaut werden. In Anerkennung der Tatsache, dass die Bestrafung von Schuldigen zwar das primäre Ziel sowohl für die Regierung wie auch für die Öffentlichkeit darstellt, sollen nachfolgend einige einleitende Bemerkungen zu jedem einzelnen Mechanismus transitionaler Justiz erfolgen. Internationale und nationale Gerichtsbarkeit, Reparationsbestrebungen sowie das Modell der Gacacas werden daran anschliessend in eigenen Kapiteln eingehend behandelt.

Amnestie

Angesichts des Ausmasses der während des Völkermordes begangenen Verbrechen wurde die Option der Amnestiegewährung, wie sie etwa in Südafrika oder Mosambik strategisch umgesetzt wurde, von Anfang an mit aller Vehemenz verworfen. Nicht nur das Bewusstsein, die bislang grassierende Kultur der Straflosigkeit habe ganz wesentlich zu den Verbrechen von 1994 beigetragen, sondern auch die offizielle Willensbekundung von Seiten der rwandischen Regierung, diese von nun an auf das Schärfste hin zu bekämpfen und ihr ein Ende zu bereiten, liessen die Amnestie als politisch höchst unverantwortliches Vorhaben erscheinen. In diesem Sinne äusserte sich auch Tito Rutaremara, Vorsitzender der Rwandischen Rechts- und Verfassungskommission:

735 LEDERACH, 1997, *op. cit.*, p. 172. Siehe hierzu auch: LAMBOURNE, 2001, *op. cit.*, p. 324.

736 UNITED NATIONS ORGANIZATION, 2000, *op. cit.*, Abs. 143.

737 Zit. in.: SARKIN, 2000b, *op. cit.*, p. 117.

> [T]he Rwandan people did not accept amnesty. Throughout the history of Rwanda, the government of the day has granted amnesty, and throughout history, the government has been involved in the massacres and then granted amnesty... Amnesty encouraged impunity. For these reasons, [the people] wanted to try something else in Rwanda.[738]

Nicht zuletzt aus Sicht der Überlebenden des Genozids wäre die Gewährung von Straffreiheit auf absolutes Unverständnis gestossen und hätte zweifelsohne zu Racheakten im Rahmen von Privatjustiz geführt. Der Weg hin zu Versöhnung wäre mit allergrösster Wahrscheinlichkeit durch ein solches Vorgehen von Anfang zum Scheitern verurteilt gewesen, obschon das akute Problem der Gefängnispopulation gelöst worden wäre. Den Zusammenhang zwischen strafrechtlicher Verfolgung und Versöhnung unterstrich auch der Vertreter Rwandas im Sicherheitsrat: «Es ist unmöglich [...], eine wahrhafte Versöhnung zu erreichen ohne die Kultur der Straflosigkeit zu beseitigen, die vorgeherrscht hat».[739]

Internationale Strafjustiz

Internationale Gerichtsbarkeit hingegen wurde durch die von rwandischer Seite erbetenen Errichtung des Internationalen Strafgerichtshofes für Rwanda (ICTR) im November 1994 ermöglicht. Dessen Richtkompetenz beschränkt sich in erster Linie auf die Organisatoren und Planer des Völkermordes.

Nationale Strafjustiz

Um Genozidverbrechen sowie Verbrechen gegen die Menschlichkeit vor eigenen Gerichten behandeln zu können, musste zunächst das Rechtssystem wiederaufgebaut sowie gleichzeitig weitreichende gesetzgebende Arbeit geleistet werden, welche 1996 im Erlass der *«Loi Organique N° 8/1996 du 30/08/1996 sur organisation des poursuites des infractions constitutives du crime de génocide ou des crimes contre l'humanité, commises à partir*

738 Zit. in: BURKE-WHITE, 2002, *op. cit.*, p. 59 [*Ergänzung durch Burke-White*].

739 Letter from the Permanent Representative of Rwanda Addressed to the President of the Security Council, U. N. Doc. S/1994/1133, 6 october 1994, p. 3, al. 11, zit. in: SIMON, 2003, *op. cit.*, p. 6.

du 1er octobre 1990» gipfelte, deren Kernstücke die Kategorisierung von vier Verbrechenskategorien sowie das Verfahren der Absprache über Schuldigerklärung darstellen.

Wahrheits- und Versöhnungskommission

Das erfolgreiche Beispiel Südafrikas veranlasste Regierungsvertreter dazu, die Errichtung einer Wahrheits- und Versöhnungskommission nach dessen Beispiel ins Auge zu fassen, damit möglichst viele Einzelheiten über die begangenen Verbrechen und die Planung des Völkermordes bekannt würden. In Verbindung mit der Zusicherung von Straffreiheit für sich der Genozidverbrechen schuldig bekennenden Personen erschien jedoch auch diese Option als nicht adäquat und wurde infolgedessen fallengelassen. Auch eine Wahrheits- und Versöhnungskommission ohne die Möglichkeit von Amnestie wurde angesichts der in aller Öffentlichkeit begangenen Verbrechen als wenig gewinnbringend erachtet. So bemerkte der Verkehrsminister anlässlich eines Besuches der Südafrikanischen Kommission: «We don't need truth, we know who did what».[740]

Wenn zwar von offizieller Seite keine Schritte zur Errichtung einer Wahrheits- und Versöhnungskommission unternommen wurden, so verpflichtete sich die grösste rwandische Überlebendenvereinigung IBUKA mitunter der Wahrheitssuche. Im Rahmen einer *bottom-up* Initiative erstellten deren Mitarbeitenden Statistiken über Genozidverbrechen und befragten landesweit Zeugen. Zur Aufarbeitung der Massaker in Kibuye sammelte IBUKA Namen und Informationen von über 59'000 Opfern.[741]

In Publikationen zum Thema Wahrheits- und Versöhnungskommissionen findet zeitweise auch Rwanda Erwähnung. Um allfälliger Verwirrung entgegenzuwirken, soll entsprechendes Vorhaben an dieser Stelle in Kürze dargelegt werden. So wurde in den Jahren 1992 bis 1993, beruhend auf eines der ersten Arusha-Abkommen, eine Untersuchungskommission im Zusammenhang mit den Ereignissen während des Bürgerkrieges initiiert, an welcher vier internationale Menschenrechtsorganisationen beteiligt

740 Zit. in: SARKIN, 2000b, *op. cit.*, p. 117.

741 Die Tätigkeiten von IBUKA werden erwähnt in: UNITED NATIONS ORGANIZATION, 2000, *op. cit.*, Abs. 156.

waren.[742] Unter der offiziellen Bezeichnung «*International Commission of Investigation on Human Rights Violations in Rwanda Since 1 October 1990*» bereisten zehn Mitglieder von *Africa Watch*, der *Fédération Internationale des Ligues des Droits de l'Homme* (FIDH), der *Union Interafricaine des Droits de l'Homme et des Peuples* sowie des *Centre International des Droits de la Personne et du Développement Démocratique* während zwei Wochen Rwanda, in welchem die Kämpfe noch immer anhielten.[743] Dabei wurden mitunter Massengräber geöffnet, Zeugenaussagen gesammelt und Dokumente der Regierung gesichtet.[744] Als die Kommission anfangs 1993 Rwanda wieder verliess, wurden in den darauffolgenden Tagen zwischen 300 und 500 Personen getötet.[745] Der Bericht wurde am 8. März 1993 vorgelegt, zog allerdings aufgrund der nachfolgenden Ereignisse keine Konsequenzen nach sich.

Beachtung verdient an dieser Stelle auch der Vorschlag von Karnavas, eine internationale Wahrheitskommission ins Leben zu rufen, damit einzelne Mitglieder der internationalen Gemeinschaft für ihre Passivität gegenüber dem Völkermord sanktioniert würden und sie den Überlebenden des Genozids Kompensationen zahlen müssten.[746] Indes ist kaum zu erwarten, dass dieser Vorschlag jemals umgesetzt würde.

Lustrationen

Obschon Rwanda nicht in offizieller Weise für durch ein Gesetz ermöglichte Lustrationen optiert hat, fanden ab dem Jahre 1999 inoffizielle sowie umstrittene Säuberungsaktionen im gesamten Machtapparat statt. Im Juli 1999 wurde das Obergericht gänzlich ersetzt, wobei Richter zur Demission gezwungen wurden.[747] Am 6. Januar 2000 legte der Präsident der Nationalversammlung, Joseph-Sebarenzi Kabuye, sein Amt nieder. Ge-

742 BARAHONA DE BRITO, GONZÁLEZ-ENRÍQUEZ, and AGUILAR (eds.), 2001, *op. cit.*, p. 8.

743 SARKIN, 1999, *op. cit.*, p. 776 f.

744 DES FORGES, 2002, *op. cit.*, p. 243.

745 SARKIN, 1999, *op. cit.*, p. 777.

746 KARNAVAS, 1997, *op. cit.*

747 AKHAVAN, 2001, *op. cit.*, p. 26.

mäss Berichten des UNHCR wurde er zum Exil genötigt.[748] Wenig später zogen sich auch der Premierminister Rwigema sowie der damalige Präsident Rwandas, Pasteur Bizimungu, von ihren Ämtern zurück, während Innenminister Gakwaia zum Exil gezwungen wurde. Ferner berichtet Drumbl, dass oppositionelle Parlamentsmitglieder zur Niederlegung ihrer Ämter genötigt wurden.[749] Mit viel Sinn für Ironie bemerkt denn auch Sarkin, dass seit dem Jahre 2000 Hutu weitestgehend von Machtpositionen ausgeschlossen sind, obschon die Regierung verlauten lässt, es gebe keine Hutu und Tutsi mehr, sondern lediglich noch Rwander.[750]

Reparationen

Wie das menschliche Leiden im Zusammenhang mit dem Genozid unbeschreiblich ist, so haben auch materielle Verluste unwahrscheinliche Ausmasse angenommen. In Anbetracht wiederholter Forderungen von Seiten der Überlebenden des Genozids an die rwandische Regierung, nicht nur der Beteiligung am Völkermord Beschuldigte vor Gericht zu bringen, sondern ebenfalls um die Wiedergutmachung von Schäden materieller wie auch immaterieller Art besorgt zu sein, wurde der Beschluss gefasst, einen nationalen Hilfsfonds *(National Fund for Assistance to the Survivors of Genocide and Massacres)* einzurichten. Dieser sollte als Übergangslösung fungieren, bis der eigentliche Entschädigungsfonds, durch welchen Kompensationszahlungen vorgenommen werden sollen, wirksam wird. Bis zum heutigen Tag wurde allerdings noch nicht über das entsprechende Gesetz abgestimmt.

Traditionelle Streitbeilegungsmechanismen

Die bereits im vorkolonialen Rwanda existierenden Gacacas stellen die innovativste Bestrebung dar, in einem politischen Transitionsprozess mit vergangenen Verbrechen des Völkermordes umzugehen. Diesem Komplex

748 UNHCR, 2001: «Fiche pays Rwanda». Octobre 2001, p. 2 [http://www.hcrfrance.org/telecharg/rwanda.doc].

749 DRUMBL, 2000, *op. cit.*, p. 1310. Zahlreiche Details zu den Säuberungsaktionen finden sich in: SARKIN, 2001a, *op. cit.*, p. 151.

750 SARKIN, 2000b, *op. cit.*, p. 120.

sei nachfolgend das umfassendste Kapitel gewidmet, in welchem die Konzipierung und Struktur der Gacaca-Gerichtsbarkeit sowie ihr möglicher Beitrag zu Justiz, Wahrheitsfindung, Reparationen und Versöhnung eingehend behandelt werden.

Aufgrund der höchst komplexen Situation im postgenozidären Rwanda erscheint es von zentraler Bedeutung, die Vorteile verschiedenster Strategien ausschöpfen zu können und in diesem Sinne einen *multifaceted approach*[751] zur transitionalen Justiz anzustreben. Erst eine dem Kontext entsprechende Kombination von Instrumenten transitionaler Justiz vermag dem Ziel individueller und nationaler Versöhnung gerecht zu werden.

2. Die Antwort auf internationaler Ebene: Der Internationale Strafgerichtshof für Rwanda

a. Allgemeine Bemerkungen

Nach der Errichtung des Internationalen Strafgerichtshofes für Ex-Jugoslawien (ICTY[752]) in Den Haag gelangte die rwandische Regierung mit der dringenden Bitte um eine analog gestaltete Rechtsinstitution zur Aburteilung der Genozidverbrechen in Rwanda an den Sicherheitsrat der Vereinten Nationen. Als Folge dessen wurde durch die Resolution Nr. 955 des Sicherheitsrates vom 8. November 1994 die Schaffung des Internationalen Strafgerichtshofes für Rwanda (nachfolgend ICTR[753]) auf der Basis von Kapitel VII der UN-Charta beschlossen.[754] Die internationale Gemeinschaft unterstrich in genannter Resolution das primäre Ziel der Rechts-

751 KARNAVAS, 1997, *op. cit.*
752 International Criminal Tribunal for the Former Yugoslavia.
753 International Criminal Tribunal for Rwanda.
754 U.N. Doc. S/RES/955 (1994). Für eine äusserst detaillierte Analyse des ICTR siehe: ALVAREZ, 1999, *op. cit.*

institution, namentlich «to contribute to the national reconciliation process and to the maintenance of peace.»[755]

Unter die Richtkompetenz des Tribunals fallen gemäss Art. 2 bis 4 seines Statuts Völkermord, Verbrechen gegen die Menschlichkeit sowie andere schwerwiegende Verstösse gegen den gemeinsamen Artikel 3 der Genfer Konventionen und deren Zusatzprotokoll II *(ratione materiae)*, die im Zeitraum vom 1. Januar 1994 bis zum 31. Dezember 1994 *(ratione temporis)* durch Personen jeder Staatsangehörigkeit auf rwandischem Staatsterritorium oder durch Bürgerinnen und Bürger Rwandas in Nachbarstaaten verübt wurden *(ratione loci et personae)*. Wie noch aufgezeigt wird, dehnt sich das Mandat im Gegensatz zur rwandischen Rechtsprechung auch auf Angehörige der RPA, bzw. der RPF aus, denen die Verübung von Rachemorden und Massakern nach Beendigung des Genozids nachgesagt werden. Ebenfalls können aufgrund der Ausweitung der Kompetenz auf Nachbarstaaten auch diejenigen Akte des Terrorismus, der Verfolgung und der Einschüchterung geahndet werden, welche durch Genozidäre in den Flüchtlingslagern im ehemaligen Zaïre verübt wurden.[756] Ausgenommen von der Rechtsprechung des ICTR sind indes Vergehen und Verbrechen minderen Grades, mit welchen sich die rwandischen Gerichte auseinanderzusetzen haben.[757] Aufgrund der zeitlichen und räumlichen Limitierung seiner Kompetenz erhält das ICTR den Charakter eines *ad hoc*-Gerichtes.

Als erstes internationales Tribunal hat das ICTR seine Zuständigkeit für einen internen bewaffneten Konflikt erklärt.[758] Hervorzuheben ist ebenfalls die Tatsache, dass erstmals in der Geschichte des Völkerrechts Vergewaltigung als Verbrechen gegen die Menschlichkeit (Art. 3 des Statuts) sowie als ein Mittel zur gänzlichen oder partiellen Auslöschung einer in der UN-Genozidkonvention definierten Gruppe anerkannt wird. Eintreten

755 NORWEGIAN HELSINKI COMMITTEE, 2002, *op. cit.*, p. 24.

756 KRITZ, 1995a, *op. cit.*

757 Wie Akhavan darauf hinweist, würden es die Ressourcen des ICTR nicht erlauben, alle Fälle der in Rwandas Haftanstalten festgehaltenen Personen zu behandeln, weswegen die Ergänzung von nationaler und internationaler Justiz als notwendig zu erachten sei. AKHAVAN, 1997, *op. cit.*, p. 339.

758 MAGNARELLA, Paul J., 2000: *Justice in Africa: Rwanda's Genocide, Its Courts, and the UN Criminal Tribunal.* Aldershot: Ashgate, p. 111.

auf Zivilklagen um Schadensersatz fällt hingegen nicht in die Kompetenz des Gerichts.

In Art. 6 des Statuts ist das Prinzip der Individualverantwortung für Verbrechen verankert. So können sich in Aberkennung jeglicher Form offizieller Immunität weder Ausführende von Befehlen, Vorgesetzte, die wussten oder Grund zur Annahme hatten, was ihre Untergebenen taten, noch Regierungsverantwortliche der Verfolgung durch das Tribunal entziehen. Das ICTR geniesst gegenüber allen nationalen Gerichten das Primat. Ferner gilt das Prinzip *ne bis in idem*, wonach keine Person zweimal für dasselbe Verbrechen vor ein Gericht gestellt werden darf. Den sich daraus ergebenden Konfliktpunkten soll ein eigenes Kapitel gewidmet sein.

Das Gericht nach dem Modell des Nürnberger Tribunals hat seinen Hauptsitz im tansanischen Arusha und wird seine Arbeit spätestens im Jahre 2010 abgeschlossen haben müssen.[759] Es verfügt über drei Gerichtskammern Erster Instanz mit je drei ständigen Richtern, eine Berufungskammer in Den Haag mit gleichzeitiger Zuständigkeit für das ICTY, einen Chefankläger sowie eine Registratur.[760] Die Geschäftsstelle des stellvertretenden Anklägers befindet sich in Kigali.

Die prozeduralen Bestimmungen sowie mitunter das Recht des Angeklagten auf ein faires Verfahren entsprechen weitestgehend denjenigen des Internationalen Paktes für bürgerliche und politische Rechte (ICCPR).[761] Ihr zugrundeliegendes Prinzip ist dasjenige der Waffengleichheit. Während ordentliche Gerichte Rwandas sowie die Gacaca-Gerichtsbarkeit – wie noch aufzuzeigen ist – dem Vorwurf ausgesetzt sind, Art. 14 ICCPR zu verletzen, wurde besagter Artikel in integraler Weise in das ICTR-Statut aufgenommen.[762]

759 Mit der Resolution Nr. 977 vom 22. Februar 1995 des UN-Sicherheitsrates wurde Arusha als Sitz des ICTR bestimmt. Dazu: PETER, Chris M., 1997: «The International Criminal Tribunal for Rwanda: Bringing the killers to book», in: *International Review of the Red Cross*, N° 321: 695–704, p. 696.

760 Am 30. April wurde eine dritte Gerichtskammer Erster Instanz durch den UN-Sicherheitsrat eingerichtet. Die Anzahl Richter der Berufungskammer wurde ihrerseits am 30. November 2000 von fünf auf sieben erhöht. DES FORGES, 2002, *op. cit.*, p. 865.

761 Darunter namentlich die Artikel 17 bis 20, 22, 24 und 25 des ICTR-Statuts.

762 Auf genannten Artikel wird in den entsprechenden Kapiteln zur nationalen Rechtsprechung und zur Gacaca-Gerichtsbarkeit eingegangen.

Die Prozessordnung ist mehrheitlich angelsächsischer Prägung *(common law)* und sieht die Befragung der Gegenpartei vor. Im Gegensatz zur rwandischen Strafgesetzgebung verhängt das ICTR keine Todesstrafen, sondern lediglich Haftstrafen. Die Gerichtskammern sind allerdings dazu angehalten, sich beim Bemessen der Strafen an die Praxis der rwandischen Jurisdiktion zu orientieren. Haftstrafen können in Rwanda oder in einem anderen Land abgesessen werden, welches aufgrund seiner Willensbekundung zuhanden des Sicherheitsrates, überführte Personen anzunehmen, auf einer entsprechenden Liste figuriert.[763]

In Arusha selber wurde eine eigene Untersuchungshaftanstalt eingerichtet. Insgesamt werden zurzeit rund 800 Angestellte beschäftigt, während das Jahresbudget mittlerweile rund 90 Millionen Dollar beträgt. Die ehemalige Chefanklägerin Carla Del Ponte wurde im September 2003 durch Hassan Bubacar Jallow abgelöst, wodurch jeder der beiden Strafgerichtshöfe nun über je eigene Chefankläger verfügt. Die Leitung der Untersuchungen unterliegt dagegen dem Stellvertreter des Chefanklägers in Kigali.

Da das Gericht über keine Polizeibehörden verfügt und somit keine Festnahmen vornehmen kann, ist es auf die Zusammenarbeit der Vertragsstaaten dringendst angewiesen. Trotz bindender Pflichten der UN-Mitgliedstaaten zur Kooperation vermag das ICTR weder die Mitarbeit noch das Ausführen ihrer Anordnungen durchzusetzen. Der ehemalige Gerichtspräsident Cassesse drückte diese Abhängigkeit wie folgt aus: «Our tribunal is like a giant who has no arms and no legs. To walk and work, he needs artificial limbs. These artificial limbs are the state authorities; without their help the tribunal cannot operate».[764]

Am 9. Januar 1997 konnte der erste Völkermordprozess gegen Jean-Paul Akayesu eröffnet werden.[765] Der frühere Bürgermeister von Taba wurde am 2. September 1998 in neun von 15 Punkten der Anklage für

763 Darauf stehen u.a.: Australien, Belgien, Benin, Dänemark, Österreich, Mali, Norwegen, Schweden, die Schweiz und Swaziland.

764 Zit. in: LAWYERS COMMITTEE FOR HUMAN RIGHTS, 1997, *op. cit.*, keine Seitenangaben.

765 Für eine Beschreibung der ersten Prozesse siehe den Artikel von Brenda Sue Thornton, welche als Juristin beim ICTR tätig war: THORNTON, Brenda S., 1999: «The International Criminal Tribunal for Rwanda: A Report from the Field», in: *Journal of International Affairs*, Vol. 52/2: 639–646.

schuldig befunden und zu drei lebenslänglichen Haftstrafen sowie weiteren achtzig Jahren verurteilt, wobei bereits in diesem Fall erstmals in der Rechtsgeschichte dem Straftatbestand der Vergewaltigung als Form des Völkermordes Rechnung getragen wurde.[766] Bislang wurden innert etwas mehr als neun Jahren 19 Urteile gesprochen und insgesamt 77 Anklagen erhoben.[767] Unter den Verurteilten befindet sich nebst Jean Kambanda, ehemaliger Premierminister der Übergangsregierung, und Colonel Theoneste Bagosora, der als «Gehirn des Genozids» bezeichnet wird, auch Georges Ruggiu, Mitarbeiter beim *Radio-Télévision Libre des Mille Collines* (RTML). Obschon es als erwiesen galt, dass er bei der Anstachelung zum Völkermord eine zentrale Rolle gespielt hatte, wurde der Italiener zu einer Haftstrafe von 12 Jahren verurteilt, dies mit der Begründung, als Ausländer habe er nicht gewusst, was geschah, und habe gar Menschen vor dem Tode gerettet. Die Reaktionen auf den Urteilsspruch waren vehement. Derzeit befinden sich 48 Angeklagte in Haft, darunter sowohl hohe Verwaltungsbeamte, militärisches Kader, politische Führer und Verantwortliche der Miliz wie auch Medienverantwortliche, Industrielle und religiöse Würdenträger.[768] Sie alle wurden ausserhalb von Rwanda festgenommen. Zehn weitere Angeklagte vermochten bislang noch nicht gefasst zu werden.

766 So argumentierte das ICTR im Fall Akayesu: «Les femmes tutsi ont été assujetties à des actes de violence sexuelle du seul fait qu'elles étaient Tutsi. La violence sexuelle était une étape dans le processus de destruction du groupe tutsi, destruction de son moral, de la volonté de vivre de ses membres, et de leurs vies ellesmêmes.» Zit. in: FIERENS, 2001, *op. cit.*, p. 198. Siehe dazu auch: DES FORGES, 2002, *op. cit.*, p. 871.

767 Detaillierte Angaben zu abgeschlossenen Fällen sowie solchen in laufender Verhandlung finden sich auf der Internetseite des ICTR: http://www.ictr.org, darin siehe unter: «cases».

768 Für Einzelheiten: VANDEGINSTE, 1997, *op. cit.*, p. 32 ff.

b. Kritische Betrachtungen

(i) Die Einwände Rwandas

Obschon die Errichtung des ICTR durch die rwandische Regierung erbeten und vorangetrieben wurde, entstanden bereits in der Planungsphase aufgrund von Missverständnissen massgebliche Differenzen, die sogar schliesslich dazu führten, dass sich der Vertreter Rwandas im UN-Sicherheitsrat als alleiniges stimmberechtigtes Mitglied gegen die Errichtung des Tribunals aussprach. Nachfolgend sollen die zentralen Kritikpunkte Rwandas näher erläutert werden.[769]

Der erste Einwand betraf die *Kompetenz ratione temporis* des ICTR, die sich auf das gesamte Jahr 1994 erstreckt. Dagegen äusserte die rwandische Regierung wiederholt die Forderung, der Zeitraum der zu ahnenden Verbrechen sei auf die Dauer vom 1. Oktober 1990 bis zum 17. Juli 1994 festzulegen, damit auch Verbrechen im Zusammenhang mit dem Bürgerkrieg – gemäss Art. 4 des ICTR-Statuts ebenfalls unter seine Kompetenz fallend – sowie die Planung mitsamt Anstachelung zum Genozid behandelt werden könnten. Auf diese Kritik Bezug nehmend, bemerkt auch Fierens: «Le génocide étant un processus et non un événement ponctuel, la date de son début est très malaisée à définir».[770] Die Reduktion auf das Jahr, in welchem der Genozid stattfand, entzieht somit den Straftatbestand der Anstachelung und des Aufrufes zum Völkermord, wie er in Art. 2 Abs. 2 lit. c des Statuts festgehalten ist, der Jurisdiktion des ICTR.[771] Dem Wunsch Rwandas nicht stattgebend, wurde die Frist schliesslich explizit bis Ende 1994 festgelegt, um die nicht unbedeutende Möglichkeit zu eröffnen, auch Angehörige der RPA für Übergriffe und Massaker nach Beendigung des Genozids verantworten zu können. Dagegen ermahnte

769 Siehe hierzu auch: LAWYERS COMMITTEE FOR HUMAN RIGHTS, 1997, *op. cit.* Ferner: «Das Rwanda-Tribunal ist keine Erfolgsgeschichte», *NZZ am Sonntag*, 23.2.2003.

770 FIERENS, 2001, *op. cit.*, p. 196.

771 MORRIS, 1997, *op. cit.*, p. 5.

die Regierung Rwandas dazu, keine Parallele zwischen dem Völkermord und Verbrechen der Befreiungsarmee herzustellen.[772]

Ein weiterer Kritikpunkt bezog sich auf die *personelle Unterbesetzung* des Tribunals. Abgesehen von der Tatsache, dass 16 Prozessrichter sowie sieben Appellationsrichter (letztere mit gleichzeitiger Zuständigkeit für das ICTY) als zu wenig an der Zahl angesehen wurden, genoss insbesondere die Aufteilung des Chefanklägeramtes auf das ICTR und das ICTY Kritik, zumal sich dessen Geschäftsstelle in Den Haag befindet. So gab der Generalsekretär des rwandischen Justizministeriums, Gerald Gahima, zu bedenken: «How could a genocide that had claimed more than a million lives be a person's part-time job?»[773] Mittlerweile konnte zumindest diese Schwachstelle anlässlich der Nichtwiederwahl Carla Del Pontes behoben werden.

Ferner unterlag der *Standort des Gerichts* ausgiebiger Kritik. Argumentierte die internationale Gemeinschaft mit der Notwendigkeit eines neutralen Territoriums, aber auch mit Überlegungen sicherheitstechnischer, infrastruktureller und logistischer Art, so bestand die Regierung Rwandas vergeblich darauf, das Tribunal in Kigali zu installieren. Die Justiz – so die Einwände Rwandas – bleibe indessen unsichtbar, finde in grosser Entfernung in einem fremden Land statt und erhalte auf diese Weise die Aura des Unwirklichen und nicht Greifbaren. Dies bestätigt auch Kritz: «To have an impact in Rwanda, the tribunal should conduct its hearings in Kigali, not elsewhere in Africa or in the Hague».[774] Obschon die ehemalige Chefanklägerin Del Ponte seit dem Jahre 2000 darum bestrebt war, gewisse Prozesse in Kigali durchzuführen, wurde dies bislang nicht umgesetzt.[775]

772 FÉDÉRATION INTERNATIONALE DES LIGUES DES DROITS DE L'HOMME (FIDH), 2002: «Entre Illusions et désillusions: les victimes devant le Tribunal Pénal International pour le Rwanda (TPIR)». *Rapport de situation*, N° 343. Octobre 2002, p. 17.

773 UNITED NATIONS ORGANIZATION, 2002: «Headquarters Briefing on International Criminal Tribunal for Rwanda». *Press Briefing*, July 24, 2002 [http://www.un.org/News/briefings/docs/2002/rwandabrf.doc.htm].

774 KRITZ, Neil J., 1995a: «Rwanda: Accountability for War Crimes and Genocide». Special Report 13, *United States Institute of Peace.* Washington, January 1995, keine Seitenangaben [http://www.usip.org/pubs/specialreports/early/rwanda1.html].

775 «Del Ponte impatiente de voir les procès du TPIR à Kigali», *Fondation Hirondelle*, 17 janvier 2002. In diesem Zusammenhang wird denn auch der zentrale Vorteil von gemischten national-internationalen Tribunalen nochmals sehr deutlich.

Informationen über das ICTR sowie Meldungen über den Verlauf der Prozesse gelangen nur spärlich an die weitestgehend rurale Bevölkerung Rwandas, die sich zudem durch eine niedrige Alphabetisierungsrate auszeichnet.[776] Der Bevölkerung ist es ausserdem nur in beschränktem Masse möglich, die Ereignisse in Arusha im Fernsehen mitzuverfolgen.[777] Indes berichtet Radio Rwanda seit 1998 regelmässig über die Prozesse. Gilt das Mitverfolgen immerhin als noch möglich, ist die Teilnahme an den Verhandlungen für Rwanderinnen und Rwander kaum zu bewerkstelligen. Gerichtsurteile werden zwar veröffentlicht, jedoch nicht ins Kinyarwanda, der originären Landessprache, übersetzt. All diese Aspekte rufen innerhalb der Bevölkerung Rwandas ein Gefühl der Machtlosigkeit sowie des Ausgeschlossenseins hervor, das gar im Vorwurf des «rechtlichen Imperialismus» mündete.[778] So bemerkt auch Kritz:

> ...the tribunal ultimately has a primary audience, namely, the people of Rwanda. They, more than the rest of the world, need to see the tribunal at work, to be reminded on a daily basis that the international community is committed to the establishment of justice and accountability for the heinous crimes of 1994.[779]

Auf der anderen Seite gibt Habiyambere in einem Interview aus dem Jahre 2000 zu bedenken, dass 90% der Richter des ICTR niemals in Rwanda waren. Einladungen, die nebst anderem auch den Besuch von Genozidstätten vorsahen, wurde nicht nachgekommen.[780]

Der Informationsaspekt ist nicht nur von allgemeiner Bedeutung, sondern enthält auch eine weitere Dimension: Nur die Wahrnehmung von konkreten schuldigen Individuen – mit anderen Worten also die Individua-

776 Das im Jahre 2000 eingerichtete Dokumentationszentrum in Kigali wird in erster Linie von Studierenden und Intellektuellen aufgesucht. FÉDÉRATION INTERNATIONALE DES LIGUES DES DROITS DE L'HOMME, 2002, *op. cit.*

777 Die Bevölkerung Rwandas ist gemäss FIDH lediglich durch das Radio sowie über Kontakte mit Opfervereinigungen informiert. Dazu: FÉDÉRATION INTERNATIONALE DES LIGUES DES DROITS DE L'HOMME, 2002, *op. cit.*, p. 13 ff.

778 GAHIMA, 2002, *op. cit.*

779 KRITZ, 1996a, *op. cit.*, p. 131.

780 HABIYAMBERE, Eugène, 2000: «‹Bien souvent, le TPIR ne répond pas à nos attentes›. Entretien avec Martin Ngoga», in: *Le Verdict*, N° 17, août 2000, keine Seitenangaben[http://www.diplomatiejudiciaire.com/Rwanda/LeVerdict17.html].

lisierung der Strafverantwortlichkeit – vermag die der Versöhnung abträgliche sowie undifferenzierte Meinung auszuhöhlen, alle Hutu als gesichtsloses Kollektiv trügen die Schuld am Völkermord.

Das berechtigterweise durch das fehlbare Verhalten der internationalen Gemeinschaft während des Genozids enttäuschte Rwanda äusserte zudem grundsätzliche Bedenken hinsichtlich des späten Engagements der Vereinten Nationen. Die allgemein schlechte Akzeptanz des Tribunals ist nicht zuletzt aus der Vermutung heraus entstanden, die internationale Gemeinschaft würde nun auf der Grundlage von Schuldgefühlen eine Lösung von aussen her aufoktroyieren, die mitunter als Misstrauen in die Qualität rwandischer Rechtsprechung zu werten sei. So konnte Gourevitch anlässlich eines Gesprächs mit dem Justizminister Rwandas feststellen:

> Die ruandische Regierung empfand diese Entscheidung der UN als Affront. Die blosse Existenz eines UN-Gerichtshofes implizierte, dass das ruandische Gerichtswesen keine gerechten Urteile gewährleisten könne, und schien von vornherein alle eventuellen Prozesse in Ruanda abzuwerten, weil sie nicht den internationalen Massstäben entsprächen. «Wenn die internationale Gemeinschaft wirklich etwas dagegen tun will, dass die Täter straflos bleiben, dann sollte sie Ruanda helfen, diese Menschen zu bestrafen», sagte mir Gerald Gahima im Justizministerium.[781]

Über die Tatsache hinaus, dass des Völkermords Schuldige ausserhalb Rwandas durch ausländische Richter verurteilt werden, ist Rwanda ausserdem nicht garantiert, dieser Schuldigen auch nach dem Richtspruch habhaft zu werden, liegt die Entscheidung doch beim Tribunal, in welchem Land die Überführten ihre Haftstrafen abzusitzen hätten. Umwandlungen der Haftstrafen sowie frühzeitige Entlassungen sind indessen nur durch den Gerichtspräsidenten des ICTR zu entscheiden.[782] Wie Karnavas treffend bemerkt, lässt der Streit hinsichtlich der Zuständigkeit bei der Aburteilung von Völkermördern die zentrale Frage untergehen, auf welchem Wege die beste Justiz gewährleistet werden könne.[783] Schliesslich

781 GOUREVITCH, 1999, *op. cit.*, p. 302.

782 DUBOIS, Olivier, 1997: «Rwanda's national criminal courts and the International Tribunal», in: *International Review of the Red Cross*, N° 321: 717–731, p. 719.

783 KARNAVAS, 1997, *op. cit.*, keine Seitenangaben.

stösst die internationalen Normen entsprechende Bestimmung, keine Todesstrafen auszusprechen, auf Unverständnis von Seiten Rwandas, welches die Kapitalstrafe noch nicht abgeschafft hat. Weitere kollisionsrechtliche Aspekte sollen im übernächsten Kapitel eingehend beleuchtet werden.

Wenn die vorangehenden Kritikpunkte Gegebenheiten betrafen, welche bereits zum Zeitpunkt der Errichtung des ICTR diskutiert wurden, so kamen im Verlaufe der Zeit weitere Aspekte hinzu, denen die nachfolgenden Ausführungen gewidmet sind.

(ii) Allgemeine Schwachstellen

Zunächst konnte festgestellt werden, dass die Prozeduren ungemein langsam sind und ihnen der Beigeschmack von Ineffizienz anhaftet. So konnten selbst nach einem Bestehen von neun Jahren lediglich 19 Urteile gesprochen werden. Die Verschleppung der Untersuchungsprozedur im Falle von Jean-Bosco Barayagwiza führte berechtigterweise zu heftigem Unmut innerhalb wie ausserhalb Rwandas. Der Mitbegründer von RTLM und während des Genozids Direktor für politische Angelegenheiten im Aussenministerium musste aufgrund dieses Verfahrensfehlers aus der Untersuchungshaft entlassen werden.[784] Dabei wurde jedoch das Verfahren nicht eingestellt, sodass er am 3. Dezember 2003 zu 27 Jahren Haft verurteilt werden konnte.[785]

Verschärft wurde die unbefriedigende Lage in Anbetracht des Jahresbudgets des ICTR, welches mittlerweile das Fünffache dessen darstellt, was Rwanda für seine eigenen Gerichte einzusetzen vermag. Bis im Jahre 2003

784 Er war bereits im April 1996 in den Vereinigten Staaten in einem Zivilrechtsverfahren zu 105 Millionen US Dollar Entschädigungsleistung an rwandische Kläger verurteilt worden. Siehe zum Fall Barayagwiza vor dem ICTR: DREW, Philip J., 2000: «Dealing with mass atrocities and ethnic violence: can alternative forms of justice be effective? A case study of Rwanda». 2000 Dispute Resolution Award Paper. *Canadian Forum of Civil Justice* [http://www.cfcj-fcjc.org/full-text/rwanda.htm]. Ferner: UNITED NATIONS HIGH COMMISSIONER FOR REFUGEES (UNHCR), 2001, *op. cit.*

785 Das Urteil findet sich – wie auch alle anderen – auf der Internetseite des ICTR: http://www.ictr.org, [darin: «cases»].

waren rund 500 Millionen Dollar in die Institution investiert worden.[786] Die als luxuriös bezeichneten Bedingungen in der Untersuchungshaftanstalt des Gerichts sowie die medizinische Behandlung von Angeklagten rufen unter der Bevölkerung Rwandas, wo Opfer von Massenvergewaltigungen an AIDS sterben, massive Empörung hervor.

Auf breiter personeller Ebene konnte die *International Crisis Group* (ICG) mangelnde Qualifikationen feststellen, die überdies durch eine schwierige Rekrutierungslage akzentuiert werden.[787] Noch im Jahre 1996 war annähernd die Hälfte der zu besetzenden Posten vakant.[788] Durch die Entsendung nationaler Expertinnen und Experten vermochte die Notlage zumindest teilweise verbessert zu werden. Nichtsdestotrotz konnten die ersten Verhandlungen erst zwei Jahre nach Errichtung des Strafgerichtshofs eröffnet werden.

Einige empörende Vorfälle am Tribunal, wie die Anstellung von Genozidären, Fälle von Betrug und Korruption, das Herunterspielen der Berichte von vergewaltigten Zeuginnen durch Richter und Anwälte der Verteidigung sowie Misshandlungen von zu wenig geschützten Zeugen trugen ihrerseits zum Bild einer personell unzulänglich ausgestatteten sowie schlecht geführten Institution bei.[789] Als Zeichen des Protests haben denn auch zwei bedeutende Opfervereinigungen, Avega und IBUKA, ihre Mitarbeit mit dem ICTR offiziell für beendet erklärt. Bis anfangs 1997 funktionierte die für den Zeugenschutz verantwortliche Einheit *(«Witness Protection Unit»)* nicht. Dass nicht nur der Zeugenschutz, sondern auch die

786 «Die Opferrolle passt nicht zu Del Ponte», *NZZ am Sonntag*, 3.8.2003.

787 INTERNATIONAL CRISIS GROUP (ICG), 1999, *op. cit.*

788 LAWYERS COMMITTEE FOR HUMAN RIGHTS, 1997, *op. cit.*, keine Seitenangaben.

789 Siehe dazu die umfassende Studie der FIDH: FÉDÉRATION INTERNATIONALE DES LIGUES DES DROITS DE L'HOMME, 2002, *op. cit.* Ausserdem den Artikel von Karnavas, der selber eine Zeitlang für die Verteidigung von Jean Paul Akayesu vor dem ICTR zuständig war: KARNAVAS, 1997, *op. cit.* Als zwar nicht fundamental wichtiges, aber dennoch unvergessliches Beispiel darf in diesem Zusammenhang die Aktivität von A. Calderone erwähnt werden: Der einstige Rechtsberater des Chefanklägers fand trotz seiner gewichtigen Aufgabe die Zeit und Musse, am ICTR Hamlet aufzuführen. Für detaillierte Ausführungen siehe auch: LAWYERS COMMITTEE FOR HUMAN RIGHTS, 1997, *op. cit.*, keine Seitenangaben.

Betreuung traumatisierter Personen von entscheidender Bedeutung ist, zeigt ein Auszug aus dem Bericht der *Fédération Internationale des Ligues des Droits de l'Homme* (FIDH) zur Situation der Opfer vor dem ICTR:

> Les témoins-victimes qui vont à Arusha sont souvent des victimes qui ont vécu des situations horribles pendant plusieurs mois et qui n'ont jamais ou rarement reçu une aide psychologique au Rwanda, où le nombre de conseillers en traumatisme est toujours très limité. Même si ces personnes arrivent à se maintenir dans la vie quotidienne, l'éloignement de leur cadre de vie habituel, la confrontation avec l'accusé et surtout le fait de devoir revivre tout ce qui s'est passé pour pouvoir en témoigner, d'autant plus que les questions des avocats de la défense sont très détaillées, sont de nature à raviver de grands troubles psychiques et à réveiller un traumatisme jamais guéri.[790]

Genozidopfer und ihre Organisationen kritisierten ferner die Tatsache, dass entsprechend der angelsächsischen Rechtsordnung weder das Statut noch die Verfahrensbestimmungen die Möglichkeit der Zivilpartei vorsehen. Auf diese Weise werden geladene Opfer nicht zuletzt daran gehindert, wirklich am Prozess teilzunehmen, durch einen Anwalt vertreten zu werden sowie Berufung einzulegen. Auch besteht kein Recht auf Entschädigung.[791] Obschon zwar Art. 105 und 106 der Verfahrensbestimmungen die Entschädigung der im Rahmen des abgeurteilten Verbrechens angeeigneten Güter sowie das Einfordern von Wiedergutmachungszahlungen vor rwandischen Gerichten vorsehen, wurde gemäss Informationen der FIDH bislang nicht davon Gebrauch gemacht. Ausserdem existiert kein Verfahren betreffend die Durchsetzung von Schadensersatzzahlungen.

Nicht zuletzt die räumliche Aufsplittung des Tribunals auf Standorte in Arusha, Kigali und Den Haag sowie die Zusammenarbeit von Menschen unterschiedlichster Staatsangehörigkeit erschwert die zwecks Effizienz unerlässliche Koordinierung der Arbeit sowie den Kommunikationsfluss.

790 FÉDÉRATION INTERNATIONALE DES LIGUES DES DROITS DE L'HOMME, 2002, *op. cit.*, p. 6.

791 VANDEGINSTE, Stef, 1999: «Justice, Reconciliation and reparation after genocide and crimes against humanity: The proposed establishment of popular gacaca tribunals in Rwanda». Paper presented at the *All-Africa Conference on African Principles of Conflict Resolution and Reconciliation*, United Nations Conference Centre, Addis Ababa, November 8–12, 1999, p. 7.

Die UNO ihrerseits manifestierte durch den Auftrag eines Berichtes zum Funktionieren des ICTR ihr Bewusstsein der Problemlage. Der am 12. Februar 1997 veröffentlichte Bericht des *«UN Office for Internal Oversight Services»* (OIOS) – entsprechend seinem Autor auch «Paschke-Bericht» genannt – brachte Mängel, Fälle von Betrug sowie Inkompetenz Mitarbeitender an den Tag und führte zur Absetzung des Kanzlers sowie des stellvertretenden Anklägers in Kigali.[792] So heisst es im Bericht: «In the Tribunal's Registry not a single administrative area functioned effectively [...]; personnel in key positions did not have the required qualifications».[793] Dabei gilt zu bemerken, dass die umfangreichen Empfehlungen von Seiten der ICG ein bedeutendes Instrumentarium zur Verbesserung der Rechtsinstitution darstellen.[794] Ungeachtet dessen wurde der Sicherheitsrat im Jahre 2002 aktiv und beschloss, die Anzahl Richter zu erhöhen sowie die Verfahrensbestimmungen dergestalt zu modifizieren, dass gewisse Prozesse oder zumindest Teile davon nach Kigali ausgelagert werden können.[795] Seit dem Jahre 2003 konnte denn auch eine kontinuierliche Verbesserung der Effizienz und Prozessführung festgestellt werden.[796] So wurden Verfahren rascher abgewickelt und nach Bedarf einzusetzende Richter ernannt.[797]

Ein letzter erwähnenswerter Punkt ist die Tatsache, dass bislang keine Anklage gegen Mitglieder der RPA erhoben wurde, obschon die ehemalige Chefanklägerin Del Ponte dementsprechende Untersuchungen eingeleitet hatte.[798] Auch wurden keine Untersuchungen zum Flugzeugabsturz

792 U.N. Doc. A/51/789 (6 February 1997), in: VANDEGINSTE, 1997, *op. cit.*, p. 34.

793 Zit. in: MAGNARELLA, 2000, *op. cit.*, p. 60.

794 MARKS, Kathy, 2001: «The Rwanda Tribunal: Justice Delayed». *Global Policy Forum, International Crisis Group*, keine Seitenangaben [http://www.globalpolicy.org/intljustice/tribunals/2001/0607icg.htm].

795 FÉDÉRATION INTERNATIONALE DES LIGUES DES DROITS DE L'HOMME, 2002, *op. cit.*, p. 3.

796 «Die Opferrolle passt nicht zu Del Ponte», *NZZ am Sonntag*, 3. 8. 2003.

797 «Effizienteres Uno-Tribunal für Rwanda. Doch noch Sühne für den Völkermord von 1994?», *Neue Zürcher Zeitung*, 15. 1. 2004.

798 Es ist unklar, ob nicht auch gerade diese Aktivität zur Nichtwiederwahl von Carla Del Ponte geführt hat.

vom 6. April 1994 veranlasst, was den Verdacht einer einseitigen Orientierung des Tribunals verstärken könnte.[799]

(iii) Errungenschaften des ICTR

Nichtsdestotrotz darf dem Tribunal im Allgemeinen sowie seinen Leistungen im Besonderen gewisse Anerkennung entgegengebracht werden. Die durch ihn geschaffenen Vorteile sind nicht von der Hand zu weisen. So wurden zwar nur wenige Völkermörder überführt und festgenommen, die Verurteilung der «Gehirne des Genozids» verhinderte jedoch in massgeblicher Weise die Reorganisation des Hutu-Extremismus in Rwanda sowie in den umliegenden Ländern.

Ferner gibt Widner die Tatsache zu bedenken, dass die Drahtzieher des Genozids aus den Gefängnissen in Rwanda entfernt werden, demzufolge solche Personen, die sich als schuldig bekennen möchten, nicht mehr durch Mithäftlinge eingeschüchtert würden.[800] Was Widner allerdings unberücksichtigt liess, ist die Tatsache, dass die grosse Mehrzahl der sich in Arusha befindlichen Angeklagten nicht in Rwanda, sondern vielmehr im Ausland festgenommen wurden.

Im Hinblick auf die Frage der Auslieferung an ein Gericht verzeichnet das ICTR gegenüber Rwandas Institutionen den Vorteil, keine entsprechenden Abkommen abschliessen zu müssen. Gleichzeitig gilt in Rwanda noch immer die Todesstrafe, infolgedessen Auslieferungen von Tatverdächtigen an dieses Land durch internationale Normen untersagt sind, es sei denn, die explizite Garantie einer Umwandlung der Todesstrafe in lebenslängliche Haft würde gegeben. Nach der «Naki-Operation» (Nairobi-Kigali) am 18. Juli 1997 konnten in Kenya mehrere politische und militärische Persönlichkeiten der im April 1994 eingesetzten Interimsregierung festgenommen und nach Arusha transferiert werden.[801]

799 VANDEGINSTE, 1997, *op. cit.*, p. 37. Ferner: DES FORGES, 2002, *op. cit.*, p. 23.

800 WIDNER, Jennifer, 2001: «Courts and Democracy in Postconflict Transitions: A Social Scientist's Perspective on the African Case», in: *The American Journal of International Law*, Vol. 95: 64–75, p. 69.

801 DUBOIS, 1997, *op. cit.*, p. 729.

Der bereits während seines Stattfindens von der internationalen Gemeinschaft nur unzureichend ernst genommene Völkermord in Rwanda unterlag auch in der darauffolgenden Zeit der Gefahr, in Vergessenheit zu geraten. Nicht zuletzt dem ICTR ist es zu verdanken, dass er dem rwandischen Genozid zu internationaler Anerkennung verhalf.

c. Abschliessende Bemerkungen

Nachfolgend soll die Frage, inwiefern der Internationale Strafgerichtshof für Rwanda zu Justiz, Wahrheitsfindung und nationaler Versöhnung in Rwanda beizutragen vermag, zu beantworten versucht werden.

Das ICTR in seiner Eigenheit als strafrechtliche Institution ist dem retributiven Prinzip verpflichtet. Es wurde nicht eingerichtet, um alle Genozidverbrecher zur Verantwortung zu ziehen, sondern lediglich eine Auswahl von Personen, die zu den Planern und Organisatoren des Völkermordes gehören. Auch wenn einige Drahtzieher des Genozids wie Akayesu und Bagosora verurteilt wurden, erscheint die Anzahl gesprochener Urteil gemessen an der Zeit des Bestehens des ICTR als weitaus unbefriedigend, wodurch der Eindruck entsteht, in Arusha werde kein Recht gesprochen. Unabhängig von dieser Feststellung darf indessen vermutet werden, dass die Bedeutung des Strafgerichtshofes für Rwanda nicht in der Anzahl Prozesse zu suchen ist, sondern vielmehr in seiner Signalwirkung. So schreibt Meron, gegenwärtiger Präsident des Internationalen Kriegsverbrechertribunals für Ex-Jugoslawien:

> No matter how many atrocities cases these international tribunals may eventually try, their very existence sends a powerful message. Their statutes, rules of procedure and evidence, and practice stimulate the development of the law. The possible fear by States that the activities of such tribunals might preempt national prosecutions could also have the beneficial effect of spurring prosecutions before the national courts for serious violations of humanitarian law.[802]

802 MERON, Theodor, 1995: «The international criminalization of internal atrocities», in: *American Journal of International Law*, Vol. 89, p. 554, zit. in: PETER, 1997, *op. cit.*, p. 700.

Diese Argumentation bewegt sich auf theoretischem Niveau und dürfte für die Bevölkerung von Rwanda kaum von Belang sein. Was gefordert wurde, war die Verurteilung von Schuldigen, weniger die Weiterentwicklung des Völkerrechts – so begrüssenswert dies auch erscheinen mag. Tatsache ist, dass die eingeschränkte Justiz von Arusha dekontextualisiert und veräusserlicht ist. Nicht nur, dass sie für die betroffene Bevölkerung weitestgehend unsichtbar bleibt, sie scheint auch wenig auf den rwandischen Kontext Bezug zu nehmen. Auch wenn Unterschiede zum ex-jugoslawischen Zwilling bestehen, sind es eben doch nur Zwillinge. So bezeichnet Alvarez das Vorgehen der internationalen Gemeinschaft als «one-size-fits-all approach», der auf die Übernahme des Statuts sowie der Verfahrensregeln des ICTY zurückzuführen ist, während nur leichte Modifikationen für Rwanda vorgenommen wurden.[803]

Ausserdem zeichnet sich das ICTR durch eine ausgesprochene Täterzentriertheit aus, in deren Zusammenhang vielmehr die internationale Gemeinschaft denn die Bevölkerung Rwandas als Opfer verstanden wird. Vermögen Opfer des Genozids lediglich die Rolle von Zeugen einzunehmen, die teilweise in wenig sensible Kreuzverhöre genommen werden, verfügen sie darüber hinaus über ein nur theoretisches Recht, Wiedergutmachungsleistungen einzufordern, und können nicht als Zivilpartei auftreten. Weder wird ihr Status als Opfer in gebührender Weise anerkannt, noch vermag ihnen eine reparative Aufdeckung der Wahrheit zuteil zu werden, womit wir beim Komplex der Wahrheitsfindung angelangt wären. Zwar ist es richtig, dass im Rahmen der Prozesse Einzelheiten zur Planung, Struktur und Durchführung des Völkermordes gewonnen werden könnten, allerdings wurde dies bislang nur in unzureichender Weise bewerkstelligt. Hierzu bemerkt Alvarez:

> While international trials of a few Rwandan high-level perpetrators will provide some additional details about much that we already know, namely how the genocide was orchestrated and how the actual killings were organized, such trials will tell us next to nothing about those most directly involved in the killings or about their individual victims. They will not tell family members where victims are buried or the particular circumstances of their deaths.[804]

803 ALVAREZ, 1999, *op. cit.*, p. 480.
804 ALVAREZ, 1999, *op. cit.*, p. 400.

Die dem Tribunal entgegengebrachten Kritikpunkte, insbesondere jedoch die kaum erfolgte und noch weniger sichtbare Rechtsprechung sowie das Scheitern, Aufzeichnungen bezüglich der Planung und Durchführung des Völkermordes in Rwanda zu liefern und somit Geschichte zu schreiben, lassen vermuten, dass es nur in sehr geringem Masse – wenn überhaupt – zu nationaler Versöhnung beigetragen hat und wird. Solange innerhalb der rwandischen Bevölkerung die Sichtweise vorherrschend ist, es handle sich beim ICTR um eine unnütze, Geldverschleiss betreibende Institution, die den einzigen Zweck verfolgt, das schlechte Gewissen der internationalen Gemeinschaft zu beruhigen, gilt das zu Beginn dieses Kapitels erwähnte, durch den UN-Sicherheitsrat deklarierte Ziel als verfehlt.[805] Hinsichtlich der Frage, ob durch das ICTR individuelle Versöhnung ermöglicht werden kann, fällt die Antwort noch düsterer aus. Strafrechtliche Prozesse vor dem ICTR lassen kaum die Möglichkeit einer Kommunikation zwischen Opfer und Täter aufkommen, sondern tragen vielmehr zur Verhärtung der Fronten bei.

3. Eine weitere Antwort auf internationaler Ebene: Universelle Rechtsprechung

Während sich Völkerrechtsgelehrte darüber einig sind, dass das Weltrechtsprinzip nur die schwerwiegendsten Verletzungen internationalen Rechts betrifft, besteht noch heute Uneinigkeit bezüglich der konkreten Verbrechen, nicht zuletzt deshalb, weil das Völkerrecht einer ständigen Weiterentwicklung und Ausdehnung unterliegt.[806] Fraglos ist indessen, dass Genozidverbrechen unter die materielle Kompetenz universeller Jurisdiktion fallen. Im Hinblick auf das Verbrechen des Völkermordes findet sich unter Art. 5 der UN-Konvention über die Verhütung und Bestrafung des Völkermordes

805 MARKS, 2001, *op. cit.*, keine Seitenangaben.

806 BROWN, 2001, *op. cit.*, p. 384. In dieser Hinsicht vertreten die Vereinigten Staaten eine weitreichende Definition der Kompetenz universeller Jurisdiktion, welche auch gewisse Akte des Terrorismus und Flugzeugentführungen umfassen soll.

vom 9. Dezember 1948 die Pflicht zur legislativen Anpassung nationalen Rechts:

> Die Vertragschliessenden Parteien verpflichten sich, in Übereinstimmung mit ihren jeweiligen Verfassungen die notwendigen gesetzgeberischen Massnahmen zu ergreifen, um die Anwendung der Bestimmungen dieser Konvention sicherzustellen und insbesondere wirksame Strafen für Personen vorzusehen, die sich des Völkermordes oder einer der sonstigen in Artikel III aufgeführten Handlungen schuldig machen.

Aufgrund der Tatsache, dass sich die meisten Planer und Organisatoren des rwandischen Genozids straflos im Ausland aufhalten, erhält das Weltrechtsprinzip besondere Bedeutung. Bislang fanden in mehreren Staaten Prozesse gegen rwandische Genozidäre statt, deren wichtigste nachfolgend in Kürze erwähnt werden sollen.

Vereinigte Staaten

Der erste Völkermordprozess im Zusammenhang mit Rwanda fand in den Vereinigten Staaten statt. So wurde Jean-Bosco Barayagwiza in einem Zivilrechtsverfahren im April 1996 zu 105 Millionen US Dollar Entschädigungsleistung an rwandische Kläger verurteilt.[807]

Belgien

Besondere Prominenz geniesst Belgien aufgrund des am 16. Juni 1993 erlassenen Gesetzes *«sur la répression des violations graves de droit international humanitaire»*. Davon betroffen sind schwere Verletzungen der Genfer Konventionen von 1949 sowie ihrer beiden Zusatzprotokolle. Es ermöglicht die Ahndung entsprechender Verbrechen unabhängig davon, wo sie verübt wurden und welcher Nationalität Verbrecher und Opfer angehören. Im Jahre 1999 wurde die Gesetzgebung um die Zuständigkeit für Verbrechen gegen die Menschlichkeit und für Genozid erweitert.

Eine der aufsehenerregendsten Anklagen durch Rwander und Familien von während des Genozids getöteten belgischen Blauhelmsoldaten betraf

807 DES FORGES, 2002, *op. cit.*, p. 897. Er musste Jahre darauf – wie zuvor gesehen – aufgrund von Verfahrensfehlern am ICTR aus der Untersuchungshaft entlassen werden.

Léo Delacroix, Minister für nationale Verteidigung im Jahre 1994, sowie den damaligen Aussenminister Willy Claes. Die Anklage wurde aufgrund der Tatsache ermöglicht, dass das Gesetz von 1993 auch Unterlassung von Hilfeleistungen als Verbrechen deklariert.[808] Das Verfahren wurde allerdings eingestellt. Im Juni 2001 wurden vier Rwander der «Gruppe von Butare» durch ein Brüsseler Schwurgericht zu 12 bis 20 Jahren Haft verurteilt. Es stellt das bislang einzige Urteil mit Bezug auf das Genozid-Gesetz von 1993 dar. Die Gruppe setzte sich aus zwei Ordensschwestern, einen Universitätsprofessoren, der die Autorschaft für die «Zehn Gebote der Hutu» trägt, sowie einen ehemaligen Minister, Mitglied des *akazu*, zusammen.[809]

Das Gesetz unterlag mittlerweile mehrfachen Modifizierungen. So wurde es im April 2003 auf Druck der Vereinigten Staaten dahingehend entschärft, dass die Möglichkeit einer Anklage auf Fälle beschränkt wurde, in welchen Angeklagte aus einem Land ohne faires Rechtssystem stammen.[810] Im Juli 2003 beschloss die belgische Regierung schliesslich, das Genozid-Gesetz abzuschaffen. Kriegsverbrechen sowie Verbrechen gegen die Menschlichkeit können von nun an lediglich mittels Rückgriff auf das nationale Strafgesetzbuch geahndet werden, wenn das Opfer belgischer Staatsangehörigkeit oder seit mindestens drei Jahren in Belgien wohnhaft ist, und wenn der Täter auf belgischem Territorium gefasst wird.[811] Auf dieser Grundlage wird möglicherweise im Jahre 2004 ein weiterer Prozess vor einem Brüsseler Schwurgericht gegen zwei Rwander eröffnet werden.[812]

Schweiz

Die Schweiz wurde bislang in zwei Fällen tätig. Zum einen wurde der 1995 in der Schweiz verhaftete Politiker und Geschäftsmann Alfred Musema im Mai 1997 basierend auf dem «Dringlichen Bundesbeschluss über die Zusammenarbeit mit den Internationalen Gerichten zur Verfolgung

808 DES FORGES, 2002, *op. cit.*, p. 898.

809 «Vier Rwander in Belgien vor Gericht. Universelle Jurisdiktion der belgischen Gerichte», *Neue Zürcher Zeitung*, 18.4.2001.

810 «Belgien entschärft sein umstrittenes Genozid-Gesetz», *Neue Zürcher Zeitung*, 31.7.2003.

811 «Abschied vom Genozid-Gesetz in Belgien», *Neue Zürcher Zeitung*, 12.7.2003.

812 «Neuer Genozid-Prozess in Belgien. Zwei Rwander vor einem Brüsseler Schwurgericht», *Neue Zürcher Zeitung*, 22.7.2003.

von schwerwiegenden Verletzungen des humanitären Völkerrechts» (Art. 9) an das ICTR ausgeliefert, wo er später verurteilt wurde.[813] Gegen Fulgence Niyonteze, einen ehemaligen Bürgermeister, wurde zum anderen im Jahre 1998 Anklage erhoben. Da Verletzungen der Völkermord-Konvention in der Schweiz im Militärstrafrecht geregelt sind, fanden die Verhandlungen zum Fall Niyonteze an einem Divisionsgericht in Lausanne statt. Er wurde im Mai 2000 schuldig gesprochen und erhielt 14 Jahre Zuchthaus sowie 15 Jahre Landesverweis.[814] Bedingung für die Aufnahme eines Militärstrafverfahrens ist indessen der enge Bezug zur Schweiz.

Afrika

Auf dem afrikanischen Kontinent wurde ausserhalb von Rwanda noch kein Gerichtsverfahren im Zusammenhang mit dem Genozid eingeleitet, dies in erster Linie aus finanziellen Gründen. Wenn afrikanische Staaten in der Sache tätig wurden, so war dies in Form von Auslieferungen an den Internationalen Strafgerichtshof für Rwanda in Arusha.

Abschliessende Bemerkungen

Über die herausragende Bedeutung des Weltrechtsprinzips bestehen keine Zweifel. Es wirkt der Möglichkeit entgegen, dass sich der schlimmsten Verbrechen Schuldige ihrer Verantwortung entziehen, indem sie in ein Land flüchten, welches nicht mit internationalen Strafverfolgungsorganen kooperiert. Dieser Aspekt bezieht sich in erster Linie auf die internationale Ebene der Staatengemeinschaft. Bezogen jedoch auf die Überlebenden des Genozids ist die universelle Rechtsprechung mit ähnlichen Nachteilen verbunden, wie sie im Zusammenhang mit dem ICTR festgestellt werden konnten. So weist beispielsweise ein Prozess in der weit entfernten Schweiz gegen einen Genozidverbrecher für die in Rwanda lebenden Opfer ebenso Züge des Unwirklichen auf, wie wenn er in Arusha vor Gericht stünde. Auch hier entsteht der Eindruck unsichtbarer Justiz, wobei nicht einmal sichergestellt ist, dass die interessierten Personen über den entsprechenden

813 «Aus dem Bundesgericht: Einhaltung der Verfahrensrechte wird vermutet. Warum Musema nach Tansania überstellt werden konnte», *Neue Zürcher Zeitung*, 22.5.1997.

814 Des Forges, 2002, *op. cit.*, p. 899.

Prozess informiert sind.[815] Allerdings können die Prozesse durch emigrierte Personen im entsprechenden Land aus der Nähe mitverfolgt werden. So wies Solange anlässlich der qualitativen Befragung in der Schweiz darauf hin, dass der in der Schweiz geführte Prozess gegen Niyonteze ihr dazu verholfen habe, die Planung des Genozids besser zu verstehen.[816]

4. Die Antwort auf der Ebene des nationalen Rechtssystems in Rwanda

> Pour faire face à la conjoncture actuelle, un arsenal juridique tenant compte non seulement des principes de droit écrit et universels mais aussi des valeurs culturelles traditionnelles a été mis sur pied pour la poursuite des infractions constitutives du crime de génocide ou de crimes contre l'humanité, commises à partir du 1er octobre 1990.[817]
>
> Jean-Paul Biramvu

a. Einleitung

Im Zentrum der nachfolgenden Ausführungen stehen das Genozid-Gesetz von 1996 sowie die bisher auf dessen Grundlage durchgeführten Prozesse. Für ein besseres Verständnis der Bestrebungen Rwandas im Rahmen nationaler Rechtsprechung nach dem Genozid sollen jedoch zunächst in Kürze die Charakteristika des nationalen Rechtssystems vor 1994 sowie kurz nach dem Völkermord skizziert werden.

815 Vgl. hierzu: RAWSON, 2001, *op. cit.*, p. 5.

816 Die qualitative Befragung in der Schweiz ist Gegenstand des entsprechenden Kapitels auf den Seiten 303 bis 324. Bezüglich des Prozesses von Niyonteze bemerkte Solange: «Ici j'ai suivi une bonne partie du procès à Lausanne. Cela m'a aidé un peu à comprendre ce système qu'on avait préparé».

817 BIRAMVU, Jean-Paul, 2000: «Justice et lutte contre l'impunité au Rwanda: La poursuite des crimes de génocide et des crimes contre l'humanité», in: Charles DE LESPINAY et Emile MWOROHA (eds.), *op. cit.*

b. Das Rechtssystem vor dem Völkermord

Wichtigstes Merkmal des Justizsystems vor 1994 ist – ganz lapidar festgestellt –, dass es eigentlich gar keines gab, und wenn doch, dann ein dysfunktionales. Die Kultur der Straflosigkeit galt als institutionalisiert und war auf allen Ebenen der rwandischen Gesellschaft fest verankert.[818] Seit der Unabhängigkeit von 1962 verübte Massaker sowie politische Morde blieben weitestgehend ungesühnt. Das Erbe der belgischen Kolonialmacht widerspiegelnd, waren die der römisch-germanischen Rechtsprechung verpflichteten Gerichte pyramidal organisiert. Landesweit existierten 146 Kantonsgerichte auf Gemeindeebene, zwölf Gerichte Erster Instanz auf Provinzebene[819], vier Berufungsgerichte sowie ein Kassationsgericht.[820] Dagegen gab es keine Spezialgerichte wie beispielsweise Arbeits- oder Jugendgerichte, wohl aber Militärgerichte. Die zwölf Generalstaatsanwaltschaften der Republik waren für Untersuchungen und Verfolgungen zuständig. Abgesehen von der grassierenden Straflosigkeit wurde die mangelnde Qualifikation des Rechtspersonals mehrfach bemängelt. So verfügten von 600 Magistraten lediglich fünfzig über ein Rechtsdiplom.[821] Darüber hinaus beeinträchtigten weit verbreitete Korruption sowie das Fehlen eines unabhängigen Richterverbandes ihrerseits das zufriedenstellende Funktionieren des Justizapparates.

c. Die Situation nach dem Genozid

Nach Beendigung des Genozids war das Rechtssystem komplett am Boden zerstört. Dies betraf sowohl die durch Plünderungen und Verwüstungen betroffene Infrastruktur wie auch die personelle Ausstattung. Rund 95 % der Juristen waren entweder getötet worden, ins Ausland geflüchtet oder sassen bereits in Haft, sodass im Juli 1994 landesweit lediglich 19 Juristen gezählt werden konnten.[822] Demgegenüber wuchs – wie bereits an

818 AMNESTY INTERNATIONAL, 2002c, *op. cit.*, keine Seitenangaben.

819 Davon zwei in Kigali, keines jedoch in Umutara, einer erst seit 1996 existierenden Provinz.

820 INTERNATIONAL CRISIS GROUP, 1999, *op. cit.*, p. 2.

821 INTERNATIONAL CRISIS GROUP, 1999, *op. cit.*, p. 3.

822 LAMBOURNE, 2001, *op. cit.*, p. 324.

anderer Stelle ausführlich dargelegt – die Gefängnispopulation mit gewaltiger Geschwindigkeit, was zu bis zu zehnfacher Überbelegung der Haftanstalten sowie katastrophaler Bedingungen in ebendiesen führte. Angesichts dieser desolaten Situation begann schon bald die Suche nach Lösungsansätzen. Die Bemühungen Rwandas um die Sicherstellung der Justiz können in Anlehnung an den Bericht der *International Crisis Group* (ICG) in folgende drei Phasen aufgeteilt werden:[823]

- *Phase 1 (7.1994 bis 8.1996):* Aufbau eines funktionierenden Rechtssystems sowie legislative Arbeit, die im Genozid-Gesetz mündet;
- *Phase 2 (9.1996 bis 12.1997):* Umsetzung des Genozid-Gesetzes sowie erste Prozesse;
- *Phase 3 (ab 12.1997):* Errichtung der Gacaca-Gerichte.

Nachfolgende Ausführungen orientieren sich an genannten Phasen, wobei aufgrund der besonderen Stellung der Gacaca-Gerichtsbarkeit in der vorliegenden Arbeit diese in einem separaten Kapitel eingehend besprochen werden soll.

(i) Aufbau des Rechtssystems und Genozid-Gesetz (Juli 1994 bis August 1996)

Mithilfe internationaler Geldgeber konnte in einem ersten Schritt das Rechtssystem in materieller wie auch in personeller Hinsicht wieder aufgebaut werden. Zwischen 1995 und 1996 erhielten im Rahmen gross angelegter internationaler Projekte rund 700 Personen eine juristische Ausbildung, wobei das wieder in Stand gesetzte *«Centre de formation judiciaire»* in Murambi das Zentrum der Tätigkeiten darstellte.[824] Die Ausbildungsdauer reichte von einigen Wochen bis zu einigen Monaten, was immer wieder zu ernsthaften Bedenken bezüglich der Qualifikation der Ausgebildeten

823 INTERNATIONAL CRISIS GROUP, 1999, *op. cit.*, p. 5.

824 Ollitrault verweist in diesem Zusammenhang auf die Entwicklung neuer Formen humanitärer Hilfe, die juristischen Charakter hat. OLLITRAULT, Sylvie, 2001: «Le ‹Plus jamais cela!› des humanitaires: de l'échec de la prévention à la thématique da la réparation. L'exemple du Rwanda». Paper presented at the *International and Interdisciplinary Conference «NGOs and Humanitarian Action: Between transnational activism and public action»*. University of La Rochelle, April 12th and 13th, 2001.

führte.[825] Nichtsdestotrotz konnten im Jahre 1998 bereits 1'850 Mitarbeitende im Gerichtswesen verzeichnet werden[826] – eine Zahl, welche diejenige vor 1994 bei Weitem übersteigt.[827] Vier Jahre später verfügte die Justiz über 841 Richter, 156 Staatsanwälte, 325 Gerichtsschreiber und 895 Ermittlungsbeamte.[828] *Amnesty International* stellte indes fest, dass Hutu im Gerichtswesen nach und nach durch neu geschulte Tutsi ersetzt wurden.[829]

Gleichzeitig sollten auf institutioneller Ebene Elemente der Arusha-Abkommen ihre Umsetzung erlangen. So wurde am 29. März 1996 der Oberste Richterrat *(Conseil Supérieur de la Magistrature)* geschaffen, eine Behörde mit Beratungs- und Kontrollfunktion.[830] Dies ermöglichte die wichtige Trennung von Exekutive und Judikative, derzufolge juristisches Personal der bisherigen Kontrolle durch die Exekutive entzogen wurde und von 1996 an dem Obersten Richterrat unterlag, wodurch die Unabhängigkeit ihrer Arbeit in stärkerem Masse gewährleistet werden konnte. Das Obergericht, in der Hauptsache das Kassationsgericht sowie das Verfassungsgericht umfassend, wurde ebenfalls wieder errichtet.[831] Ein zentrales Problem stellte indessen die niedrige Entlöhnung des Rechtspersonals dar, weswegen zahlreiche Kündigungen erfolgten. Als Folge dessen wurden im Jahre 1999 die Löhne erhöht.

Auf legislativer Ebene konnten – gemessen an der schwierigen postgenozidären Lage Rwandas – bedeutende Fortschritte erzielt werden. So fand im November 1995 die internationale Konferenz «Genozid, Straffreiheit und

825 AMNESTY INTERNATIONAL, 1997: «Rwanda: Unfair trials: Justice denied». April 8, 1997. AI Index No. AFR 47/08/1997, p. 14.

826 INTERNATIONAL CRISIS GROUP, 1999, *op. cit.*, p. 8. Diese Zahl umfasst alle für juristische Tätigkeiten ausgebildeten Personen, nicht nur Anwälte und Richter.

827 INTERNATIONAL CRISIS GROUP, 1999, *op. cit.*

828 BEIGBEDER, Yves, 2002: *Judging Criminal Leaders*. Kluwer Law International, p. 114, zit. in: DRUMBL, 2002, *op. cit.*, Fussnote 8, p. 14. Diese Zahlen finden sich auch auf der Internetseite der Rwandischen Botschaft in Washington: http://www.rwandaemb.org [darin: *News & Views*].

829 AMNESTY INTERNATIONAL, 2002c, *op. cit.*, keine Seitenangaben.

830 Es war 1978 abgeschafft worden. Siehe ferner: Loi organique n° 03/96 du 29 mars 1996 portant organisation, fonctionnement et compétences du Conseil Supérieur de la Magistrature. *Journal Officiel de la République Rwandaise*, 1 avril 1996.

831 Organic Law n° 07/96 of 6th June 1996 relating to the organisation, working and competence of the Supreme Court, *Journal Officiel de la République Rwandaise*, 10 June 1996. Siehe dazu auch: VANDEGINSTE, 1997, *op. cit.*, p. 5.

Verantwortlichkeit» in der Hauptstadt Kigali statt, in deren Rahmen sowie unter Mitarbeit Dutzender ausländischer Expertinnen und Experten ein spezifisches Rechtsinstrument zur Ahnung von Völkermordsverbrechen – das Genozid-Gesetz – ausgearbeitet wurde. Der Konferenz waren Überlegungen zur Art des anzuwendenden Rechts vorangegangen. Eine erste Option wäre die direkte Anwendung internationalen Rechts gewesen – eine Lösung, die aufgrund der bereits durch Rwanda ratifizierten Konventionen durchaus möglich gewesen wäre. Des Weiteren hätten Genozidverbrechen sowie Verbrechen gegen die Menschlichkeit als neue Straftatbestände in das bestehende Strafgesetzbuch eingeführt werden können. Schliesslich wurde als dritte Option die Möglichkeit der Ausarbeitung eines spezifischen Gesetzes ins Auge gefasst.[832]

Die Diskussion mündete in der Wahl eines spezifischen Gesetzes, das 41 Artikel umfasst. Unter der offiziellen Bezeichnung *«Loi Organique N° 8/1996 du 30/08/1996 sur l'organisation des poursuites des infractions constitutives du crime de génocide ou des crimes contre l'humanité, commises à partir du 1er octobre 1990»* wurde die Möglichkeit eröffnet, Genozidverbrechen sowie Verbrechen gegen die Menschlichkeit rückwirkend zu ahnden.[833] Rwanda folgt darin der im Dezember 1948 in der UNO-Konvention über die Prävention und Bestrafung von Genozidverbrechen verankerten Definition des Völkermordes, worunter «...acts committed with intent to destroy, in whole or in part, a national, ethnical, racial or religious group as such» fallen.[834] Rwanda hatte die Genozidkonvention bereits im Jahre 1975 ratifiziert.[835] Die *Ratione temporis* umfasst den Zeitraum vom 1. Oktober 1990 bis zum 31. Dezember 1994. Über die *ratione loci* macht das Genozid-Gesetz (nachfolgend auch «Gesetz» genannt) indessen keinerlei Aussagen.

Kernbestand des neuen Gesetzes ist mitunter die Schaffung von vier *Verbrechenskategorien* unter Art. 2 *(ratione personae)*. Bezug nehmend auf den damals gültigen Strafcode aus dem Jahre 1977 hätte jede des Mordes

832 DUBOIS, 1997, *op. cit.*, p. 723.

833 Im Vergleich hierzu: Deutschland und Italien haben diesen Straftatbestand in den Strafcode integriert; Frankreich, Kanada, Grossbritannien und Australien erliessen spezifische Gesetze infolge des Zweiten Weltkrieges. BASSIOUNI, 1996, *op. cit.*, Fussnote 40.

834 Zur Frage, inwiefern Tutsi im Recht als Ethnie angesehen werden können: FIERENS, 2001, *op. cit.*, p. 203 ff.

835 Décret-loi du 12 février 1975. Vgl. FIERENS, 2001, *op. cit.*, p. 192.

schuldige Person mit dem Tode bestraft werden können.[836] In Anbetracht jedoch der politischen wie auch moralischen Konsequenzen bei Beibehaltung der bisherigen Praxis – sowie insbesondere dem Zuwiderlaufen von Friedens- und Versöhnungsbestrebungen, wenn plötzlich Hunderttausende von Personen hingerichtet würden –, sollten im neuen Genozid-Gesetz Unterschiede im individuellen Verschuldungsgrad anerkannt werden, die sich in den genannten, für das Strafmass ausschlaggebenden Kategorien widerspiegeln.[837] Zuständig für die Zuteilung zu den Kategorien ist die Staatsanwaltschaft. Der Artikel soll aufgrund seiner Wichtigkeit im Folgenden in originalem Wortlaut präsentiert werden:

> *Article 2*
> Selon les actes de participation aux infractions visées à l'article 1 de la présente loi organique, commises ente le 1 octobre 1990 et le 31 décembre 1994, la personne poursuivie est classée dans l'une des catégories suivantes:
>
> *Catégorie 1:*
> a) La personne que les actes criminels ou de participation criminelle rangent parmi les planificateurs, les organisateurs, les incitateurs, les superviseurs et les encadreurs du crime de génocide ou des crimes contre l'humanité;
> b) La personne qui a agi en position d'autorité au niveau national, préfectoral, communal, du secteur ou de la cellule, au sein des partis politiques, de l'armée, des confessions religieuses ou des milices, qui a commis ces infractions ou encouragé les autres à le faire;
> c) Le meurtrier de grand renom, qui s'est distingué dans le milieu où il résidait ou partout où il est passé, à cause du zèle qui l'a caractérisé dans les tueries, ou de la méchanceté avec laquelle elles ont été exécutées;
> d) La personne qui a commis des actes de torture sexuelle.
>
> *Catégorie 2:*
> La personne que les actes criminels ou de participation criminelle rangent parmi les auteurs, coauteurs ou complices d'homicides volontaires ou d'atteintes graves contre les personnes ayant entraîné la mort.
>
> *Catégorie 3:*
> La personne ayant commis des actes criminels ou de participation criminelle la rendant coupable d'autres atteintes graves à la personne.
>
> *Catégorie 4:*
> La personne ayant commis des infractions contre les propriétés.

836 Décret-loi n° 21/77 du 18 août 1997 instituant le code pénal.
837 KARNAVAS, 1997, *op. cit.* Siehe dazu auch: REPUBLIC OF RWANDA, 2000, *op. cit.*

Artikel 9 des Genozid-Gesetzes sieht eine ständig aktualisierbare Liste mit Personen der Kategorie 1 vor. Diese wurde drei Monate nach Veröffentlichung des Gesetzes publik gemacht und umfasste zu damaligem Zeitpunkt 1'946 Personen.[838] Im April 2001 wurde eine neue Liste mit 2'898 Personen veröffentlicht.[839]

Wichtigste Neuerung ist das unter Kapitel III (Art. 4 bis 13) des Gesetzes verankerte *Verfahren der Absprache über Schuldigerklärung (procédure d'aveu et de plaidoyer de culpabilité).* Dieses findet Anlehnung an das angelsächsische «*plea bargaining*» und entspricht in erster Linie der Gerichtspraxis in den Vereinigten Staaten. Durch Schabas entwickelt, können im Rahmen dieses Verfahrens sich ihrer Schuld bekennende Angeklagte der Kategorien 2 und 3 in den Genuss einer Strafmilderung kommen.[840] Es wurde mit dem primären Ziel ausgearbeitet, dem Mangel an Beweisen entgegenwirken zu können, denn wie Vandeginste bemerkt: «[T]here is hardly any evidence to substantiate the involvement of the large majority of ‹ordinary› killers: most eyewitnesses had been killed or had left the country».[841] Die unter Art. 6 des Genozid-Gesetzes festgehaltenen Bedingungen zur Erfüllung der Prozedur sind folgende:

- Detaillierte Schilderung aller unter das Gesetz fallenden Straftatbestände, darin eingeschlossen Angaben von Datum, Zeit und Ort sowie Namen von Opfern und Zeugen;
- Angaben über Mittäter und Gehilfen;[842]
- Formelle Entschuldigung bei den Opfern für die begangenen Taten;

838 DUBOIS, 1997, *op. cit.*, p. 725. Es ist zu vermuten, dass die Liste nicht sehr sorgfältig ausgearbeitet wurde, denn mehr als ein Dutzend der betreffenden Personen war bereits tot. Siehe dazu: DES FORGES, 2002, *op. cit.*, p. 880.

839 KELLY and FITZDUFF, 2002, *op. cit.*, p. 37.

840 Personen der Kategorie 4 müssen ohnehin nur zivile Entschädigungen leisten. Deren Höhe wird von den Parteien ausgehandelt.

841 VANDEGINSTE, 1999, *op. cit.*, p. 8.

842 Eine durch PRI durchgeführte Untersuchung der Gerichtsakten von 3006 Angeklagten der Provinzen Gitarama, Butare und Gikongoro konnte aufzeigen, dass 95 % der Mörder unter ihnen die Verbrechen zusammen mit anderen Personen begangen haben. PENAL REFORM INTERNATIONAL, 2003a, *op. cit.*, p. 9.

Die Vorteile der Prozedur können in Anbetracht der besonderen Situation in Rwanda nicht von der Hand gewiesen werden.[843] Sie folgen in groben Zügen auch den offiziellen Zielen der Regierung Rwandas:[844]

Beschleunigung der Verfahren und Reduktion der Anzahl Prozesse: Die anklagende Partei muss infolge eines Schuldbekenntnisses nicht die gesamte Untersuchung vornehmen. Gemäss Art. 8 des Genozid-Gesetzes wird das Dossier nach Annahme der Prozedur geschlossen.[845] Das Gericht wird auf diese Weise davon entlastet, den Schuldbeweis zu erbringen, und kann sich auf die Bestimmung des Strafmasses konzentrieren. Ausserdem werden sich Bekennende prioritär behandelt.

Entgegenwirkung dem Mangel an Zeugen und Beweismitteln: Zeugenaussagen sind durch den Charakter der Massentötungen nur schwerlich zu erhalten, während Überlebende in ihren Verstecken vielfach aus Angst keinerlei Möglichkeit hatten oder es aus verständlichen Gründen nicht vermochten, die begangenen Verbrechen zu beobachten. Im Kontext des Genozids erweist es sich generell als überaus schwierig, Beweismaterial vorzulegen. Beweise lassen sich indes praktisch nur in Form von Zeugenaussagen präsentieren.

Wahrheitsfindung: Durch die Tatsache, dass zur Zulassung des Schuldbekenntnisses alle Einzelheiten der Tat geschildert werden müssen, kann eine historische Aufzeichnung der Vorfälle ermöglicht werden.

Vorantreiben des Versöhnungsprozesses: Die Präsentation von Entschuldigungen ist im Idealfall mit dem Bewusstsein der schuldigen Person hinsichtlich des begangenen Unrechts verbunden und kann auf Seiten der Opfer zu Vergebung führen.

Nichtsdestotrotz konnten die hohen Erwartungen an diese innovative Prozedur nur bedingt erfüllt werden. Zum einen wurde beobachtet, dass –

843 Vgl. TULLY, Danielle L., 2003: «Human Rights Compliance and the Gacaca Jurisdictions in Rwanda», in: *Boston College International and Comparative Law Review*, Vol. 26/2: 385–414.

844 LAWYERS COMMITTEE FOR HUMAN RIGHTS, 1997, *op. cit.*, keine Seitenangaben.

845 Vgl. MORRIS, *op. cit.*, p. 359.

zumindest in den ersten Jahren – in nur geringem Masse von ihr Gebrauch gemacht wurde.[846] Die Gründe hierzu sind vielfältig, beziehen sich jedoch in der Hauptsache auf folgende Überlegungen[847]:

- Schätzungsweise ein Fünftel der Inhaftierten ist unschuldig;
- Viele der Schuldigen sehen sich selbst nicht als schuldig an, sondern als Ausführende einer in ihren Augen durchaus vertretbaren Sache im Interesse der als bislang unterdrückt wahrgenommenen Hutu oder als Selbstschutz im Kontext eines Krieges;[848]
- Teilweise besteht Misstrauen gegenüber den Behörden, so die Angst, es sei nur eine List;
- In Haftanstalten üben Gefängnisinsassen massgeblichen Druck auf die zum Geständnis Bereiten aus, da mit jedem Schuldbekenntnis in der Regel auch weitere Komplizen in die Mühlen der Justiz gelangen können;[849]
- Viele hoffen mit Bezugnahme auf die bisherige Straflosigkeit und wiederholter Freilassungen von Gefangenen weiterhin auf Gnade und Amnestie. Oder sie hoffen, dass es keine Beweise gegen sie geben wird;
- Die Prozedur ist nicht einfach zu verstehen, insbesondere dann nicht, wenn keine Rechtsverteidiger mit Erklärungshilfen zur Verfügung stehen;
- Die Prozedur ist zu strikt sowie an zu viele Bedingungen geknüpft;
- Verbrecher der Kategorie 1 haben kein Interesse an einem Schuldbekenntnis, da sie ohnehin nicht davon profitieren können. Gerade sie wären jedoch diejenigen, die wichtige Informationen für das bessere Verständnis des Genozids liefern könnten.

846 VANDEGINSTE, 1997, *op. cit.*, p. 23. Im ersten Jahr waren es lediglich 60 Personen. Siehe dazu: DES FORGES, 2002, *op. cit.*, p. 893.

847 Diese stammen aus: VANDEGINSTE, 1997, *op. cit.*, p. 23 sowie PENAL REFORM INTERNATIONAL, 2001, *op. cit.*, p. 24.

848 So schreibt Drumbl in Bezug auf die durch ihn im Frühjahr 1998 durchgeführten Interviews im Zentralgefängnis von Kigali: «Almost all of the prisoners I interviewed did not believe they did anything ‹wrong›, or that anything really ‹wrong› happened in the summer of 1994. Those prisoners who acknowledge that violence took place generally believe it was necessary out of self-defense. This violence therefore is constructed as part of a ‹war›, not a ‹genocide›». DRUMBL, 2002, *op. cit.*, p. 3.

849 Die gesonderte Unterbringung von Inhaftierten, die ein Schuldbekenntnis ins Auge fassen, würde diesem Problem zweifelsohne entgegenwirken.

Die Strafen sind im Kapitel IV des Gesetzes festgehalten. Wie bereits erwähnt, können Personen der Kategorie 1 mit dem Tode bestraft werden. Mildernde Umstände sowie beschränkte Zurechnungsfähigkeit können von diesen Personen von Rechtes wegen nicht geltend gemacht werden. Demgegenüber sind die Strafen für die übrigen Verbrechenskategorien allerdings niedriger als im bestehenden Strafgesetzbuch.[850] Ausgehend von der Annahme, dass die Höhe der Strafe aufzeigt, welche Werte in einer Gesellschaft von zentraler Bedeutung sind, darf vermutet werden, dass es die gegenwärtige Führung Rwandas in erster Linie auf die Organisatoren und Planer des Völkermordes abgesehen hat, die übrigen Verbrecher allerdings so schnell als möglich wieder in die Gesellschaft integrieren möchte. Es mag als unglücklich erscheinen, dass gerade in dieser Hinsicht nationale Rechtsprechung und das ICTR einander konkurrenzieren. Dieser Punkt wird im Kapitel zu kollisionsrechtlichen Fragen noch eingehend beleuchtet werden.

Personen, die der vorsätzlichen Tötung oder der schweren tödlichen Körperverletzung schuldig sind (Kategorie 2), werden bis zu einer lebenslangen Haftstrafe verurteilt. Bekennen sie sich allerdings vor Beginn der Untersuchungen als schuldig, wird die Strafe auf 7 bis 12 Jahre reduziert. Nach deren Beginn erhalten sie noch 12 bis 15 Jahre. Personen der Kategorie 3 erhalten vor Beginn der Untersuchungen zwei Drittel der im Strafgesetz vorgesehenen Strafe, danach die Hälfte. Die Strafe umfasst ebenfalls die Leistung von Schadensersatz, der den Bestimmungen des Strafgesetzbuches entspricht. Diejenigen Personen, die mittellos sind, werden gemeinnützige Arbeit leisten.

Das Gesetz sieht unter Kapitel V (Art. 19 bis 23) die Schaffung von *spezialisierten Gerichtskammern* an den zwölf bereits existierenden Gerichten Erster Instanz und den Militärgerichten vor, deren Richtkompetenz einzig die durch das Genozid-Gesetz vorgesehenen Straftatbestände umfasst. Die Kammern können ihrerseits zwecks Beschleunigung der Prozesse mehrere Spruchsitze errichten, die je aus drei Richtern zusammengesetzt sind.[851]

Die *Rechtsmittel* werden in Kapitel VI (Art. 24 und 25) behandelt. Vorgesehen ist die Berufung auf schriftlichem Wege innert einer Frist von

850 DUBOIS, 1997, *op. cit.*, p. 725.

851 Siehe dazu: GAHIMA, 2002, *op. cit.*

15 Tagen. Eingeschränkt wird diese allerdings dadurch, dass sie sich lediglich auf Rechtsirrtümer und offensichtlichen Tatsachenfehler beziehen darf. Ausserdem haben Personen, die ein Schuldbekenntnis abgelegt haben, kein Anrecht auf den Rechtsmittelweg. Bevor eine Beschwerde zugelassen wird, erfolgt die Prüfung ihrer Zulässigkeit durch das Appellationsgericht. Wiedererwägungen von durch das Appellationsgericht ausgesprochenen Todesstrafen werden *ex officio* durch das Kassationsgericht vorgenommen.

Schadensersatz- sowie Rückerstattungsforderungen können im Rahmen von Zivilklagen vorgebracht werden. Diese Fragen sind im Kapitel VII (Art. 27 bis 32) festgehalten. Schuldige der Kategorie 1 tragen in umfassender Weise für alle Schäden des Landes im Zusammenhang mit dem Genozid die Zivilverantwortung («Gesamtschuldner»). Die übrigen Schuldigen sind für diejenigen Schäden verantwortlich, die im Kontext der von ihnen begangenen Verbrechen entstanden sind. Werden keine Schadensersatzforderungen gemacht, können auf Anfrage des Ministeriums für öffentliche Angelegenheiten *(Ministère Public)* Entschädigungen zuhanden noch nicht bestimmter Opfer eingefordert werden. Diese werden in einen entsprechenden Entschädigungsfonds für Genozidopfer geschüttet.

Art. 36 des Genozid-Gesetzes behandelt schliesslich die *Strafverteidigung.* Darin wird jeder angeklagten Person das unveräusserliche Recht auf Verteidigung zugesprochen, wobei allerdings keine Pflichtverteidigung *(pro bono)* auf Staatskosten zur Verfügung gestellt wird.

(ii) Umsetzung des Genozid-Gesetzes und erste Prozesse (August 1996 bis Dezember 1997)

Bevor an dieser Stelle die bereits erfolgte Rechtsprechung diskutiert wird, soll in Kürze auf zwei weitere legislative Schritte eingegangen werden.

Am 15. September 1996 wurde das Gesetz 9/96 vom 8. September 1996 veröffentlicht, welches in retroaktiver Weise die Inhaftierungen ab dem 6. April 1994 legalisieren sollte.[852] Bestandteil des Gesetzes ist ebenfalls die Verlängerung von Verfahrensfristen. Im Rahmen von Verhaftungen, die vor dem 31. Dezember 1997 stattfinden, darf die Dauer der Un-

852 Law relating to provisional modifications to the Criminal Procedure Code. Siehe dazu: VANDEGINSTE, 1997, *op. cit.*, p. 7, sowie LAWYERS COMMITTEE FOR HUMAN RIGHTS, 1997, *op. cit.*, keine Seitenangaben.

tersuchungshaft nicht mehr als sechs Monate betragen. Wer nach diesem Datum festgenommen wird, kann bis zu zwei Jahren in Untersuchungshaft gehalten werden.[853] Die hinsichtlich internationaler Standards inakzeptable Verlängerung entsprechender Fristen wurde durch die rwandische Regierung mit Bezugnahme auf Art. 4 ICCPR zu rechtfertigen versucht, wonach im Falle eines öffentlichen Notstandes Massnahmen ergriffen werden können, welche die Verpflichtungen, die aus dem Pakt erwachsen, ausser Kraft setzen. Wiederholt wurde dieses Argument allerdings als deplaziert angesehen, herrschte doch im Jahre 1996 keine allgemeine Notlage mehr, welche den Rückgriff auf Art. 4 ICCPR berechtigt hätte.[854]

Der zweite wichtige Gesetzeserlass erfolgte am 15. April 1997 und betraf die Einrichtung der Staatsanwaltschaft. Offiziell wurde sie am 30. August desselben Jahres instauriert.[855] Eine ihrer zentralen Errungenschaften war die Ausarbeitung anwaltschaftlicher Standespflichten. Durch denselben Gesetzeserlass wurde – um dem personellen Engpass entgegen wirken zu können – eine neue Kategorie von Rechtsprofessionellen niederen Rangs geschaffen, den sogenannten Rechtsverteidigern *(défenseurs judiciaires)*.[856] Diese können nach erfolgreichem Absolvieren einer halbjährigen Ausbildung alle Personen vor erstinstanzlichen Gerichten verteidigen. Unterstützt durch ein Projekt des *Danish Centre for Human Rights* konnten in Zusammenarbeit mit *Avocats Sans Frontières* (ASF) im Jahre 1998 102 Rechtsverteidiger ausgebildet werden. Sich der schmalen Ausbildungsbasis bewusst seiend, weisen die Projektverantwortlichen auf die Bildung einer Grundlage für eine beständige Ressource im künftigen Rechtssystem hin.[857]

Das erste Verfahren im Rahmen des neuen Genozid-Gesetzes wurde am 27. Dezember 1996 in Kibungo eröffnet. Bereits am 3. Januar 1997

853 VANDEGINSTE, 1997, *op. cit.*, p. 13. Im Gesetz vom 31. Dezember 1997 wurde neu der 31. Dezember 1999 als Stichdatum festgelegt, da die zuvor bestimmte Frist nicht eingehalten werden konnte. DES FORGES, 2002, *op. cit.*, p. 878.

854 Hierzu beispielsweise: LAWYERS COMMITTEE FOR HUMAN RIGHTS, 1997, *op. cit.*, sowie der Bericht des UN-Sonderberichterstatters für Rwanda, René Dégnue-Ségui.

855 VANDEGINSTE, 1997, *op. cit.*, p. 8.

856 AMNESTY INTERNATIONAL, 2002c, *op. cit.*

857 Der Projektbeschrieb sowie eine Evaluation dessen findet sich in: DANISH CENTRE FOR HUMAN RIGHTS, 2000, *op. cit.*

wurde gegen die beiden Angeklagten die Todesstrafe ausgesprochen. Der Kibungo-Prozess wurde von verschiedenen NGOs mit grösster Aufmerksamkeit verfolgt, deren Beobachtungen sich weitestgehend decken.[858] So verfügte keiner der beiden Angeklagten über einen Strafverteidiger; sie mussten sich vor Gericht selber verteidigen. Während der Anhörungen hatten sie keine Kopien ihrer Akten zur Hand. Auch präsentierten sie keine Entlastungszeugen, wobei allerdings unklar ist, ob sie von diesem Recht keine Kenntnis besassen oder ob sich niemand zu deren Entlastung bereit erklärt hatte. Einer der Angeklagten, Bizimana, wünschte vor Gericht auf Französisch auszusagen, was ihm jedoch verweigert wurde. Ausserdem beantragte er eine Vertagung zwecks besserer Vorbereitung seiner Verteidigung. Sein Antrag wurde mit der Begründung, ein Tag reiche für die Vorbereitung aus, zurückgewiesen.[859] Auch Dubois gibt zu bedenken, dass dieser erste Prozess bezüglich Recht auf Verteidigung scharf kritisiert wurde.[860]

Der Bericht von *Amnesty International «Rwanda: Unfair trials: Justice denied»* vom 8. April 1997 enthält detaillierte Fallanalysen der Prozesse aus dem Jahre 1996 sowie anfangs 1997. Darin werden zahlreiche Verfahrensmängel beanstandet, jedoch wird auch darauf hingewiesen, dass im Falle von Angeklagten, die im Kontext des Genozids eine bedeutendere Rolle gespielt haben, die Verfahrensrechte eher respektiert wurden.[861] Grundsätzlich wurde festgestellt, dass sich die Qualität der Gerichtsverfahren seit 1997 kontinuierlich sowie in deutlicher Weise zu verbessern vermochte.[862] Es wird vermutet, dass die anfängliche Härte in erster Linie dazu diente, ein Exempel zu statuieren sowie den Willen, die Verbrecher des Genozids nicht straffrei entkommen zu lassen, zwecks Vergrösserung der Glaubwürdigkeit zu unterstreichen.

Am 24. April 1998 wurden 22 Personen in verschiedenen Stadien öffentlich durch Erschiessung hingerichtet. Es waren keine Medien präsent. Aufgrund massiver Proteste der internationalen Gemeinschaft wurden seither keine Exekutionen mehr durchgeführt.

858 Lawyers Committee for Human Rights, 1997, *op. cit.*; Amnesty International, 1997, *op. cit.* Siehe dazu auch: Karnavas, 1997, *op. cit.*

859 Amnesty International, 1997, *op. cit.*, p. 5 ff.

860 Dubois, 1997, *op. cit.*, p. 727.

861 Amnesty International, 1997, *op. cit.*, p. 7.

862 Vandeginste, 1997, *op. cit.*, p. 19. Amnesty International, 2002c, *op. cit.*

Zwecks Beschleunigung der Verfahren fanden einige Gruppenprozesse statt, die aus einer bestimmten Region entstammende Angeklagte zusammenfassten. In Byumba wurde zwischen Februar und Juni 2000 ein Verfahren gegen 51 Personen durchgeführt.[863] Im August 2003 wurde der bislang grösste Kollektivprozess, der 142 Angeklagte umfasste, nach zwei Jahren Verhandlung in Butare abgeschlossen.[864] 37 Personen wurden freigelassen, während 11 Todesstrafen ausgesprochen wurden.[865] Während dieses Vorgehen es zwar ermöglichte, ein vollständigeres Bild der Ereignisse zu gewinnen, wurde die Schuld nur ganz bedingt individualisiert. Ausserdem erwies es sich für die Richter und Rechtsverteidiger als äusserst schwierig, den Prozessen überhaupt folgen zu können.[866]

Während im Jahre 1997 insgesamt 304 Urteile und 1998 864 Urteile gesprochen wurden, war ihre Zahl zwei Jahre später bereits auf rund 1'500 gestiegen.[867] Im Jahre 2001 konnten mehr als 2'500 Urteile verzeichnet werden. Darunter waren 370 Todesstrafen, 800 lebenslängliche Strafen sowie 500 Freisprüche. Vandeginste konnte für die Jahre 1998 und 1999 feststellen, dass rund 19% der Angeklagten freigesprochen wurden.[868] Bis im Jahre 2002 wurden im Rahmen von insgesamt 7'181 Urteilen 19,1% der Angeklagten freigesprochen.[869] Es darf davon ausgegangen werden,

863 JOERGENSEN, Nina H. B., 2001: «A Reappraisal of the Abandoned Nuremberg Concept of Criminal Organisations in the Context of Justice in Rwanda», in: *Criminal Law Forum*, Vol. 12: 371–406, p. 380.

864 «A la veille du verdict dans le plus grand procès groupé», *Fondation Hirondelle*, 30 juillet 2003.

865 «Onze condamnations à mort dans le plus grand procès pour génocide», *Fondation Hirondelle*, 1 août 2003.

866 «A la veille du verdict dans le plus grand procès groupé», *Fondation Hirondelle*, 30 juillet 2003.

867 VANDEGINSTE, 1999, *op. cit.*, p. 10. Siehe auch: AVOCATS SANS FRONTIÈRES (ASF), 1998: «Projet ‹Justice pour tous au Rwanda›. Rapport annuel 1997». Bruxelles, Belgique, keine Seitenangaben [http://129.194.252.80/catfiles/1576.pdf].

868 VANDEGINSTE, 1999, *op. cit.*, p. 11.

869 AMNESTY INTERNATIONAL, 2002c, *op. cit.*, keine Seitenangaben. 9,5 % wurden zum Tode verurteilt, 27,1 % erhielten eine lebenslange Haftstrafe und 40,5 % weitere Haftstrafen.

dass gegenwärtig mehr als 9'000 Verfahren vor ordentlichen Gerichten durchgeführt und abgeschlossen wurden.[870]

(iii) Einige kritische Bemerkungen zur nationalen Rechtsprechung

Nachfolgend sollen zentrale Aspekte der ordentlichen rwandischen Rechtsprechung mit Bezug auf die Frage ihrer Qualität einer kritischen Betrachtung unterzogen werden. So existieren zahlreiche Schwachstellen, die sich in erster Linie auf die *Rechte des Angeklagten auf ein faires Verfahren* beziehen. Diese umfassen:

- das Recht auf Verteidigung;
- das Prinzip der Unschuldsvermutung;
- das Recht auf ein faires und öffentliches Verfahren vor einem kompetenten, unabhängigen und unparteiischen Gericht;
- das Recht auf Rechtsmittel.[871]

Die Kritik soll in Orientierung an die genannten Rechte entwickelt werden. Daran anschliessend werden die Beiträge nationaler Gerichtsbarkeit zu Justiz, Wahrheitsfindung und Reparationen in den Kontext der Versöhnung gestellt.

1. Das Recht auf Verteidigung

Frappantester Kritikpunkt bezieht sich auf das *Recht auf Verteidigung*. Im Zusammenhang mit den Verfahren bis 1999 liess sich feststellen, dass 60 % der Angeklagten keine Strafverteidigung hatten, wobei allerdings starke regionale Unterschiede bestanden.[872] Wenn die Verteidigung in Anspruch genommen werden konnte, zeichnete sie sich indes durch schlechte Qualität aus. Ausgehend von dieser Feststellung, die hinsichtlich der Möglichkeit einer Todesstrafe umso gravierender erscheint, sollen nachfolgend die Gründe hierzu erläutert werden.

870 Des Forges schätzt die Urteile bis im Jahre 2002 auf knapp 8000. DES FORGES, 2002, *op. cit.*, p. 862.

871 Vgl. TULLY, 2003, *op. cit.*

872 UVIN, 2000, *op. cit.*

Grundsätzlich drängt sich zunächst die Feststellung auf, dass angesichts derartig vieler Opfer wie Angeklagter zuwenig Anwälte existieren. Noch 1997 gab es landesweit lediglich 17 Anwälte rwandischer Staatsangehörigkeit.[873] Des Forges spricht sogar davon, dass «in der Regel 15 oder sogar weniger Rechtsanwälte zur Verfügung standen».[874] Die belgische NGO *Avocats Sans Frontières* (ASF) war grösstenteils für die Verteidigung zuständig und übernahm im Rahmen des Projekts «*Justice pour tous*» einen massgeblichen Teil der Ausbildung von Rechtsverteidigern.[875] So entsandte ASF im Jahre 1997 45 ausländische Anwälte nach Rwanda, in den zwei weiteren Jahren waren es zwischen zehn und zwanzig.[876] Allerdings stiess die Organisation zumindest in der Anfangsphase aufgrund ihrer Verbindung zur ehemaligen Kolonialmacht Belgien, die überdies eine zentrale Rolle in der Ethnogenese Rwandas spielte, auf namhafte Widerstände.[877]

Darüber hinaus weigerten sich nachvollziehbarerweise fast ausnahmslos alle rwandischen Anwälte, Genozidäre zu verteidigen. Abgesehen von der Tatsache, dass kaum jemand nicht durch den Völkermord direkt betroffen ist, würde dies auch bedeuten, dass sie gleichzeitig den Genozid als solchen verteidigen würden.[878] Es wurden Fälle registriert, in welchen Anwälte eingeschüchtert und bedroht wurden, damit sie von der Verteidigung von Genozidären absehen. Prominentester Fall ist derjenige von Innocent Murengezi. Er war einer der einzigen rwandischen Rechtsverteidiger, der Genozidäre vertrat. Seit dem 30. Januar 1996 gilt er als verschwunden.[879] Da sich jedoch unter den Angeklagten auch Richter und Anwälte befinden, könnten diese – allerdings mit dem Risiko der Parteilichkeit – zur Lösung des Problems die Verteidigung ihrer Mitangeklagten übernehmen.

873 LAWYERS COMMITTEE FOR HUMAN RIGHTS, 1997, *op. cit.*, keine Seitenangaben.

874 DES FORGES, 2002, *op. cit.*, p. 887.

875 Für Einzelheiten des Projekts siehe: AVOCATS SANS FRONTIÈRES, 1998, *op. cit.* Darin heisst es: «A l'heure actuelle, la représentation des accusés est assurée presque exclusivement par ‹Avocats sans frontières›». Keine Seitenangaben.

876 AVOCATS SANS FRONTIÈRES, 1998, *op. cit.*, keine Seitenangaben.

877 Vgl. hierzu: KARNAVAS, 1997, *op. cit.*

878 KARNAVAS, 1997, *op. cit.* Ferner: LAWYERS COMMITTEE FOR HUMAN RIGHTS, 1997, *op. cit.*

879 AMNESTY INTERNATIONAL, 1997, *op. cit.*, p. 15.

Schliesslich ist anzuführen, dass das Genozid-Gesetz unter Art. 36 keine Pflichtverteidigung *pro bono* für mittellose Personen vorsieht. Die prekäre finanzielle Lage Rwandas berücksichtigend, muss dennoch an dieser Stelle bemerkt werden, dass dies Art. 14 Abs. 3 lit. d des ICCPR zuwiderläuft.[880]

Die Notwendigkeit einer Strafverteidigung im Rahmen eines Prozesses ist unbestritten. Darüber hinaus existieren jedoch noch zwei Vorteile, auf welche gesondert hingewiesen werden soll. Zum einen wurde bereits an anderer Stelle festgehalten, dass die Prozedur der Absprache über Schuldigerklärung in nur geringem Masse in Anspruch genommen wird. Gerade jedoch Rechtsverteidiger können die zentrale Rolle übernehmen, den betroffenen Personen die Bedeutung sowie die Vorteile eines Schuldbekenntnisses zu erklären. Die ersten 142 Genozid-Fälle vor nationalen Gerichten berücksichtigend konnte festgestellt werden, dass 38 % der Anklagten mit Rechtsverteidigung von der Prozedur des Schuldbekenntnisses Gebrauch machten. Unter denjenigen Angeklagten ohne Verteidiger waren es indessen lediglich 5 %.[881]

Zum anderen ist Rechtsverteidigung nicht mit einem Freispruch gleichzusetzen. Die Tatsache, dass Angeklagte trotz Rechtsbeistand verurteilt werden, sollte zum wachsenden Bewusstsein beitragen, dass Strafverteidigung kein Hindernis für Justiz ist, sondern lediglich ein Instrument zur Wahrung der Rechte des Angeklagten.[882]

2. Das Recht auf Unschuldsvermutung

Markanteste Verletzung dieses Rechts stellt die unter Art. 9 des Genozid-Gesetzes vorgesehene Liste von Verdächtigen der Kategorie 1 dar. So merkt Des Forges an, dies bedeute zwar theoretisch keine Verletzung der Unschuldsvermutung, im Kontext Rwandas werde die Liste jedoch anders verstanden.[883] Fehlende rechtliche Kenntnisse würden rasch dazu führen,

880 «[...] fehlen ihm die Mittel zur Bezahlung eines Verteidigers, so ist ihm ein Verteidiger unentgeltlich zu bestellen, wenn dies im Interesse der Rechtspflege erforderlich ist.» Aus: RANDELZHOFER, Albrecht (Hrsg.), 1998: *Völkerrechtliche Verträge*. 8. Aufl. München: Deutscher Taschenbuch Verlag, p. 180.

881 DUBOIS, 1997, *op. cit.*, p. 727.

882 Siehe hierzu auch: AMNESTY INTERNATIONAL, 1997, *op. cit.*, p. 8.

883 DES FORGES, 2002, *op. cit.*, p. 881.

die auf der Liste aufgeführten Personen fraglos für schuldig zu halten. Aufgrund ihrer Veröffentlichung befinden sich diese Angeklagten in Gefahr, Opfer von Rachemorden zu werden.

3. Das Recht auf ein faires und öffentliches Verfahren vor einem kompetenten, unabhängigen und unparteiischen Gericht

In einem ersten Schritt sollen die verfahrensrechtlichen Aspekte in Bezug auf ihre Fairness erörtert werden. Aufgrund der Überforderung des Justizsystems wird einerseits das Recht auf ein schnelles Verfahren missachtet, zudem jedoch ebenfalls das Recht auf eine vernünftige Haftdauer sowie auf menschenwürdige Haftbedingungen. Trotz bemerkenswerter Bemühungen von Seiten der rwandischen Regierung werden diese Rechte nach wie vor verletzt. Die im Zusammenhang mit dem Gesetz 9/96 vom 8. September 1996 verlängerten Verfahrensfristen lassen sich nicht durch eine allgemeine Notlage rechtfertigen. Aufgrund des weitverbreiteten Fehlens von Anklageschriften und Dossiers sieht sich Rwanda nach wie vor breiter Kritik ausgesetzt. Im Jahre 1999 lag von den rund 121'500 Gefängnisinsassen lediglich für 20'000 eine Anklageschrift vor.[884]

Der Frage, inwiefern die nationalen Gerichte den allgemeinen Anforderungen an Kompetenz, Unabhängigkeit und Unparteilichkeit genügen, soll in einem zweiten Schritt nachgegangen werden. Peter Uvin konnte im Rahmen eigener Untersuchungen vor Ort feststellen, dass die Korruption unter Richtern weit verbreitet ist.[885] Des Weiteren bemängelt er den auf die kurze Ausbildungsdauer zurückzuführenden niedrigen professionellen Standard. In der Tat ist schwerlich einzusehen, wie höchstens ein halbes Jahr juristischer Schulung zu befriedigender Qualifikation führen soll. Dem entgegengehalten werden kann, dass die Gerichtsurteile zwar materiell betrachtet einiges zu wünschen übrig lassen, diese jedoch aufgrund mangelnder *«déformation professionelle»* in Begriffen formuliert sind, die der Bevölkerung in kultureller Hinsicht näher sind. Weniger dramatisch, jedoch nicht minder erwähnenswerte Kritikpunkte Uvins betreffen die mangelnde Arbeitsethik sowie die bürokratische Langsamkeit im Rahmen von Strafprozessen.[886]

884 SIMON, 2003, *op. cit.*, p. 12.
885 Dies wird denn auch bestätigt in: HUMAN RIGHTS WATCH, 2002, *op. cit.*, p. 79.
886 UVIN, 2000, *op. cit.*

4. Das Recht auf Rechtsmittel

Der im Kapitel VI des Genozid-Gesetzes beschriebene Rechtsmittelweg unterliegt materiellen sowie prozeduralen Einschränkungen. So kann eine Beschwerde nur auf der Basis von Rechtsfragen und offensichtlichen Tatsachenfehlern erfolgen. Die Tatsache, dass eine Beschwerde nicht *per se* zugelassen wird, sondern einer entsprechenden Prozedur unterworfen ist, widerspricht Art. 14 Abs. 5 des ICCPR, der besagt: «Jeder, der wegen einer strafbaren Handlung verurteilt worden ist, hat das Recht, das Urteil entsprechend dem Gesetz durch ein höheres Gericht nachprüfen zu lassen».[887]

Ferner sind alle Verurteilten, die ein Schuldbekenntnis abgelegt haben, gemäss Art. 24 Genozid-Gesetz vom Rechtsmittelweg ausgeschlossen. Dies bedeutet, dass Schuldbekenntnisse, die unter Folter oder anderen Formen von Gewalt erzwungen worden wären, keiner Möglichkeit der Wiedererwägung unterliegen. Bislang wurden zwar keine Beweise für Gewaltanwendungen zwecks Geständnissen erbracht, mehrere Angeklagten machten allerdings solche Vorfälle geltend.[888]

Insgesamt betrachtet sind zahlreiche Verletzungen der Rechte des Angeklagten auf die Unerfahrenheit sowie die ungenügende Ausbildung der Richter zurückzuführen und stellen keine beabsichtigten Verstösse dar.

d. Justiz, Wahrheitsfindung und Versöhnung im Rahmen nationaler Rechtsprechung

Besonderen Stellenwert erhielt die Frage der Rechte des Angeklagten, da diese mit massgeblicher Kritik, insbesondere seitens von Menschenrechtsorganisationen, verbunden war. Obschon die mangelnde Fairness weitestgehend auf die spezifische Situation des rwandischen Justizsystems zurückzuführen ist und als Folge struktureller Einschränkungen verstanden werden

887 Vgl. hierzu auch: LAWYERS COMMITTEE FOR HUMAN RIGHTS, 1997, *op. cit.*, keine Seitenangaben. Ferner: AMNESTY INTERNATIONAL, 1997, *op. cit.*, p. 19.

888 AMNESTY INTERNATIONAL, 1997, *op. cit.*, p. 18. Ferner: LAWYERS COMMITTEE FOR HUMAN RIGHTS, 1997, *op. cit.*

kann, lässt sich nichtsdestotrotz vermuten, dass nicht wenige Täter unabhängig dieser Gründe die Justiz als ungerecht erachten. Dies wiederum schlägt sich auf den komplexen Prozess der Versöhnung nieder. Die in grundsätzlicher Weise mit klassischer Justiz verbundene Enttäuschung der unterliegenden Partei dürfte mangels wahrgenommener Fairness einer erheblichen Akzentuierung unterliegen.

Dies betrifft indes diejenigen Angeklagten, welche die Möglichkeit eines Prozesses erhielten. Daneben verbleiben jedoch noch über 110'000 Inhaftierte, die seit Jahren darauf warten. Ohne zu übertreiben lässt sich an dieser Stelle anmerken, rund 1'500 Strafprozesse im Jahr für ein Land wie Rwanda äusserst bemerkenswert sind und von grossen Willensanstrengungen zeugen. So kann auch dem Bericht der *International Crisis Group* entnommen werden: «Pourtant, la justice rwandaise liée au génocide constitue une tentative unique en son genre de concilier vérité et justice, lutte contre l'impunité et pardon, mémoire et recherche de la paix sociale. A partir de rien, les résultats engrangés en moins de cinq ans sont impressionnants».[889] Das Rechtssystem war niemals auf eine derartige Aufgabe vorbereitet. Zu den ärmsten Ländern dieser Welt zählend, investiert Rwanda rund 4,5 % seines Staatsbudgets für den Justizapparat. Angesichts der Haftinsassen allerdings, welche seit bis zu neun Jahren auf ihren Prozess warten, erscheinen die präsentierten Zahlen als fraglos ungenügend. Noch bis im Jahre 1999 starben jährlich mehr Angeklagte des Genozids in den Gefängnissen als Personen vor Gericht gestellt wurden.

Wird der Blick auf die Opfer des Genozids im Allgemeinen sowie auf diejenigen in Verbindung mit den verhandelten Fällen gerichtet, so präsentieren sich andere Gründe, welche zu massgeblicher Unzufriedenheit führen können. Zunächst ist die strukturelle Täterzentriertheit der Strafjustiz zu erwähnen, die zu einer Marginalisierung des Opfers im Rahmen des Verfahrens beiträgt. Allerdings vermag auch die Lokalisierung der Verfahren mit einer geringen Implikation der Opfer verbunden zu sein. Im Gegensatz zur später diskutierten Gacaca-Gerichtsbarkeit, welche mitunter in den Dörfern angesiedelt ist, finden die Prozesse nationaler Gerichte in den Hauptorten der zwölf Provinzen des Landes statt. In jedem anderen nationalen Kontext würde dies kein nennenswertes Problem darstel-

889 INTERNATIONAL CRISIS GROUP, 1999, *op. cit.*, p. 1.

len, Bezug nehmend jedoch auf die Wichtigkeit, dass Justiz für die rwandische Bevölkerung sichtbar ist, muss auch dieser Aspekt Erwähnung finden. Vielfach ist es den Personen, welche die sie persönlich betreffenden Völkermordsprozesse mitzuverfolgen beabsichtigen, aus finanziellen und transporttechnischen Gründen nicht möglich, diesen beizuwohnen. Andererseits kann die geographische Zusammenführung der Prozesse jedoch auch zu besserem Verständnis bezüglich dem, was sich in einer bestimmten Provinz zugetragen hat, führen.

Die stattgefundene Justiz dürfte nicht nur als weitestgehend unsichtbar erachtet werden, sondern in den Augen derjenigen Überlebender des Genozids, welche die Aburteilung aller Schuldigen verlangen, auch aufgrund ihrer Langsamkeit in gewissem Masse sogar als inexistent. Allerdings darf ebenso vermutet werden, dass es für nicht wenige Überlebende des Genozids unerheblich ist, ob ein Schuldiger mit oder ohne Strafverfahren in Haft ist. Als weitaus zentraler erweist sich in diesem Zusammenhang die Tatsache, dass sich zahlreiche Täter noch auf freiem Fuss befinden.

Hinsichtlich der Frage möglicher reparativer Effekte der Prozesse vor nationalen Gerichten fällt zunächst auf, dass sich die Opfer nur wenig mit der Prozedur von Zivilklagen und Schadensersatzforderungen auszukennen scheinen. Selbst dieser Personengruppe stehen zuwenig Anwälte zur Verfügung, die das genaue Vorgehen erklären sowie über entsprechende Rechte aufklären könnten. 1997 waren 27 % aller Zivilkläger durch einen Anwalt vertreten.[890] Bis heute wurde jedoch kein einziger entsprechender Entscheid umgesetzt.[891] Es konnte ferner festgestellt werden, dass die über das entsprechende Verfahren am besten informierten Personen in Kontakt mit Überlebendenvereinigungen standen.[892]

Können den Strafprozessen in der Regel keine rehabilitativen Effekte zugesprochen werden, so liegt die Vermutung nahe, dass gerade das Verfahren der Absprache über Schuldigerklärung sogar gegenteilige Folgen zeitigen kann. Um die weitreichenden Konsequenzen der Strafmilderung verständlicher machen zu können, soll folgender Fall angenommen werden: Eine Person hat während des Genozids mehrere Menschen vorsätzlich getötet (man bedenke ebenfalls die verwendeten Methoden). Seit Mitte

890 AVOCATS SANS FRONTIÈRES, 1998, *op. cit.*, keine Seitenangaben.

891 PENAL REFORM INTERNATIONAL, 2003b, *op. cit.*, p. 16.

892 DES FORGES, 2002, *op. cit.*, p. 890.

1994 ist sie in Haft und bekennt sich anfangs 2003 ihrer Verbrechen.[893] Angesichts der durch das Gesetz vorgesehenen Strafmilderung sowie der bereits abgesessenen Strafe könnte es durchaus sein, dass diese Person auf freien Fuss gesetzt würde und in ihr Dorf zurückkehrte. Was Angehörige der durch diese Person getöteten Menschen dabei empfinden, dürfte nur schwerlich vorstellbar sein. Sicher ist jedoch, dass solche Fälle in keiner Weise zur Versöhnung beitragen werden. In den Augen der Überlebenden des Genozids fände keine Justiz statt, das Vorgehen dürfte sogar vielmehr als Gewährung von Amnestie gewertet werden, auch wenn die Schuldigen zuvor jahrelang in Haft waren. Denkbar ist in diesem Kontext ebenfalls, dass Angehörige der Opfer Selbstjustiz üben, wodurch die Situation allgemeiner Gewalt wieder markant zunehmen würde. Darin widerspiegelt sich eine der grossen Widersprüchlichkeiten, die mit einer Situation nach Massengewalt verbunden sind. In der Tat stellt das Verfahren der Absprache über die Schuldigerklärung aufgrund der damit verbundenen Bedingungen die erfolgversprechendste Strategie dar, Einzelheiten über die Verbrechen an den Tag zu fördern, es verlangt jedoch einen Preis, der für die meisten Überlebenden als zu hoch angesehen wird. Doch schliesslich hat auch diese Wahrheit ihre Gegenseite. Die mit der Prozedur des Schuldbekenntnisses verknüpfte Erwartung, die Prozesse würden beschleunigt und die Haftanstalten rascher geleert werden, entspricht nur bedingt den realen Begebenheiten. Vielmehr ist aufgrund der Bedingung, dass die sich bekennende Person alle Mittäter und Gehilfen zu nennen hat, mit weiteren Festnahmen beachtlichen Ausmasses zu rechnen.

Aufgrund der in Aussicht gestellten Strafmilderung lässt sich jedoch auch vermuten, dass Unschuldige auf schuldig plädieren werden, einzig aus der Motivation heraus, aus dem Gefängnis zu kommen.[894] Auf diese Weise würden etablierte Fakten bezüglich der Verbrechen unweigerlich verfälscht.

Ferner verlaufen die Strafprozesse in einem allgemeinen Klima der Verängstigung und persönlicher Unsicherheit. Noch heute verschwinden im Zusammenhang mit dem Völkermord von 1994 Menschen in Rwanda.

893 Ursprünglich galt die Frist von März 2003, nach deren Ablauf keinerlei Schuldbekenntnisse mehr angenommen würden. Zwischenzeitlich wurde betreffende Frist auf März 2005 verlängert.

894 Vgl. auch: PENAL REFORM INTERNATIONAL, 2003a, *op. cit.*, p. 14.

Spezifisch auf die Frage der Justiz bezogen, bedeutet dies ebenfalls, dass es Fälle von massiver Einschüchterung der Zeugen gibt. Sogar Ermordungen von Zeugen und Richtern wurden registriert. Daraus resultiert, dass sich nicht wenige Rwanderinnen und Rwander nur ungern im Rahmen von Völkermordsprozessen exponieren möchten. Die Beweislage wird dadurch um ein weiteres Mal geschmälert, wodurch eine adäquate Rechtsprechung eingeschränkt wird.

Obschon der Rückgriff auf die anglophone Rechtstradition in einem frankophon geprägten Land zu einiger Verwirrung geführt hat, wurde im Rahmen des Genozid-Gesetzes den Eigenheiten der Massaker sowie dem allgemeinen rwandischen Kontext Rechnung getragen, was als genuine Leistung angesehen werden darf.[895] Die Beteiligung von Massen an den Verbrechen hätte unter altem Strafgesetz dazu geführt, dass Hunderttausende von Menschen hingerichtet worden wären. Stattdessen wird den Schuldigen im Rahmen der Prozedur der Absprache über Schuldigerklärung die Möglichkeit eröffnet, früher als vorgesehen aus der Haft entlassen zu werden. Dass dies einer Gegenleistung bedarf, mitunter namentlich der Mitwirkung bei der Aufdeckung der genauen Ereignisse sowie einer öffentlichen Entschuldigung, dürfte ungeachtet erwähnter Kritikpunkte einen Beitrag zum Prozess der Versöhnung leisten.

5. Kollisionsrechtliche Überlegungen zum ICTR und zur rwandischen Rechtsprechung

Madeline H. Morris zählt zu denjenigen Fachleuten, die am Entwurf zum rwandischen Genozid-Gesetz beteiligt waren. In ihrem Artikel *«The Trials of Concurrent Jurisdiction: The Case of Rwanda»*[896] hat sich die Rechtsprofessorin mit kollisionsrechtlichen Fragen betreffend nationaler Rechtsprechung Rwandas und dem ICTR auseinandergesetzt.

895 Vgl. hierzu: FIERENS, 2001, *op. cit.*, p. 183.
896 MORRIS, 1997, *op. cit.*

Um die relevanten Schnittstellen bezeichnen zu können, sollen zunächst nochmals die Kompetenzen *ratione personae* der beiden Rechtsordnungen in Erinnerung gerufen werden. Während sich das internationale Tribunal in Arusha im Wesentlichen auf die zentralen Figuren des Genozids konzentriert (gemäss rwandischem Genozid-Gesetz Verbrecher der Kategorie 1), werden vor den ordentlichen Gerichten Rwandas alle vier Kategorien behandelt. Mit anderen Worten besteht hiernach eine strukturelle Kollisionsgefahr im Falle der Verantwortlichen des Völkermords.

Da die allergrösste Mehrheit der Angehörigen betreffender Kategorie 1 im Ausland lebt, stellt sich in einem ersten Schritt die Frage der Auslieferung an ein zuständiges Gericht. Die meisten Länder haben sich Bestimmungen unterworfen, wonach niemand in ein Land ausgeliefert werden darf, in welchem ihm die Todesstrafe oder andere unmenschliche Behandlung droht.[897] Daraus folgt, dass die rwandische Justiz in nur seltenen Fällen dieser Personen habhaft wird, während die meisten Täter an das ICTR ausgeliefert werden. Da das ICTR jedoch im Vergleich zu Rwanda mildere Strafen für die Verbrecherkategorie 1 vorsieht, wurde sowohl von Seiten der rwandischen Regierung als auch von Seiten Überlebender des Genozids Kritik laut. In der Tat kann es hinsichtlich der Wahrnehmung von Gerechtigkeit negative Effekte hervorbringen, wenn unterschiedliche Gerichtsorgane für dieselben Verbrechen unterschiedliche Strafen aussprechen.[898] Andererseits werden nicht zuletzt aufgrund der Prozedur der Absprache über Schuldigerklärung Verbrecher der Kategorien 2 bis 4 von der rwandischen Rechtsprechung mit grösserer Milde behandelt, besteht doch die Möglichkeit einer massgeblichen Reduktion des Strafmasses. So kann Rwanda mit anderen Worten in jenen Fällen kein Recht sprechen, wo die härteste Strafe vorgesehen ist und es auch ihr primäres Ziel ist, sondern lediglich in den übrigen Fällen, wo mehr Milde gewaltet wird. Morris bringt diese fraglos ungünstige Lage folgendermassen auf den Punkt:

897 Darunter fallen etwa Art. 3 EMRK und Art. 3 Folterkonvention.

898 Hierzu: LUND, Michael, 1998: «Reckoning for Past Wrongs: Truth Commissions and War Crimes Tribunals», pp. 281–298 in: HARRIS and REILLY (eds.), *op. cit.*, p. 290.

> The leniency in sentencing that goes with plea agreements can easily create a perception that impunity has prevailed – unless at least the leaders are fully prosecuted and punished. If, however, the leaders are taken to an International Tribunal, and there receive more favourable treatment than they would in the national courts, then this leaves a gap in the national justice picture. [...] If the leaders are away receiving ‹international justice› which is perceived as lenient, and the followers are at home getting ‹bargains› in the national justice system, then no one is punished fully and severely.[899]

In diesem Zusammenhang müssen die wichtigsten, mit der Errichtung des ICTR verbundenen Ziele nochmals in Erinnerung gerufen werden. Zum einen soll es gegenüber einem nationalen Rechtssystem, welches überfordert oder funktionsunfähig ist, unterstützend wirken. So ist in der Präambel seines Statuts festgehalten: «a need for international cooperation to strengthen the courts and judicial system of Rwanda, having regard in particular to the necessity for those courts to deal with large numbers of suspects». Andererseits soll es in solchen Fällen Recht sprechen, in welchen die Gefahr von mangelnder Fairness besteht. Da jedoch die Anzahl Fälle des ICTR derart gering an der Zahl sind, kann in keiner Weise von einer Entlastung des nationalen Rechtssystems gesprochen werden.

Das internationale Tribunal in Arusha birgt für Angeklagte und Verurteilte wesentliche Vorteile gegenüber dem rwandischen Justizsystem. So stehen die Bedingungen in Untersuchungshaft in keinem Verhältnis zu denjenigen in Rwanda, werden sie doch oftmals sogar als luxuriös bezeichnet. Ferner wird den Angeklagten vollumfängliches Recht auf eine faire Verhandlung garantiert. Wie bereits dargelegt, sind die Rechte des Angeklagten im Rahmen der rwandischen Rechtsprechung nicht ohne Weiteres gewährleistet. Die Ironie besteht nun darin, dass gerade diese Rechte und Vorteile den grössten Völkermördern zuteil werden, was bei der rwandischen Bevölkerung auf Unverständnis stösst.

899 MORRIS, 1997, *op. cit.*, p. 359 ff.

6. Staatliche Kompensationen

> Tous ces appels à la réconciliation de la part de nos leaders ne veut rien dire pour moi. J'ai des préoccupations plus sérieuses, qui menacent mon existence même.[900]
>
> Mukanyange, Butare

Reparationsleistungen präsentieren sich in vielfältiger Ausprägung. Wie noch aufgezeigt werden soll, ermöglicht auch die Gacaca-Gerichtsbarkeit Reparationen. Die vorliegenden Ausführungen konzentrieren sich indessen auf zusätzliche staatliche Bestrebungen, Kompensationen vorzunehmen und damit in einem gewissen Masse zu redistributiver Gerechtigkeit beizutragen. Die Leistung von Kompensationen zuhanden von Opfern nach staatlich angeordneten Verbrechen ist eine international anerkannte Pflicht, welche im Falle eines Sturzes auf die nachfolgende Regierung übergeht.[901] Nicht nur wird damit – und darauf nimmt oben stehendes Zitat Bezug – die oftmals akzentuierte, wirtschaftliche Not von Opfern gelindert,[902] es erfolgt ebenfalls eine öffentliche Anerkennung ihres Leidens sowie ihres Opferstatus. Ferner führt die Beurteilung von individuellen Anträgen zur Überprüfung von Fakten, wodurch eine detaillierte Aufzeichnung der Verbrechen ermöglicht werden kann.[903]

Die rwandische Regierung hat durch das Gesetz n° 02/98 vom 22. Januar 1998 einen nationalen Hilfsfonds für Opfer des Genozids eingerichtet *(National Fund for Assistance to the Survivors of Genocide and Massacres)*.[904] Die theoretisch 5 % des jährlichen Staatsbudgets ausmachende Einrichtung

900 «Génocide rwandais: Le prix de la réconciliation», *Fondation Hirondelle*, 19 décembre 2002.

901 KRITZ, 1995a, *op. cit.*, keine Seitenangaben.

902 In diesem Zusammenhang bemerkt auch Akhavan: «The instability and the debilitating struggle for daily survival remove the consideration of prosecutions and reconciliation from people's immediate concerns». AKHAVAN, 2001, *op. cit.*, p. 23.

903 KRITZ, 1995a, *op. cit.*, keine Seitenangaben.

904 Loi n° 02/98 vom 22/01/1998 establishing a National Assistance Fund for needy victims of genocide and massacres committed in Rwanda between October 1, 1990 and December 31, 1994. *Official Gazette of the Republic of Rwanda*, 1 February 1998.

ist jedoch nicht für alle Überlebenden des Genozids gedacht, sondern nur für eine Auswahl von rund 300'000 äusserst bedürftigen Familien.[905] Dabei werden Witwen und Waisen prioritär behandelt. Die nach Bedarf geleistete Unterstützung betrifft die Unterkunft, medizinische Hilfe, Bildung und Arbeitsmöglichkeiten.[906] Allerdings vermag die Regierung die vorgesehenen fünf Prozente des Staatsbudgets nicht in den Fonds zu schütten, sodass den Überlebenden des Genozids keine genügende Unterstützung zukommt.[907]

Gleichzeitig ist seit dem Jahre 2000 die Einrichtung eines 8% des Staatsbudgets ausmachenden Entschädigungsfonds geplant, der nicht mehr in selektiver Weise operieren sollte. Dieser würde den Hilfsfonds ersetzen, wobei jedoch zu bemerken ist, dass entsprechende Gesetzesvorlagen noch immer diskutiert werden. Der aktuellste Entwurf aus dem Jahre 2002 beschränkt die Nutzniesser des betreffenden Fonds auf die Überlebenden des Genozids, über welche indessen keine genauen Zahlen existieren. Dabei gilt zu bedenken, dass die Unterscheidung von Opfern und Tätern eine ausgesprochen delikate Angelegenheit ist, da sich erwiesenermassen auch Hutu unter den Opfern befanden, weshalb die einseitige Konzentration auf Tutsi als Nutzniesser des Fonds den Bestrebungen um Versöhnung zuwiderlaufen könnte. Beschlossen wurde, dass jede berechtigte Person einen einmaligen Betrag von umgerechnet rund 23'500 US $ erhalten sollte.[908] Auch diese Festlegung auf eine einheitliche Geldsumme könnte bei den Opfern des Genozids ein Gefühl mangelnder Genugtuung hinterlassen. Angesichts der Tatsache, dass höchst unterschiedliche Grade der Betroffenheit bestehen, könnten Personen, welche ihre gesamte Familie verloren haben, dies mit dem Hinweis auf weniger stark betroffene Opfer

905 United Nations Organization, 2000, *op. cit.*, Abs. 153. Als Vergleich hierzu: Für den Unterhalt der Gefängnisse Rwandas werden gegenwärtig 4 % des Staatshaushaltes ausgegeben.

906 Republic of Rwanda, 2000, *op. cit.*, p. 8.

907 Penal Reform International (PRI), *op. cit.*, p. 14.

908 Penal Reform International, 2003b, *op. cit.*, p. 14. Zuvor war geplant, den auszubezahlenden Betrag anhand einer Skala zu bestimmen. Siehe hierzu: Mucyo, Jean de Dieu, 2000: «Des juridictions gacaca et de la réparation des dommages», in: *Le Verdict*, N° 17, août 2000 [http://www.diplomatie-judiciaire.com/Rwanda/LeVerdict17.html].

als Ungerechtigkeit empfinden.[909] Gleichzeitig lässt sich das Leiden nicht quantifizieren, so auch der Verlust eines geliebten Menschen nicht durch Geld wiedergutgemacht werden kann.

Bis zum heutigen Tage existiert der Entschädigungsfonds nur auf dem Papier – eine Tatsache, die mitunter zur Meinung von Überlebenden des Genozids beigetragen hat, der Staat würde sich nicht in ernsthafter Weise ihrer annehmen. Die Idee, das Vermögen von Genozidären zu beschlagnahmen und den Opfern auszubezahlen, wurde als nicht realisierbar erachtet.[910]

909 So lässt sich in Rwanda wie auch in anderen ärmeren Ländern beobachten, dass Familienmitgliedern nicht nur emotionale Bedeutung zugemessen wird, sondern dass sie vielfach auch eine überlebenswichtige Unterstützung darstellen. In diesem Kontext ist zu verstehen, weshalb der Ausdruck «Kind» in der Lokalsprache Kinyarwanda gleichzeitig auch «Arm» bedeutet. Hierzu: «Génocide rwandais: Le prix de la réconciliation», *Fondation Hirondelle*, 19 décembre 2002.

910 United Nations Organization, 2000, *op. cit.*, Abs. 154.

IV. Die Gacaca-Gerichtsbarkeit

> The sheer bulk of genocide suspects and cases due for trial has placed severe strain on Rwanda's criminal justice system which is already crippled by poor infrastructure and the death of professionals during the genocide. Rwanda's prisons are heavily congested, and the cost of feeding and clothing prisoners is a drain on the economy.
> The lack of adequate number of prosecutors, judges, and lawyers to try cases exacerbates the already bad situation. At the present rate, it would take over 200 years if Rwanda was to rely on the conventional court system to deliver justice.
> The Government of National Unity decided to ease pressure on the criminal justice system by categorizing genocide suspects according to the crimes of which they are accused. Category 1 – the ‹planners, organizers, instigators, supervisors and leaders' of the genocide numbering 2,133, will be tried in the conventional courts. Categories 2–4, where involvement was slightly less serious, will be tried in traditional community courts or GACACA courts. This new process will significantly speed up trials and sentencing.
> The GACACA courts also have the advantage of involving the community in the trial and sentencing process. The Government of National Unity believes that involving the population in the trials can also contribute significantly to reconciliation».[911]
>
> Stellungnahme der rwandischen Regierung

1. Einleitung

Selbst mehrere Jahre nach Beendigung des Genozids wurden aufgrund der zuvor dargelegten Gründe im Rahmen der nationalen Gerichtsbarkeit nur langsame Fortschritte erzielt. Noch immer fristeten über hunderttausend Menschen unter schwierigsten Bedingungen ihr Dasein in rwandischen

911 Diese Stellungnahme der Regierung findet sich unter: http://www.rwanda1.com/government/genocidef.html.

Haftanstalten und warteten seit Jahren darauf, dass im Rahmen eines Gerichtsverfahrens über ihre Schuld oder Unschuld geurteilt würde. Unter Beibehaltung des derzeitigen Rhythmus der Rechtsprechung hätte es schätzungsweise an die 150 Jahre gedauert, bis alle Beschuldigten vor Gericht gekommen wären.[912] Schuldige hätten ihre Schuld mit ins Grab genommen, Unschuldige ihre Unschuld. Diese auf längere Zeit hin nicht mehr haltbare sowie höchst alarmierende Situation, die in der Hauptsache auf knappe Ressourcen zurückzuführen ist, veranlasste die Regierung Rwandas, alternative Lösungen zu suchen. Reflexionen über Möglichkeiten, welche der kulturelle Fundus an überlieferten Traditionen zu bieten hat, führten zur verstärkten Auseinandersetzung mit einem jahrhundertealten, indigenen Mechanismus der Konfliktschlichtung – den Gacacas. Bereits in vorkolonialer Zeit hatten die Bewohner des heutigen Rwandas eine Rechtsinstitution gekannt, in deren Rahmen integre Persönlichkeiten Streitigkeiten schlichteten, indem sie unter aktiver Partizipation der Gemeinschaft einen Kompromiss suchten, der zur Wiederherstellung sozialer Harmonie beitragen sollte. Zwar ist unklar, in welchem Masse Gacacas, die im Laufe der Jahrzehnte sowie insbesondere unter dem Einfluss der Kolonialmächte modifiziert wurden, bis in die heutige Zeit zur Lösung von Streitigkeiten lebendig blieben. Es darf jedoch vermutet werden, dass das Nachdenken über Gacaca schlichtweg bestechend und beflügelnd war, denn das idealisierte Bild einer intakten Gemeinschaft, in welcher Werte und Moral einen überragenden Stellenwert besassen und der soziale Zusammenhalt sowie die Harmonie unabhängig ethnischer Kategorien gepflegt wurden, war ein allzu grosser Gegensatz zur heutigen zerrütteten und verletzten rwandischen Gesellschaft.

Das Nachdenken kristallisierte sich nach und nach zu einem gewagten, einzigartigen legalistisch-sozialen Experiment, wie es bis dahin noch nie gedacht wurde.[913] Die über hunderttausend Inhaftierten, die der Verbrechen im Zusammenhang mit dem Völkermord beschuldigt werden, sollten an den Schauplatz ihrer mutmasslichen Taten gebracht werden,

912 Vgl. auch: «Le Rwanda essaie d'inventer une nouvelle justice du génocide», *Le Monde*, 22.6.2002.

913 Vgl. Uvin, Peter, 2003: «The *Gacaca* Tribunals in Rwanda», pp. 116–121 in: International Institute for Democracy and Electoral Assistance (ed.), *op. cit.*, p. 117.

um dort vor die lokale Bevölkerung zu treten und sich vor ihr verantworten zu müssen. Landesweit sollten über 11'000 Gerichte operieren, an deren Spitze 19 integre Laienrichter die Bevölkerung dazu auffordern sollten, ihr Schweigen zu brechen und darüber zu berichten, was sie über die angeklagte Person wissen. Justiz könnte endlich in einem Rhythmus stattfinden, welcher der Anzahl Beschuldigten gerecht würde. Berechnungen ergaben, dass innert fünf bis sechs Jahren die Prozesse abgeschlossen werden könnten.[914]

Obschon das Experiment bereits nach Beendigung des Völkermordes diskutiert wurde und die Regierung im Juli 1999 einen Entwurf präsentierte, bedurfte es noch weiterer zwei Jahre, bis ein Gesetz zur Etablierung der Gacaca-Gerichtsbarkeit veröffentlicht werden konnte.[915] Unter der Bezeichnung *Loi organique N° 40/2000 du 26/01/2001 portant création des ‹juridictions gacaca› et organisation des poursuites des infractions constitutives du crime de génocide ou de crimes contre l'humanité, commises entre le 1er octobre 1990 et le 31 décembre 1994* lag ein hundert Paragraphen umfassender Gesetzestext vor, der das Nachdenken über Gacaca in die Wirklichkeit umsetzen sollte.

Gacaca-Gerichte stellen einen Mechanismus transitionaler Justiz dar, mittels welchem sowohl rechtliche wie auch politische Ziele verfolgt werden. In rechtlicher Hinsicht gilt es, unter Einbezug von Alternativen zu Haftstrafen die Genozidprozesse voranzutreiben und nicht zuletzt auch die Gefängnisse, die enorme Kosten verursachen, zu leeren. Eine Gesellschaft kann weder Stabilität noch Frieden erlangen, wenn beinahe zwei Prozent der Bevölkerung inhaftiert sind. Dies stellt denn auch den Hauptgrund für den Rückgriff auf die Gacacas dar, hätte doch andernfalls gemäss Aussagen der rwandischen Regierung keine Notwendigkeit bestanden, alternative Lösungen zu suchen.[916] Ausserdem wird erhofft, dass die Wahrheit über die Ereignisse durch Aussagen von Augenzeugen und Angeklagten an den Tag kommt. In politischer Hinsicht soll der Kultur der Straflosigkeit durch Etablierung der Verantwortlichkeit sowie dem Klima allgemeinen Misstrauens innerhalb der Bevölkerung ein Ende gesetzt wer-

914 Drumbl, 2002, *op. cit.*, p. 6.
915 Penal Reform International, 2001, *op. cit.*, p. 5.
916 Republic of Rwanda, 2000, *op. cit.*, p. 23.

den.[917] Nicht zuletzt dadurch würde – so die Annahme – unter gewissen Bedingungen der Prozess der Versöhnung gefördert.

Durch die Wahl dieser kulturell adaptierten Lösung im Rahmen transitionaler Justiz wurde Rwanda zum Schauplatz eines einzigartigen Experimentes, welches Versöhnung und Rechtsprechung in einem einzigen Prozess zu verschmelzen versucht. Bevor jedoch in Einzelheiten auf das postgenozidäre Modell eingegangen wird, sollen zunächst dessen Anfänge vor der Kolonialisierung sowie die darauffolgende Entwicklung bis in die heutige Zeit nachgezeichnet werden.

2. Gacaca in vorkolonialer Zeit und während der Monarchie

Wie weit die Institution der Gacacas in die Vergangenheit zurückreicht, kann in Ermangelung von Quellen nicht genau bestimmt werden. Es scheint jedoch, als habe sie bereits vor Aufkommen der Monarchie im Gebiet des heutigen Rwandas existiert. Das Fundament der damals segmentär differenzierten Gesellschaft stellten in Clans zusammengefasste familiale Netzwerke dar, deren Mitglieder in breit gestreutem Habitat – den Hügeln – lebten.

Bei Vorliegen von Streitigkeiten zwischen Familien und Gemeinschaften versammelten sich erwachsene, männliche Mitglieder der Gemeinschaft auf einer Grasfläche, wo unter der Leitung angesehener, älterer Mitglieder so lange diskutiert wurde, bis sich eine Lösung fand, welche für alle Parteien akzeptierbar war. Frauen partizipierten nur dann, wenn sie direkt im diskutierten Streitfall involviert waren.[918] Der aus der einheimischen Sprache Kinyarwanda stammende Ausdruck *gacaca* bezeichnet denn auch in die betreffende Grasfläche. Gegenstand von Gacacas war eine breite

917 Die rechtlichen wie politischen Ziele stammen aus: NTAMPAKA, 2001, *op. cit.*, p. 217. Vgl. dazu auch: PENAL REFORM INTERNATIONAL, 2001, *op. cit.*, p. 5 f.

918 ALL-AFRICA CONFERENCE ON AFRICAN PRINCIPLES OF CONFLICT RESOLUTION AND RECONCILIATION, 1999, *op. cit.*, p. 71.

Palette von Angelegenheiten, die von Erbregelungen über Ehebruch bis hin zu Diebstahl reichten.

Ziel war es nicht etwa, über die individuelle Schuldfrage sowie über Sieger und Verlierer zu bestimmen, denn im damaligen Verständnis war die gesamte Familie des Täters in kollektiver Weise für ein soziales Übel verantwortlich.[919] Vielmehr galt es, den erlittenen Schaden sowie die soziale Harmonie versöhnend wiederherzustellen, deren zeitweise Störung den Zusammenhalt der Gemeinschaft in gefährlicher Weise bedroht hatte. So bemerkt auch Soyinka: «Die meisten traditionellen afrikanischen Gesellschaften haben soziale Praktiken entwickelt, die nach ernsthaften Verletzungen des sozialen Friedens die Wiederherstellung der Harmonie garantieren».[920] Aus diesem Grunde waren Bestrafungen nur in restitutiver Form vorgesehen. Anstatt einen Übeltäter – der sich stets freiwillig dem Gacaca stellte – mittels punitiver Massnahmen aus der Gemeinschaft auszuschliessen, wurde vielmehr dessen Reintegration angestrebt, teilweise unter Verlangen von Entschuldigungen an die Gruppe. War ein Konsens – meist in Form eines Kompromisses – gefunden, konnte die Rückkehr zum sozialen Frieden mittels Versöhnungsriten und gemeinsamem Speis und Trank im Rahmen der Gemeinschaft zelebriert werden. Dabei wurde die Gelegenheit wahrgenommen, die fundamentalen Werte und damit die soziale Ordnung zu bekräftigen.

Gacacas können mit der ursprünglichen Ausprägung des Geschworenengerichts verglichen werden, das eine Form bürgerlicher Partizipation am Rechtssystem darstellt.[921] In England handelte es sich bei den Geschworenen ursprünglich um Personen, die über besondere Kenntnisse des Falls oder der darin involvierten Personen verfügten. Erst ab dem 18. Jahrhundert wurde die Regel eingeführt, wonach eine Person mit Kenntnis des Falles nicht als Geschworener fungieren konnte.[922]

Grundlegendes Prinzip der Kollektivverantwortung findet sich im Konzept des *ubuntu*. Der Ausdruck stammt aus der Nguni-Sprachgruppe und bezeichnet die Vorstellung, wonach jeder Mensch Teil eines grösseren

919 NTAMPAKA, 2001, *op. cit.*, p. 216.
920 SOYINKA, 2001, *op. cit.*, p. 30.
921 JOERGENSEN, 2001, *op. cit.*, p. 381. Siehe auch: BURKE-WHITE, 2002, *op. cit.*, p. 55.
922 JOERGENSEN, 2001, *op. cit.*, p. 381.

sozialen Ganzen ist, das alle miteinander verbindet.[923] Aufgrund dieser Abhängigkeit wird davon ausgegangen, dass die Schädigung eines Elementes unweigerlich zur Schädigung des Ganzen – der Gemeinschaft – führen muss.[924] Als Folge davon schlägt sich die Anerkennung der Menschlichkeit jedes Mitmenschen in altruistischem Verhalten nieder und geniessen Gruppeninteressen das Vorrecht.[925]

Die orale Institution der Gacacas war in ihrer Handhabung flexibel, hatte gewohnheitsrechtlichen Charakter und wurde im Bedarfsfall, also *ad hoc*, einberufen. Einzig die Erteilung des Wortes erfolgte gemäss dem sozialen Status. Weitere Regeln lagen nicht vor, was nicht zuletzt dazu führte, dass diese gewohnheitsrechtliche Institution leichter dem sozialen Wandel unterworfen werden konnte.[926] Gleichzeitig war es die Gemeinschaft selbst, welche während der Zusammenkünfte ihr eigenes Recht weiterentwickelte.

Als sich in Rwanda die Monarchie etablierte, differenzierte sich die Institution der Gacacas entlang der neu entstandenen administrativen Ebenen aus. Entsprechend ihrer Hierarchie wurden Gerichte des Unterchefs *(icariho)*, des Chefs *(mutware, muganwa)* sowie des Königs *(mwami)* gemäss der Schwere des Konflikts oder des Verbrechens eingerichtet. Das nächst höhere Gericht galt jeweils als Berufungsinstanz. Die schwersten Verbrechen wie Mord oder Viehdiebstahl wurden in der Regel durch den König behandelt.[927]

923 VAN DER MERWE, 2001, *op. cit.*, p. 206. So entsprechend auch der Ausdruck «ich bin, weil wir sind».

924 BLOOMFIELD, 2003b, *op. cit.*, p. 46. Durch das Konzept des *ubuntu* wurde denn auch zu erklären versucht, weshalb afrikanische Gesellschaften eher zur Vergebung bereit wären. Angesichts der Vielzahl blutiger Konflikte auf dem afrikanischen Kontinent erscheint diese Vermutung allerdings als gewagt.

925 Vgl. auch: BARAHONA DE BRITO, GONZÁLEZ-ENRÍQUEZ, and AGUILAR (eds.), 2001, *op. cit.*, p. 26.

926 Vgl. NTAMPAKA, 2001, *op. cit.*, p. 215. Siehe auch: REYNTJENS, Filip and Stef VANDEGINSTE, 2001: «Traditional Approaches to Negotiation and Mediation: Examples from Africa. Burundi, Rwanda, and Congo», pp. 128–138 in: Luc REYCHLER and Thania PAFFENHOLZ (eds.), *op. cit.*, p. 129.

927 PENAL REFORM INTERNATIONAL, 2001, *op. cit.*, p. 8.

3. Gacaca unter deutscher und belgischer Kolonialmacht

Die deutsche Kolonialmacht ging am einheimischen Rechtssystem, wie im Übrigen auch an der gesamten Sozialorganisation Zentralrwandas, ohne nennenswerten Einfluss vorbei.[928] Die Belgier hingegen nahmen massgebliche Eingriffe im Rechtsbereich vor und führten das westliche Recht mitsamt seinen Institutionen und Berufskategorien, darunter insbesondere diejenige der Rechtsverteidiger, in die Kolonie ein.[929] So erliessen sie in der bislang durch orales Recht geprägten Gesellschaft einen schriftlich fixierten Strafcode, der für alle Bewohner der Kolonie als verbindlich galt.[930] Ferner wurden auf allen administrativen Ebenen Tribunale errichtet. Zunächst jedoch bewiesen die Belgier eine relativ liberale Haltung, welche sich in der Nationalen Charta von 1908 niederschlug, die den Einheimischen erlaubte, ihre Bräuche beizubehalten. Im Gesetzeserlass N° 2/5 von 1917 wurde dem König weiterhin die Möglichkeit garantiert, Recht zu sprechen. Bereits fünf Jahre später wurde seine Richtkompetenz allerdings dahingehend eingeschränkt, dass er sich vor jedem Urteil mit einem Delegierten des kolonialen Residenten zu beraten hatte.[931]

Weitere Restriktionen durch die Belgier erfolgten durch das Dekret vom 15. April 1926, welches auf die einheimische Gerichtsbarkeit Bezug nahm. Darin wurde dem legalen Pluralismus endgültig der Weg bereitet, indem die Relevanz einheimischer Gerichtsbarkeit auf die kolonisierte Bevölkerung beschränkt wurde. Diese Gerichtsbarkeit unterlag der Kontrolle der Staatsanwaltschaft und durfte nur insofern erfolgen, als sie nicht in Widerspruch mit der kolonialen Ordnung stand.[932] *Tribunaux de chefferie*

928 MAKOROKA, Stanislas, 2000: «La justice de droit écrit: lutte contre l'impunité au Burundi et dans la région des Grands Lacs», in: Charles DE LESPINAY et Emile MWOROHA (eds.), *op. cit.*

929 Vgl. hierzu: ODEKUNLE, Elufemi, 1994: «Alternatives to Imprisonment in Africa: An Overview», S. 45–52 in: Ugljesa ZVEKIC (ed.): *Alternatives to imprisonment in comparative perspective.* Chicago: United Nations Interregional Crime and Justice Research Institute, p. 46.

930 MAKOROKA, 2000, *op. cit.* Dieses Strafgesetzbuch behielt seine Gültigkeit bis im Jahre 1977.

931 MAMDANI, 2001, *op. cit.*, p. 90.

932 MAKOROKA, 2000, *op. cit.*

wurden vom politischen Führer des Ortes präsidiert, während die *tribunaux de territoire* auf der nächst höheren administrativen Ebene zusätzlich Beisitzer kannten. Schliesslich gab es das Gericht des Königs. In materieller Hinsicht erfuhr die Rechtsprechung einheimischer Gerichte eine massgebliche Einschränkung auf geringfügige Delikte. Grundsätzlich kann beobachtet werden, dass die Gacaca-Gerichtsbarkeit bereits in der Kolonialzeit administrativen Charakter erhielt. Somit existierten gleichzeitig zwei parallele Rechtssysteme, das eine mit kodifiziertem Recht für die Belgier, das andere gewohnheitsrechtlichen Charakters für die Einheimischen.[933]

4. Gacaca bis heute

Die Meinungen darüber, ob und inwieweit die Gacaca-Gerichtsbarkeit bis in die heutige Zeit lebendig blieb, gehen zwar sehr weit auseinander, bestätigen allerdings hauptsächlich deren Kontinuität. Unter denjenigen Autoren, welche die Position vertreten, Gacaca sei weiterhin auf lokaler Ebene sowie parallel zur ordentlichen Gerichtsbarkeit in den Dörfern praktiziert worden, finden sich nebst Nantulya, Reyntjens und Vandeginste auch die Rechtsanthropologen Le Roy und Hesseling. Unter Verweis auf den häufig beobachteten legalen Pluralismus in Afrika erklären sie die Beibehaltung traditioneller Konfliktschlichtungsmechanismen dadurch, dass sie keine Konkurrenz zum durch die Kolonisatoren eingeführten Rechtssystem darstellen, sondern vielmehr eine Art, wie Gemeinschaft gedacht werden kann.[934]

Die einzige empirische Untersuchung zur Praxis der Gacacas vor dem Genozid hat Filip Reyntjens geliefert. Im Jahre 1987 führte er in der rund 30'000 Einwohnerinnen und Einwohner zählenden Gemeinde Ndora der Provinz Butare eine Feldforschung durch und konnte bei dieser Gelegenheit an mehreren der wöchentlich stattfindenden Gacaca-Verhandlungen

933 SARKIN, 2001b, *op. cit.*, p. 68f.

934 LE ROY, Étienne et Gerti HESSELING, 1990: «Le Droit et ses pratiques», in: *Politique Africaine*, Vol. 40: 2–11, p. 5.

teilnehmen.[935] Die Beschreibung einer derartigen Zusammenkunft liefert erste Erkenntnisse über die konkrete Ausgestaltung in heutiger Zeit und soll nachfolgend zusammenfassend präsentiert werden.[936]

Gemäss den Beobachtungen von Reyntjens versammelten sich an einem Nachmittag rund sechzig Männer und Frauen aller Altersgruppen in der Gemeinde. Wäre das Wetter günstiger gewesen, hätten sich wie üblich doppelt so viele Personen eingefunden. Inmitten der ausgelassenen Versammlung sassen der Gerichtspräsident sowie acht Verantwortliche der Zelle auf einer Bank. Der scheinbar älteste unter ihnen übernahm die Funktion des Gerichtsschreibers. Gegenstand der Verhandlung war ein Streit zwischen zwei Frauen, der dadurch ausgebrochen war, dass die Beklagte der Klägerin etwas mehr als einen französischen Franc schuldete (zwanzig rwandische Francs), während die Beklagte behauptete, es handle sich lediglich um die Hälfte der Summe. Als Folge davon war es zu gegenseitigen Beleidigungen gekommen. Während der Debatte meldeten sich die Zuschauer mit lebhaften Zurufen der Zustimmung und Missbilligung. Schliesslich gestand die Schuldnerin ein, dass es sich tatsächlich um zwanzig Francs handelte und erklärte sich bereit, diese zurückzuzahlen. Nachfolgend sollte die Höhe der Entschädigung bestimmt werden, welche die Angeklagte aufgrund ihrer ausgesprochenen Beleidigungen zu zahlen hätte. Aus den Reihen der Anwesenden erfolgten Vorschläge, wobei im Laufe der Diskussionen eine Einigung auf zehn Flaschen Bananenbier zustande kam, deren Wert rund das Fünfzehnfache des Streitwertes darstellt. Nichtsdestotrotz wurde das Urteil von beiden Parteien mittels Fingerabdruck auf dem Verhandlungsformular akzeptiert. Inzwischen war eine Stunde vergangen. Im Rahmen der darauffolgenden Versöhnungsfeier tranken alle an der Verhandlung Anwesenden gemeinsam das Bier.

Hiermit gilt als erwiesen, dass Gacacas zumindest in der Provinz Butare überlebt haben, obschon der Forscher unter Verweis auf oben stehendes Beispiel festhält: «Nous venons d'assister à une procédure de *gacaca*, comme il s'en déroule chaque jour des centaines au Rwanda. [...] Le *gacaca* est en effet reconnu et utilisé tant par les populations que par les auto-

935 REYNTJENS, Filip, 1990: «Le gacaca ou la justice du gazon au Rwanda», in: *Politique Africaine*, Vol. 40: 31–41, p. 34.

936 Diese wird in ausführlicher Weise wiedergegeben in: REYNTJENS, 1990, *op. cit.*, p. 31 f.

rités locales».[937] Die beschriebene Verhandlung lässt den gemeinschaftlichen Charakter der Gacacas erkennen, in welchen im Rahmen von lebhaften und ausgedehnten Debatten eine Einigung bezüglich Streitigkeiten zu erzielen versucht wird. Primäres Ziel ist die Reparation des Schadens um des friedlichen Zusammenlebens und guter Nachbarschaft Willen, ohne dass die schuldige Person stigmatisiert und aus der Gemeinschaft ausgeschlossen würde. Die an die Verhandlung anschliessende Zelebrierung der Einigung vereinigt denn auch die gesamte soziale Gruppe.

War es in früheren Zeiten der Patriarch oder Chef, der Sitzungen präsidierte, so handelt es sich spätestens seit der Unabhängigkeit Rwandas um einen administrativen Beamten, den Führer der Zelle oder den Gemeinderat.[938] Hierdurch wird die Verschiebung von familialer zu lokalpolitischer Autorität deutlich, die in den Kontext gesellschaftlicher Differenzierung zu stellen ist. Gleichzeitig lässt sich erkennen, dass die Institution der Gacacas keineswegs in den rein privaten Bereich verdrängt wurde, sondern mit der sozietalen Entwicklung mitgehalten hat und entsprechende Anpassungen erfuhr. Ein weiterer Unterschied zur traditionalen Form besteht darin, dass die Zusammenkünfte im Rahmen der administrativen Institutionalisierung nun an einem festgelegten Wochentag stattfinden und das Urteil in schriftlicher Form vorliegt. Aus genannten Gründen kommt Reyntjens denn auch zum Schluss, dass die vorliegende Gerichtsform semioffiziellen sowie neo-traditionellen Charakter aufweist.[939] Ntampaka führt aus denselben Überlegungen heraus den Begriff der «administrativen Gacacas» ein, die primär als politische Vorinstanz zu kantonalen Gerichten zu verstehen sind.[940]

Die Teilnahme an den Verhandlungen steht allen Mitgliedern der Gemeinde offen, wobei auch die Wortergreifung keinerlei Einschränkungen unterliegt. Nicht zuletzt aus diesem Grund kann den Gacacas ein ausgeprägter egalitärer Charakter zugesprochen werden. In der Regel werden pro Sitzung vier bis fünf Fälle behandelt.[941] Stammen Kläger und Beklagter aus verschiedenen Sektoren, wird der Fall vor dem Gacaca des Beklagten

937 REYNTJENS, 1990, *op. cit.*, p. 32.
938 REYNTJENS, 1990, *op. cit.*, p. 32.
939 REYNTJENS, 1990, *op. cit.*, p. 39.
940 NTAMPAKA, 2001, *op. cit.*, p. 216f.
941 REYNTJENS, 1990, *op. cit.*, p. 33.

behandelt. Hinsichtlich der Frage der Verhandlungsgegenstände liefert Reyntjens durch die Auswertung von 112 Fällen eine Aufstellung, die in nachfolgender Abbildung zusammengefasst ist.

Abbildung I: Gacaca-Gerichtsbarkeit in Ndora (Provinz Butare)

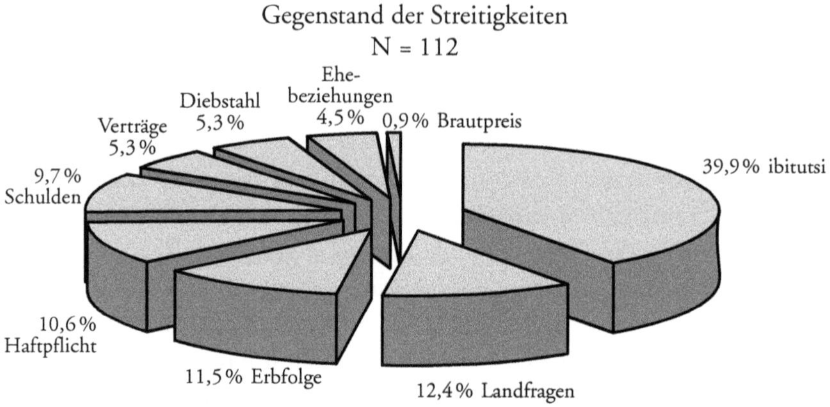

Den grössten Teil der untersuchten Streitigkeiten stellen in der Regel geringfügige Delikte dar, die unter den Begriff *ibitutsi* (Streit) zusammengefasst werden und als Folgen des täglichen Zusammenlebens zu verstehen sind. Darunter fallen etwa Beleidigungen, Verleumdungen und Schlägereien.[942] Während somit strafrechtliche Angelegenheiten minderen Schweregrades ebenfalls in die Kompetenz von Gacacas fallen, enthält das Urteil stets nur Bussen in Form einer Auflage von Reparationsleistungen zuhanden der geschädigten Person. Dadurch wird der restaurative Charakter der Rechtsprechung deutlich, die durch Verzicht auf Haftstrafen den sozialen Zusammenhalt wiederherzustellen beabsichtigt.

Rund 60% der untersuchten Verhandlungen betraf entweder Familienangehörige oder Mitglieder der Nachbarschaft. In 82,1% der 112 Gacaca-Fälle wurde das Urteil vollzogen, in 6,3% erklärte sich das Gacaca-Gericht für nicht zuständig in der Sache.[943] Die materielle Untersuchung

942 Ebenso wurden Fälle von Hexerei durch Gacaca-Gerichte behandelt. Ass. Prof. Christopher C. Taylor sei an dieser Stelle für den Hinweis anlässlich einer persönlichen Mitteilung gedankt.

943 REYNTJENS, 1990, *op. cit.*, p. 35.

von Urteilen ergab, dass 44 von ihnen dem formellen, gesatzten Recht entsprachen.

Im Kontext des legalistischen Pluralismus kann beobachtet werden, dass Fälle minderen Schweregrades, in denen Verhandlungen und Kompromisse möglich und erwünscht sind, zuerst vor ein Gacaca-Gericht gebracht werden, bevor sie in seltenen Fällen gescheiterter Einigung möglicherweise an ein ordentliches Gericht im Berufungsverfahren weitergezogen werden.[944] Im Rahmen der präsentierten Studie waren es 7 % aller 112 Fälle.[945]

Ein Vergleich zwischen der Rechtsprechung von Gacacas und dem betreffenden Bezirksgericht zwischen Mai und Dezember 1986 zeigt, dass rund 1'200 Angelegenheiten durch Gacacas behandelt wurden, während es am Bezirksgericht lediglich 83 waren.[946] In materieller Hinsicht scheinen nur wenige Überschneidungen zu bestehen, weshalb auf eine ausgeprägte Komplementarität zu schliessen ist. Sind es vor der informellen Rechtsinstitution überwiegend *ibitutsi* zwischen nahe stehenden Personen, werden formalere Vertragsstreitigkeiten und Schuldenangelegenheiten in der Hauptsache durch das offizielle Gericht behandelt. Eine grössere soziale Distanz konnte im Rahmen einer parallel durchgeführten Untersuchung von 99 Fällen am Bezirksgericht festgestellt werden.[947] Entscheidend für die Wahl zwischen Gemeinschaftsjustiz und formeller Justiz ist demnach die Natur des Rechtsstreites sowie der sozialen Beziehung zwischen den Parteien.

Bevor die Gacaca-Gerichtsbarkeit auf offiziellem Wege für die Behandlung von Verbrechen im Zusammenhang mit dem Genozid installiert wurde, fanden bereits 1995 auf lokaler Ebene entsprechende Verhandlungen für geringfügigere Fälle statt.[948]

944 Obschon nach der Unabhängigkeit Rwandas zwei Gesetze zur Reorganisation ordentlicher Gerichte erlassen wurden, namentlich das Gesetz vom 24. August 1962 *portant code de l'organisation et de la compétence judiciaire* sowie das Gesetz vom 23. Februar 1963 *portant code de la procédure pénale*, wurde die durch die belgische Kolonialmacht eingeführte Organisationsstruktur beibehalten.

945 REYNTJENS, 1990, *op. cit.*, p. 39.

946 REYNTJENS, 1990, *op. cit.*, p. 38.

947 REYNTJENS, 1990, *op. cit.*, p. 37.

948 DES FORGES, 2002, *op. cit.*, p. 891.

5. Gacaca nach dem Genozid

Das nachfolgende Kapitel soll durch die Darlegung der Funktionsweise der modernen Gacaca-Gerichtsbarkeit, ihrer langsamen Umsetzung sowie der Unterschiede zum traditionalen Modell die Grundlage für eine kritische Diskussion liefern.

a. Gesetzliche Grundlage: Das Gacaca-Gesetz

Am 12. Oktober 2000 hat die rwandische Nationalversammlung das Gesetz zur Errichtung von Gacaca-Gerichten gutgeheissen, welches am 26. Januar 2001 veröffentlicht wurde.[949] Dessen Grundlage bildet das bereits eingehend diskutierte Genozid-Gesetz von 1996, daraus insbesondere die *ratione materiae*, die vier Schuldkategorien sowie das Verfahren der Absprache über Schuldigerklärung. Eine zusätzliche, sechste Kammer des Obersten Gerichts – das *Département des Juridictions Gacaca* – wurde zwecks Supervision der Rechtspflege, Koordination und Unterstützung der Gacaca-Gerichte geschaffen. Die spezialisierten Kammern an den Gerichten Erster Instanz, die bislang im Zusammenhang mit den Verbrechen des Genozids Recht sprachen, sollen zwecks Vermeidung parallel operierender Gerichtsbarkeiten allmählich wieder aufgelöst werden.[950]

(i) Struktur der Institution

Die Organisationsstruktur der Gacaca-Gerichte ist im Vergleich zu ihrer relativ einfachen Prozedur ausgesprochen komplex. Aus diesem Grund soll zunächst mittels einer tabellarischen Aufstellung eine Übersicht geliefert werden, die es erlaubt, in einem nächsten Schritt auf die Eigenheiten im Detail

949 Loi organique N° 40/2000 du 26/01/2001 portant création des ‹juridictions gacaca› et organisation des poursuites des infractions constitutives du crime de génocide ou de crimes contre l'humanité, commises entre le 1er octobre 1990 et le 31 décembre 1994.

950 «Les cours rwandaises face au génocide», *Fondation Hirondelle*, 17 septembre 2003.

einzugehen.[951] Vorweggenommen werden soll die Bemerkung, dass die Gacaca-Gerichte in ihrer Grobstruktur landesweit entlang der vier administrativen Ebenen – Zelle, Sektor, Distrikt und Provinz – organisiert sind.[952] So beschäftigt sich jede der vier Ebenen im Rahmen ihrer erstinstanzlichen Rechtsprechung mit je einer der vier Verbrechenskategorien, wobei die Kategorie 1 Besonderheiten unterliegt, die noch näher ausgeführt werden sollen.

Tabelle 2: Die Gacaca-Gerichtsbarkeit in ihren Grundzügen

	Zelle	*Sektor*	*Distrikt*	*Provinz*
Anzahl Gerichtskammern landesweit Total: 10'674	9011	1545	106	12
Zusammensetzung der Generalversammlung	Gesamte Bevölkerung ab 18 Jahren	Mind. 50 Personen, zusammengesetzt aus Delegierten jeder Zelle	Mind. 50 Personen, zusammengesetzt aus Delegierten jedes Sektors	Mind. 50 Personen, zusammengesetzt aus Delegierten jedes Distrikts
Ratione personae gemäss den vier Kategorien	Erstinstanz für Kat. 4 Keine Berufungsmöglichkeit	Erstinstanz für Kat. 3	Erstinstanz für Kat. 2 (ca. 80% aller Fälle)[953] Berufungsinstanz für Kat. 3 (wenn kein Geständnis vorliegt)	Erstinstanz für Kat. 1, die beim Schuldbekenntnis noch nicht auf der Liste standen. Berufungsinstanz für Kat. 2 (wenn kein Geständnis vorliegt)
Höchststrafe (kein Schuldbekenntnis oder nicht akzeptiert)	Reparationen/Bussen, Keine Haftstrafen. Gemeinnützige Arbeit bei Insolvenz.	5–7 Jahre Haft; Davon die Hälfte in Form gemeinnütziger Arbeit.	Lebenslange Haft; Keine gemeinnützige Arbeit.	Lebenslange Haft; Keine gemeinnützige Arbeit.
Strafreduktion: Schuldigerklärung *vor Schuldspruch*	Im Gesetz nicht geregelt.	3–5 Jahre Haft; Davon die Hälfte in Form gemeinnütziger Arbeit.	12–15 Jahre Haft. Davon die Hälfte in Form gemeinnütziger Arbeit.	Reduktion der Todesstrafe bereits erfolgt.
Strafreduktion: Schuldigerklärung *vor Kategorisierung* durch Zelle	Im Gesetz nicht geregelt.	1–3 Jahre Haft; Davon die Hälfte in Form gemeinnütziger Arbeit.	7–12 Jahre Haft; Davon die Hälfte in Form gemeinnütziger Arbeit.	Reduktion der Todesstrafe bereits erfolgt.

951 Die Informationen wurden entnommen aus: NORWEGIAN HELSINKI COMMITTEE, 2002, *op. cit.* sowie aus: PENAL REFORM INTERNATIONAL, 2001, *op. cit.*, p. 47. Schliesslich aus: MANUEL EXPLICATIF SUR LA LOI ORGANIQUE PORTANT CRÉATION DE LA JURIDICTION GACACA. Département des Juridictions Gacaca, juin 2001, Kigali.

952 Vor 1994 wurden die Distrikte als «Gemeinden», die Provinzen als «Präfekturen» bezeichnet. Eine Zelle umfasst rund 200 Personen.

953 UVIN, 2003, *op. cit.*, p. 117.

Anhand der Gesetzgebung sollen nachfolgend die Eigenheiten Schritt für Schritt diskutiert werden.

In der Präambel erscheint bereits ein zentraler Hinweis auf eine der Leitideen, auf welchen die Gacaca-Gerichtsbarkeit basiert. Namentlich wird darin festgehalten, dass die Verbrechen öffentlich sowie unter den Augen der Bevölkerung begangen wurden, sodass daraus die moralische Pflicht der Bevölkerung erwächst, die Ereignisse darzulegen, die Wahrheit zu offenbaren sowie an der Verfolgung der Schuldigen in aktiver Weise mitzuwirken. Ferner wird die Notwendigkeit sowohl von Justiz wie auch von Versöhnung in Rwanda hervorgehoben. Die Beendigung der Kultur der Straflosigkeit sowie die Strafverfolgung von Verbrechern ziele nicht nur auf (retributive) Ahndung ab, sondern ebenfalls auf die Rehabilitation der rwandischen Gesellschaft. Schliesslich seien Strafen vorzusehen, welche die Reintegration der Verurteilten in die Gesellschaft begünstigen. Diese ersten Bemerkungen lassen erkennen, dass die Absicht des Gesetzgebers sowohl retributiver wie auch restaurativer Natur ist. Es handelt sich hierbei denn auch um einen zentralen Aspekt, welcher die nachfolgenden Überlegungen begleiten wird.

(ii) *Ratione personae*

Gemäss Artikel 2 sind nur Angeklagte der Kategorie 1, also Planer und Organisatoren des Völkermordes sowie Personen, deren Taten sich durch einen besonderen Grad an Brutalität auszeichneten, von der Gacaca-Gerichtsbarkeit ausgeschlossen. Allerdings besteht eine Ausnahme, auf welche noch eingegangen wird. Fälle der Kategorie 1 werden nach wie vor durch ordentliche Tribunale unter Anwendung des Genozid-Gesetzes von 1996 behandelt, nicht zuletzt deswegen, weil gegen sie die Todesstrafe ausgesprochen werden kann. Für alle anderen Kategorien sind nach Inkrafttreten des diskutierten Gesetzes Gacaca-Gerichte zuständig. Die *ratione loci* richtet sich nach dem Ort der Tatbegehung.

(iii) Aufbau der Gerichte

Jedes Gacaca-Gericht ist gleich strukturiert und besteht gemäss Art. 5 aus einer Generalversammlung, einem Sitz sowie einem Koordinationskomitee.[954] Die Generalversammlung auf Zellenebene setzt sich aus der Gesamtheit der volljährigen Bevölkerungsmitglieder zusammen.[955] Auf der Ebene des Sektors, des Distrikts und der Provinz besteht die Generalversammlung aus insgesamt mindestens fünfzig als integer bezeichneten Delegierten der jeweils unmittelbar rangtieferen Gacaca-Gerichte. Die Delegierten werden durch die Generalversammlung aus ihren Reihen bestimmt. Über ihre genaue Anzahl entscheidet der Präsident des Obersten Gerichts.

Ebenso wählt die Generalversammlung aus ihren Reihen 19 ehrenamtliche Laienrichter, die mindestens 21 Jahre alt sind, als integer gelten und den Gerichtssitz bilden. Integre Persönlichkeiten, sogenannte *inyangamugayo* (diejenigen, welche Schande verabscheuen), haben sich mitunter durch Sittlichkeit, Ehrlichkeit und Wahrheitsliebe auszuzeichnen. Von der Richterfunktion ausgeschlossen sind Personen, welche ein öffentliches Amt innehaben. Ausserdem dürfen sie nicht in Genozidverbrechen involviert gewesen sein. Im Falle eines familialen oder sonstigen ausgeprägt emotionalen Verhältnisses zur angeklagten Person muss der Richter in den Ausstand treten. Interessanterweise wird unter Art. 10 darauf hingewiesen, dass jede diese Wahlbedingungen erfüllende Person ohne Diskriminierung aufgrund des Geschlechts, der Herkunft, der Religionszugehörigkeit, der persönlichen Meinung sowie des sozialen Status gewählt werden kann. Unerwähnt bleibt die ethnische Zugehörigkeit.

Aus seinen Reihen wählt der Sitz – also die Richter – gemäss Art. 17 das Koordinationskomitee, welches aus fünf des Lesens und Schreibens kundige Personen besteht, darunter einen Vorsitzenden sowie zwei Sekretäre.[956] Die weitläufigen Aufgaben des Komitees bestehen mitunter darin, Versammlungen einzuberufen, den Vorsitz zu halten, Anklagen festzuhalten, Untersuchungen durchzuführen, das Strafmass festzulegen sowie Rekurse einzuleiten, Urteile zu verfassen und umzusetzen sowie Tätigkeitsberichte zu erstellen.

Die Verhandlungen sind ausser auf begründeten Antrag hin öffentlich, während die Beratung des Sitzes geheim erfolgt. Jeder Entscheid wird

954 Siehe auch: NANTULYA, 2001, *op. cit.*

955 Ihr Quorum liegt bei 100 Personen. Auf den anderen Ebenen sind zwei Drittel der Generalversammlung zur Beschlussfähigkeit nötig.

956 Vgl. PENAL REFORM INTERNATIONAL, 2002: «PRI research team on Gacaca: Report III: April–June 2002». Kigali. [Report III], p. 7.

durch Konsens gefällt, in Ermangelung dessen auch aufgrund absoluter Mehrheit. Gemäss Art. 29 können durch das Departement der Gacacas juristische Berater *(agents décentralisés du Département Gacaca)* jederzeit zur Mitwirkung hinzugezogen werden. Diese wird nicht genauer durch das Gesetz definiert.

(iv) Das Verhältnis zu ordentlichen Gerichten

In kollisionsrechtlicher Hinsicht werden ordentliche Tribunale sowie Militärgerichte ihre Rechtsprechung in Fällen fortsetzen, deren Behandlung noch nicht durch ein Gacaca-Gericht aufgenommen wurde.

(v) Ein Eckpfeiler: Das Verfahren der Absprache über Schuldigerklärung

Wie bereits im Zusammenhang mit den ordentlichen Gerichten Rwandas dargelegt, stellt das Verfahren der Absprache über Schuldigerklärung in juristisch-formaler Hinsicht eine der bedeutendsten Innovationen und Herausforderungen dar.[957] Es gelten diesbezüglich dieselben Bedingungen, wie sie im Genozid-Gesetz festgehalten sind, so die umfassende Schilderung der Tat sowie ihrer Begleitumstände, ebenso die Nennung von Mittätern und Gehilfen sowie eine öffentliche Entschuldigung vor der Gerichtsversammlung. Dadurch wird das Ziel verfolgt, der spärlichen Beweislage entgegenzuwirken, die Gefängnisse zu leeren sowie den Prozess nationaler Versöhnung voranzutreiben. Jeder an der Verhandlung anwesenden Person steht es gemäss Art. 64–65 frei, sich zum Schuldbekenntnis zu äussern, und so den Angeklagten zu belasten oder zu entlasten.

Die Reduktion des Strafmasses richtet sich nach dem Zeitpunkt des Antrages durch den Angeklagten, namentlich vor der Erstellung von Täterlisten durch die Zelle oder während des Verfahrens. Nach erfolgtem Urteil ist diese Möglichkeit verwirkt. Die entsprechend reduzierten Strafmasse sind der Tabelle 2 auf Seite 283 zu entnehmen. Nach dem 15. März 2003 wurden keinerlei Schuldbekenntnisse mehr entgegengenommen.[958]

957 Siehe dazu die Ausführungen auf den Seiten 248 bis 251.

958 Penal Reform International, 2003a, *op. cit.*, p. 3. Mittlerweile wurde jedoch die Frist auf März 2005 verlängert.

Die Prozedur der Absprache über Schuldigerklärung steht Personen der Kategorie 1 nur dann offen, wenn ihr Name zum Zeitpunkt des Antrages nicht bereits auf der offiziellen Liste der Tatverdächtigen der Kategorie 1 stand. In diesen Fällen kommen sie in die Kategorie 2 und damit vor ein Gacaca-Gericht auf der Ebene der Provinz.

Wurde im Zusammenhang mit den ordentlichen Gerichten festgestellt, dass aus verschiedenen genannten Gründen nur zögerlich von der Prozedur der Absprache über Schuldigerklärung Gebrauch gemacht wurde, so hat sich die Anzahl der sich Bekennenden im Jahre 2002 vergleichsweise massiv erhöht. Bis Ende 2002 haben 32% der über 133'000 Inhaftierten ein Geständnis abgelegt.[959]

(vi) Die Strafen

Die vorgesehenen Strafen werden im Kapitel IV (Art. 68 bis 75) des Gacaca-Gesetzes behandelt. Das Strafmass für die jeweiligen Verbrechenskategorien richtet sich danach, ob ein Verfahren der Schuldigerklärung erfolgreich durchlaufen wurde, und wenn ja, zu welchem Zeitpunkt der Antrag erfolgt ist. Die Einzelheiten können der Tabelle 2 auf der Seite 283 entnommen werden.

Daneben sieht das Gesetz unter Art. 72 den Entzug bürgerlicher und politischer Rechte vor. Für Schuldige der Kategorie 1 gilt der umfassende sowie lebenslange Entzug dieser Rechte. Verurteilten der Kategorie 2 ist auf Lebenszeiten das aktive und passive Wahlrecht sowie das Experten- und Zeugenrecht verwehrt. Des Weiteren ist ihnen der Waffenbesitz und -gebrauch sowie der Militärdienst untersagt. Möglichkeiten späterer Rehabilitation sind indes vorgesehen.

Personen, die zum Zeitpunkt ihrer Tat zwischen 14 und 18 Jahre alt waren, erhalten die Hälfte des für Erwachsene der entsprechenden Kategorie vorgesehenen Strafmasses. Die jüngeren Personen werden freigelassen, wobei die Möglichkeit ihrer Platzierung in einem Wiedererziehungszentrum vorbehalten wird.[960]

959 Penal Reform International, 2003a, *op. cit.*, p. 5f. Siehe auch: «Les premiers Gacacas nationaux mobilisent la population», *Fondation Hirondelle*, 10 décembre 2002 und «Le lent décollage des Gacaca», *Fondation Hirondelle*, 1 octobre 2002.

960 Penal Reform International, 2001, *op. cit.*, p. 7.

Die Verletzung der Zeugenpflicht sowie Falschaussagen und Verleumdungen können mit Haftstrafen zwischen einem und drei Jahren sanktioniert werden, wovon die Hälfte durch gemeinnützige Arbeit abgeleistet wird.

(vii) Gemeinnützige Arbeit als Bestandteil der Strafe

Eine wesentliche Neuerung in Bezug auf das Genozid-Gesetz stellt die Möglichkeit für sich ihrer Schuld bekennende Täter der Kategorie 2 sowie aller Angeklagten der Kategorie 3 dar, rund die Hälfte der Haftstrafe nach einer öffentlichen Entschuldigung in gemeinnützige Arbeit *(travail d'intérêt général)* umzuwandeln. Im Rahmen dieser Experimentierung mit Alternativen zur Haft kann die verurteilte Person entscheiden, ob sie die Möglichkeit gemeinnütziger Arbeit wahrnehmen will oder nicht. Verzichtet sie darauf, verbüsst sie die gesamte Strafe in Haft.[961] Dies stellt denn auch ein Element restaurativer Justiz dar.

Zvekic hat eine umfangreiche Studie kulturvergleichenden Charakters über Alternativen zu Haftstrafen herausgegeben und dabei unterstrichen, dass seit den 1990er Jahren weltweit eine beachtliche Anzahl an Forschungen, Projekten und Gesetzgebungen im Zeichen dieser neuesten Entwicklung standen.[962] In ihrer konkreten Ausprägung handelt es sich bei den funktionalen Äquivalenten zur Haft in der Hauptsache um Bewährungsstrafen, den Entzug gewisser Rechte, gemeinnützige Arbeit sowie Bussen, deren Erfolg massgeblich durch die Interaktion zwischen dem Täter und der Gemeinschaft abhängt. Ihr zentrales Ziel ist die Reintegration des Straftäters in die Gemeinschaft und seine soziale Rehabilitation, während gleichzeitig Kosten eingespart werden können. Allerdings vermögen diese Strategien in nur bedingtem Masse aufzuzeigen, wie sehr die Gesellschaft die betreffenden Akte verwirft.[963] Ein zentraler Faktor für die Wahl von Alternativen zur Haftstrafe ist nicht selten die Überfüllung von Gefängnissen, die mit sozialen und finanziellen Kosten verbunden ist.[964]

961 PENAL REFORM INTERNATIONAL, 2001, *op. cit.*, p. 9.
962 JOUTSEN and ZVEKIC, 1994, *op. cit.*, p. 1.
963 JOUTSEN and ZVEKIC, 1994, *op. cit.*, p. 6.
964 JOUTSEN and ZVEKIC, 1994, *op. cit.*, p. 8.

Erstmals wurde die gemeinnützige Arbeit als Form der Strafe im Jahre 1975 in England und Wales eingeführt, wo eine gewisse Anzahl Stunden unbezahlter Arbeit zum Wohle der Gemeinschaft angeordnet wurde.[965]

Auf den afrikanischen Kontinent bezogen, wurde beispielsweise 1996 in der Deklaration von Kampala die Entwicklung von Alternativen zur Haft in afrikanischen Ländern explizit festhalten.[966] Nicht zuletzt war dies auf die Anerkennung pluralistischer Rechtsstrukturen in Afrika zurückzuführen, wo die Bevölkerung aufgrund mangelnden mentalen und physischen Zugangs zum westlichen Recht nicht selten auf informelle Rechtsinstitutionen zurückgreift. Als führend in der Sache gilt Simbabwe, welches 1998 ein breit angelegtes System gemeinnütziger Arbeit im Falle von Delikten, die mit weniger als einem Jahr Haft sanktioniert werden, mit hoher Erfolgs- und Zufriedenheitsquote eingeführt hat, und das in seinen Grundzügen dem nachfolgend präsentierten rwandischen Modell sehr ähnlich ist.[967]

In einer Verordnung des rwandischen Präsidenten, die insgesamt 42 Artikel umfasst, sind die Einzelheiten zur gemeinnützigen Arbeit festgehalten.[968] Die Arbeit an jeweils drei Wochentagen kann in der öffentlichen Verwaltung oder in jeder anderen anerkannten Organisation, deren Aktivitäten im Dienste der Bevölkerung stehen, geleistet werden. Beispiele für Tätigkeitsfelder sind etwa die Instandhaltung öffentlicher Gebäude sowie weiterer öffentlicher Güter wie Gärten, der (Wiederauf-)Bau von Schulen, Kranken- und Armenhäusern sowie die Bewirtschaftung von Feldern und Gärten, die dem Unterhalt von Inhaftierten dienen.[969] Der aus der Arbeit entstandene Gewinn fliesst in die Staatskasse und dient der Aufstockung des Entschädigungsfonds für Genozidopfer. Aufgrund dieser Tatsache steht das Projekt gemeinnütziger Arbeit auch in engem Zusammenhang mit Reparationsbestrebungen. Der Häftling seinerseits erhält eine Bestätigung der geleisteten Arbeit.

965 JOUTSEN and ZVEKIC, 1994, *op. cit.*, p. 12.
966 STERN, Vivien, 1999: «Alternatives to prison in developing countries. Some lessons from Africa», in: *Punishment & Society*, Vol. 1/2: 231–241, p. 231.
967 STERN, 1999, *op. cit.*, p. 232 ff.
968 RUGIRIRIZA, Ephrem, 2002: «Alternative à l'emprisonnement», in: *diplomatie judiciaire. Chroniques et reportages sur la Justice pénale internationale.* Kigali, 28 mars 2002 [http://www.diplomatiejudiciaire.com/Rwanda/Rwanda14.htm].
969 RUGIRIRIZA, 2002, *op. cit.*

(viii) Rechtsmittel

Die im Kapitel VI (Art. 79–89) vorgesehenen Rechtsmittel sind die Einsprache, die Berufung sowie die Revision innert einer Frist von 15 Tagen. Einsprachen sind nur bei Verurteilungen in Abwesenheit zulässig. Die Berufung richtet sich aufgrund der hierarchischen Berufungsstruktur an die nächsthöhere Instanz, wobei Verurteilte der Kategorie 4 sowie alle sich ihrer Schuld Bekennenden von diesem Recht ausgeschlossen sind. Berufung im Zusammenhang mit der Kategorisierung richtet sich an diejenige Instanz, an welcher die Kategorisierung vorgenommen wurde. Nur Berufungsurteile entsprechender Gerichte für Personen der Kategorie 1 können durch das Oberste Gericht kassiert werden.

(ix) Entschädigungen

Kapitel VII (Art. 90 und 91) bezieht sich auf Entschädigungen. So leiten alle für Verbrechen des Genozids zuständigen Gerichtsinstanzen Urteilskopien an den (noch einzurichtenden) Entschädigungsfonds für Opfer des Genozids sowie von Verbrechen gegen die Menschlichkeit weiter. Ebenso werden Angaben über die Opfer materieller und physischer Schäden sowie über die genaue Art der Schäden in Form eines Inventars gemacht. Gemäss einem Massstab werden daran anschliessend die Entschädigungsleistungen festgelegt. Verurteilte der Kategorie 1 tragen in umfassender Weise für alle Schäden des Landes im Zusammenhang mit dem Genozid die Zivilverantwortung («Gesamtschuldner»). Die übrigen Schuldigen sind für die materiellen und immateriellen Schäden aufgrund der von ihnen begangenen Verbrechen verantwortlich, wobei jedoch davon auszugehen ist, dass ihnen die Mittel zu Entschädigungsleistungen in der Regel fehlen werden. Gegen den Staat können keine rechtlichen Ansprüche auf Schadensersatz geltend gemacht werden, da dieser bereits einen fixen Prozentanteil des Staatsbudgets in den Entschädigungsfonds schüttet.

Nachdem die Struktur der Gacaca-Gerichtsbarkeit erläutert wurde, soll nachfolgend die langsame Umsetzung des Vorhabens nachgezeichnet werden.

b. Die langsame Umsetzung der Gacaca-Gerichtsbarkeit

(i) Vorstufen der Gacacas

Noch bevor die modernisierten Gacacas Recht sprechen sollten und das entsprechende Gesetz veröffentlicht war, wurden ab 1999 in verschiedensten Haftanstalten Rwandas, darunter in Murama und Kigali, aufgrund von *bottom-up* Initiativen der Häftlinge sogenannte Vorläufer-Gacacas oder Wahrheitskommissionen, wie sie auch genannt werden, initiiert.[970] Die im Laufe der Jahre zustande gekommene Sozialorganisation innerhalb der Gefängnisse erlaubte die Bildung von durchwegs selbstverwalteten Komitees, vor welchen die Häftlinge in umfassender Weise ein Geständnis ablegen konnten, welches daraufhin dem Justizministerium weitergeleitet wurde und die Behandlung der entsprechenden Fälle vereinfachen sowie beschleunigen sollte. Nach Erlass des Gacaca-Gesetzes im Januar 2001 nahmen Häftlinge zudem die Aufgabe wahr, detaillierte Listen über begangene Taten, Opfer und verursachte Schäden aufzustellen, die zwecks Entlastung der zuständigen Gacaca-Gerichte an diese gesandt wurden.[971]

Eine andersgeartete Vorstufe der Gacaca-Gerichtsbarkeit kam ferner auf staatliche Initiative hin zustande. Mit dem Ziel, die Gefängnisse zu entlasten sowie richterliche Untersuchungen voranzutreiben, sollten ab 2001 Häftlinge, gegen die keine oder nur ganz spärliche Beweise vorlagen, Angeklagte der Kategorie 4 sowie humanitäre Fälle von alten Personen, Minderjährigen und Kranken der Bevölkerung in den Zellen, wo das Verbrechen stattfand, vorgeführt werden.[972] Dabei konnte sich jede Person zu Wort melden, die etwas über den Angeklagten wusste. Waren im Rahmen dieser durch Mitarbeiter des Justizministeriums geleiteten Volksversammlungen keine Belastungen des Angeklagten zu verzeichnen, wurde die Person unter Vorbehalt eines Einwandes durch den Staatsanwalt provisorisch

970 Penal Reform International, 2001, *op. cit.*, p. 16 f. Siehe auch: «Gacaca: La justice en prison», *Fondation Hirondelle*, 20 janvier 2003.

971 Ein Beispiel hierfür stellt das Zentralgefängnis von Kigali dar. Für Einzelheiten: Penal Reform International, 2001, *op. cit.*, p. 25 f.

972 Amnesty International, 2002c, *op. cit.*, keine Seitenangaben.

freigelassen.[973] Andernfalls wurde sie wieder ins Gefängnis zurück gebracht, wo sie auf ihren offiziellen Prozess vor einem Gacaca-Gericht wird warten müssen. Dies stellt denn auch im Zusammenhang mit den Alternativen zur Haft einen Mechanismus zur Reduzierung von vorgerichtlicher Inhaftierung dar *(release on recognizance)*. So schreiben Joutsen und Zvekic: «The most common measure used for avoiding pretrial detention is simple release on recognizance, whereby the suspect agrees to appear before the court when the case come to trial».[974]

Penal Reform International, welche diese Prozeduren ebenfalls mit verfolgte, konnte bis Ende 2002 insgesamt 11'659 Inhaftierte zählen, die der Bevölkerung vorgeführt wurden. Unter ihnen wurden 2721 Personen (23,3%) provisorisch freigelassen, was einen Anteil von 2,5% der gesamten Gefängnispopulation darstellt.[975] Diese Zahlen entsprechen denn auch den bislang geäusserten Vermutungen über den Anteil Unschuldiger in Haft. Ebenso aufschlussreich ist die Beobachtung des Verhaltens der Bevölkerung anlässlich dieser in der Regel sehr ruhig verlaufenden Versammlungen. So fiel in markanter Weise auf, dass Beschuldigungen nur sehr zögerlich im Plenum vorgebracht wurden, sei dies aufgrund mangelnder genauer Kenntnisse der Vorfälle, sei dies aus Angst.[976] Daraus lässt sich die zentrale Bedeutung von Schuldbekenntnissen seitens der Angeklagten folgern. Die Bekenntnisse jedoch wurden in zahlreichen Fällen ohne jegliches Zeichen von Reue vorgebracht und waren für die Überlebenden des Genozids überaus schockierend.[977] So bemerkt auch Drumbl: «So although there is plenty of talk either denying the event or denying one's role in it, there is very little talk about any individual regret, remorse, or responsibility».[978] Der Mangel an Reue kann nicht zuletzt auch darauf zurückgeführt werden, dass während des Genozids Kollektivverantwortung bewusst verstärkt wurde.[979]

973 *Amnesty International* kritisiert in diesem Zusammenhang, dass das Recht auf Unschuldsvermutung verletzt wurde, da es in erster Linie darum ging, Belastungsbeweise zu sammeln. AMNESTY INTERNATIONAL, 2002c, *op. cit.*

974 JOUTSEN and ZVEKIC, 1994, *op. cit.*, p. 10f.

975 PENAL REFORM INTERNATIONAL, 2003a, *op. cit.*, p. 8.

976 PENAL REFORM INTERNATIONAL, 2001, *op. cit.*, p. 23f. Ferner: AFRICAN RIGHTS, 2003, *op. cit.*

977 PENAL REFORM INTERNATIONAL, 2002, *op. cit.*, pp. 16 und 25.

978 DRUMBL, 2000, *op. cit.*, p. 1292.

979 Siehe dazu die Ausführungen auf Seite 103.

(ii) Richterwahlen und erste Schulungen

Vom 4. – 7. Oktober 2001 fanden in ganz Rwanda Richterwahlen statt, in deren Vorfeld die Kandidatinnen und Kandidaten von der Bevölkerung vorgeschlagen worden waren. Die im Gesetz verankerte sowie bereits erwähnte Bedingung zur Wahl war die Charakterisierung der Person als integer, während juristische Vorkenntnisse aus verständlichen Gründen keine Voraussetzung darstellten. Landesweit wurden mit einer durchschnittlichen Wahlbeteiligung von 87 % 254'152 Personen ins Richteramt gewählt.[980] Der prozentuale Anteil von Frauen nimmt von der Ebene der Zelle (35 %) bis zur Provinzebene (19 %) kontinuierlich ab. Desgleichen verhält es sich mit der Grundschulbildung: Auf Zellenebene können 44 % aller Richterinnen und Richter weder lesen noch schreiben. Auf der Provinzebene ist ihr Anteil gleich Null.[981] Die Verteilung auf Hutu und Tutsi unterscheidet sich je nach Region in massgeblicher Weise und lässt keine allgemeinen Aussagen zu.

Das Gacaca-Projekt macht Rwanda zu einem Land, in welchem rund ein Prozent der erwachsenen Bevölkerung das Amt eines Laienrichters innehat.[982] Nicht alle gewählten Personen waren aufgrund ihrer anderweitigen Beschäftigungen über das Amt erfreut, ihre Einwände stiessen jedoch bei gewissen Organisatoren der Wahlen sowie bei der Bevölkerung auf nur wenig Verständnis.[983] Zu bemerken ist, dass sie für den jeweiligen Arbeitsausfall in keiner Weise entschädigt werden. Dies hat beispielsweise in der Zelle Kabeza in der Provinz Umutara, wo bereits Pilot-Gacacas begonnen

980 «Le lent décollage des Gacaca», *Fondation Hirondelle*, 1 octobre 2002. Zur Wahlbeteiligung siehe: PENAL REFORM INTERNATIONAL, 2001, *op. cit.*, p. 32.

981 PENAL REFORM INTERNATIONAL, 2001, *op. cit.*, p. 32.

982 DANISH CENTRE FOR HUMAN RIGHTS, 2000, *op. cit.*, p. 30.

983 Ein Gacaca-Richter im Distrikt Gisozi wird wie folgt zitiert: «Il s'agit d'un problème général pour tous ceux qui ont été désignés. Chacun a son travail. [...] Nous avons exprimé nos craintes, mais les organisateurs des élections et la population n'ont pas voulu nous lâcher. Le plus difficile sera d'avoir le temps de suivre les formations prévues», zit. in: NIYONGIRA, Ladislas, 2001: «‹Nous jouerons sur du velours›. Entretien avec un juge Gacaca», in: *diplomatie judiciaire. Chroniques et reportages sur la Justice pénale internationale.* Kigali, 7 octobre 2001, keine Seitenangaben [http://www.diplomatiejudiciaire.com/Rwanda/Rwanda10.htm].

haben, dazu geführt, dass Richter von ihrer regulären Arbeit geholt werden mussten, damit das Quorum erfüllt werden konnte.[984]

Die Schulung der Richterinnen und Richter begann am 8. April 2002. Während sechs Wochen nahmen sich 781 Juristen und Studierende der Rechtswissenschaften im Abschlussjahr an zwei Tagen in der Woche ihrer an. Die Klassen umfassten in der Regel zwischen 70 und 90 Personen.[985] Vermittelt wurden die Grundprinzipien des Rechts, Kenntnisse in Gruppenführung, Konfliktlösung und rechtlicher Ethik, ferner auch Kenntnisse im Umgang mit Traumatisierung, des Personalwesens sowie des Managements von Ausstattung und Finanzen.[986] Nach der Wahl sowie Schulung der Richterinnern und Richten wurde die Gacaca-Gerichtsbarkeit am 18. Juni 2002 offiziell inauguriert.[987] Indes ist darauf hinzuweisen, dass Nachfolger von aus verschiedenen Gründen ersetzten Richtern keine Schulung erhielten.[988]

(iii) Pilot-Gacacas

In einer Pilotphase ab dem 19. Juni 2002 sollten landesweit 73 Zellen-Gacacas in zwölf Distrikten mit der Prozessvorbereitung beginnen, die sieben Schritte umfasst.[989] *Penal Reform International*, welche auch diese Sitzungen mit verfolgte, konnte seitens der Bevölkerung grosses Interesse und Neugier, insbesondere anlässlich der Eröffnungssitzung, beobachten.[990] Die Angst vor Festnahmen sowie Beschäftigungen auf dem Feld liessen jedoch – so die Vermutung der NGO – die Anzahl der Teilnehmenden an den darauffolgenden Versammlungen merklich zurückgehen. Ein im Ja-

984 PENAL REFORM INTERNATIONAL, 2003b, *op. cit.*, p. 31.
985 «Formation des juges des Gacaca a partir du 8 avril 2002», *Fondation Hirondelle*, 2 avril 2002.
986 UNITED NATIONS INTEGRATED REGIONAL INFORMATION NETWORKS (IRIN), 2002: «Training of Gacaca Judges begins», in: *IRIN News*, April 10, 2002 [http://www.irinnews.org].
987 PENAL REFORM INTERNATIONAL, 2002, *op. cit.*, p. 2.
988 PENAL REFORM INTERNATIONAL, 2003b, *op. cit.*, p. 11.
989 Dabei gehört jedes der zwölf Distrikte einer anderen Provinz an.
990 PENAL REFORM INTERNATIONAL, 2002, *op. cit.*, p. 8.

nuar 2003 veröffentlichter Bericht der nationalen Kommission der Einheit und Versöhnung (CNUR) hielt denn auch fest, dass lediglich ein Viertel der Bevölkerung an der Vorbereitungsphase beteiligt war.[991] Als Gründe hierfür wird die Angst vor einer Anklage sowie das geringe Interesse an einer Phase vor den eigentlichen Prozessen vermutet. Auf die Beobachtungen von Pilot-Gacacas soll weiter hinten eingegangen werden.

Am 25. November 2003 wurden weitere rund 600 Pilot-Gacacas in 106 zusätzlichen Sektoren eröffnet.[992] Aufgrund der ersten Präsidentschafts- sowie Parlamentswahlen seit dem Genozid im Spätsommer 2003, die das offizielle Ende der Übergangszeit markierten, wurde die Arbeit aller Gerichte bis November sistiert.[993] Im Herbst wurde aufgrund logistischer Schwierigkeiten beschlossen, den effektiven Auftakt aller Gacacas auf Februar 2004 zu verschieben.[994]

Die konkreten Prozessvorbereitungen präsentieren sich wie folgt: Bevor ein Prozess vor einem Gacaca-Gericht beginnen kann, muss der Sitz jeder Zelle unter Mitarbeit der Generalversammlung sieben vorbereitende Schritte vornehmen, die sich jeweils auf mehrere Sitzungen ausdehnen können.[995] Diese wurden von 40% der Pilotinstitutionen, wenn auch mit unterschiedlicher Geschwindigkeit, so bereits weitestgehend durchlaufen.[996] Nachfolgend soll das Vorgehen in Einzelheiten nachgezeichnet werden.

1. Am allerersten Versammlungstag wird derjenige Wochentag bestimmt, an welchem das Gericht jeweils tagen wird. Das Quorum liegt bei hundert Personen.

991 «Les gacacas, un an après», *Fondation Hirondelle*, 11 juin 2003.

992 «Interview exclusive: Le ministre de la justice fait un premier bilan», *Fondation Hirondelle*, 10 décembre 2002.

993 «Les procès gacaca débuteront après les élections», *Fondation Hirondelle*, 18 juin 2003.

994 «Le début des procès reporté à l'année prochaine», *Fondation Hirondelle*, 1 octobre 2003. Auch Sarkin weist darauf hin, dass die Logistik angesichts des unwahrscheinlichen Ausmasses des Gacaca-Projekts mit vielfältigen Schwierigkeiten verbunden ist. SARKIN, 2000b, *op. cit.*, p. 119.

995 «Le lent décollage des Gacaca», *Fondation Hirondelle*, 1 octobre 2002.

996 «Les procès gacaca débuteront après les élections», *Fondation Hirondelle*, 18 juin 2003.

2. Nachfolgend gilt es, eine Liste aller Personen, welche am 6. April 1994 – Beginn des Genozids – in der Zelle lebten, zu erstellen.[997] Wo dies möglich ist, soll ebenfalls ihr aktueller Wohnsitz festgehalten werden. Dieser Schritt dient dazu, allfällige Zeugen bestimmen zu können. Allerdings ist die Rekonstruktion aufgrund der dazwischen liegenden Jahre mit grossen Schwierigkeiten verbunden und führte bei den Pilot-Gacacas nicht selten zu ausgedehnten Diskussionen.
3. Danach erfolgt die Aufstellung der Liste mit den Opfern der Zelle. Bereits an dieser Stelle traten Unsicherheiten seitens der Mitglieder der Generalversammlung auf, und zwar insbesondere dann, wenn unklar war, ob es sich um ein Opfer des Genozids oder der durch die RPF verübten Racheakte handelte.
4. In einem vierten Schritt wird die Opferliste um diejenigen Personen vervollständigt, die zwar in der betreffenden Zelle wohnhaft waren, jedoch anderswo getötet wurden.
5. Im Rahmen des fünften Schrittes gilt es, die Reparationsforderungen von Überlebenden des Genozids sowie ihre Beziehung zum Opfer zu dokumentieren. Ein Inventar aller Schäden materieller Art wird ebenfalls erstellt. PRI weist indes auf die Gefahr von Übertreibungen hin, auf die schwierige Rekonstruktion nach all den Jahren sowie auf die Tatsache, dass gewisse Schäden bereits in gegenseitigem Einverständnis wiedergutgemacht wurden.[998]
6. Daran anschliessend wird unter Beiziehung der durch das Justizministerium überreichten Dossiers *(magistrate files)* die Liste der Tatverdächtigen erstellt.
7. Schliesslich wird für jeden Angeklagten ein Personalblatt ausgefüllt, welches alle Anklagepunkte enthält. Existiert bereits ein Dossier, wird man sich an dessen Inhalt orientieren, andernfalls finden Befragungen des Angeklagten sowie Anhörungen aus den Reihen der Generalversammlung statt. Dem Gerichtssitz kommt anschliessend die Aufgabe zu, auf dieser Grundlage die Zuteilung der Angeklagten zu den Kategorien 1–4 vorzunehmen.

997 Vgl. auch: JOIREMAN, Sandra F., 2003: «Justice for a Genocide?», in: *The Global Review of Ethnopolitics*, Vol. 2/2: 65–66.

998 PENAL REFORM INTERNATIONAL, 2003b, *op. cit.*, p. 15.

Dossiers von Angeklagten der Kategorien 1–3 werden an die entsprechenden Instanzen weitergeleitet. Aufgrund des relativ hohen Anteils von Richtern ohne Schulbildung auf der Zellenebene (44 %) bestehen massgebliche Bedenken hinsichtlich ihrer zentralen Aufgabe der Listenerstellung.[999]

Penal Reform International hat in seinem fünften Bericht zur Gacaca-Gerichtsbarkeit zentrale Beobachtungen anlässlich der Pilotphase von 80 ausgewählten Gerichten festgehalten und dabei auf drei Problembereiche hingewiesen.[1000]

Einerseits wurde ein geringer Grad der Partizipation durch die Bevölkerung beobachtet, und zwar sowohl hinsichtlich physischer Präsenz wie auch aktiver Beteiligung am Prozess der Wahrheitsfindung. Besonders bedenkenswert ist diese Feststellung aufgrund der Konzipierung der Gacaca-Gerichtsbarkeit als partizipative Institution.[1001] Selbst teilweise starker behördlicher Druck in Form von Drohungen, Bussen und Interventionen lokaler Verteidigungskräfte *(local defense force)* vermochte die Partizipation nicht zu erhöhen, sondern trug womöglich im Gegenteil zu gesteigertem Misstrauen innerhalb der Bevölkerung bei.[1002] Zurückgeführt wird dies auf ein reelles oder imaginäres Gefühl der Unsicherheit.[1003] So heisst es im Bericht: «PRI a observé qu'il y a souvent une peur quasi généralisée de la population pour oser parler et qu'il y a une augmentation de la tension au

999 Penal Reform International, 2001, *op. cit.*, p. 35.

1000 Penal Reform International, 2003b, *op. cit.* Im Bericht wird ebenfalls erwähnt, dass Beobachter der Sitzungen – namentlich Mitglieder von NGOs wie HRW, ASF u. a. – durch lokale Autoritäten als störend empfunden werden. So wurde anfangs August 2002 gar der Bevölkerung unter Androhung von Sanktionen verboten, Kontakt mit den Beobachtern zu haben, p. 40.

1001 Penal Reform International, 2003b, *op. cit.*, p. 7.

1002 So gingen die Richter und lokale Autoritäten in der Zelle Kabeza der Provinz Umutara dazu über, Präsenzlisten zu erstellen, um auf dieser Grundlage Massnahmen gegen mangelnde Partizipation ergreifen zu können. Penal Reform International, 2003b, *op. cit.*, p. 31. Die sechste Kammer des Justizministeriums, zuständig für die Gacaca-Gerichtsbarkeit, hat sich jedoch gegen die Anwendung von Zwangsmassnahmen gegenüber der Bevölkerung ausgesprochen. Sie baten die lokalen Behörden lediglich darum, alles zu unternehmen, damit Gacaca funktioniere, p. 41.

1003 Penal Reform International, 2003b, *op. cit.*, p. 4.

sein de certaines communautés ainsi qu'un sentiment d'insécurité».[1004] Es gab Fälle der Einschüchterung von Überlebenden und Belastungszeugen. Dennoch waren es Überlebende des Genozids, die in allen beobachteten Zellen die aktivste Rolle übernahmen und Aussagen machten. Auch Rückkehrer partizipierten massgeblich, um – so die Vermutung – herauszufinden, welchen neuen Nachbarn vertraut werden kann.[1005] Im Falle der spärlichen Denunziationen durch die übrige Bevölkerung, die nicht zu den Opfern des Genozids zählt, konnte festgestellt werden, dass meist Namen von bereits Inhaftierten, Toten oder Exilierten genannt wurden.[1006] Wurde eine anwesende Person denunziert und kam es zu Schuldbekenntnissen, bezogen sich diese lediglich auf Fälle von Plünderungen, niemals aber von Mord.[1007] Täter ihrerseits machten Aussagen, die jedoch nicht selten in arroganter Weise sowie ohne Anzeichen der Reue vorgebracht wurden, sodass Überlebende des Genozids massiv schockiert waren und Zweifel an der Ernsthaftigkeit ihrer Absicht aufkamen.[1008] Auch Täter nannten oftmals Komplizen, die bereits gefasst wurden, tot oder im Exil sind.[1009] In der Zelle Ibiza der Provinz Umutara haben die Vorbereitungen zu den Verfahren aus der Sicht der Überlebenden gar dazu geführt, dass die Bevölkerung geteilter ist als zuvor und das Misstrauen zugenommen hat.[1010] Es konnten Aussagen gesammelt werden, aus denen sich schliessen lässt, dass gewisse Familien von Inhaftierten befürchten, die Prozedur bestehe in einer List der Überlebenden, um die sich schuldig bekennenden Hutu daran anschliessend umbringen zu können, während Überlebende ihrerseits oftmals Gacaca mit der Freilassung von Tätern gleichsetzen.[1011]

Das zweite Problem betrifft die Tatsache, dass sowohl die Errichtung eines Entschädigungsfonds für Überlebende des Genozids wie auch das Programm gemeinnütziger Arbeit als Bestandteil der Strafe noch immer

1004 Penal Reform International, 2003b, *op. cit.*, p. 9.
1005 Mit Bezug auf die Zelle Ibiza/Provinz Umutara: Penal Reform International, 2003b, *op. cit.*, p. 22.
1006 Penal Reform International, 2003b, *op. cit.*, p. 36.
1007 Penal Reform International, 2003b, *op. cit.*, p. 37.
1008 Penal Reform International, 2003b, *op. cit.*, p. 8 f.
1009 Penal Reform International, 2003b, *op. cit.*, p. 45.
1010 Penal Reform International, 2003b, *op. cit.*, p. 24.
1011 Penal Reform International, 2003b, *op. cit.*, p. 40.

blockiert sind. Da bereits an anderer Stelle auf den Entschädigungsfonds eingegangen wurde, sollen sich die nachfolgenden Ausführungen auf das Programm der gemeinnützigen Arbeit beschränken. Bis heute liegt keine Finanzierungsquelle des Programms vor.[1012] Auch hielt sich die Sensibilisierung bezüglich des Vorhabens in Grenzen, sodass Überlebendenvertreter befürchten, damit werde Mördern eine Art Tourismus ermöglicht, während die Inhaftierten sich ihrerseits sorgen, es sei eine verkappte Form von Zwangsarbeit.[1013]

Als Drittes wird die provisorische Sistierung aller Vorverfahren zwecks Angleichung sämtlicher Gerichte thematisiert. Aufgrund mangelnder Information über den Grund der Sistierung wird vermutet, dass Mitglieder von Gacaca-Gerichten dies als fehlenden Willen zur Umsetzung deuten könnten.

c. Die Unterschiede zum traditionalen Modell

Es wäre weit gefehlt, die postgenozidären Gacaca-Gerichte als Abbild ihrer traditionalen Vorläufer zu verstehen, obschon dies – nicht zuletzt in Augen Aussenstehender – verheissungsvoll wäre, wie Pankhurst bemerkt:

> Old organisations are sometimes revived and given new meaning, although they may be referred to as ‹traditional› or ‹cultural›, and even though it is exceptional for any such organisation or institution to have maintained robust legitimacy through a CPE [*complex political emergency, d. Verf.*], or to have acquired it in a short time, they are often identified by outsiders as ideal vehicles for delivering reconciliation.[1014]

So erachtet beispielsweise das *Danish Centre for Human Rights* (DCHR) die Unterschiede zum traditionalen Modell als derart massiv, dass der Verweis auf die Tradition weitgehend deplaziert sei. Nur noch die Bezeichnung *gacaca* sei traditionell.[1015] Diese Feststellung ist nicht weiter erstaunlich.

1012 PENAL REFORM INTERNATIONAL, 2003b, *op. cit.*, p. 16.
1013 PENAL REFORM INTERNATIONAL, 2003b, *op. cit.*, p. 17.
1014 PANKHURST, 1999, *op. cit.*, p. 246.
1015 DANISH CENTRE FOR HUMAN RIGHTS, 2000, *op. cit.*, p. 27 ff.

Zum einen wäre die Übertragung in die Gegenwart aufgrund des gesellschaftlichen Wandels sowie der Erodierung von Wertvorstellungen gar nicht zu bewerkstelligen. Zum anderen wurde dies von Seiten der Regierung auch niemals beabsichtigt. Zwecks Abgrenzung zum traditionalen Modell spricht die Staatsführung denn auch offiziell von «modernisierten Gacacas» sowie von Gacaca-*Gerichten*.[1016] Vielmehr galt es, den Geist von Gacaca, so dessen Grundprinzipien, für die Aburteilung von Völkermördern nutzbar zu machen.

Ohne an dieser Stelle bereits eine Bewertung vornehmen zu wollen, erscheint es nichtsdestotrotz für das bessere Verständnis der postgenozidären Gacacas als hilfreich, deren massgebliche Unterschiede zu ihrem Vorläufer heraus zu arbeiten.

Gacaca als staatliche Institution: In diesem Zusammenhang lässt sich im Laufe der gesellschaftlichen Differenzierung eine graduelle Übernahme der Gacaca-Gerichtsbarkeit durch den Staat beobachten. Hatte sie ursprünglich familialen sowie vor dem Völkermord noch semi-offiziellen Charakter, so wurde sie nun auf staatliche *top-down* Initiative hin in modifizierter Form wieder installiert und unterliegt heute aufgrund der Einbindung in das Justizministerium staatlicher Kontrolle.[1017] Dem legalen Pluralismus wurde durch die Integration der Gacacas in das Landesrecht ein Ende gesetzt.

Die Verschriftlichung der Institution: Waren traditionale Gacacas gänzlich der Oralität verpflichtet und dementsprechend flexibel zu handhaben, basiert ihr heutiges Funktionieren auf einer schriftlich kodifizierten Gesetzesgrundlage. Ferner werden unterschiedlichste Akten verwendet. Dennoch kommt der Oralität nach wie vor eine zentrale Bedeutung zu, die sich insbesondere daran erkennen lässt, dass die Gemeinschaft zur Erörterung eines Falles zusammenkommt.

Die Formalisierung der Institution: Dieser Aspekt geht mit oben erwähntem Punkt einher. Er umfasst die Formalisierung von Verfahrensmodalitäten wie beispielsweise das Verfahren der Absprache über Schuldigerklä-

1016 Uvin, 2000, *op. cit.*, Fussnote 5, p. 8.
1017 Vgl. De Lespinay, 2000, *op. cit.*

rung sowie die Etablierung weiterer Regeln, nicht zu vergessen die Festlegung auf einen fixen Zeitpunkt in der Woche. Die formale Struktur der Gacacas entspricht derjenigen von westlichen Tribunalen.[1018]

Die Öffnung für Frauen: Waren traditionale Gacacas eine reine Männerangelegenheit, können nun auch Frauen auf allen Ebenen der Institution partizipieren. Seit dem Genozid stellen Frauen die Mehrheit der Bevölkerung. Im Jahre 1996 hatten 34% aller Familien ein weibliches Oberhaupt.[1019]

Die Einführung von Strafen nach dem Prinzip der Individualverantwortung: Wurde die Verantwortung früher in ihrer kollektiven Dimension verstanden, und liess es das Verständnis sozialer Ordnung in der Regel nicht zu, dass ein Gemeinschaftsmitglied aufgrund seiner Akte aus der Gemeinschaft ausgeschlossen wurde, so etabliert die heutige Gacaca-Gerichtsbarkeit individuelle Schuld, gemäss deren Schwergrad Haftstrafen verhängt werden können. Es lässt sich hiermit eine Verschiebung von reiner Restauration hin zur Integration retributiver Elemente beobachten. Galt die Gemeinschaft früher immer als Gewinnerin, deren Wiedererlangung sozialer Harmonie entsprechend zelebriert wurde, generieren heutige Gacaca-Gerichte individuelle Sieger und Verlierer.

Staatliche Durchsetzungsgewalt: Das Befolgen auferlegter Reparationsleistungen wurde früher mittels sozialem Druck erwirkt. In der heutigen Form unterliegt die Durchsetzungsmacht dem Staat und seiner hierfür zuständigen Organe.

Die genannten Aspekte sind allesamt im Kontext gesellschaftlicher Differenzierung sowie in der Entwicklung von einer oralen hin zu einer Schriftgesellschaft zu verstehen.[1020] War die vorkoloniale, orale Gesellschaft durch das primäre Organisationsprinzip segmentärer, horizontaler Differenzierung geprägt, dessen Zentrum der Familienverband darstellte, in welchem alle gesellschaftlichen Aufgaben reproduziert wurden, so differenzierte sich

1018 AMNESTY INTERNATIONAL, 2002c, *op. cit.*, keine Seitenangaben.

1019 ALL-AFRICA CONFERENCE ON AFRICAN PRINCIPLES OF CONFLICT RESOLUTION AND RECONCILIATION, 1999, *op. cit.*, p. 74.

1020 Vgl. hierzu die Ausführungen von Luhmann in: LUHMANN, 1997, *op. cit.*

die rwandische Gesellschaft darauffolgend vertikal aus, wodurch eine soziale Schichtung mit dem Monarchen an deren Spitze entstand. Im Zuge funktionaler Differenzierung bildeten sich voneinander interdependente Funktionsbereiche heraus, so mitunter das Rechtssystem und das politische System. Die Autorität der Rechtsprechung lag von nun an nicht mehr in der Kompetenz eines Patriarchen, sondern in derjenigen des Staates. Im Zuge dieser Entwicklung ist denn auch zu verstehen, dass die Revitalisierung einer oral gekennzeichneten Tradition der Konfliktschlichtung nicht zu bewerkstelligen ist, sondern dass mit den heutigen Gacaca-Gerichten vielmehr eine Form staatlich administrierter *ad hoc*-Strafgerichtsbarkeit vorliegt, die dem Geiste traditionaler Gacacas verpflichtet ist.[1021]

6. Modernisierte Gacacas aus Sicht der Bevölkerung

Nachdem die Struktur und Funktionsweise der postgenozidären Gacaca-Gerichtsbarkeit präsentiert wurden, sollen in Anerkennung der Tatsache, dass dieses Vorhaben einen *top-down* Charakter aufweist, an dieser Stelle Einstellungen und Meinungen von rwandischen Personen zu den Gacacas interessieren. Diese Auseinandersetzung erscheint umso zentraler, als eine der Grundbedingungen für das erfolgreiche Gelingen des partizipativen Projekts im Vertrauen der Bevölkerung besteht. Dabei gilt es zunächst, die im Rahmen der qualitativen Befragung in der Schweiz gewonnenen Einsichten zu diskutieren. Obschon die daraufhin präsentierten Stellungnahmen von zwei Rwandern, die sich im Rahmen ihrer Tätigkeiten vor Ort unmittelbar mit der Gacaca-Gerichtsbarkeit auseinanderzusetzen haben, keinen direkten Vergleich mit der Erhebung in der Schweiz zulassen, können dennoch einige Hypothesen aufgestellt werden. Schliesslich sollen zwei repräsentative, in Rwanda durchgeführte Studien zur Einstellung der Bevölkerung hinsichtlich unterschiedlichster Aspekte der Gacaca-Gerichtsbarkeit hinzugezogen werden. Die in diesem Kapitel zusammengetrage-

1021 FIERENS, 2001, *op. cit.*, p. 209.

nen Argumente und Sichtweisen werden in nicht unwesentlicher Weise in die umfassende, kritische Würdigung der postgenozidären Gacacas einfliessen.

a. Ergebnisse einer qualitativen Untersuchung in der Schweiz

Mit zwölf Rwanderinnen und Rwandern wurden in der Deutsch- und Westschweiz qualitative, nicht standardisierte Tiefeninterviews in französischer und englischer Sprache durchgeführt, die im Durchschnitt zwischen drei und vier Stunden dauerten. Nebst der Beachtung beider Geschlechter sollten im Sample sowohl Hutu wie auch Tutsi gleichermassen Berücksichtigung finden. Im Zentrum des durch Leitfragen strukturierten Gesprächs standen zunächst die Komplexe der Justiz, der Wahrheitsfindung und der Versöhnung im Vordergrund. Daraufhin wurde der Fokus auf die traditionale sowie auf die modernisierte Form der Gacacas gerichtet, wobei eine Diskussion über persönliche Kenntnisse und Einstellungen dazu eröffnet werden konnte. Gegenstand des Gesprächs waren ebenfalls die nationale Rechtsprechung sowie der internationale Strafgerichtshof für Rwanda in Arusha. Die Tiefeninterviews wurden mittels Herauskristallisierung zentraler Kategorien qualitativ ausgewertet.

(i) Die befragten Personen

Nachfolgend sollen alle rwandischen Gesprächspartnerinnen und -partner in Kürze vorgestellt werden. Die Namen wurden aus Sicherheitsgründen abgeändert.

Solange

Während der Massaker von 1963 verliess diese heute 59-jährige Tutsi-Frau zusammen mit ihrer Familie Rwanda und lebte bis 1986 im ehemaligen Zaïre. Daran anschliessend zog sie mit ihrem mittlerweile verstorbenen Schweizer Ehemann, einem Mitarbeiter im Bereich der Entwicklungszusammenarbeit, in die Schweiz. Von ihrer rund fünfzig Personen zählenden, erweiterten Familie überlebten nur ihre Mutter und ein Bruder den Genozid. Über die Umstände des Todes zweier weiterer Brüder ist Solange bis heute nichts Genaues bekannt, worunter sie sehr leidet. Aus dieser persönlichen Situation heraus erscheint für sie heute die Wahrheitsfindung im Zusammenhang mit den Ereignissen sowie die Lokalisierung von Toten von primärer Bedeutung, um das Geschehen verarbeiten zu können und inneren Frieden zu finden. Daneben unterstreicht sie die Notwendigkeit, Überlebende des Genozids materiell wie auch psychologisch zu unterstützen. Auffallend ist, dass Solange sehr oft die gegenwärtig gefährliche Lage für Überlebende des Genozids thematisiert.

Agathe

Agathe, eine heute 33-jährige Tutsi, konnte noch während des Genozids aus Rwanda flüchten und erhielt in der Schweiz die vorläufige provisorische Aufnahme. Im Erstaufnahmezentrum für Asyl Suchende in Genf war sie direkt neben einem der meistgesuchtesten Genozidäre, Alfred Musema, untergebracht. Auf diese Weise konnte sie seine Verhaftung durch Schweizer Behörden unmittelbar miterleben. Mittlerweile ist Agathe mit einem Schweizer verheiratet. Agathe leidet noch heute sehr stark und versucht, so wenig wie möglich an den Genozid erinnert zu werden. Dies hat denn auch dazu geführt, dass ihr die Kraft fehlte, sich mit der Gacaca-Gerichtsbarkeit vertieft auseinanderzusetzen. Mit der grossen Angst lebend, die Massaker könnten wieder beginnen, vertritt sie die Meinung, es müsse alles dagegen unternommen werden, damit sich Genozidäre wieder organisieren können. Dabei spielt es keine Rolle, ob diese einen Prozess erhalten oder nicht, Hauptsache ist, sie werden an einem sicheren Ort verwahrt, wo sie keinem Menschen jemals mehr Leid zufügen können.

Eugénie

Diese heute 33 Jahre alte Tutsi-Frau lebt bereits seit 1991 in der Schweiz, ist mit einem Schweizer verheiratet und hat in der Westschweiz ihr Studium abgeschlossen. All ihre nahen Verwandten starben während des Genozids. Eugénie möchte mit dem Hinweis, dass jeder Mensch ein unterschiedliches Mass an Wahrheit erträgt, keine Einzelheiten über den Tod ihr nahe stehender Personen erfahren. Obschon sie bereits seit Monaten über ein Video der Bestattung eines Angehörigen verfügt, brachte sie es bislang nicht über sich, es anzuschauen. Stattdessen erscheint für Eugénie die Beschleunigung der Gerichtsverfahren von grösster Bedeutung. Ihrer

Meinung nach sollten die Verbrecher jedoch nicht durch Gacaca-Gerichte, sondern durch ordentliche Tribunale verurteilt werden.

Émilien

Émilien, ein 34-jähriger Tutsi und früherer Sekundarstufenlehrer, hat bis auf einen Bruder all seine Angehörigen während des Genozids verloren. Im Zusammenhang mit Angriffen der RPF im Jahre 1992 wurde er unter dem Vorwurf, Kontakt mit ihnen zu unterhalten, willkürlich inhaftiert. Seit 1997 lebt er in der Schweiz und erhielt eine provisorische vorläufige Aufnahme, nachdem seine Recherchetätigkeit für eine Menschenrechtsorganisation in Rwanda ihn in akute Lebensgefahr gebracht hatte. Die Rehabilitation der Opfer des Genozids ist für den stark durch die Ereignisse geprägten Émilien von zentraler Bedeutung. Die Errichtung von Gacaca-Gerichten erachtet er indessen als verletzend für die Überlebenden des Genozids.

Faustin

Zu Beginn des Genozids schloss sich dieser heute 33-jährige Tutsi freiwillig der RPA an und kämpfte in deren Reihen. Als er nach dem militärischen Sieg desertierte, wurde er verfolgt und gefoltert, sodass sich der frühere Student gezwungen sah, aus Rwanda zu flüchten. Nur seine Mutter überlebte den Genozid. Er lebt seit 1997 mit seiner Schweizer Ehefrau in der Schweiz und schloss hier sein Studium ab. Dieser äusserst rationale, willensstarke und abgeklärte Mann hat sich wohl in jenem Moment, als er in einem Schulhaus unter rund 15'000 Leichen lag, geschworen, dass er sich niemals unterkriegen lassen wird. Die politische, wirtschaftliche und soziale Sicherheit in Rwanda erscheint ihm von zentraler Bedeutung, wobei er die Meinung vertritt, die wirksamste Bestrafung von Genozidverbrechern bestehe darin, sie bis an ihr Lebensende mit ihrer Schuld leben zu lassen, sei es in Haft oder in Freiheit.

Bernard

Bernard, ein zurückhaltender Tutsi zwischen 40 und 50 Jahren[1022], lebt bereits seit 1988 in der Schweiz und ist mit einer Schweizerin verheiratet. Während des Genozids verlor er seinen Bruder und dessen gesamte Familie,

1022 Bernard zog es vor, kein genaues Alter zu nennen.

während weitere Verwandte wie sein Vater, seine Schwester, Onkel und Tanten bereits früher Opfer von Massakern geworden waren. Das wichtigste für Bernard ist, die Wahrheit zu erfahren. Solange Opfer nicht wissen, wo ihre toten Angehörigen liegen – was indes auch auf ihn selber zutrifft –, kann kein innerer Frieden einkehren.

Pauline

Pauline, heute 38 Jahre alt und Ehefrau eines Schweizers, stammt von einem Hutu und einer Tutsi ab. Ihre Heimatregion im Osten Rwandas führte dazu, dass sie wegen vermeintlicher Sympathie für die Rebellen sowohl von der früheren Regierung, als auch in ihrer Eigenschaft als Hutu durch die RPF verfolgt wurde. Sie verlor vier Brüder, teils durch die Hand von Genozidären, teils durch diejenige der RPF. Während des Genozids engagierte sie sich für humanitäre Organisationen und vermochte Rwanda mit dem ersten Passagierflug schliesslich zu verlassen. Auffallend ist, dass Pauline mehr von den Verbrechen der RPF denn vom Genozid spricht. Ihrer Meinung nach handelt es sich um zwei vergleichbare Kriege, wodurch sie zu denjenigen Personen gezählt werden kann, welche die These des doppelten Genozids vertreten. Die von beiden Seiten begangenen Verbrechen sollten gemäss Pauline in ordentlichen Gerichtsverfahren behandelt werden.

Jeanne

Jeanne, eine 40-jährige Hutu, verliess zusammen mit ihrem Ehemann und ihrem Kind nach dem Genozid Rwanda und stellte in der Schweiz ein Asylgesuch. Ihre gesamte Familie erhielt eine provisorische vorläufige Aufnahme. Diese energische Frau manifestierte wiederholt ihren Unmut gegenüber der aktuellen Regierung und betonte mehrmals, dass die Morde während 1994 nicht geplant, sondern die Folge eines heillosen Chaos waren. Ihrer Meinung nach sollte das Möglichste unternommen werden, damit Justiz in einem normalen Rahmen stattfinden könne. Gacaca bezeichnet sie entschieden als Farce.

Simone

Diese heute 36-jährige Hutu-Frau pflegte regen Kontakt mit der früheren Präsidentenfamilie und war eine gute Freundin der Tochter von Habyarimana. Auch hat sie den Kontakt mit Ehefrauen von in Arusha Inhaftierten aufrecht erhalten. 1994 floh sie mit ihren Kindern zunächst nach Kenia, aufgrund mangelnder Sicherheit stellte sie jedoch 1997 ein Asylgesuch in der Schweiz, welches durch die Gewährung einer vorläufigen Aufnahme entschieden wurde. Mitunter wurden ihr Ehemann und ihre Eltern durch Angehörige der RPF ermordet. Auffallend ist, dass Simone – wie auch Pauline und Jeanne – den Genozid als Chaos bezeichnet, in welchem sich die Menschen gegenseitig getötet haben, wobei Verbrechen der RPF im Zentrum ihrer Ausführungen stehen. Auch für sie erscheint es als unabdingbar, dass alle Schuldigen vor ordentliche Gerichte gestellt werden.

Laurien

Laurien, Sohn eines Hutu und einer Tutsi, war Student und politischer Oppositioneller, als der Genozid begann. Während seine Identitätskarte ihm das Leben rettete, verlor er mütterlicherseits alle Angehörigen. Nachdem der heute 33-Jährige 1994 zunächst mit Antoine (siehe unten) nach Swaziland und später nach Kenia ging, stellte er im Jahre 2000 ein Asylgesuch in der Schweiz, welches erstinstanzlich abgelehnt wurde. Seit drei Jahren wartet Laurien auf den Entscheid der Asylrekurskommission. Seine Mutter ist heute Präsidentin eines Gacaca-Gerichts auf Sektorenebene. Seine Eigenschaft als Kind aus gemischter Ehe führte vermutlich zu einer gemässigten und differenzierten Sichtweise, gemäss welcher er zwar darauf besteht, dass alle Schuldigen ohne Entschuldigung bestraft werden, die Tatsache jedoch, dass auch Hutu während des Genozids Gutes getan haben, ebenfalls Anerkennung finde.

Antoine

Noch während des Genozids konnte dieser nun 32 Jahre alte Hutu und frühere Student Rwanda verlassen und lebte daran anschliessend über sieben Jahre lang in Swaziland. Als er durch die Schweizer Regierung an eine internationale Konferenz eingeladen wurde, nahm er dies im Jahre 2002 zum Anlass, hier ein Asylgesuch zu stellen. Es wurde erstinstanzlich abgelehnt, der Rekurs ist noch hängig. Antoine erwies sich während des Gesprächs als relativ wortkarg und scheint in Angst zu leben. Seiner Meinung nach wäre es das Beste, wenn die rwandische Regierung die grössten Verantwortlichen des Genozids verfolgen, den übrigen Verbrechern allerdings eine nationale Amnestie gewähren würde, damit auf der Basis von

Vergessen und Vergeben nationale Versöhnung ermöglicht werde. Auch Antoine verlor im Zusammenhang mit dem Genozid zahlreiche Angehörige.

Emmanuel

Emmanuel, ein heute 43-jähriger Hutu, arbeitete früher für eine Schweizer Entwicklungsinstitution in Rwanda. Selbst im Flüchtlingslager im ehemaligen Zaïre engagierte er sich für humanitäre Organisationen. 1994 flüchtete er mit seiner Familie in die Schweiz und wurde – als einziger der Gesprächspartner – als Flüchtling anerkannt. Später schloss Emmanuel hier ein weiteres Studium ab. Die Heirat mit einer Tutsi-Frau führte dazu, dass Emmanuel heute weder von Hutu noch von Tutsi richtig akzeptiert wird. Indes stellt er mit seiner Grossherzigkeit einen Lichtblick in der rwandischen Frage dar. Seine differenzierten Ausführungen über wirtschaftliche und politische Zusammenhänge liessen ihn niemals in das gefährliche Fahrwasser geschichtlicher Manipulation geraten. Während Emmanuel die Meinung vertritt, alle Verbrecher sollten gemäss ihrem Verschuldungsgrad bestraft werden, steht für ihn jedoch der Prozess der Versöhnung im Vordergrund, wobei er diesbezüglich in Anerkennung der Tatsache, dass Armut verbindet, guter Dinge ist.

(ii) Einige methodologische Vorbemerkungen

Zunächst erscheint es notwendig, einige Erläuterungen zur Tatsache, dass Rwander in der Schweiz befragt wurden, zu liefern und auf deren Konsequenzen hinzuweisen. Die befragten Personen haben ihr Heimatland zwischen 1986 und 1997 verlassen und verfolgen die dortigen politischen Entwicklungen mit Ausnahme von Agathe mit ausgesprochenem Interesse. Es darf vermutet werden, dass die geographische Distanz zu einem kritischeren Bewusstsein hinsichtlich der Ereignisse in Rwanda geführt hat. Ebenso darf davon ausgegangen werden, dass Rwanderinnen und Rwander in der Schweiz ihre Bedenken unterschiedlichster Art mit grösserer Offenheit zu äussern vermochten. In der Tat wurde wiederholt darauf hingewiesen, dass es im Rahmen einer Untersuchung in Rwanda kaum zu bewerkstelligen gewesen wäre, kritische Stellungnahmen zu sammeln. Wie bereits in den Ausführungen zur postgenozidären rwandischen Gesellschaft dargelegt, duldet die aktuelle Regierung kaum Kritik. Ausländische Beobachter wie auch ihre einheimischen Informanten unterliegen einer strengen staatlichen Kontrolle. Im Gegensatz dazu haben Rwanderinnen und Rwander in der Schweiz keine Konsequenzen regimekritischer Äusserungen zu befürchten, weshalb ihre Antworten als reliabler eingestuft werden können.

Es wurde als unabdingbar erachtet, sowohl Hutu wie auch Tutsi zu befragen. Wie noch aufgezeigt wird, unterscheiden sich ihre Perspektiven teilweise massgeblich, woraus Rückschlüsse auf die Wahrnehmung möglicher Versöhnung gezogen werden können. Tutsi stellen in eindeutiger Weise die direkten Opfer des Genozids dar. Ihre Aussagen waren äusserst bewegend und verliehen dem Grauen des Genozids ein menschliches Gesicht. Die befragten Hutu, die ihrerseits gegen das Vorurteil ankämpfen, wonach sie alle unterschiedslos Massenmörder und Genozidäre seien, haben ebenfalls zahlreiche Angehörige verloren und wurden durch den Genozid markiert. Es darf vorweggenommen werden, dass letzere grossen Wert darauf legten, auch ihren Status als Opfer darzulegen. Bedauerlicherweise geschah dies in einigen Fällen durch Banalisierung des Genozids bei gleichzeitiger Betonung von durch die RPF begangener Verbrechen.

Rückblickend erweist es sich als überaus wertvoll, dass derart verschiedene Persönlichkeiten befragt werden konnten. Handelt es sich um einen Befreiungskämpfer der RPA, eine nahe Freundin der Präsidentenfamilie Habyarimana, einen Hutu, der mit einer Tutsi verheiratet ist, oder einen Hutu aus gemischter Ehe, dessen Mutter Gacaca-Richterin ist – sie alle vermochten durch ihre unterschiedlichen Ansichten das komplexe Bild der postgenozidären Zukunft Rwandas zu vervollständigen.

Die einen überaus hohen Offenheitsgrad aufweisenden Gespräche wurden auf der Basis von sachbezogenen Kategorien qualitativ ausgewertet.[1023]

1023 Die entsprechenden Kategorien sind: Prioritärer Umgang mit den Verbrechen des Genozids, grösste Angst, Schicksal von Angehörigen, persönliche Kenntnis der Mörder, Bemerkungen zu den Verbrechen, Bemerkungen zur Geschichte, Einstellungen zum ICTR, traditionale Gacacas, modernisierte Gacacas, Gefahren, Vorteile, die Frage der Justiz, Strafreduzierungen, Entschuldigungen durch Schuldige, Freilassungen, Kategorisierung von Straftaten, Opfer, Täter, Zeugen, Richter, Wahrheitsfindung, Reparationen, Versöhnung, Rwanda heute, Einstellung zur Regierung, Sicherheit in Rwanda, Tempo der Bewältigung des Genozids.

Aufgrund dieser Kondensierung und Bündelung der Aussagen konnte ein Vergleich der zentralen Aspekte vorgenommen werden. Als unabhängige Variable wurde die soziale Eigenschaft als Hutu oder Tutsi gewählt, die im rwandischen Kontext nach wie vor von zentraler Bedeutung erscheint. Dagegen zeichneten sich aufgrund des Alters, welches im vorliegenden Sample ohnehin keine markante Bandbreite aufweist, sowie des Geschlechts keine relevanten Unterschiede ab.

(iii) Analyse der Gespräche

1. Einstellungen zur Gacaca-Gerichtsbarkeit

Das zentrale Ergebnis der Gespräche besteht zunächst in der Feststellung, dass alle befragten Personen erhebliche Zweifel an der modernisierten Gacaca-Gerichtsbarkeit haben. Die Positionen reichen von weitestgehender Resignation, da in Ermangelung einer Alternative diese Notlösung getroffen werden musste, bis zur vehementen Ablehnung der Gacacas. Mit Ausnahme von Agathe, die sich der Auseinandersetzung mit der Gerichtsbarkeit aus Eigenschutz verweigerte, sind alle Interviewten der Meinung, dass es sich dabei um eine rein politische Angelegenheit handelt. Interessanterweise gaben fünf von sechs Hutu und ein Tutsi an, die Regierung habe die Gacaca-Gerichtsbarkeit weniger für die eigene Bevölkerung denn vielmehr für die internationale Gemeinschaft eingerichtet, sei es, um an Unterstützungsgelder zu gelangen (2 Personen)[1024], sei es, um dem Ausland zu demonstrieren, dass Rwanda die Frage der Justiz ernst nimmt, und um die internationale Wahrnehmung der Regierung zu verbessern (4 Personen). Fünf der zwölf befragten Personen sehen *keinerlei Vorteile,* die mit der Gacaca-Gerichtsbarkeit verbunden sein könnten. Die von den übrigen sieben Personen genannten Vorteile präsentieren sich wie folgt (Mehrfachnennungen):

1024 Diese Sichtweise wird im Übrigen auch von Reyntjens und Vandeginste eingenommen: REYNTJENS and VANDEGINSTE, 2001, *op. cit.*, p. 131 f.

Tabelle 3: Vorteile der Gacaca-Gerichtsbarkeit

	Tutsi	Hutu	Total
Beitrag zur Wahrheitsfindung, Lokalisierung von Toten	3	1	4
Beschleunigung der Verfahren	1	1	2
Häftlinge erhalten ein Gerichtsverfahren	–	2	2
Freilassung von Unschuldigen	1	1	2
Leerung der Gefängnisse	–	3	3
Senkung der Kosten von Haftanstalten	–	1	1
Kein Verlust des Gesichts, wenn Täter von sich aus Schuld bekennen	–	1	1

Drei von sechs Tutsi vermögen gewisse Vorteile der modernisierten Gacacas zu erkennen, wobei der Akzent auf dem restaurativen Prozess der Wahrheitsfindung liegt. So könnten Einzelheiten bezüglich begangener Verbrechen an den Tag kommen, die es in der Folge gegebenenfalls ermöglichen würden, tote Angehörige zu lokalisieren. Zu betonen ist, dass diese drei Personen zum Zeitpunkt des Genozids bereits in der Schweiz lebten, sodass vermutet werden darf, dass die Wahrheitsfindung aufgrund dieser Tatsache zusätzliche Relevanz erfährt. Die übrigen genannten Vorteile beziehen sich ausschliesslich auf die Haftanstalten sowie deren Population, und wurden in der Hauptsache von Hutu genannt. Sie betreffen die Erwartung, dass nach Jahren des Wartens endlich Justiz ermöglicht und die Verfahren aufgrund der hohen Anzahl landesweiter Gacaca-Gerichte beschleunigt werden, sodass Unschuldige von Schuldigen unterschieden und die hohe Kosten verursachenden Haftanstalten entlastet werden. Hervorzuheben ist ebenfalls, dass diejenigen Hutu, welche Vorteile der Gacaca-Gerichtsbarkeit zu erkennen vermögen, mit einer Ausnahme nicht zu denen gehören, für welche ordentliche Gerichtsverfahren Priorität geniessen.

Es fällt auf, dass gewisse, durch die rwandische Regierung betonte Vorteile der Gacaca-Gerichtsbarkeit während der Gespräche keinerlei Erwähnung fanden, sodass vermutet werden darf, dass der Regierungsdiskurs womöglich einer Verankerung innerhalb der Bevölkerung entbehrt. So scheint der partizipative Charakter der Institution sowie die der Bevölkerung übertragene Verantwortung für die Rechtsverfahren nicht als positiv wahrgenommen zu werden. Auch wird die Gacaca-Gerichtsbarkeit nicht mit dem Versöhnungsprozess in Verbindung gebracht, wie auch reintegrative Elemente wie etwa die Vorrichtung gemeinnütziger Arbeit unerwähnt bleiben. Ebenso scheint der Rückgriff auf eine traditionale Institution der Konfliktschlichtung kaum zu beeindrucken, wobei hervorzuheben ist, dass die befragten Personen über relativ umfassende Kenntnisse der traditionalen und später semi-offiziellen Gacacas verfügen. Rund die Hälfte von ihnen hat in der Vergangenheit persönlich an entsprechenden Verhandlungen teilgenommen, so etwa der damalige Student Antoine, der das Protokoll führte. Acht Personen nannten den versöhnenden Aspekt der traditionalen Gacacas, die auf geringfügige Delikte familialer und nachbarschaftlicher Art beschränkt waren. Aus den sich weitestgehend deckenden Beschreibungen der Gacacas fielen zwei Hinweise in besonderer Weise auf. So schilderte Emmanuel aus eigener Erfahrung, wie vor dem Genozid Richter an ordentlichen Gerichten *ad hoc* Gacacas einberufen konnten, wenn sie den Eindruck hatten, die Streitigkeit habe aufgrund ihrer Geringfügigkeit nicht auf dieses institutionelle Niveau gebracht werden sollen. In solchen Fällen trat der Richter vor auf ihren Termin wartende Anwesende, schilderte ihnen in Kürze den betreffenden Fall und bat sie, ein improvisiertes Gacaca zu bilden und ihre kollektive Meinung wiederzugeben. Auf diese Weise vermochten Berufsrichter ihre Gerichte zu entlasten. Ebenso interessant erscheint die Bemerkung von Jeanne, einer Hutu, welche Vorsitzende von Gacacas nicht als «Weise» bezeichnete, sondern als (Hutu-)Bauern, wodurch der Eindruck entsteht, es habe sich dabei um «Gleiche unter Gleichen» gehandelt, welche im Rahmen des gemeinschaftlichen Dialogs einen Entscheid betreffend interpersoneller Streitigkeiten zu fällen versuchten.

Während der Rückgriff auf eine traditionale Institution nicht als positiv gewertet wird, so scheint es in gewissen Fällen sogar für Empörung zu sorgen, dass die Regierung zur Behandlung von Genozidverbrechen auf eine kulturelle Einrichtung Bezug nimmt, nicht zuletzt, weil auf diese Weise die betreffenden Verbrechen massgeblich banalisiert würden. Wie bereits weiter oben erwähnt, wird die Gacaca-Gerichtsbarkeit beinahe einhellig als politische Strategie bezeichnet. Dies unter dem Deckmantel von rwandischen Traditionen vorzunehmen, wird als inadäquat betrachtet, insbesondere nach der tiefgreifenden Erfahrung des Genozids. So wird von allen Personen der markante Bruch mit Traditionen hervorgehoben, welche in dieser Form nicht mehr innerhalb der rwandischen Gesellschaft existieren. Sei es, dass es keine «Weisen» mehr gibt, dass damit lediglich Ideologie betrieben und gegen den Willen der Bevölkerung ein *top down* Vorhaben realisiert werden soll, welches theatralische Züge trägt, oder gar eine mediale Kampagne betrieben wird – die Interviewten sind sich darin einig, dass die Gacaca-Gerichtsbarkeit nichts mit früheren Traditionen gemein hat. Fatalerweise führt gerade dieses zentrale Argument der Regierung zu verstärkter Verwerfung der heutigen Gacacas durch die befragten Personen und stellt ein Gegenbeispiel zur Annahme von Heintze dar, wonach die Akzeptanz einer neuen Rechtsordnung durch die Bevölkerung aufgrund des Bezugs auf lokale Traditionen erhöht werden könne.[1025]

Im Zusammenhang mit während der Gespräche genannter Gefahren, welche die Gacaca-Gerichtsbarkeit in sich birgt, lässt sich ein inhärentes sowie ausgeprägtes Misstrauen gegenüber dem zufriedenstellenden Funktionieren der Institution erkennen. In nachfolgender Tabelle findet sich eine Aufstellung der diesbezüglichen Nennungen, wobei Aspekte, hinsichtlich welcher markante Unterschiede zwischen Tutsi und Hutu bestehen, hervorgehoben wurden.

Tabelle 4: Gefahren und Nachteile der Gacaca-Gerichtsbarkeit

		Tutsi	Hutu	Total
1	Gefahr für Zeugen, die ausgesagt haben	3	2	5
2	Gefahr für freigelassene Häftlinge	–	1	1
3	Falschaussagen	1	4	5
4	Fingierte Schuldbekenntnisse zwecks Freilassung	2	2	4
5	Konspiratives Schweigen	4	1	5
6	Es sind keine Zeugen zu finden	4	4	8
7	Zeugen werden aus Angst nicht aussagen	4	3	7
8	Überlebende konnten die Verbrechen nicht beobachten	–	1	1
9	Retraumatisierung der Opfer	5	–	5
10	Inadäquat für schwere Verbrechen	2	4	6
11	Inkompetenz der Richter	1	6	7
12	Zu leichte Strafen, insbesondere durch Reduktionen	5	–	5

1025 Der Hinweis erfolgt in: DEBIEL, Tobias, 2002: «Haben Krisenregionen eine Chance auf tragfähigen Frieden? Zur schwierigen Transformation von Gewaltstrukturen», pp. 20–65 in: Tobias DEBIEL (Hrsg.): *Der zerbrechliche Frieden. Krisenregionen zwischen Staatsversagen, Gewalt und Entwicklung.* Aus der Reihe EINE Welt – Texte der Stiftung Entwicklung und Frieden; Bd. 13. Bonn: Dietz, p. 44.

Zwecks besserer Deutlichmachung des Gewichts einzelner Nennungen sowie festgestellter Unterschiede zwischen Hutu und Tutsi wurden die Ergebnisse in nachfolgende Abbildung übertragen. Die Zahlen auf der x-Achse entsprechen denjenigen in oben stehender Tabelle.

Abbildung II: Gefahren und Nachteile der Gacaca-Gerichtsbarkeit

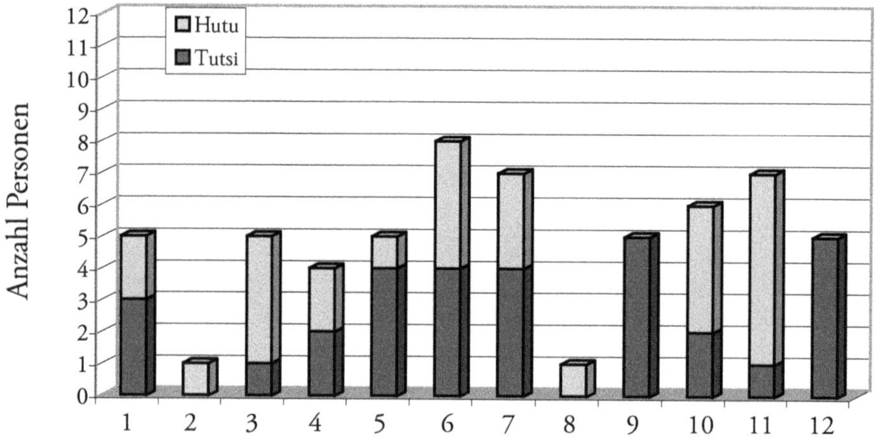

Zunächst ist zu beobachten, dass massgebliche Zweifel im Zusammenhang mit Belastungs- und Entlastungsaussagen bestehen. Aufgrund der Tatsache, dass der Genozid über 800'000 Tote forderte, sind zwei Drittel der befragten Personen der Meinung, dass in gewissen Regionen Rwandas keine Zeugen zu finden sein werden, infolgedessen die Freilassung von Inhaftierten mangels Beweisen durchaus zu erwarten sein könnte (6). Gleichzeitig wird von sieben Personen vermutet, dass die akute Gefahrenlage für potentielle Zeugen diese davon abhalten wird, Aussagen vor Gericht zu machen (7). Diese Einsicht dürfte durch die Tötung von vier aussagewilligen Zeugen im Jahre 2003 verstärkt worden sein.[1026] Dem-

1026 UNITED NATIONS INTEGRATED REGIONAL INFORMATION NETWORKS (IRIN), 2003: «Rwanda: Genocide survivor group denounces killings, harassment», in: *IRIN News*, December 16, 2003. UNITED NATIONS INTEGRATED REGIONAL INFORMATION NETWORKS (IRIN), 2004: «Rwanda: Genocide survivors flee province over killings», in: *IRIN News*, January 12, 2004. Beides unter: http://www.irinnews.org.

entsprechend befürchten fünf Personen auch die Ermordung von Zeugen, nachdem sie Schuldige belastet haben (1). Ein Drittel der Interviewten erwarten zudem fingierte Schuldbekenntnisse, die einzig zum Zwecke der Freilassung vorgebracht werden und dementsprechend Bemühungen um Wahrheitsfindung empfindlich behindern (4).

Werden die Aussagen entlang der Dimension Hutu-Tutsi analysiert, so wird der Verdacht gegenseitigen Misstrauens verstärkt. So befürchten 4 Hutu (im Gegensatz zu einem Tutsi), dass während der Verfahren Falschaussagen vorgebracht werden (3). Das zugrundeliegende Motiv bestünde in Rachegefühlen, sodass die vorsichtige Vermutung geäussert werden darf, Hutu hegten die Sorge um Falschaussagen durch Tutsi. Dem gegenüber erkennen vier Tutsi (im Gegensatz zu einem Hutu) die Gefahr konspirativen Schweigens seitens der Hutu (5). Gerade aufgrund der mit dem Verfahren der Absprache über Schuldigerklärung geknüpften Bedingung, die Namen von Mittätern und Gehilfen zu nennen, gehen Tutsi davon aus, dass in Freiheit befindliche Hutu sich davor hüten werden, gegen ihre Komplizen auszusagen, um nicht selber in die Mühlen der Justiz zu geraten. Während Tutsi massgeblich um mögliche Retraumatisierungen aufgrund schwer zu ertragender Einzelheiten der Verbrechen sowie mangelnder Reue der Täter besorgt sind, fand dies bei Hutu keinerlei Erwähnung (9). Diese sind im Gegensatz zu den Tutsi hingegen um die mangelnde Kompetenz der Gacaca-Richter besorgt, die zu unkorrekten Verurteilungen führen könnte (11). Schliesslich äusserten fünf Tutsi die Meinung, die Strafmasse seien zu gering und könnten aus diesem Grund mit einer Amnestie gleichgesetzt werden, infolgedessen die Schuldigen in ihre Dörfer zurückkehren werden (12).[1027] Ebenso gaben zwei Tutsi zu bedenken, dass auch Denunzianten, die gemäss Gesetz nicht als Mörder angesehen werden, zum Tode vom Menschen beigetragen haben und dementsprechend bestraft werden müssten.

Die geschilderten Bedenken hinsichtlich des Verhaltens der jeweils anderen sozialen Gruppe widersprechen dem Regierungsdiskurs, wonach sich ein einziges rwandisches Volk auf den Hügeln versammeln werde, um

1027 Diese mögliche Wahrnehmung durch Überlebende des Genozids wird denn auch in folgendem Bericht erwähnt: ALL-AFRICA CONFERENCE ON AFRICAN PRINCIPLES OF CONFLICT RESOLUTION AND RECONCILIATION, 1999, *op. cit.*, p. 73.

die Bewältigung des Genozids in gemeinschaftlicher Weise voranzutreiben. Eine der zentralsten Bedingungen für den Erfolg des Gacaca-Projekts, nämlich ein gewisses Mass an gegenseitigem Vertrauen, scheint zumindest gemäss den in der Schweiz geführten Gesprächen kaum erfüllt zu sein.

2. Justiz, Wahrheitsfindung und Reparationen

Hinsichtlich der Frage, welche Art des Umgangs mit den Verbrechen des Genozids für die interviewten Personen Priorität geniesse, mit anderen Worten, wie Justiz, Wahrheitsfindung und Reparationsleistungen zu gewichten seien, ergaben sich ebenfalls interessante Resultate. So wird die Bestrafung von Schuldigen infolge der Etablierung ihrer Verantwortlichkeit durch ordentliche Gerichtsverfahren von allen Hutu, jedoch nur von einer Tutsi gefordert. Zu bedenken gilt, dass es sich hierbei um eine Forderung handelt, welche – wie die Erfahrungen gezeigt haben – erwiesenermassen nicht erfüllt werden kann.

Zwischen den befragten Hutu bestehen allerdings bedeutsame Unterschiede bezüglich Einzelheiten der Umsetzung. So vertritt Laurien die Meinung, alle Verbrecher bedürften unterschiedslos einer Bestrafung, und zwar ohne Entschuldigung oder Berücksichtigung ihrer Zurechnungsfähigkeit. Laurien kann aufgrund der Tatsache, dass seine Mutter Tutsi ist und er nur knapp dem Tod entkam, eine gemässigte Position zugesprochen werden. Antoine dagegen möchte, dass sich die Strafverfolgung auf die zentralsten Verantwortlichen beschränke und im Falle der übrigen Verbrecher eine nationale Amnestie gewährt werde, damit vergessen und vergeben werden könne. Gemäss Emmanuel bestünde die beste Lösung darin, dass die Verantwortlichen des Genozids vor ordentliche Gerichte gebracht würden, übrige Delikte wie Plünderungen und Diebstahl jedoch problemlos durch Gacaca-Gerichte behandelt werden könnten, wie dies auch früher der Fall war.

Im Falle der übrigen fünf Tutsi, welche ordentliche Strafjustiz nicht als Priorität ansehen, überwiegen reparative Elemente sowie die Frage der Sicherheit. So vertreten Solange und Bernard die Meinung, der Prozess der Wahrheitsfindung solle vorangetrieben werden, damit sich innerer Friede einstellen könne. Beide Personen lebten während des Genozids bereits in der Schweiz und haben nahe Angehörige, über deren Schicksal ihnen nichts bekannt ist. Verständlicherweise stellt dies für sie eine grosse Belastung dar. Émilien, der bis auf seinen Bruder alle Angehörigen verloren hat, wünschte sich umfassendere Unterstützung und Behandlung der Genozidopfer. Mit dem Hinweis – den im Übrigen drei weitere Tutsi lieferten –, zahlreiche Überlebende des Genozids würden noch heute ihren Verletzungen erliegen oder infolge von Vergewaltigungen an AIDS sterben, vertritt er die Ansicht, die Regierung hätte das Budget der Gacaca-Gerichtsbarkeit besser für die Opfer eingesetzt, damit ihnen ein menschenwürdiges Weiterleben ermöglicht werde. In eine ähnliche Richtung weisen die Ausführungen von Faustin, der ehemalige Soldat in den Reihen der RPA. Die Garantie einer weitreichenden Sicherheit im politischen, sozialen und wirtschaftlichen Sinne ist sein zentralstes Anliegen. Schliesslich ist Agathe zu nennen, welche ausgesprochene Züge einer tiefgreifenden Traumatisierung aufweist. Für diese junge Tutsi ist es unerheblich, ob die Schuldigen ein Strafverfahren erhalten oder nicht, die Hauptsache ist, dass sie an einem sicheren Ort verwahrt sind, wo sie sich nicht mehr reorganisieren und Menschen Leid zufügen können.

Diese Ausführungen legen den Schluss nahe, dass die rwandische Bevölkerung nicht diejenigen Bedürfnisse hat, die durch ihre Regierung vorgebracht werden. Wurde die Forderung nach Aburteilung der Schuldigen laut, so bezog sich dies auf Verfahren vor ordentlichen Gerichten, nicht jedoch im Kontext der Gacaca-Gerichtsbarkeit.

Im Zusammenhang mit der Frage, ob Gacacas zur Wahrheitsfindung beitragen können, bejahten dies vier Tutsi und zwei Hutu, also die Hälfte der befragten Personen.[1028] Mit dem Hinweis, es fände sich trotz beschränkter Anzahl Zeugen immer jemand, der aufgrund des öffentlichen Charakters der Verbrechen Beobachtungen anstellen konnte, sowie unter Berücksichtigung des diskursiven Prozesses der Wahrheitsfindung artikulierten sich diesbezügliche Hoffnungen. Hervorzuheben ist allerdings, dass alle vier Tutsi um mögliche retraumatisierende Effekte der Etablierung von Fakten besorgt sind, die zuvor als Gefahren der Gacaca-Gerichtsbarkeit Erwähnung fanden. Auf der Gegenseite geben zwei Tutsi und vier Hutu zu bedenken, dass die Wahrheit nicht an den Tag treten wird. Begründet

1028 Festzuhalten ist, dass jedoch nur drei Tutsi sowie ein Hutu die Wahrheitsfindung als Vorteil der Gacaca-Gerichtsbarkeit bezeichnet haben.

wird dies durch fingierte Schuldbekenntnisse (2 Personen), die Anonymität in Städten und die hohe Anzahl fremder Rückkehrender (1 Person), sowie die strikte Verweigerung sowohl auf Seiten der Opfer wie auch der Täter, Aussagen zu machen (3 Personen).

Die Einstellungen zur Rechtsprechung in Arusha sind bis auf eine Ausnahme durchweg negativ. Einzig Eugénie, für welche die Beschleunigung von Rechtsverfahren höchste Priorität hat, vermag dem ICTR positives abzugewinnen, da dieses wenigstens einige Urteile sprechen konnte. Vorbehalte und Kritikpunkte, die von den übrigen befragten Personen genannt wurden, präsentieren sich wie folgt:

Tabelle 5: Kritik am ICTR

	Tutsi	Hutu	Total
Kostspielig und luxuriös/Geldverschleiss	3	3	6
Inhaftierte werden besser als Opfer des Genozids behandelt	–	1	1
Das Geld hätte in den Justizapparat Rwandas investiert werden sollen	2	–	2
Langsamkeit der Rechtsprechung	2	2	4
Keine Verhängung der Todesstrafe / niedrige Strafen	1	1	2
Misshandlung von Zeugen	1	–	1
Parteiisch, da Verbrechen der RPF nicht Gegenstand der Untersuchungen sind	–	5	5

Die zentralsten Kritikpunkte betreffen das Budget des ICTR sowie die Langsamkeit der Prozesse. Es wird als ausgesprochene Ungerechtigkeit empfunden, dass Planer des Genozids in einer luxuriösen Haftanstalt festgehalten werden, Mahlzeiten gemäss ausgeklügeltem Diätplan erhalten, Fitness betreiben sowie eine AIDS-Behandlung in Anspruch nehmen können, während diejenigen Opfer, welche durch sie angesteckt wurden, in Rwanda mangels medizinischer Versorgung am Sterben sind. Interessanterweise kritisierten alle Hutu ausser Emmanuel die Tatsache, dass sich das ICTR nicht auch mit durch die RPF begangene Menschenrechtsverletzungen auseinandersetzt. Für Hutu, welche sich als Opfer dieser Racheakte sehen, erscheint dies als Ungerechtigkeit.

3. Der Prozess der Versöhnung

Schliesslich sind die Ergebnisse bezüglich der delikaten Frage der Versöhnung zu nennen. Vorwegzunehmen ist, dass sich ein wenig hoffnungsvolles Bild abzeichnete. Folgende Aspekte fanden Erwähnung:

Tabelle 6: Möglichkeiten der Versöhnung

	Tutsi	Hutu	Total
Dazu bedarf es beider Seiten: Tote können sich nicht mit Mördern versöhnen	1	2	3
Es darf nicht angeordnet sein, sondern ist eine persönliche Angelegenheit	2	2	4
Versöhnung ist als Folge von Justiz und Wahrheitsfindung möglich	–	5	2
Versöhnung gehört zur alternativlosen Realität Rwandas	1	–	1
Versöhnung nach dieser Art von Verbrechen ist unmöglich	5	1	6
Früher war die Koexistenz auch möglich	1	4	5

Versöhnung wurde durch die befragten Personen ausnahmslos als friedliche Koexistenz verstanden, wobei der dies ermöglichende Prozess auf der individuellen Ebene anzusiedeln ist. Nur Menschen können sich versöhnen, weshalb einerseits in dem Falle, wo jemand umgebracht wurde, Versöhnung *per se* als unmöglich angesehen wird, dieser Prozess andererseits in keiner Weise durch staatliche Autoritäten angeordnet werden dürfe. Dadurch wird das Konzept nationaler Versöhnung massgeblich in Frage gestellt. Werden die Antworten gemäss den Kategorien Hutu und Tutsi aufgeschlüsselt, so präsentiert sich nachfolgendes Bild hinsichtlich der Frage, ob Versöhnung möglich ist:

Abbildung III: Möglichkeit der Versöhnung

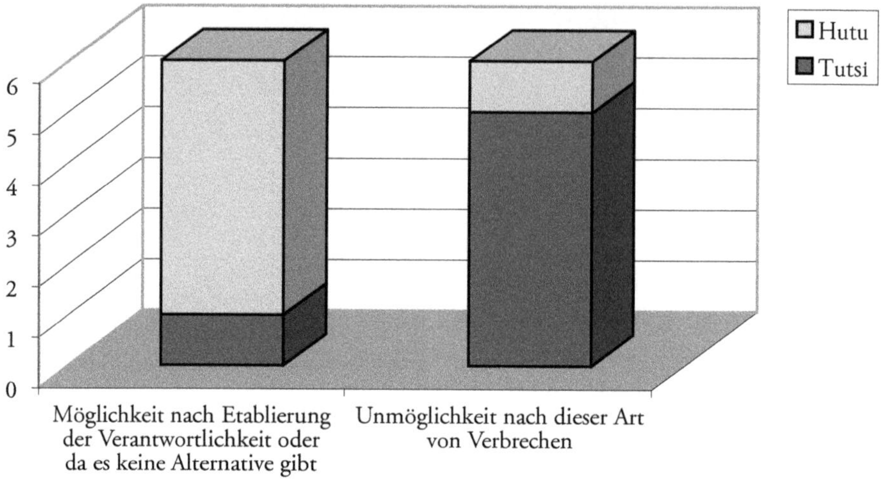

Für die Hälfte der befragten Personen ist Versöhnung aufgrund der Grausamkeit der Verbrechen sowie der Meinung, Mörder könnten sich nicht ändern, nicht zu bewerkstelligen. Während bereits dieser hohe Anteil sehr ernst zu nehmen ist, spitzt sich die Sachlage aufgrund massgeblicher Differenzen zwischen Hutu und Tutsi zu. Hutu sind mit einer Ausnahme zur Versöhnung bereit. In Anerkennung der Tatsache, dass auch alle befragten Hutu im Zusammenhang mit dem Genozid sowie insbesondere der darauffolgenden Ereignisse Angehörige verloren haben, stellen nichtsdestotrotz Tutsi die direkten Opfer des Genozids dar, in dessen Kontext sie eliminiert werden sollten. Fünf von sechs Tutsi sind nicht zur Versöhnung bereit, während die sechste Tutsi Versöhnung nur deshalb als möglich erachtet, weil Rwanderinnen und Rwander schlichtweg keine Alternative haben. Die Wunden sind zu tief, sodass es bei einem Überlebenden an Übermenschlichkeit grenzen würde, sich mit dem Mörder seiner Familienangehörigen versöhnen zu wollen. Diese Ergebnisse zeigen auf, dass zumindest in der Schweiz Versöhnung, wie sie im Programm der rwandischen Regierung enthalten ist, keine Selbstverständlichkeit ist.

Wie im theoretischen Teil dargelegt, bedarf es zum Prozess der individuellen Versöhnung mitunter der aufrichtigen Anerkennung des zugefügten Schadens sowie ehrlichen Bedauerns. Die Gespräche in der Schweiz haben jedoch die Vermutung aufkommen lassen, dass die Fronten massgeblich verhärtet sind. Auch scheint keine geteilte Wahrnehmung der Geschichte zu existieren.[1029] In der Verteidigungsposition befindliche Hutu nahmen das Gespräch zum Anlass, ihre Theorien im Zusammenhang mit dem Genozid zum Besten zu geben. Der mit einer Tutsi verheiratete Emmanuel war der einzige Hutu, der nicht auf den Flugzeugabsturz vom 6. April – den Beginn des Genozids – zu sprechen kam. Dagegen wurde von den übrigen fünf Personen die Meinung geäussert, die RPF habe den Absturz verursacht, dies im Wissen, dass dadurch Massaker an Tutsi provoziert würden. Andernfalls wäre es der Minderheitspartei niemals möglich gewesen, an die Macht zu gelangen. Ebenso wurde der Genozid als Chaos bezeichnet, in welchem sich die Menschen gegenseitig getötet haben. In anderen Fällen wurde von einem Krieg gesprochen, der dasselbe wie das Chaos impliziert, nämlich dass zwei Seiten in gleicher Weise schuldig sind. Von zwei Hutu wurde darauf hingewiesen, dass die Massaker nicht geplant waren, ein anderer vertrat die Meinung, die Bevölkerung sei ausnahmslos zum Morden gezwungen worden. Schliesslich fiel während der Gespräche auf, dass Verbrechen der RPF, die es zweifelsohne gegeben hat, hervorgehoben wurden und sogar im Zentrum der Ausführungen standen, während der Genozid selber, wenn nicht gerade banalisiert, so doch nicht als das anerkannt wurde, was er ist: als eines der schwersten Verbrechen der Menschheitsgeschichte, welches unbeschreibliches Leiden verursacht hat. Auch wenn ein Staatspräsident ermordet wurde, auch wenn die Befreiungsarmee Zehntausende von Hutu in Racheakten umgebracht haben, so kann dies dennoch nicht mit einem Genozid aufgewogen werden.

1029 Dieser Aspekt wurde auch durch Klaas de Jonge von *Penal Reform International* in Rwanda beobachtet. Bezug nehmend auf Simon Gasibirege bemerkt er: «Like us, he observed that Tutsi and Hutu seem to have a quite different comprehension of the genocide, which make it difficult to discuss». DE JONGE, Klaas, 2003: «Genocide and *Gacaca* in Rwanda». Background paper for the two-day researcher training workshop on senses of right and wrong: *Judicial settlements, truth commissions, international tribunals, and politics of popular justice in the aftermath of collective violence* (draft). Copenhagen, 15–16 December 2003, p. 13. Diese Beobachtung unterstreicht nicht zuletzt die immanente Bedeutung der Etablierung von Fakten.

(iv) Eine vorläufige Bilanz

Die Gespräche mit zwölf in der Schweiz lebenden Rwanderinnen und Rwandern zeichnen ein weitestgehend ernüchterndes Bild bezüglich der Gacaca-Gerichtsbarkeit, ihrem möglichen Erfolg sowie der Bewältigung des Genozids im Allgemeinen. Hätten diese Personen über die Wahl von Mechanismen transitionaler Justiz entscheiden können, so hätten sie gewiss nicht auf das traditionale Modell der Gacacas zurückgegriffen, sondern vielmehr klassische Gerichtsverfahren sowie die umfassende Unterstützung von Opfern des Genozids voranzutreiben versucht. Während nur geringe Vorteile der Gacaca-Gerichtsbarkeit erkannt werden, so überwiegen sogar Empörung und Enttäuschung hinsichtlich des durch die rwandische Regierung eingeschlagenen Weges. Zudem erscheint das gegenseitige Misstrauen als zu ausgeprägt, um einen Erfolg versprechenden Ausgang der als gemeinschaftlich konzipierten Gacaca-Verfahren vermuten zu dürfen. Wird die im Rahmen der qualitativen Analyse festgestellte negative Einstellung mit Untersuchungen zur Gacaca-Gerichtsbarkeit verglichen, welche in Rwanda durchgeführt wurden, so präsentieren sich gleichsam diametral entgegengesetzte Einstellungen. In der Tat sprechen sich gemäss letzteren durchschnittlich 80 % der in Rwanda befragten Personen für die Gacaca-Gerichtsbarkeit aus.[1030] Wie ist dieser markante Unterschied zu interpretieren? Zunächst ist darauf hinzuweisen, dass die in der Schweiz durchgeführte Untersuchung in keiner Weise Repräsentativität für sich beansprucht, sondern ihren Schwerpunkt vielmehr in der Vertiefung von Fragen und Themenbereichen besitzt. Dennoch ist schwerlich anzunehmen, dass die in ihrer Grundtendenz übereinstimmenden Aussagen das Resultat eines Zufalls sind, zumal die befragten Personen höchst unter-

1030 Siehe dazu: DALY, 2002, *op. cit.*, p. 374. JOHNSON, Dominic, 2001: «Mit Dorfrichtern gegen Völkermörder», in: *ai-Journal*, Dezember 2001 [http://www2.amnesty.de/internet/deall.nsf/AlleDok/1E728C57934575C7C1256B170039F1B6?Open] (mit Bezug auf eine Umfrage der Menschenrechtsorganisation LIPRODHOR). UVIN, 2000, *op. cit.*, p. 6. «Les Rwandais expriment des sentiments partagés sur les ‹gacaca›». *Hirondelle News*, Kigali, 4 mai 2001 (an dieser Stelle mit dem Hinweis grundsätzlicher Unterstützung durch die rwandische Bevölkerung, zumindest für die Idee der Gacaca-Gerichtsbarkeit).

schiedliche Hintergründe aufweisen. Vielmehr darf vermutet werden, dass Rwanderinnen und Rwander in der Schweiz im Gegensatz zu ihren im Heimatland lebenden Landsleuten keinerlei Repressionen infolge kritischer Äusserungen zu befürchten haben, weshalb die Reliabilität ihrer Aussagen angesichts anderweitig divergierender Ergebnisse nicht von Vorneherein in Frage gestellt werden darf. Darüber hinaus könnte jedoch auch ein weiterer Aspekt von Bedeutung sein: Rwanderinnen und Rwander in der Schweiz sind nicht in unmittelbarer Weise mit den in Rwanda herrschenden Problemen konfrontiert. Sie verfolgen die Entwicklung der Gacaca-Gerichtsbarkeit aus der Distanz und werden mit grösster Wahrscheinlichkeit nicht an deren Verhandlungen partizipieren können. Die daraus resultierende mangelnde Implikation in den Prozess sowie ein womöglich geringeres Angewiesensein auf den Erfolg der Gacaca-Gerichtsbarkeit könnte durchaus zu kritischerer Wahrnehmung und Ablehnung ebendieser beitragen, während sich die Bevölkerung vor Ort unmittelbare Vorteile der Gacacas erhoffen darf.

Während die persönlichen Einstellungen zur im Zentrum vorliegender Arbeit stehenden Gacaca-Gerichtsbarkeit überwiegend negativer Prägung sind, so scheint auch die – weitaus bedeutendere – Frage möglicher Versöhnung wenig Anlass zur Hoffnung zu geben. Die Ansichten sowie die Wahrnehmung geschichtlicher Ereignisse durch Hutu und Tutsi divergieren zu stark, als dass sich in absehbarer Zeit ein Zustand, der über die gewaltlose Koexistenz hinausgeht, einstellen könnte. Ausserdem hat der Genozid allzu tiefe Wunden hinterlassen, sodass womöglich erst kommende Generationen in einer versöhnten Gesellschaft leben werden. Ausgeprägte Skeptiker wie etwa Jeanne sehen jedoch gar die Möglichkeit erneuten Aufflammens von blutigen Auseinandersetzungen in absehbarer Zeit. Doch auch an dieser Stelle dürfte ein massgeblicher Unterschied zwischen der Einstellung von Rwandern in der Schweiz und in Rwanda vermutet werden. In diesem Zusammenhang gaben nämlich vier Tutsi und ein Hutu an, dass die Menschen in Rwanda bereits wieder zusammenleben würden und sich der Realität gestellt hätten. Hier in der Schweiz allerdings, bemerkt Solange treffend, sei man nicht darauf angewiesen, miteinander auszukommen oder sich zu versöhnen. Es bestehe die Möglichkeit, einander ohne weitere Konsequenzen aus dem Weg zu gehen. Gerade diese Möglichkeit scheint im dicht bevölkerten Rwanda nicht gegeben zu sein.

Bevor auf zwei repräsentative Studien zum Thema der Gacaca-Gerichtsbarkeit, welche in Rwanda durchgeführt wurden, eingegangen wird, sollen zunächst die Stellungnahmen von zwei in ihrem Heimatland lebenden Rwandern analysiert werden.

b. Zwei Stellungnahmen aus Rwanda

Nebst der qualitativen Befragung in der Schweiz wurden auch in Rwanda lebende Personen um ihre Meinung bezüglich verschiedenster Aspekte der Gacaca-Gerichtsbarkeit gebeten. Der entsprechende schriftliche Fragebogen entsprach weitestgehend demjenigen für ihre Landsleute in der Schweiz, enthielt jedoch auch spezifische Fragen, die auf den rwandischen Kontext oder die Funktion der betreffenden Person im Rahmen einer NGO oder sonstigen Institutionen zugeschnitten waren. Dabei konnten zwei differenzierte Stellungnahmen in schriftlicher Form gewonnen werden, die eine von einem Gacaca-Richter, die andere von einem Mitglied einer lokalen NGO, welche mit der Beobachtung der Gacaca-Verfahren beauftragt wurde. In Anerkennung der Tatsache, dass es sich hierbei um vereinzelte Meinungsäusserungen handelt, liefern diese dennoch aufgrund ihrer Ausführlichkeit einen Einblick in die Problematik.

Der besagte Richter[1031] ist Gerichtspräsident eines Zellen-Gacacas, wird jedoch seine Tätigkeit voraussichtlich erst im März 2004 aufnehmen. Die durch ihn genannten Vorteile der Gacaca-Gerichtsbarkeit sind vielfältiger Art und gehen über diejenigen Argumente hinaus, welche in der Schweiz von zwölf Personen zusammengetragen werden konnten. Dabei handelt es sich um nachfolgende Aspekte:

Beschleunigung der Gerichtsverfahren: Mit dem Hinweis auf die hohe Anzahl Inhaftierter sowie die Langsamkeit klassischer Justiz gibt der Richter zu bedenken, dass es über 150 Jahre dauern würde, bis alle Angeklagten vor Gericht gebracht worden wären. Weder die Opfer des Genozids noch die Angeklagten befänden sich zu diesem Zeitpunkt noch am Leben.

1031 Aus Gründen der Zusicherung von Anonymität werden keine Namen erwähnt.

Einbezug der betroffenen Bevölkerung: Es ist die durch den Genozid betroffene Bevölkerung, welcher die Verantwortlichkeit zur Aburteilung Schuldiger übertragen wurde. Zugleich gelten die überlebenden Opfer des Genozids als Zeugen der Verbrechen, wobei jede Person dafür verantwortlich sein wird zu sagen, was sie gesehen und erlitten hat.

Freilassung von Unschuldigen: Durch die Etablierung der Verantwortlichkeit werden die Unschuldigen nicht dazu verurteilt sein, mit ihrer Unschuld zu sterben. Auf diese Weise könnte sich das Misstrauen innerhalb der Bevölkerung verringern.

Beendigung der Straflosigkeit: Es besteht die Hoffnung, dass sich aufgrund der Volksgerichte, vor welchen alles gesagt wird, niemand mehr zu künftigen Genozidverbrechen verleiten lassen wird. Der Richter spricht in diesem Zusammenhang den möglichen abschreckenden Effekt der Gerichtsbarkeit an.

Senkung der Kosten: Familien werden insofern entlastet, als sie nicht mehr täglich inhaftierte Angehörige versorgen müssen, während die Täter ihrerseits aufgrund des Modells gemeinnütziger Arbeit zu ihren Familien zurückkehren und diese unterstützen können. Die Reduzierung der Gefängnispopulation sollte denn auch das staatliche Budget massgeblich entlasten.

Vorantreiben des Versöhnungsprozesses: Auf populäre Weise gesprochene Urteile dürften sowohl von Opfern wie auch von Schuldigen leichter Akzeptanz finden, wodurch Gefühle der Angst, der Rache, der Ablehnung sowie des Misstrauens eingedämmt würden.

Hinsichtlich der Frage, welche Gefahren die Gacaca-Gerichtsbarkeit in sich birgt, gibt der Richter zu bedenken, dass freundschaftliche wie auch familiale Beziehungen aufgrund von Belastungsaussagen auf die Probe gestellt werden können. Ebenso räumt er die Möglichkeit von Retraumatisierungen durch Erinnerung an die Grausamkeiten sowie durch die Etablierung von bislang unbekannten Fakten ein. Schliesslich zweifelt er an der Kompetenz gewisser Richterkollegen, die kaum Schulbildung genossen haben. So konnte er beobachten, dass Schwierigkeiten beim Ausfüllen von Urteilsformularen bestehen.

Was seine Zelle anbelangt, so befürchtet er, dass aufgrund von Todesfällen und Fluchten nicht in allen Fällen auf Zeugen gehofft werden kann.

Wahrheitsfindung werde nicht in umfassender Weise ermöglicht, jedoch in zahlreichen Aspekten, da die Überlebenden des Genozids, so die Annahme des Richters, anlässlich von Verhandlungen die Etablierung von Fakten verlangen und auch provozieren werden. Ausserdem weist er auf die Sanktionierung im Falle der Aussageverweigerung hin. Die Gewinnung von Informationen ermöglicht die Leistung von Reparationen sowie die Lokalisierung von Toten, welche daraufhin würdig bestattet werden können. Damit dürfte eine massgebliche psychologische Erleichterung für Überlebende des Genozids verbunden sein.

Mit dem Hinweis, dass einzig die Philosophie der traditionalen Gacacas in die heutige Zeit übersetzt wurde, sieht er die Existenzberechtigung der Gacaca-Gerichtsbarkeit dann als gegeben an, wenn integre Persönlichkeiten auf der Basis von Zeugenaussagen der Bevölkerung den Opfern zu ihrem Recht verhelfen sowie die Schuldigen auf menschliche Weise bestrafen. Nicht zuletzt dadurch werde der Prozess der Versöhnung vorangetrieben:

> Si gacaca rend jugement équitablement, que les gens n'étant pas victimes directes du génocide veuillent parler, qu'ils comprennent les douleurs des victimes et qu'ils veulent les aider en témoignant, qu'ils montrent leur solidarité et la volonté de rendre justice, que les coupables passent aux aveux et que les victimes veulent bien pardonner, comment cela ne contribuera pas à la réconciliation?

Nichtsdestotrotz erscheint dem Richter die Gacaca-Gerichtsbarkeit als Notlösung, die allerdings eine der bestmöglichen Lösungen im Kontext des Genozids darstellt. Er schliesst seine Ausführungen mit folgenden Worten: «Non, franchement, gacaca dans sa conception est une très bonne chose à condition qu'elle soit bien conduite dans toutes ses étapes. En plus quelle fierté pour le Rwanda!»

Abschliessend ist festzuhalten, dass vorliegende Stellungnahme eines Gacaca-Richters überwiegend positive Züge trägt. So wird der mögliche Beitrag zu Justiz, Wahrheitsfindung und gar der Versöhnung grundsätzlich bejaht, wobei sich die Ausführungen allerdings auf den Fall beziehen, in welchem die Gacaca-Gerichtsbarkeit gemäss ihrer Konzipierung ordnungsgemäss funktioniert. Daraus lässt sich schliessen, dass der Richter das Konzept durchaus begrüsst, während es jedoch interessant wäre zu erfahren, inwieweit sich seine Erwartungen nach effektiver Aufnahme seiner Tätigkeit bestätigen werden.

Die zweite Rwander ist im Rahmen seiner Mitgliedschaft in einer lokalen NGO mit der Beobachtung von Gacaca-Verfahren beauftragt worden. Mit dem Hinweis, dass traditionale Gacacas entsprechend der rwandischen Kultur und ihren Werten kleinere soziale Konflikte innerhalb von Familien zu lösen hatten, erkennt er die mit der relativ kostengünstigen Gacaca-Gerichtsbarkeit verbundene Chance, einen grossen Teil der Wahrheit über die Verbrechen zu erfahren. Wahrheitsfindung als Grundlage zur Versöhnung verhilft zu Unrecht Inhaftierten zu ihrem Recht, ermöglicht die Bestrafung oder gar die Vergebung von Schuldigen sowie die Verringerung des Misstrauens zwischen Nachbarn. Den zentralen Schwachpunkt sieht er in der Tatsache, dass die Gacaca-Gerichtsbarkeit auf Verbrechen des Genozids beschränkt und nicht auch zur Aburteilung von im Krieg – also durch die RPA – begangenen Verbrechen kompetent ist. Auf diese Weise würde nicht der gesamten Bevölkerung Gerechtigkeit zukommen, sondern in der Hauptsache den Überlebenden des Genozids. Ausserdem ist zu erwarten, dass es in gewissen Regionen keine Zeugen mehr geben wird, und wenn doch, dann würden diese womöglich aus Angst auf Aussagen verzichten. Diese Überlegungen lassen ihn zu folgendem Schluss gelangen: «Je suis pessimiste que Gacaca tel que légiférée aboutisse à sa mission de réconcilier les rwandais».

Diese im Vergleich zur ersten kritischere Stellungnahme brachte einen zentralen Aspekt in die Diskussion, auf welchen im nächsten Kapitel vertieft eingegangen werden soll: die materielle Einschränkung der Rechtsprechung durch Gacaca-Gerichte. Zunächst sollen jedoch zwei repräsentative empirische Studien zur Gacaca-Gerichtsbarkeit präsentiert werden, die in Rwanda durchgeführt wurden.

c. *Perceptions à propos de la loi gacaca au Rwanda – une étude multiméthode*

Als die Planung des Gacaca-Gesetzes bereits weit fortgeschritten war und eine landesweite Sensibilisierungskampagne konzipiert werden sollte, beauftragte das rwandische Justizministerium das *Centre de Gestions des Conflicts* (CGC) der Nationalen Universität Rwandas unter Mitwirkung des *Centre for Communication Programs* (JHU/CCP) der Johns Hopkins

Universität, Baltimore, eine repräsentative Studie durchzuführen. Folgende Ziele wurden verfolgt:[1032]

- Fragen und Erwartungen der Bevölkerung bezüglich eines dauerhaften Friedens zu identifizieren;
- Ihre Kenntnisse und Einstellungen gegenüber der Gacaca-Gerichtsbarkeit zu eruieren;
- Erwartungen und Befürchtungen hinsichtlich des Gacaca-Gesetzes zu bestimmen;
- Faktoren zu eruieren, welche die Partizipation am Gacaca-Prozess beeinflussen könnten;
- Kenntnisse und Einstellungen gegenüber dem Verfahren der Absprache über Schuldigerklärung sowie zur gemeinnützigen Arbeit zu bestimmen;
- Die einen Einfluss auf persönliche Entscheidungen ausübenden Quellen auszumachen.

Zu diesem Zweck gelangten im Jahre 2000 quantitative wie qualitative Verfahren zur Anwendung, in deren Rahmen landesweit 1'676 Männer und Frauen im Alter zwischen 18 und 59 Jahren befragt wurden sowie 25 Gruppendiskussionen (davon 5 mit Gefängnisinsassen) und 10 Tiefeninterviews mit Erwachsenen in fünf Provinzen stattfanden.[1033] Die Ergebnisse wurden 2001 in einem Bericht von Simon Gasibirege und Stella Babalola mit dem Titel *«Perceptions à propos de la loi gacaca au Rwanda: résultats d'une étude multiméthode»* publiziert.[1034] An dieser Stelle gilt es nun, einige ausgewählte Resultate zu präsentieren. Zunächst liefert die Studie einen Einblick in die damalige Befindlichkeit der rwandischen Bevölkerung. Die Frage, welche Gefühle im Zusammenhang mit dem Genozid empfunden werden, ergab im Rahmen der schriftlichen Befragung folgendes Bild:[1035]

1032 GASIBIREGE et BABALOLA, 2001, *op. cit.*, p. 2.
1033 GASIBIREGE et BABALOLA, 2001, *op. cit.*, p. 2.
1034 GASIBIREGE et BABALOLA, 2001, *op. cit.*
1035 GASIBIREGE et BABALOLA, 2001, *op. cit.*, p. 9.

Abbildung IV: Gefühle im Zusammenhang mit dem Genozid

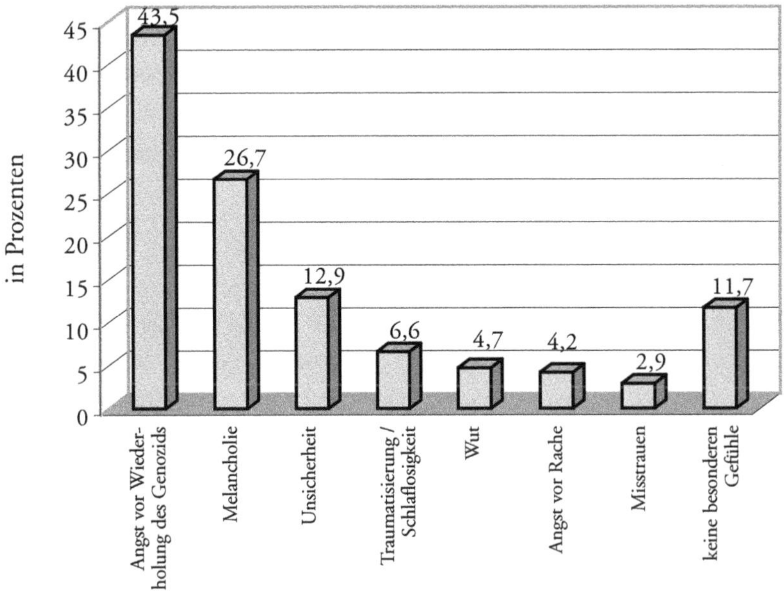

Es lässt sich erkennen, dass massgebliche Gefühle der Angst und der Unsicherheit innerhalb der rwandischen Bevölkerung vorherrschend sind. Dieses Resultat geht mit der entsprechenden Einsicht einher, die aufgrund der qualitativen Befragung in der Schweiz gewonnen werden konnte, und verstärkt die Vermutung, wonach der Erfolg der Gacaca-Gerichtsbarkeit mangels Vertrauen innerhalb der rwandischen Bevölkerung torpediert werden könnte.

Im Jahre 2000 hielten sich die Kenntnisse der rwandischen Bevölkerung bezüglich Einzelheiten der Gacaca-Gerichtsbarkeit in Grenzen. So konnte zu diesem Zeitpunkt festgestellt werden, dass weniger als die Hälfte der befragten Personen wusste, dass mit dem Verfahren der Absprache über Schuldigerklärung Strafreduzierungen verbunden sein können. 23 % dagegen dachten, dies sei mit einer Freilassung gleichzusetzen.[1036] Die erhobenen Kenntnisse korrelierten indes in signifikanter Weise mit dem Grad der Schulbildung.

1036 GASIBIREGE et BABALOLA, 2001, *op. cit.*, p. 12.

Was das Vertrauen in die Leistung der Gacaca-Gerichtsbarkeit anbelangt, gaben 58 % der befragten Personen an, vollstes Vertrauen hinsichtlich der Lösung von mit den Genozidprozessen verbundenen Problemen zu haben. 29 % verfügten diesbezüglich über mehr oder weniger Vertrauen.[1037] Aus diesem Anteil von 87 % des Samples mit mehr oder weniger positiver Einstellung zur Gacaca-Gerichtsbarkeit leiten die Autoren eine allgemein hohe Erwartung hinsichtlich ihres Erfolgs ab, zumal derselbe Anteil dazu bereit ist, während der Verfahren Aussagen zu machen. Je besser die Kenntnisse über die Gacaca-Gerichtsbarkeit jedoch sind, desto stärker verringert sich interessanterweise entsprechendes Vertrauen. 25 % aller befragten Personen äusserten massgebliche Befürchtungen, so etwa, dass Zeugen und Angeklagte Falschaussagen machen (14 %) und Richter korrumpiert würden (8 %), Aussageverweigerungen stattfänden (6 %), Rache an Zeugen geübt würde (4 %), sowie dass es in gewissen Regionen zuwenig Zeugen gäbe (3 %).[1038] Diese Befürchtungen decken sich mit den in den Schweiz erhobenen Daten, wobei die Anteile jedoch in signifikanter Weise geringer sind.

Im Zusammenhang mit der Frage der Versöhnung gaben 69 % der befragten Personen an, die Bereitschaft eines Schuldigen, Entschädigungen zu bezahlen, sei als Zeichen des Willens zur Versöhnung zu werten.[1039] Gleichzeitig erachteten es jedoch 58% als nicht genügend, nur Kompensationen vorzunehmen (darunter 68%, die mindestens einen Angehörigen verloren haben). Für 89% des Samples kann dauerhafter Frieden nur dann möglich sein, wenn die Schuldigen ihre Verbrechen anerkennen.

d. Eine Umfrage der Nationalen Kommission für Einheit und Versöhnung (CNUR)

Im Juli und August 2002 wurde unter der Leitung der CNUR eine repräsentative Studie mit dem Titel *«Sondage d'opinion sur la participation à la Gacaca et la Réconciliation Nationale»* durchgeführt, die 4813 Haushalte in Rwanda umfasste. Deren zentrale Fragestellung war, ob die Gacaca-

1037 GASIBIREGE et BABALOLA, 2001, *op. cit.*, p. 13.
1038 GASIBIREGE et BABALOLA, 2001, *op. cit.*, p. 14.
1039 GASIBIREGE et BABALOLA, 2001, *op. cit.*, p. 15.

Gerichtsbarkeit aus Sicht der Bevölkerung zu Versöhnung beitragen und den Willen des Zusammenlebens wiederherstellen wird.[1040] Im Januar 2003 wurden die Resultate präsentiert. So liess sich feststellen, dass die meisten Überlebenden des Genozids (48 %) die Rolle von Belastungszeugen einnehmen möchten, während die restliche Bevölkerung zu 44 % (unausgesprochenerweise also Hutu) lediglich passiv an der Gacaca-Gerichtsbarkeit teilzunehmen gedenkt. Insgesamt schloss die CNUR, dass nur rund ein Viertel der Bevölkerung aktiv an den Versammlungen partizipieren möchte, was als Warnsignal registriert wurde.[1041] Angesichts der relativ niedrigen Zahl von Überlebenden des Genozids wird davon ausgegangen, dass die Inhaftierten die prominenteste Rolle innerhalb der Gacaca-Gerichtsbarkeit übernehmen dürften. Ebenso bedenklich ist die Tatsache, dass 60 % aller befragter Personen auf Falschaussagen gefasst sind, was als Zeichen massgeblichen Misstrauens gewertet werden darf.[1042] Dennoch, so ein weiteres Resultat, gehen über 92 % der Befragten davon aus, dass Gacaca zu einem stabilen sozialen Frieden beitragen wird. Im Widerspruch hierzu ist zu bemerken, dass 50 % der Überlebenden Gacaca als Form von Amnestie wahrnehmen.

e. Schlussbemerkungen

Im vorliegenden Kapitel wurden vielfältige Meinungen und Einstellungen bezüglich der Gacaca-Gerichtsbarkeit präsentiert. Zwar lassen sich die Resultate aufgrund unterschiedlicher Erhebungsmethoden und Fragestellungen nicht in direkter Weise miteinander vergleichen, es dürfen jedoch zwei vorsichtige Vermutungen geäussert werden.

Zum einen scheinen Rwanderinnen und Rwander in der Schweiz weitaus grössere Bedenken als ihre Landsleute in Rwanda hinsichtlich des Gacaca-Projekts im Allgemeinen sowie seines Erfolgs im Hinblick auf

1040 OBSERVATOIRE DE L'AFRIQUE CENTRALE, 2003: «Les tribunaux Gacaca seront-ils suffisants?, in: *Observatoire de l'Afrique Centrale*, Vol. 6/10 [http://www.obsac.com/OBSV6N10-GacacaSondage.html].

1041 Siehe dazu auch: PENAL REFORM INTERNATIONAL, 2003b, *op. cit.*, p. 18 f.

1042 OBSERVATOIRE DE L'AFRIQUE CENTRALE, 2003, *op. cit.*

Rechtsprechung, Wahrheitsfindung und Versöhnung zu haben. Dies könnte auf die Tatsache zurückzuführen sein, dass rwandische Behörden keinerlei Kritik an ihrem Vorhaben dulden, was bedeuten würde, dass die Aussagen von Personen in Rwanda massgeblichen Verzerrungen unterliegen.[1043] Während diese Möglichkeit durchaus in Betracht zu ziehen ist, sollte darüber hinaus der unterschiedliche Grad an direkter Implikation sowie unmittelbaren Angewiesenseins auf die Gacaca-Gerichtsbarkeit und ihren Erfolg Berücksichtigung finden. So waren es Menschen in Rwanda, die aus ihren Reihen integre Richter ins Amt gewählt haben, und sie werden diejenigen sein, die sich einmal wöchentlich versammeln können, um ihren Beitrag zu Justiz, Wahrheitsfindung und Versöhnung zu leisten.

Die zweite Vermutung bezieht sich auf die Feststellung, dass selbst Menschen in Rwanda nicht frei von Bedenken hinsichtlich der Durchführbarkeit des Gacaca-Projekts sind. In ganz entscheidendem Masse wird dessen Erfolg von der gutwilligen Partizipation der unterschiedlichsten Akteure an den Verfahren abhängen. Parteiische oder einseitige Rechtsprechung, Aussageverweigerungen in einem Klima der Unsicherheit, Falschaussagen oder Freilassungen mangels Belastungszeugen bergen zweifelsohne Risiken in sich, die den mit der Gacaca-Gerichtsbarkeit verbundenen Zielen massgeblich entgegenwirken können.

Einer umfassenden kritischen Würdigung der Gacaca-Gerichtsbarkeit soll denn auch das nachfolgende Kapitel gewidmet sein.

1043 Klaas De Jonge, welcher in Rwanda für *Penal Reform International* arbeitet, wies indes auch einer persönlichen Mitteilung auf die weitestgehend fehlende Kritik an der Gacaca-Gerichtsbarkeit durch die Bevölkerung hin, da die Gerichtsbarkeit Bestandteil eines Regierungsprogramms ist.

7. Kritische Würdigung: Chancen und Risiken der Gacaca-Gerichtsbarkeit

> ...we must be careful not to romanticise and take for granted that a monograph written on traditional conflict resolution techniques within a particular group necessarily means that it actually exists and operates effectively within that group's present day to day reality.[1044]
>
> Ciru Mwaura

a. Einleitende Bemerkungen

Nachdem die Funktionsweise und Organisationsstruktur der Gacaca-Gerichtsbarkeit sowie Resultate von empirischen Untersuchungen vorgestellt wurden, soll auf der Grundlage gewonnener Erkenntnisse eine zusammenfassende Würdigung vorgenommen werden. Zunächst gilt es, drei soziologisch relevante Aspekte näher zu betrachten, nämlich der gemeinschaftliche und partizipative Charakter, der Bezug zu Werten und Traditionen sowie die kontextuelle Eingebundenheit der postgenozidären Gacacas. Daran anschliessend werden diese Überlegungen in den Rahmen transitionaler Justiz eingebettet, welche Fragen der Qualität von Justiz und Wahrheitsfindung sowie den möglichen Beitrag zum Versöhnungsprozess fokussieren.

b. Eine partizipative, gemeinschaftsorientierte Justiz

In ihrer Konzeptualisierung stellt die Gacaca-Gerichtsbarkeit ein einzigartiges Experiment dar, in welchem der Staat einer gesamten Bevölkerung, vor deren Augen die Verbrechen begangen wurden, die Verantwortung für die öffentlich stattfindende Rechtsprechung übertragen hat. Wie jede

1044 MWAURA, Ciru, 1999: «Traditional Conflict Prevention: Prospects for Integration». Draft Paper presented at the *All-Africa Conference on African Principles of Conflict Resolution and Reconciliation*, United Nations Conference Centre, Addis Ababa, November 8–12, 1999.

Rwanderin und jeder Rwander in irgendeiner Form durch den Genozid betroffen wurde, ist nun auch jede Rwanderin und jeder Rwander in irgendeiner Weise und Funktion in den Prozess der Konfliktbewältigung involviert, weshalb das Experiment den Charakter einer gemeinschaftlichen Aufgabe aufweist.

Besondere Bedeutung erhält die Gerichtstätigkeit in den administrativen Zellen des Landes. Hier finden unter Einbezug der gesamten Bevölkerung die Prozessvorbereitungen statt, werden Listen über Opfer, Täter und Schäden erstellt sowie Kategorisierungen von Angeklagten vorgenommen. Hier ist es denn auch, wo alle erwachsenen Mitglieder der Zelle die Generalversammlung bilden. Doch auch auf den übrigen administrativen Ebenen kommt der Generalversammlung herausragende Bedeutung zu, und zwar dann, wenn die Bevölkerung dazu aufgefordert wird zu sagen, was sie über einen betreffenden Angeklagten weiss.

Die Mobilisierung der Bevölkerung gibt jeder Person die Möglichkeit, durch ihre eigene Partizipation an sichtbaren Resultaten beizutragen.[1045] Die Staatsführung geht davon aus, dass die geteilte Erfahrung sowie das gemeinsam verfolgte Ziel der Justiz und Versöhnung zur nationalen Einheit beitragen können. Ferner soll die Gacaca-Gerichtsbarkeit basisdemokratische Züge aufweisen, die jede Person, unabhängig ihrer sozialen Schicht, ihres Bildungsstandes, ihres Geschlechts sowie ihrer ethnischen Zugehörigkeit dazu bemächtigt, am stattfindenden Dialog zu partizipieren.[1046]

Von diesem gemeinschaftlichen Prozess sind die Inhaftierten nicht ausgeschlossen. Vielmehr übernehmen sie im Verfahren der Absprache über Schuldigerklärung eine zentrale Rolle, in dessen Rahmen sie für die Aufdeckung von Tatsachen sowie für eine Entschuldigung zuhanden der Öffentlichkeit mit einer beachtlichen Strafreduktion belohnt werden. Sie sind gleichsam Partei eines sozialen Paktes reziproken Charakters, der zumindest

1045 Vgl. auch: FULLERTON, Patrick, 2003: «Trying Genocide Through Gacaca». Vancouver: *Liu Institute for Global Issues.* Unpublished Paper [http://www.gjp.ubc.ca/_media/srch/030613genocide_through_gacaca.pdf].

1046 Vgl. PRENDERGAST, John and David SMOCK, 1999: «Postgenocide Reconstruction: Building Peace in Rwanda and Burundi». *US Institute of Peace*, Washington, D.C., September 1999, keine Seitenangaben [http://www.usip.org/pubs/specialreports/sr990915.html].

in Teilen über ihre Zukunft entscheidet. In noch ausgeprägterer Weise manifestiert sich der Gemeinschaftsgedanke im Konzept gemeinnütziger Arbeit, dessen Ziele vielfältiger Art sind. Einerseits soll die Arbeitsleistung zur Wiederherstellung des sozialen Gefüges sowie zum Versöhnungsprozess beitragen. Andererseits soll diese soziale Vereinbarung über Leistung und Gegenleistung die Angeklagten dazu motivieren, sich ihrer Tat zu bekennen, wodurch die Haftanstalten massgeblich entlastet werden. Wie bereits gesehen, zieht ein derart grosser Anteil junger Männer in Haft verheerende Folgen für die wirtschaftliche Entwicklung des Landes nach sich.[1047] Auf diese Weise werden nicht nur das staatliche Budget und dasjenige der unmittelbaren Angehörigen von Haftinsassen entlastet, auch die menschliche Produktionskraft der Verurteilten wird direkt in den Wiederaufbau des Landes investiert, während sie selber von sozialer Reintegration und Rehabilitation profitieren und zu ihren Familien zurückkehren können.[1048] Der damalige Vizepräsident Kagame äusserte sich hierzu folgendermassen: «With regard to justice, we have to forge ahead, separate the cases of direct perpetrators of genocide from all the others. For the latter, we have to be innovative: they contribute to the reconstruction of the country, repair roads, construct houses for the survivors, cultivate their own fields. Heavy labour could also be a punishment».[1049]

Wie bestechend dieses gemeinschaftliche Argument auch erscheinen mag, so birgt die Zugrundelegung auf ein Konzept der Gemeinschaft sowohl massgebliche Schwächen wie auch Gefahren in sich, die nachfolgend erläutert werden sollen.

Zunächst stellt sich die Frage, von welcher Gemeinschaft hier die Rede sein könnte. Die rwandische Gesellschaft ist aufgrund der zutiefst erschütternden Erfahrung des Völkermordes, jedoch auch aufgrund seiner bereits jahrzehntelangen Geschichte der Unterdrückung und Gewalt,

1047 GAHIMA, 2002, *op. cit.*

1048 PENAL REFORM INTERNATIONAL, 2001, *op. cit.*, p. 9 f.

1049 Auszug aus: «Les Belges sont les bienvenus au Rwanda», Interview with vice-president Kagame by Colette Braeckman, *Le Soir*, 20 January 1998, zit. in: VANDEGINSTE, Stef, 1998: «A Truth and Reconciliation Approach to the Genocide and Crimes against Humanity in Rwanda». *Réseau Documentaire International sur la Région des Grands Lacs Africains*, Genève, p. 20 (translated by the author) [http://129.194.252.80/catfiles/0978.pdf].

eine entlang von Hutu und Tutsi geteilte Nation. Ungeachtet des unbezweifelbar konstruierten Charakters dieser sozialen Gruppen wurden sie nicht zuletzt durch den Genozid eine Realität, welche noch heute das tägliche Leben in Rwanda in entscheidender Weise prägt. Eine der Gefahren besteht nun darin, das dem Versöhnungsprozess inhärente Ziel, nämlich das Gefühl von Einheit und solidarischer Zusammengehörigkeit, vorwegzunehmen und stattdessen als Bedingung für die Bewältigung der Vergangenheit bereits vorauszusetzen.

Ferner birgt auch das Konzept der gemeinnützigen Arbeit als Bestandteil der Strafe die Gefahr, von den betroffenen Personen, worunter es sich in der Hauptsache um Hutu handelt, in seinen Absichten falsch verstanden zu werden. Wie bereits in den historischen Ausführungen gesehen, wurde das Patron-Klient-Modell nach der nationalen Unabhängigkeit als das eigentliche Symbol für die Unterdrückung der Hutu-Bauern durch die Tutsi-Herren permutiert und in einen propagandistischen Diskurs über Zwangsarbeit umformuliert. Das nun an und für sich restaurative Ziele verfolgende Konzept der «Arbeit als Strafe» könnte durch die heutige Generation von Hutu als eine vermeintliche Fortsetzung der Unterdrückung der Tutsi missinterpretiert werden und in gefährlicher Weise das Misstrauen gegenüber der Regierung vergrössern.

Im Allgemeinen kann beobachtet werden, dass die aktuelle Regierung nicht selten auf staatlich angeordnete Partizipation zurückgreift. Darunter fällt auch die Politik der Verdörferung, in deren Rahmen Menschen unter Androhung oder Anwendung von Zwang an- sowie umgesiedelt wurden. In vergleichbarer Weise haftet dem Gemeinschaftsprojekt Gacaca – so begrüssenswert seine Ziele auch seien – der Hauch von angeordneter Volksmobilisierung an, in deren Rahmen den Bürgern primär Pflichten auferlegt werden. So berichtet Crawford im Zusammenhang mit der Wahl von Gacaca-Richtern davon, wie sie bereits kurz nach sechs Uhr morgens durch einen Wagen mit Lautsprechern geweckt wurde, der durch die Strassen fuhr und folgendes verkündete: «Rwandans wake up, it's time to fulfil your civic duty».[1050] *Penal Reform International* stellte selbst im Kontext der Pilot-Gacacas fest, dass die Bevölkerung einiger Zellen durch lokale Beamte zur Teilnahme gezwungen oder ihnen Bussen im Falle von

1050 «Hopes and Fears as Rwanda launches Participative Justice». *Hirondelle News*, Kigali, 11 October 2001.

Abwesenheit angedroht wurden.[1051] Es erscheint von zwingender Notwendigkeit, dass der Wille, eine gemeinsame Zukunft aufzubauen, zunächst in den Herzen der Rwanderinnen und Rwander wächst. Versöhnung kann nicht angeordnet werden und bedarf als eine ihrer zentralsten Grundlagen Vertrauen in sich selbst, in die soziale Umgebung und in das System.

Eine weitere Gefahr, die der Gemeinschaftsdiskurs in sich birgt, ist auf den gesellschaftlichen Wandel im Allgemeinen sowie auf den Bevölkerungswandel im Besonderen zurückzuführen.[1052] Die gesellschaftliche Differenzierung wurde von zunehmender räumlicher Mobilität, Verstädterung, Individualisierung und Anonymität begleitet.[1053] Die Problematik besteht nun darin, dass in einer modernen Gesellschaft ein Modell der Konfliktlösung anzuwenden versucht wird, welches auf Prinzipien der früheren segmentären Gesellschaft beruht. Daneben haben jedoch auch durch den Genozid bedingte, markante Bevölkerungsverschiebungen stattgefunden, welche die Zusammensetzung, den Zusammenhalt sowie die Familiarität lokaler Gemeinschaften in zusätzlicher Weise beeinflusst haben.[1054] Die Tatsache, dass Rwanda heute beinahe gleich viele Bewohnerinnen und Bewohner zählt wie vor 1994, sollte nicht darüber hinweg täuschen, dass es sich aufgrund von Remigration zu einem grossen Teil nicht mehr um die gleichen Menschen handelt – ein Punkt, der weitreichende Folgen für die Durchführung von Gacaca-Gerichten zeitigt.[1055] So bemerkt Uvin:

1051 «Les gacacas, un an après», *Fondation Hirondelle*, 11 juin 2003.
1052 FULLERTON, 2003, *op. cit.*, p. 1.
1053 Vgl. JOERGENSEN, 2001, *op. cit.*, p. 403.
1054 DRUMBL, 2002, *op. cit.*, Fussnote 45.
1055 DALY, 2002, *op. cit.*, p. 355. Gourevitch liefert folgenden Einblick in die Bildung unzähliger Subgruppen der rwandischen Gesellschaft: «...und Ruanda galt von innen wie von aussen gesehen gewöhnlich immer noch als eine bipolare Welt aus Hutu und Tutsi. Aber direkt unter der Oberfläche befand sich ein verwickeltes Geflecht von Unterkategorien. Es gab Hutu mit einer guten Geschichte und verdächtige Hutu, Hutu im Exil und vertriebene Hutu, Hutu, die mit der RPF zusammenarbeiten wollten, und Anti-Hutu-Power-Hutu, die zugleich aber auch Anti-RPF waren, und natürlich gab es ausserdem noch all die alten Spannungen zwischen den Hutu des Nordens und denen des Südens. Was die Tutsi anging, gab es die verschiedenen Exil-Hintergründe und -Sprachen sowie Überlebende und Rückkehrer, die sich gegenseitig misstrauisch be-

With as many people as 800'000 killed during the genocide, a few hundreds of thousands still abroad or killed in the Congo after 1994, 130'000 imprisoned, 700'000 returned to the country after decades abroad (the ‹old caseload refugees›) and 2'000'000 or so who first fled the country and then returned (but did not all return to their place of origin), there may be considerable doubt as to the exact composition of the community.[1056]

Auf diese Weise stellt Rwanda nicht nur eine Gesellschaft dar, in welcher die soziale Kohäsion aufgrund der Gewalterfahrungen massiv beeinträchtigt wurde und die durch Misstrauen geprägt ist, es ist auch eine Gesellschaft, in welcher sich eine Vielzahl von Menschen neu etabliert hat. So besteht beispielsweise die Bevölkerung der Provinz Umutara zur Hälfte aus «Rückkehrern von 1959».[1057] Gourevitch hält in diesem Zusammenhang fest: «1996 waren angeblich über 70 Prozent der Menschen in Kigali und Butare und in einigen ländlichen Gebieten Ostruandas Neuankömmlinge. Menschen – Tutsi wie Hutu –, die das Land niemals verlassen hatten, fühlten sich häufig in ihren eigenen Heimatorten fehl am Platze».[1058] Scharf geht davon aus, dass seit 1994 mehr als die Hälfte der Bevölkerung aufgrund der Massaker und Flüchtlingsbewegungen nicht mehr an ihrem ursprünglichen Ort lebt.[1059] Diese Tatsache entzieht der Gacaca-Gerichtsbarkeit einen ihrer wichtigsten Grundpfeiler. So ist es zwar richtig, dass die Verbrechen des Völkermordes in aller Öffentlichkeit begangen wur-

---

äugten; es gab RPF-Tutsi, Nicht-RPF-Tutsi und Anti-RPF-Tutsi; es gab Stadtbewohner und Viehzüchter, deren Interessen als Überlebende wie als Rückkehrer fast nichts miteinander gemein hatten. Und natürlich existierten noch viele weitere Unterkategorien, die sich mit den anderen überschnitten und jederzeit wichtiger werden konnten. Es gab Clans und Familien, reich und arm, Katholiken, Moslems und Protestanten der verschiedensten Glaubensrichtungen, und dazu eine Reihe eher privater Animismen wie auch die normalen sozialen Cliquen und Bindungen, darunter Männer und Frauen, die sich förmlich in die Ehe stürzten, jetzt, da der Krieg vorüber war und auch die RPF das Heiraten erlaubte, und jetzt, da so viele jede andere Form von Familie verloren hatten. Es machte einen schwindlig. Selbst Ruander behaupteten, sie blickten nicht mehr durch». GOUREVITCH, 1999, *op. cit.*, p. 277.

1056 UVIN, 2000, *op. cit.*, p. 10.

1057 PENAL REFORM INTERNATIONAL, 2003b, *op. cit.*, p. 19.

1058 GOUREVITCH, 1999, *op. cit.*, p. 277.

1059 SCHARF, 1999, *op. cit.*, p. 629.

den, nur lebt eine Vielzahl jener Menschen, die Aussagen über einen Angeklagten und seine Taten machen könnten, mittlerweile nicht mehr am betreffenden Ort. Während des Genozids wurden gesamte Familien ausgelöscht. Es gibt Orte in Rwanda, wo schlichtweg keine Zeugen der Verbrechen mehr existieren. Damit werden die höchst aufwendigen Bemühungen, im Rahmen eines landesweiten Projekts die Inhaftierten an den Ort ihrer vermeintlichen Taten zu bringen, zunichte gemacht, wenn dort niemand etwas über sie zu sagen weiss. Es besteht die Gefahr, dass die Schuldigen mangels Beweisen auf freien Fuss gesetzt und niemals zur Verantwortung gezogen werden.

Ausserdem hat die rwandische Regierung selber durch das Projekt der Verdörferung massgeblich zur Erosion traditioneller Lebensformen beigetragen. In künstlicher Weise wurden rückkehrende Flüchtlinge in neu geschaffenen Dörfern – teilweise unter Anwendung von Zwang – angesiedelt, sodass Daly zum berechtigten Schluss gelangt:

> The unwillingness of people to live in the village and presumably to participate in village life means that people have no historical connection to one another; thus, their desire to work together to create a cohesive community is diminished. The fragility of the villages is an additional obstacle in the path of gacaca's success. [...] [T]he process of villagization threatens those values by eliminating the traditions associated with farm life outside of villages. Rwandans understandably may be sceptical of the government's efforts to restore traditions while destroying a traditional way of life.[1060]

Zusammenfassend lässt sich aufgrund genannter Gründe sagen, dass die basierend auf der Gemeinschaft konzipierten Gacacas anachronistisch sind, weil der eine segmentäre Gesellschaft prägende soziale Zusammenhalt nicht mehr existiert.[1061] Daly bemerkt hierzu: «[I]n many places throughout Rwanda, there may be no such thing as community».[1062] Eine nicht zuletzt auf dem Prinzip der Scham operierende Institution setzt soziale Bedingungen wie soziale Interdependenz voraus.[1063] Sie setzt eine *face-to-face* Gemeinschaft voraus, in welcher die Mitglieder einander bekannt sind

1060 DALY, 2002, *op. cit.*, p. 379.
1061 DRUMBL, 2002, *op. cit.*, Fussnote 45.
1062 DALY, 2002, *op. cit.*, p. 380.
1063 BRAITHWAITE, 1989, *op. cit.*, pp. 84–97.

und Moral operieren kann. Nur in diesem Fall darf davon ausgegangen werden, dass durch Verwandte und Bekannte auferlegte Sanktionen mehr Wirkung zeigen, als wenn eine kulturell wie auch räumlich distanzierte legale Autorität über Schuld und Unschuld bestimmt.[1064]

c. Eine in Werten und Traditionen verankerte Justiz

Der hier diskutierte Rückgriff auf eine traditionale Institution der Konfliktschlichtung erscheint – so die Vermutung – in erster Linie als programmatisch und steht in engem Zusammenhang mit zuvor erläutertem Aspekt. Im Kontext der heute zutiefst erschütterten rwandischen Gesellschaft ist das traditionale Gacaca Sinnbild einer intakten Gemeinschaft, in welcher Hutu und Tutsi in gegenseitigem Respekt sowie in Harmonie zusammenleben, Werte und Normen grösste Bedeutung haben und zu Stabilität sowie sozialem Zusammenhalt beitragen. Die betreffenden Werte, welche mit dem traditionalen Gacaca in Verbindung gebracht werden, sind der Respekt für ältere Gemeinschaftsmitglieder, welchen Weisheit nachgesagt wird und die als Repräsentanten des Normensystems gelten, die Beachtung von moralischen Prinzipien sowie das Vermeiden von Gewalt. In einer segmentären Gemeinschaft überblickbarer Grösse, in welcher jedes Mitglied das andere kennt und gemeinschaftsinterne Vertrauensbeziehungen überlebenswichtig sind, kann Moral zweifelsohne greifen. Ebenso richtig ist es aber, dass die heutige rwandische Gesellschaft nicht zuletzt auch einen ausgeprägten Wertewandel erfahren hat, der durch die Gewalterfahrung akzentuiert wurde. Die Modernisierung führte zu Urbanisierung, zunehmender Individualisierung und Werterosion, die Gewalterfahrung ihrerseits zu einer empfindlichen Beeinträchtigung des sozialen Gefüges. Da die Wertstruktur, auf welcher die Idee von Gacacas beruht, in dieser Form nicht mehr existiert, wirken die Grundzüge der modernen Gacaca-Gerichtsbarkeit als anachronistisch.[1065] Kommt hinzu, dass die heutige Generation die genuine Form von Gacacas möglicherweise nur vom Hören und Sagen her kennt, in viel bedeutenderem Masse aber eine Generation darstellt, welche nie Friedenszeiten gekannt hat.

1064 DRUMBL, 2000, *op. cit.*, p. 1259.
1065 REYNTJENS and VANDEGINSTE, 2001, *op. cit.*, p. 130.

Angenommen, der Rückgriff auf traditionale Gacacas würde die Bevölkerung trotz oben stehender Ausführungen mit Stolz erfüllen und ihr einen Sinn für Geschichte verleihen. In diesem Falle könnte das Projekt durch den Verweis auf Werte und Normen einen Sinn für Einheit propagieren. Im Zusammenhang einer ethnisch geteilten Gesellschaft jedoch stellt sich immer auch die Frage, wessen Tradition hier gemeint ist. Erinnern die Gacacas an die Tutsi-Monarchie, können nur allzu leicht Gewaltstrukturen wieder aufbrechen und das Projekt zum Scheitern verurteilen.

d. Eine in den lokalen Kontext eingebettete Justiz

Die Gacaca-Gerichtsbarkeit ist zweifelsohne eine lokale Justiz, die an die Eigenheiten des Kontextes angepasst ist. So wurde die Rechtsprechung aus dem sterilen Gerichtssaal ausgelagert, der angesichts beschränkter Transportmittel von den wenigsten Rwanderinnen und Rwandern aufgesucht werden kann, und auf unkonventionelle Weise auf die Dorfplätze gebracht, wo sie im Gegensatz zur Rechtsprechung des ICTR oder auch ordentlicher Gerichte Rwandas sichtbar ist. Bezogen auf die Frage des Kontextes bemerkt Alvarez: «[N]ational reconciliation is encouraged to the extent criminal prosecutions constitute and promote a continouus and shared social drama among all those affected. Such shared experiences are best promoted through proximity to where the crimes where committed».[1066] Es darf vermutet werden, dass sich Zeugen der Gewalt in diesem vertrauteren Kontext eher dazu befähigt fühlen werden, Aussagen zu machen, als wenn sie sich im Gerichtssaal befänden. Zudem werden die Verhandlungen in der Lokalsprache Kinyarwanda geführt, während die Gerichtssprache an den ordentlichen Tribunalen Französisch ist, eine Sprache, die weniger als ein Fünftel der Bevölkerung fliessend beherrscht.[1067] Hierzu muss allerdings bemerkt werden, dass der lokale Charakter in ganz besonderem Masse auf die Zellen-Gacacas zutrifft. Fälle von Angeklagten der Kategorie 2, welche voraussichtlich rund 80% aller Angeklagten ausmachen, werden nicht am Ort des Geschehens behandelt, sondern im Hauptort des Distrikts. Das gleiche gilt indes auch für Angeklagte der Kategorie 1.

1066 ALVAREZ, 1999, *op. cit.*, p. 473, [*interne Fussnoten weggelassen*].
1067 Vgl. hierzu: GASIBIREGE et BABALOLA, 2001, *op. cit.*, p. 3.

Die Einbettung der Gacaca-Gerichtsbarkeit in den lokalen Kontext ist unbestreitbar und liefert – im Gegensatz zu beiden zuvor diskutierten Aspekten – keinen Anlass zu Bedenken. Vielmehr wird dadurch verhindert, was Drumbl als «Externalisierung der Justiz» bezeichnet.[1068] Dabei sind die methodologische Externalisierung, die auf Eigenheiten klassisch retributiver Strafverfahren Bezug nimmt, die physische Externalisierung sowie die kulturelle Externalisierung der Justiz aufgrund der Tatsache, dass ein professioneller Richterstand mit der Rechtsprechung betraut ist, zu unterscheiden. Es konnte festgestellt werden, dass insbesondere die Rechtsprechung des ICTR, jedoch auch der klassischen Gerichte in Rwanda, für die betroffene Bevölkerung derart kulturell wie auch im Falle ersterer geographisch distanziert ist, dass nur bedingte Identifikation stattfindet und den Urteilen geringere Bedeutung zugemessen wird. Die dreifache Externalisierung der Justiz führt gar zu ausgeprägtem Desinteresse, zu Apathie wie auch zu fehlenden Kenntnissen der betreffenden Bevölkerung.[1069] Dem vermag die Einbettung der Gacaca-Gerichte in den lokalen rwandischen Kontext entgegenzuwirken. Sie sind für die Bevölkerung zugänglich und operieren in einer verständlichen Sprache, während die zentralen Rollen im Rahmen der Rechtsprechung durch Laien aus der unmittelbaren Umgebung eingenommen werden. In Erweiterung des Referenzrahmens ist schliesslich auch darauf hinzuweisen, dass die Gacaca-Gerichtsbarkeit eine eigene rwandische Lösung zu einem rwandischen Problem darstellt, was deren Legitimität innerhalb der Bevölkerung verstärken könnte.[1070] Zwar wurden zuerst Tribunalen westlicher Prägung den Vorzug gegeben und die Gacacas erst nach deren Scheitern aufgrund primär pragmatischer Überlegungen eingerichtet, es wird allerdings immer wieder deutlich gemacht und betont, dass Rwanda mit gewissem Stolz erfüllt ist, einen eigenen Weg beschritten zu haben.

Vorangegangene Ausführungen hatten zum Ziel, die gesellschaftliche Einbettung der Gacaca-Gerichtsbarkeit unter den Gesichtspunkten sozialer Organisation, der gesellschaftlichen Wertstruktur sowie schliesslich des

1068 DRUMBL, 2002, *op. cit.*, p. 8 f.

1069 An dieser Stelle sei Ass. Prof. Mark A. Drumbl für seinen Hinweis gedankt.

1070 Hierzu bemerkt Drumbl: «To be legitimate, law needs a local connection». DRUMBL, 2002, *op. cit.*, p. 8.

lokalen Kontextes im breiteren Sinne zu verdeutlichen. Dabei konnte zum Schluss gelangt werden, dass die Übertragung einer Rechtsinstitution mitsamt ihren zugrundeliegenden Prinzipien, welche in einer segmentären Gesellschaft ohne weitere Schwierigkeiten zu funktionieren vermochte, in einer modernen Gesellschaft als problematisch erscheint. Zum Einen haben der allgemeine soziale Wandel, zum Anderen jedoch auch der Genozid diejenigen sozialen Bedingungen in markanter Weise beeinträchtigt, welche für das Funktionieren der Gacacas unabdingbar sind. Dies betrifft gleichermassen die soziale Organisation, die nicht mehr als *face-to-face* Gemeinschaft zu verstehen ist, wie auch die unmittelbar damit verbundene Wertstruktur. Es ist fraglich, ob der Vorzug der Einbettung in den lokalen Kontext diese fundamentalen Unzulänglichkeiten aufzuheben vermag.

e. Gacaca im Lichte transitionaler Justiz

Nachdem drei Grundpfeiler der Gacaca-Gerichtsbarkeit – Partizipation der Gemeinschaft, Bezug zur Werten und Traditionen sowie Angepasstheit an den lokalen Kontext – erläutert worden sind, soll in den nachfolgenden Ausführungen durch die Wiederaufnahme des Konzeptes transitionaler Justiz der Diskussionskontext erweitert werden. Es gilt zunächst, die Gacaca-Gerichtsbarkeit entlang der drei inhärenten Ziele transitionaler Justiz, so Rechtsprechung, Reparationen und Wahrheitsfindung in genannter Reihenfolge kritisch zu betrachten. Die Frage, inwiefern die Gacaca-Gerichtsbarkeit den Versöhnungsprozess voranzutreiben vermag, ist Gegenstand des darauffolgenden Kapitels.

(i) Der Beitrag zur Justiz

Unbezweifelbar ist, dass die rwandische Staatsführung im Gegensatz etwa zum Beispiel Spaniens die Etablierung individueller Verantwortlichkeit im Rahmen von Strafjustizverfahren anstrebt. Justiz soll nach Jahren des Wartens sowohl für Opfer des Genozids wie auch für die Angeklagten stattfinden. Die besondere Lage des sich in einer politischen Übergangszeit befindlichen Rwandas führte jedoch zur Notwendigkeit, massgebliche Kompromisse einzugehen und für ein selektives, zentrale restaurative Elemente beinhaltendes Verfolgungsmodell zu optieren. So hat die Erfahrung gezeigt, dass klassische Strafverfahren im Rahmen eines professionellen Justizapparates angesichts der hohen Anzahl Angeklagter nicht zu bewerkstelligen sind. Aus diesem Grund musste auf Professionalität verzichtet werden. Gleichzeitig erschien es als unabdingbar, die mit Haftanstalten verbundenen Kosten zu senken, weshalb Möglichkeiten der Strafreduzierung sowie alternativer Strafen umgesetzt werden sollten. Gerade jedoch die situationsbedingte Abkehr von streng formaler Strafjustiz wurde im Rahmen des Regierungsdiskurses als andernfalls nicht wahrnehmbare Chance präsentiert, Rechtsprechung durch den Rückgriff auf eine lokale Rechtstradition mit Wahrheitsfindung, Reparation und Versöhnung zu verbinden.

In nachfolgenden Ausführungen gilt es in kritischer Weise der Frage nachzugehen, welche Qualität der durch Gacaca-Gerichte ermöglichten Justiz angesichts der Konzipierung der Institution, gesellschaftlicher Grundbedingungen und bisheriger Erfahrungen erwartet werden darf.

1. Das Recht auf ein faires Verfahren

Dieser erste Punkt, so selbstverständlich er im Zusammenhang mit einer Rechtsinstitution auch erscheinen mag, ist gleichzeitig mit der heftigsten Kritik an der Gacaca-Gerichtsbarkeit verbunden. So wird bemängelt, diese würde mitunter die Rechte des Angeklagten nicht in vollumfassender Weise respektieren.

Eine funktionierende Rechtsordnung sollte seine Grundlage in den vier obersten Rechtsprinzipien der Unabhängigkeit, Objektivität, Unparteilichkeit und Gleichheit besitzen.[1071] Im Kontext der Strafjustiz widerspiegeln sich die vier genannten Prinzipien im *Gebot des fairen Verfahrens*, das in zahlreichen internationalen Konventionen wie etwa im Art. 14 ICCPR oder Art. 7 der Afrikanischen Charta für Menschenrechte kodifiziert ist und als Bestandteil der Verträge von Arusha in die Verfassung Rwandas aufgenommen wurde. Wesentliches Kriterium des Gebots fairen Verfahrens ist die Waffengleichheit der Parteien, welche besagt, dass beide an einem Gerichtsverfahren beteiligten Parteien in verfahrensrechtlicher Hinsicht dieselbe Position haben und in gleicher Weise am Verfahren beteiligt

1071 DEBIEL, 2002, *op. cit.*, p. 39 f.

sind. Daraus lassen sich folgende Rechte des Angeklagten in einem Strafprozessverfahren ableiten:[1072]

a) Das Recht auf Verteidigung;
b) Das Recht auf Unschuldsvermutung;
c) Das Recht auf eine faire und öffentliche Anhörung vor einem kompetenten, unabhängigen und unparteiischen Gericht;
d) Das Recht auf Rechtsmittel.

In Orientierung an diesen international anerkannten Rechtsstandards soll nachfolgend die Gacaca-Gerichtsbarkeit kritisch beleuchtet werden.

a. Das Recht auf Verteidigung

In ausgeprägtester Weise widerspiegelt sich die Waffengleichheit im Recht auf Verteidigung, wie es in Art. 14 Abs. 3 lit. d ICCPR festgehalten ist.[1073] Im Gacaca-Gesetz ist allerdings keine Rede von Strafverteidigung,[1074] während auf der Gegenseite Anklageakten eine wesentliche Grundlage der Gerichtsarbeit darstellen. Auf die heftige Kritik von *Amnesty International* hin gab die Regierung Rwandas zu bedenken, dass das Recht auf Verteidigung nach freier Wahl aus dem zugrundeliegenden Genozid-Gesetz 8/96 abzuleiten sei, die unentgeltliche Zuweisung einer Pflichtverteidigung jedoch nicht gewährleistet werden könne.[1075] Während dieses Problem bereits im Zusammenhang mit den ordentlichen Tribunalen Rwandas eingehend diskutiert worden ist, so erscheint dessen Ursache – der Mangel an qualifizierten Rechtsvertretern – im Kontext der Gacaca-Gerichtsbarkeit als noch akzentuierter. Denn, so wie die rwandische Regierung zu bedenken

1072 TULLY, 2003, *op. cit.*, p. 401 f.

1073 Art. 14 Abs. 3 lit. d ICCPR: «Er hat das Recht, bei der Verhandlung anwesend zu sein und sich selbst zu verteidigen oder durch einen Verteidiger seiner Wahl verteidigen zu lassen: falls er keinen Verteidiger hat, ist er über das Recht, einen Verteidiger in Anspruch zu nehmen, zu unterrichten; fehlen ihm die Mittel zur Bezahlung eines Verteidigers, so ist ihm ein Verteidiger unentgeltlich zu bestellen, wenn dies im Interesse der Rechtspflege erforderlich ist;» Aus: RANDELZHOFER, 1998, *op. cit.*, p. 180.

1074 Dies wird in Berichten nicht selten sowie fälschlicherweise als *grundsätzlich* fehlende Möglichkeit der Rechtsverteidigung interpretiert.

1075 REPUBLIC OF RWANDA, 2000, *op. cit.*, p. 23.

gibt: «It is difficult to see how one could conceivably raise enough lawyers to appear in 10'000 jurisdictions across the country when we are today unable to provide legal representation for all in only 12 courts operating from the seat of the prefectures».[1076] Trotz der Unterstützung durch *Avocats sans Frontières* verfügt Rwanda schlichtweg über zuwenig professionelle Rechtsverteidiger.[1077] Selbst das Hinzuziehen ausländischer Anwälte würde das Problem nicht zu lösen vermögen, werden doch die Gacaca-Verhandlungen in Kinyarwanda gehalten, sodass auch eine Simultanübersetzung mit enormen Schwierigkeiten verbunden wäre.

Zu erwarten ist hiernach ein ähnliches Bild, wie es sich an ordentlichen Tribunalen in Rwanda präsentierte: Die Angeklagten werden ihre Verteidigung selber übernehmen müssen. Angesichts des relativ hohen Anteils an Personen mit keiner oder nur geringer schulischer Bildung dürften ihre Kenntnisse bezüglich Rechten und Möglichkeiten in einem Strafverfahren in bedenklicher Weise eingeschränkt sein.

Dem entgegenzuhalten ist die Eigenheit von Gacaca-Gerichten, wonach sie keine klassischen Rollen wie im Strafprozess kennen. Sie bestehen aus einem Richtergremium und einer Generalversammlung, welche zugleich Aufgaben der Anklageinstanz, Belastungs- und Entlastungszeugen sowie der Verteidigung wahrnehmen kann. Aus diesem Grund wurde argumentiert, das Fehlen eines Staatsanwaltes würde das Fehlen der Rechtsverteidigung rechtfertigen.

Ebenfalls unter das Recht auf Verteidigung fallend ist die Vorbereitung ebendieser unter Gewährung des Zuganges zu Beweismitteln und Dokumenten. Art. 14 Abs. 3 lit. b ICCPR besagt, dass Partei und Gegenpartei diesbezüglich gleich zu behandeln seien.[1078] Festzuhalten ist in diesem Zusammenhang, dass die Angeklagten von der Prozessvorbereitung, mitunter ihrer Kategorisierung durch die Generalversammlung der Zellen-Gacacas, ausgeschlossen sind.

1076 REPUBLIC OF RWANDA, 2000, *op. cit.*, p. 23.

1077 Dies ist selbst heute noch der Fall, wie Klaas de Jonge von *Penal Reform International* in einer persönlichen Mitteilung zu bedenken gab.

1078 Art. 14 Abs. 3 lit. b ICCPR: «Er muss hinreichend Zeit und Gelegenheit zur Vorbereitung seiner Verteidigung und zum Verkehr mit einem Verteidiger seiner Wahl haben.» Aus: RANDELZHOFER, 1998, *op. cit.*, p. 180.

b. Das Recht auf Unschuldsvermutung

In diesem Zusammenhang wurde argumentiert, dass die Kategorisierung nach Verantwortungsgraden dieses Prinzip verletze.[1079] Diese Gefahr wird umso akuter, als Angeklagte Personen gegenüberzutreten haben, welche in den allermeisten Fällen über nur unzureichende Rechtskenntnisse verfügen.

c. Das Recht auf eine faire und öffentliche Anhörung durch ein unabhängiges und unparteiisches Gericht

Dieses in Art. 14 Abs. 1 ICCPR verankerte Recht wird aller Erwartung nach – so die Befürchtung zahlreicher NGOs – zunächst durch die Qualifikation der Laienrichterschaft kompromittiert.[1080] Selbst wenn deren Schulung inhaltlich breit angelegt ist, so ist die Dauer von sechs Wochen mit insgesamt zwölf Kurstagen angesichts der Komplexität der Materie zweifelsohne als unzureichend zu erachten. Entgegen der Tatsache, dass das Gacaca-Gesetz vielfach als leicht verständlich bezeichnet wird, so ist es dies in keiner Weise. Wir selber benötigten beachtliche Zeit, um die Grundzüge des Gesetzes auch nur annähernd verstehen zu können. Ein Anderes ist es allerdings, auf dieser Basis über Schuld und Unschuld bestimmen zu müssen sowie die Kompetenz zu besitzen, jemanden zu einer lebenslänglichen Haftstrafe verurteilen zu können. Ausserdem besteht die Gefahr, dass die Richterinnen und Richter mangels Professionalität ihr Urteil zu sehr auf die von den Behörden zugestellten Akten abstützen werden.[1081]

Dem wird entgegengehalten, dass die Gacaca-Gerichtsbarkeit nicht mit westlichen Massstäben gemessen werden darf, weil die Komponente sozialer Justiz ausgesprochen ausgeprägt ist und es um weitaus mehr geht, als lediglich Recht zu sprechen. Daly bemerkt in diesem Zusammenhang: «The limited training is not simply a pragmatic necessity, but it is reflective of the premises of gacaca – «the idea is that gacaca justice should largely be

1079 AMNESTY INTERNATIONAL, 2002c, *op. cit.*

1080 So lautet der erste Teil von Art. 14 Abs. 1 ICCPR wie folgt: «Alle Menschen sind vor Gericht gleich. Jedermann hat Anspruch darauf, dass über eine gegen ihn erhobene strafrechtliche Anklage oder seine zivilrechtlichen Ansprüche und Verpflichtungen durch ein zuständiges, unabhängiges, unparteiisches und auf Gesetz beruhendes Gericht in billiger Weise und öffentlich verhandelt wird.» Aus: RANDELZHOFER, 1998, *op. cit.*, p. 176

1081 AMNESTY INTERNATIONAL, 2002c, *op. cit.*

based on the wisdom of basic principles of social justice».[1082] Daraus folgert De Lespinay denn auch, dass im Kontext der Gacacas nicht von Juristen die Rede sein kann, sondern von «Praktikern sozialer Beziehungen».[1083] So könnten sich Laienrichter mangels «*déformation professionelle*» eher durch Intuition und Menschenkenntnis leiten lassen, was nicht zwingend als Nachteil bezeichnet werden sollte.[1084] Hierzu gibt Uvin zu bedenken: «[T]he practice of gacaca may well be able to respect key conditions of fair trial and due process, but in an original, locally appropriate form, and not in the usual western-style form».[1085] Nichtsdestotrotz ist es unabdingbar, dass Menschen, die über hohe Haftstrafen bestimmen können, zumindest die Grundprinzipien des anzuwendenden Gesetzes beherrschen.

Während die Unabhängigkeit der Richterschaft aufgrund der strikten Trennung von Judikative, Exekutive und Legislative gewährleistet zu sein scheint, bestehen Bedenken hinsichtlich ihrer Neutralität. Da es kaum jemanden in Rwanda gibt, der nicht in irgendeiner Weise durch den Genozid betroffen wurde, ist davon auszugehen, dass sich auch unter den Richtern Überlebende und Opfer des Völkermordes befinden. Selbst wenn von der Betroffenheit durch den Genozid abstrahiert würde, so führt eine der Grundideen von Gacaca, dass nämlich die unmittelbar betroffene Gemeinschaft über die Verbrechen urteilen soll, dazu, dass womöglich alle Gerichtsteilnehmenden, die Richter eingeschlossen, einander kennen. Eine objektive dritte Instanz fehlt. Alvarez bemerkt in diesem Zusammenhang mit Bezug auf Cassesse: «[I]nternational tribunals [...] are more impartial than proceedings adjudicated by judges caught up in the milieu which is the subject of the trials».[1086] Diese Überlegungen sind auf der individuellen Ebene anzusiedeln. Gleichzeitig tritt auf der Ebene sozialer Konstruktionen die Frage der Siegerjustiz auf. Der Völkermord spielte sich in erster Linie entlang der Konfliktlinie zugeschriebener ethnischer Zugehörigkeit ab. Die Siegermacht wird aufgrund des vereinfachenden Alltagsverständnisses den Tutsi zugeschrieben, so auch die Regierung, die seither an der

1082 DALY, 2002, *op. cit.*, p. 373, zitierend aus: «Les Rwandais expriment des sentiments partagés sur les ‹gacaca›». *Hirondelle News*, Kigali, 4 mai 2001.

1083 DE LESPINAY, 2000, *op. cit.*

1084 An dieser Stelle sei einer Laienrichterin im Kanton Jura für ihre wertvollen Bemerkungen gedankt.

1085 UVIN, 2000, *op. cit.*, p. 5.

1086 ALVAREZ 1999, *op. cit.*, p. 375.

Macht ist. Gerade auf Seiten der Angeklagten, die mehrheitlich aus Hutu bestehen, kann das Gefühl aufkommen, die Sieger möchten nun Rache nehmen, und zwar unabhängig davon, wie es sich tatsächlich verhält. Schon nur der Eindruck ungerechter Behandlung vermag eine reelle Bedrohung für den Prozess der Versöhnung darzustellen.

Andererseits ist einzuräumen, dass die Gefahr von Manipulation im Rechtsbereich, sei es durch Korruption oder persönliche Einstellungen, in jeder Gesellschaft vorhanden ist. Faktoren allerdings, welche diese Gefahr verstärken, sind in der Armut, fehlender sozialer und wirtschaftlicher Sicherheit, tiefem Bildungsstand der Beteiligten sowie in einer schwachen Zivilgesellschaft zu suchen. Es handelt sich also um Faktoren, welche im Falle Rwandas nicht von der Hand zu weisen sind. Ungeachtet dieser Tatsache soll jedoch zum Schluss dasjenige Argument geliefert werden, welches die Bedenken hinsichtlich der Unparteilichkeit abschwächt. So gilt es zu berücksichtigen, dass die Richtergremien an Gacaca-Gerichten aus 19 Personen bestehen, wodurch die Gefahr von Manipulationen durch Einzelne in der Rechtsprechung in entscheidender Weise verringert wird.

d. Das Recht auf Rechtsmittel

Der Rechtsmittelweg, die Möglichkeiten von Einsprache, Beschwerde und Revision umfassend, ist aufgrund der kurzen Fristen von 15 Tagen massiv eingeschränkt. Ferner ist die diesbezügliche professionelle Unterstützung durch einen Anwalt nur schwerlich zu bewerkstelligen. Die Regierung Rwandas, die sich dieser Einschränkungen bewusst ist, entgegnete der Kritik von *Amnesty International* mit dem Hinweis, die im Zusammenhang mit dem Genozid stehenden Fälle sollten so rasch als möglich abgeschlossen werden können.[1087]

Die vorangegangenen, verfahrensrechtlichen Ausführungen haben in kritischer Weise aufgezeigt, dass die Gacaca-Gerichtsbarkeit mangels Alternativen[1088] aller Voraussicht nach das die Interessen des Angeklagten wahrende sowie internationalen Normen entsprechende Gebot des fairen Verfahrens verletzen wird. Zwar ist in Art. 4 ICCPR festgehalten, dass in Notsituationen von den Standards abgewichen werden darf – und ent-

1087 REPUBLIC OF RWANDA, 2000, *op. cit.*, p. 24.

1088 Dies wurde auch durch Klaas De Jonge von *Penal Reform International* in einer persönlichen Mitteilung bestätigt.

sprechend hat die Regierung Rwandas verschiedentlich auf diesen Artikel Bezug genommen –, doch sind die Bedingungen hierzu, so die Einzigartigkeit, der vorübergehende sowie dringliche Charakter der Situation, spätestens seit 1998 für Rwanda nicht mehr gegeben.[1089] Allerdings bleibt zu bemerken, dass diese Bedingungen als ausgesprochen streng erscheinen.

2. *Materielle Überlegungen zur Rechtsprechung*

Nebst verfahrensrechtlichen Aspekten gibt die Gacaca-Gerichtsbarkeit auch hinsichtlich ihrer materiellen Kompetenz Anlass zu Bedenken. So sollen die Gerichte Verbrechen des Völkermordes, die zwischen 1. Oktober 1990 und 31. Dezember 1994 begangen wurden, behandeln. Es ist indes erwiesen, dass auch Mitglieder der RPF, bzw. der RPA im Zuge der Befreiung des Landes nicht nur Genozidäre im Rahmen von Vergeltungsakten, sondern auch gewöhnliche Zivilisten ermordet haben. Die Zahlen bewegen sich zwischen 25'000 und 45'000 Toten.[1090] Diese – im Übrigen durch die Regierung offiziell anerkannten – Verbrechen unterliegen der Richtkompetenz von Militärgerichten.

In vorliegendem Falle liegt keine notwendige Einschränkung der Rechtsprechung aufgrund Ressourcenmangels vor. Die Regierung hat vielmehr in Verteidigung ihrer Wahl auf das Argument zurückgegriffen, wonach Genozidverbrechen nicht mit Kriegsverbrechen gleichzusetzen seien. Obschon dies absolut richtig ist, stellt die Tatsache, dass die Regierung aus eigenen Reihen begangene Verbrechen der Richtkompetenz der Gacacas entzieht, die Glaubwürdigkeit von staatlich deklarierten Versöhnungsbestrebungen massgeblich in Frage.[1091] Wie bereits gesehen, scheint die

1089 Art. 4 (1) ICCPR: «Im Falle eines öffentlichen Notstandes, der das Leben der Nation bedroht und der amtlich verkündet ist, können die Vertragsstaaten Massnahmen ergreifen, die ihre Verpflichtungen aus diesem Pakt in dem Umfang, den die Lage unbedingt erfordert, ausser Kraft setzen, vorausgesetzt, dass diese Massnahmen ihren sonstigen völkerrechtlichen Verpflichtungen nicht zuwiderlaufen und keine Diskriminierung allein wegen der Rasse, der Hautfarbe, des Geschlechts, der Sprache, der Religion oder der sozialen Herkunft enthalten.» Aus: RANDELZHOFER, 1998, *op. cit.*, p. 176.

1090 DRUMBL, 2002, *op. cit.*, p. 8.

1091 Darin erkennt denn auch Daan Bronkhorst von *Amnesty International* das grösste Risiko, welches mit der Gacaca-Gerichtsbarkeit verbunden ist (persönliche Mitteilung).

rwandische Militärjustiz ein relativ undurchsichtiges Unterfangen zu sein, weshalb der Verdacht entstehen könnte, die Machtelite versuche – ähnlich den Mitgliedern einer alten Ordnung im politischen Transitionsprozess – eigene Interessen zu wahren. Allerdings existieren zu wenige Informationen über die Militärjustiz, als dass sie mit Straflosigkeit gleichgesetzt werden könnte.

Die Problematik erhält aufgrund der Hutu-Tutsi-Frage zusätzliche Schärfe. So wird die gegenwärtige Regierung im Alltagsverständnis als «Tutsi-Regierung» angesehen. Sollte nun auf Seiten von Hutu – die immerhin 85% der rwandischen Bevölkerung darstellen – der Verdacht bestärkt werden, die Regierung versuche eine klare Trennung von Opfern und Tätern entlang der ethnischen Linie zu konstruieren, könnten Gacaca-Gerichte als Mechanismus einseitiger Siegerjustiz wahrgenommen werden.[1092] Als Folge davon würden Versöhnungsbestrebungen auf negative Weise beeinträchtigt.[1093] In diesem Zusammenhang konnte De Jonge feststellen: «The feeling of a strong bias in favour of the Tutsi and against all Hutu is – as we observed during our research – quite common among the Hutu population in general».[1094] In Anerkennung dieses Risikos sowie der Tatsache, dass ein erfolgreicher Versöhnungsprozess den Anspruch von Gegenseitigkeit besitzt, erscheint es von zentraler Bedeutung, dass die Verantwortlichkeit für vergangene Verbrechen in umfassender Weise etabliert wird. So bemerkt

1092 So konnte etwa anlässlich der Pilot-Gacacas in den nördlichen Provinzen Byumba, Gisenyi und Ruhengeri festgestellt werden, dass ein massgeblicher Teil der Bevölkerung aus Protest gegen die Tatsache, dass Verbrechen der RPF nicht Gegenstand der Verfahren sind, den Versammlungen fern blieben. Aus: «Les premiers Gacacas nationaux mobilisent la population», *Fondation Hirondelle*, 10 décembre 2002. Ferner bemerkt Sarkin zur vorliegenden Problematik: «If only the events which occurred between 1990 and 1994 are examined, people would regard this as prejudicially narrow because the process would focus on the Hutu as perpetrators and fail to take into account the long history of human rights abuses in Rwanda in which both Hutus and Tutsi have been perpetrators and victims». SARKIN, 2000b, *op. cit.*, p. 120. Auch hat Klaas De Jonge von *Penal Reform International* in einer persönlichen Mitteilung nochmals die Gefahr unterstrichen, wonach die Hutubevölkerung die Gacaca-Gerichtsbarkeit aus genannten Gründen als einseitig wahrnehmen könnte.

1093 Vgl. hierzu: DEBIEL, 2002, *op. cit.*

1094 DE JONGE, 2003, *op. cit.*, p. 13.

auch Sebarenzi: «[I]n a reconciliation process all grievances must be addressed.»[1095] Es gilt, in Anlehnung an die vorangegangene Stellungnahme des Mitglieds einer rwandischen NGO, den Opfern, seien sie Hutu oder Tutsi, Gerechtigkeit widerfahren zu lassen.

3. Schuldbekenntnisse und Strafreduktionen

Wird ein Schuldbekenntnis als alle Bedingungen erfüllend anerkannt, kommt der betreffende Angeklagte in den Genuss einer Strafreduzierung um die Hälfte der vorgesehenen Haftjahre. Erklärt er sich zudem bereit, die Hälfte der verbleibenden Strafe in die Leistung gemeinnütziger Arbeit umzuwandeln, ist die Wahrscheinlichkeit angesichts bereits mehrerer abgesessener Haftjahre ausgesprochen hoch, dass der Angeklagte direkt das Gefängnis verlassen und an seinen früheren Wohnort zurückkehren kann, selbst wenn er mehrere Menschen umgebracht hat. Überlebende des Genozids, so die Vermutung, dürften diese Tatsache als ausgeprägte Ungerechtigkeit empfinden, dies umso mehr, wenn die vorgebrachte Entschuldigung jeglicher Zeichen der Reue entbehrte. In ihren Augen würde die Freilassung womöglich nicht etwa das Resultat der Erfüllung mehrerer festgelegter Bedingungen sein, sondern vielmehr als Zeichen inexistenter Justiz gewertet werden. In diesem Zusammenhang sind auch die Äusserungen von Überlebenden des Genozids in der Schweiz zu verstehen, wonach das Gacaca-Projekt einer Amnestie gleichkomme.

Ebenso besteht die Gefahr, dass im Rahmen von Schuldbekenntnissen nur unvollständige oder falsche Aussagen gemacht werden. Einerseits wurde bereits in der Pilotphase der Gacaca-Gerichtsbarkeit beobachtet, dass durch Angeklagte genannte Komplizen seltsamerweise vielfach bereits tot, ausser Landes oder in Haft waren. Andererseits werden Schuldbekenntnisse von Unschuldigen befürchtet, die das einzige Ziel verfolgen, freigelassen zu werden. In beiden Fällen würde das Justizsystem Missbräuchen ausgesetzt sein.

Die genannten restaurativen Elemente der Gacaca-Gerichtsbarkeit, welche die soziale Reintegration von Inhaftierten fördern, bergen ange-

1095 SEBARENZI, Joseph K., 2002: «Rwanda: The fundamental obstacles to reconciliation», in *GSC Quarterly*, No. 3 [http://www.ssrc.org/gsc/newsletter3/sebarenzi.htm].

sichts der Schwere gewisser Verbrechen die Gefahr, dass Retribution fordernde Genozidopfer keine stattfindende Justiz zu erkennen vermögen. Es ist denkbar, dass sie grösste Mühe haben werden mitanzusehen, wie ihre als Mörder bekannten Nachbarn ins Dorf zurückkehren.

4. Die Bedeutung von Aussagen vor Gericht

Die Beweisführung im Rahmen der Gacaca-Gerichte kann nur in ganz beschränkter Weise auf schriftliches Material abgestützt werden. Ebenso sind Recherchemöglichkeiten gering. Vielmehr stehen die mündlichen Aussagen von Zeugen und Angeklagten – wie dies denn auch beim traditionalen Vorläufer der Fall war – im Zentrum der Verfahren. Bereits im Zusammenhang mit der qualitativen Befragung in der Schweiz konnten jedoch diesbezüglich erhebliche Bedenken festgestellt werden. Abgesehen von der Frage physischer Teilnahme an den Verfahren ist denkbar, dass es für gewisse Fälle schlichtweg keine Zeugenaussagen geben wird, sei es, weil niemand mehr am Leben ist, sei es, weil die Zeugen in einem Klima mangelnder Sicherheit berechtigte Angst vor negativen Konsequenzen ihrer Aussagen haben. Schliesslich kann es auch sein, dass sich die Versammlung in konspiratives Schweigen hüllt, dem gegenüber gerade Laienrichter im Vergleich zu professionellen Richtern relativ machtlos wären. Alle genannten Fälle hätten zur Folge, dass womöglich Schuldige mangels Beweisen auf freien Fuss gesetzt würden. Andererseits besteht die Gefahr von Falschaussagen mit dem Ziele, persönliche Rechnungen zu begleichen oder an die Güter des infolgedessen Inhaftierten zu gelangen.[1096] Die Justiz hätte in genannten Szenarien hinsichtlich ihrer Aufgabe, Verantwortlichkeit zu etablieren, weitestgehend versagt.

5. Keine Entlastung der Haftanstalten

Es ist davon auszugehen, dass im Rahmen von Schulbekenntnissen nicht nur Tote, Emigrierte und bereits Inhaftierte genannt werden, sondern auch Mittäter und Gehilfen auf freiem Fuss. Ihre vermutete Zahl variiert erheblich und bewegt sich zwischen 50'000 und einer halben Million Menschen.

1096 Diese Vermutung wurde von Prof. René Lemarchand, der die Entwicklungen in der Region der Grossen Seen intensiv mitverfolgt und zahlreiche Missionen unternommen hat, in einer persönlichen Mitteilung bestätigt.

Diese stellen eine massgebliche Gefahr sowohl für Zeugen von Genozidverbrechen wie auch für Angeklagte dar, die bislang nicht die ganze Wahrheit gesagt haben. Zu bedenken gilt, dass die Genozidverbrechen in der Regel durch grössere Menschengruppen begangen wurden, wodurch die Nennung zahlreicher Komplizen möglich ist, denen in der Folge ebenfalls eine Verhaftung droht. Auf diese Weise könnte die Gacaca-Gerichtsbarkeit einen *spider effect* nach sich ziehen und dazu führen, dass die neuen Fälle prioritär behandelt und die Prozesse nicht vorangetrieben werden.[1097] So wurden etwa im Rahmen der bis Ende 2002 registrierten 32'000 Schuldbekenntnisse ungefähr 250'000 Personen belastet.[1098] Obschon nicht als Schwachstelle der Gacaca-Gerichtsbarkeit angesehen, könnte auf diese Weise eines deren Ziele, nämlich die Haftanstalten zu entlasten, kaum bewerkstelligt werden.

Werden drei Akteure in Betracht gezogen, welche ein massgebliches Interesse an der durch Gacaca-Gerichte ermöglichten Justiz haben, nämlich die Angeklagten, die Opfer des Genozids sowie die Regierung, so fällt auf, dass die Überlebenden des Genozids zumindest in dieser Hinsicht wohl auf der ganzen Linie die Verlierer darstellen werden. Während den Angeklagten zwar kein durchweg faires Verfahren garantiert werden kann, so dürfen sie doch mit grosser Wahrscheinlichkeit damit rechnen, dass sie sehr bald sowie ohne grossen Aufwand auf freien Fuss gesetzt werden. Angesichts der äusserst deplorablen Situation in Haftanstalten dürfte ferner die Aussicht, von nun an im Dienste der Gemeinschaft beispielsweise Gartenarbeiten zu verrichten, geradezu paradiesisch erscheinen. Andererseits dürfen die jahrelang zu Unrecht Inhaftierten nicht vergessen werden, deren Unschuld nun etabliert werden kann. Die Regierung ihrerseits wird weiterhin Fälle von Menschenrechtsverletzungen, welche Mitglieder aus den eigenen Reihen begangen haben, hinter den verschlossenen Türen von Militärgerichten halten können. Bleiben die Überlebenden des Genozids. Ihrem Ruf nach Retribution dürfte die auf Kompromissen beruhende Justiz der Gacaca-Gerichte nur bedingt gerecht werden. Vielmehr werden sie zeitweise beobachten können, wie gewisse Genozidverbrecher an ihren früheren Wohnort zurückkehren, während die Regierung ihrerseits das

1097 UVIN, 2000, *op. cit.*, p. 8 f.

1098 DE JONGE, 2003, *op. cit.*, p. 11. Siehe auch: PENAL REFORM INTERNATIONAL, 2003b, *op. cit.*, p. 12.

programmatische Ziel nationaler Versöhnung weiterhin verfolgen wird. Es ist zu befürchten, dass Justiz, welche durch die Opfer des Genozids als unzureichend wahrgenommen wird und nicht zu Genugtuung führt, eine fragile Grundlage für den Prozess der Versöhnung darstellt.

(ii) Der Beitrag zu Reparationen

Während die Frage reparativer Wahrheit im nachfolgenden Abschnitt behandelt werden soll, konzentrieren sich die vorliegenden Ausführungen auf die Möglichkeit von Kompensationen. Diese können sowohl durch den Staat wie auch durch den Täter selbst vorgenommen werden und präsentieren sich in Form von Zahlungen für das Erleiden eines materiellen oder immateriellen Schadens. Wie bereits gesehen wurde, scheint die rwandische Regierung gegenwärtig eine doppelte Strategie zu verfolgen, die darin besteht, dass einerseits ein Entschädigungsfonds für die Opfer des Genozids errichtet werden soll, während andererseits auch im Rahmen von Gacaca-Verhandlungen entsprechende reparative Sanktionen auferlegt werden können. Dadurch würden Opfer von Verbrechen nicht nur unmittelbar in ihrer Not entlastet werden, es würde auch eine offizielle Anerkennung ihres Status' als Opfer erfolgen. Unklar ist zu gegenwärtigem Zeitpunkt indes das Zusammenspiel des erwähnten Fonds mit anlässlich von Gacaca-Urteilen gesprochenen Kompensationsleistungen.

Dagegen erscheint es als unbestreitbar, dass die Gacaca-Gerichtsbarkeit eine unverzichtbare Hilfeleistung zur Bestimmung von Reparationsleistungen erbringt. So treiben die im Rahmen der Prozessvorbereitung erstellten Listen von Schäden vielfältigster Art die Prozeduren zur Entschädigung massgeblich voran. Allerdings dürfte die weit verbreitete Insolvenz dazu führen, dass Entschädigungsleistungen in manchen Fällen niemals erbracht werden können, zumal diesbezüglich keine rechtlichen Zwangsmittel existieren.[1099] Selbst das ausweichende Argument, die durch Schuldige geleistete Arbeit komme der Gemeinschaft zugute, vermöchte nicht dieselbe Wirkung auf die Opfer des Genozids zu erzielen.

Beachtung verdient ebenfalls eine weitere Tatsache, welche die zu Unrecht Inhaftierten anbelangt. Diese Personen – worunter auch solche zu

1099 Penal Reform International, 2003b, *op. cit.*, p. 15.

zählen sind, die seit bald zehn Jahren in Haft sind – haben aufgrund mangelnder Staatsmittel kein Anrecht auf eine Entschädigung für die ungerechtfertigte Inhaftierung. Dies stellt eine Verletzung von Art. 9 Abs. 5 ICCPR dar.[1100]

(iii) Der Beitrag zur Wahrheitsfindung

1. Allgemeine Bemerkungen

Die Vorteile der in weitesten Teilen restaurativen Wahrheitsfindung sind – wie bereits im theoretischen Teil dargelegt – äusserst vielfältig. So können Opfer nach Jahren der schmerzlichen Ungewissheit erfahren, was mit ihren Angehörigen genau geschehen ist und wo deren Gebeine liegen. Nicht zuletzt durch eine würdige Bestattung vermögen womöglich die Trauer abgeschlossen sowie die Ereignisse bewältigt zu werden. Ferner kann insbesondere bei Überlebenden eines Genozids vielfach beobachtet werden, dass sie aufgrund der Tatsache, im Gegensatz zu Angehörigen überlebt zu haben, ein zehrendes Schuldgefühl entwickelt haben. Die Begegnung mit dem Täter sowie das Erfahren von Einzelheiten der Tat stellt für solche Menschen eine Chance dar, die bislang selbst zugeschriebene Schuld auf den wirklichen Schuldigen zu übertragen. Ausserdem kann die öffentliche Anerkennung ihres Leidens sowie des Geschehens für die Opfer zu Genugtuung führen, während die Schuldigen ihrerseits durch die öffentliche Auferlegung von Scham eine symbolische Form der Bestrafung erfahren. Schliesslich verringert die Etablierung von Fakten im Allgemeinen die Glaubwürdigkeit revisionistischer Ansichten.

Postgenozidäre Gacaca-Gerichte stellen in ihrer Konzipierung eine innovative Form dar, Rechtsprechung mit Wahrheitsfindung zu kombinieren. Auf diese Weise vermag das Zusammenspiel noch zahlreicherer Elemente retributiven und restaurativen Charakters die komplexe Bewältigung des Genozids voranzutreiben. In nachfolgenden Ausführungen gilt es, Möglichkeiten der Wahrheitsfindung, die durch Opfer, durch Angeklagte sowie durch die lokale Gemeinschaft vorangetrieben wird, in kritischer Weise zu betrachten.

1100 Art. 9 Abs. 5 ICCPR lautet: «Jeder, der unrechtmässig festgenommen oder in Haft gehalten worden ist, hat einen Anspruch auf Entschädigung». Aus: RANDELZHOFER, 1998, *op. cit.*, p. 178.

2. Der diskursive Charakter von Gacaca-Gerichten

Durch die Tatsache, dass Menschen an Gacaca-Versammlungen zusammenkommen, um in ihren Worten sowie in ihrer Lokalsprache darüber zu berichten, was sie während des Genozids gesehen haben und was sie über den betreffenden Angeklagten wissen, sollen Fakten bezüglich der Ereignisse etabliert werden. Dabei kann eine soziale Dynamik entstehen, wonach eine Äusserung aus dem Plenum weitere spontane Wortmeldungen durch Anwesende nach sich zieht. Im Idealfall würde eine Straftat aus unterschiedlichsten Perspektiven heraus erhellt werden, wodurch die gesammelten Aussagen – gleich einem Flickenteppich – nach und nach zu einem weitestgehend vollständigen sowie mehrdimensionalen Bild beitragen würden. Während im Rahmen formaler Strafjustiz nur diejenigen Aspekte des Rechtsfalls interessieren, welche in rechtlicher Hinsicht relevant sind, dürften Laienrichter überdies eher dazu geneigt sein, Aussagen zuzulassen, welche nicht den strengen formalrechtlichen Kriterien entsprechen.

Während die Möglichkeit oben dargestellten Szenarios durchaus gegeben ist, bestehen unterschiedlichste Gefahren, die den überaus wichtigen Prozess des lokalen *Fact-Findings* in empfindlicher Weise negativ beeinträchtigen könnten. Der Erfolg der Gacaca-Gerichtsbarkeit hängt massgeblich von der Bereitschaft Anwesender ab, wahrheitsgemässe Aussagen zu machen. In diesem Zusammenhang existieren jedoch – abgesehen von der Grundbedingung, dass die Bevölkerung überhaupt an den Verhandlungen teilnimmt – unterschiedlichste Gründe, weshalb sie sich in Schweigen hüllen könnte. Angesichts des unbezweifelbar vorherrschenden Klimas der Unsicherheit könnten grundsätzlich zu Aussagen bereite Zeugen aus Angst vor späteren Repressalien davon absehen, ihre Kenntnisse und Beobachtungen in aller Öffentlichkeit darzulegen. Diese Möglichkeit ist umso wahrscheinlicher, als in Rwanda bislang kein effektiver Zeugenschutz existiert, sodass es bereits zur Ermordung von aussagewilligen Zeugen gekommen ist.[1101]

1101 «Les premiers Gacacas nationaux mobilisent la population», *Fondation Hirondelle*, 10 décembre 2002 (mit dem Hinweis, dass vier Zeugen in Kigali ermordet wurden). Ferner: UNITED NATIONS INTEGRATED REGIONAL INFORMATION NETWORKS (IRIN), 2003: «Rwanda: Genocide survivor group denounces killings, harassment», in: *IRIN News*, December 16, 2003. UNITED NATIONS INTEGRATED REGIONAL INFORMATION NETWORKS (IRIN), 2004: «Rwanda: Genocide survivors flee province over killings», in: *IRIN News*, January 12, 2004. Beides unter: http://www.irinnews.org.

Andererseits besteht insbesondere in Regionen mit wenigen Überlebenden des Genozids die Gefahr konspirativen Schweigens, sei es, um einen Angeklagten aus Gründen der Sympathie zu beschützen, sei es, um nicht selber durch diesen denunziert zu werden. Gegen genannte Mechanismen und Dynamiken vermögen auch Laienrichter und lokale Behörden nichts Nachhaltiges zu unternehmen. Der Rückgriff auf mannigfaltige Drohungen, wie dies während der Pilotphase der Gacaca-Gerichtsbarkeit zeitweise beobachtet werden konnte[1102], würde sich zweifelsohne als nur kontraproduktiv erweisen.

Schliesslich gilt zu bedenken, dass anlässlich der Gacaca-Verfahren Ereignisse rekonstruiert werden sollen, die mindestens zehn Jahre zurückliegen. Auch wenn keine Absichten der Tatsachenverfälschung seitens der Anwesenden bestehen, so dürfte es ein schwieriges Unterfangen darstellen, sich an entsprechende Einzelheiten zu erinnern. Dennoch ist davon auszugehen, dass zumindest die Frage, ob jemand ein Verbrechen begangen hat oder nicht, in der Erinnerung haften bleibt.

3. Bereitstellung eines öffentlichen Forums für Opfer

Den Opfern des Genozids kommt während der Verfahren eine zentrale Stellung zu, weshalb Gacaca-Gerichte nicht selten als ausgesprochen opferzentriert bezeichnet werden. So erhalten Opfer die Möglichkeit, ihrem Leiden in aller Öffentlichkeit Ausdruck zu verleihen. Sie werden nicht in eine streng formale Rolle des Zeugen gezwängt, welcher lediglich Rede und Antwort stehen muss, sondern können vielmehr – ähnlich wie im Rahmen einer Wahrheits- und Versöhnungskommission – ihre Leidensgeschichte den Teilnehmenden wie auch dem Angeklagten erzählen und ihren Gefühlen freien Lauf lassen. In dieser Hinsicht kann ferner eine beachtliche Affinität zu Opfer-Täter-Begegnungen festgestellt werden, die es dem Täter erlauben, das menschliche Ausmass seiner Tat zu erkennen. Obschon als Strafverfahren konzipiert, ermöglicht der Rahmen der Gacacas den direkten Dialog zwischen Opfern und Tätern. Nicht zuletzt aufgrund dieser Tatsache partizipieren die Opfer unmittelbar am Prozess der Wahrheitsfindung, sei es durch provozierende Fragen, sei es durch eigene Schilderungen und Aussagen.

Wahrheit hat allerdings auch ihre Kehrseite, denn wie Solange anlässlich des Gesprächs in der Schweiz zu bedenken gab: «Et après, qu'est-ce

1102 PENAL REFORM INTERNATIONAL, 2003b, *op. cit.*, p. 31.

qu'on fait avec cette vérité?» Aufgrund der Grausamkeit der Genozidverbrechen darf davon ausgegangen werden, dass der grösste Teil der Überlebenden traumatisiert ist. So weisen Pearlman und Staub selbst Jahre nach dem Genozid auf ein ausserordentlich hohes Vorkommen von Posttraumatischen Stresssymptomen (PTSD) in Rwanda hin.[1103] Die Aussagen von Angeklagten vor Gacaca-Gerichten werden zweifelsohne für diese Personen im Besonderen, im Allgemeinen jedoch auch für alle Beteiligten äusserst schmerzlich sein und in nicht seltenen Fällen zu einer Retraumatisierung führen. Aus diesem Grunde wurde von verschiedenen Seiten die Anwesenheit psychologischer Berater an jeder Gerichtsverhandlung gefordert.[1104] Diese Betreuung sollte denn auch auf Vergewaltigungsopfer zugeschnitten sein, wobei jedoch zu bezweifeln ist, dass diese in der Öffentlichkeit über die erlittenen Leiden aussagen werden.[1105] Zum gegenwärtigen Zeitpunkt ist unklar, ob und in welchem Masse psychologische Betreuung während und nach Gacaca-Verhandlungen gewährleistet werden kann, zumal Rwanda über eine nur geringe Anzahl diesbezüglich geschulter Personen verfügt.

4. Der Beitrag von Angeklagten zur Wahrheitsfindung

Das zur Überbrückung mangelnder Beweise eingeführte Verfahren der Absprache über Schuldigerklärung stellt einen weiteren, zentralen Mechanismus der Wahrheitsfindung dar. Gemäss dem reziproken Prinzip «Wahrheit gegen Strafreduktion» sollen Angeklagte dazu ermutigt werden, ein umfassendes Geständnis abzulegen, welches Angaben über die Einzelheiten der Tat sowie die Nennung von Mittätern und Gehilfen zu umfassen hat. Darin ist eine ausgeprägte Ähnlichkeit zum Vorgehen anlässlich der südafrikanischen Wahrheits- und Versöhnungskommission zu erkennen, wobei jedoch der grundsätzliche Unterschied in der Möglichkeit der Gewährung von Amnestie durch die TRC besteht. Angesichts der Tatsache,

1103 PEARLMAN, Anne and Ervin STAUB, 2001: «The Gacaca Process as an Avenue toward Healing and Reconciliation. Brief Description». Project Description, *University of Massachusetts Amherst*, October 24, 2001 [http://www-unix.oit.umass.edu/~gubin/rwandasup/gacaca.htm].

1104 «Interview exclusive: Le ministre de la justice fait un premier bilan», *Fondation Hirondelle*, 10 décembre 2002.

1105 UNITED NATIONS ORGANIZATION, 2000, *op. cit.*, Abs. 124.

dass ein Grossteil der rwandischen Häftlinge bereits seit Jahren inhaftiert ist, ist das Resultat allerdings weitestgehend dasselbe.

Es stellt sich nun die Frage, inwiefern dieser soziale Pakt durch Angeklagte missbraucht werden könnte. Bereits im Rahmen der Pilot-Gacacas liess sich beobachten, dass zahlreiche der vorgebrachten Schuldbekenntnisse ein unbefriedigendes Gefühl hinterliessen.[1106] Sei es, dass die genannten Komplizen bereits tot, ausser Landes oder inhaftiert waren, sei es, dass nur geringfügige Delikte wie Diebstahl oder Plünderungen eingeräumt wurden – in beiden Fällen drängt sich der Verdacht auf, gewisse Angeklagte hätten – wenn überhaupt – nur denjenigen Teil der Wahrheit offengelegt, der weder für sie noch für ihre Komplizen zu Schaden gereichen kann.

5. Etablierung von Fakten aufgrund von Inventarlisten

Schliesslich bleibt festzuhalten, dass die während der Prozessvorbereitung erstellten Listen von Opfern, Tätern und Schäden genauere Aussagen über das landesweite Ausmass des Genozids ermöglichen dürften.[1107] Bereits an anderer Stelle wurde jedoch auf die Schwierigkeit hingewiesen, diese Angaben nach derart vielen Jahren ohne grössere Verzerrungen vorzunehmen.

In Anerkennung aller genannten Gefahren, die sich im Zusammenhang mit dem Prozess der Wahrheitsfindung präsentieren können, dürfen der Gacaca-Gerichtsbarkeit nichtsdestotrotz erhebliche Chancen eingeräumt werden, zumindest einen Teil der Wahrheit aufzudecken. Fraglos ist indessen, dass Gacaca-Gerichte nicht zuletzt aufgrund ihres diskursiven Charakters in diesem Bereich Vorteile gegenüber klassischen Strafverfahren aufweisen. Allerdings ist das Aufdecken der Wahrheit das Eine – ein Anderes ist der Umgang damit. So erscheint es von zentraler Bedeutung, dass Überlebende des Genozids gemäss ihren Bedürfnissen einen Anspruch auf psychologische Unterstützung und Beratung erhalten, damit die neu etablierten Fakten besser verarbeitet werden können. Ausserdem muss die Wahrheit öffentliche Anerkennung finden, damit Opfer ihre menschliche Würde wiedererlangen und sich auf gesellschaftlicher Ebene dasjenige soziale Bewusstsein etabliert, wonach sich derartige Verbrechen niemals mehr wiederholen dürfen. Wie zentral es ist, die Vergangenheit öffentlich aufzuarbeiten, hat uns bereits das Beispiel Spaniens ge-

1106 PENAL REFORM INTERNATIONAL, 2003b, *op. cit.*, p. 36f.
1107 PENAL REFORM INTERNATIONAL, 2003b, *op. cit.*, p. 49.

zeigt. Dass sich auch die Gacaca-Gerichtsbarkeit diesem Ziele verpflichtet hat, gilt als äusserst begrüssenswert.

f. Gacaca – ein Instrument der Versöhnung?

> It is simultaneously one of the best and one of the most dangerous opportunities for justice and reconciliation in Rwanda. But in a country like Rwanda there are no easy, cheap or clean solutions.[1108]
>
> Peter Uvin

(i) Einleitende Bemerkungen

Der Prozess der individuellen Versöhnung nach ausgeprägter Massengewalt stellt eine äusserst komplexe und schwierige Herausforderung dar, jedoch auch gleichzeitig eine der zentralen Bedingungen für nationale Versöhnung sowie für eine durch stabilen Frieden gekennzeichnete Gesellschaft. Als erwiesen gilt spätestens seit der Erkenntnis, wonach Justiz und Versöhnung nicht unvereinbar sind, dass die politische Strategie von «Vergessen und Vergeben» die von vornherein denkbar schlechteste Grundlage für einen Versöhnungsprozess darstellt. Vielmehr erscheint es von zentraler Bedeutung, dass die Verantwortlichkeit für die begangenen Verbrechen etabliert wird, indem die Schuldigen für ihre Taten in adäquater Weise bestraft, ernsthafte und glaubwürdige Bestrebungen um die Wahrheitssuche unternommen und den Opfern Reparationsleistungen zuteil werden. Erst auf dieser Grundlage der Aufarbeitung von Vergangenheit vermag sich in langsamen Schritten das zu entwickeln, was Bloomfield folgendermassen definiert: «It is a process through which a society moves from a divided past to a shared future».[1109] Im Zuge dieses langfristigen Versöhnungsprozesses kann es zunächst zu einer gewaltlosen, neutral geprägten Koexistenz von Mitgliedern der Bevölkerung kommen. Der weitere Schritt hin zur Wiederherstellung sozialer Beziehungen, die durch gegenseitiges Vertrauen geprägt sind, hängt davon ab, inwiefern Opfer dazu bereit sind, zu vergeben

1108 UVIN, 2003, *op. cit.*, p. 121.

1109 BLOOMFIELD, David, 2003a: «Reconciliation: an Introduction», pp. 10–18 in: INTERNATIONAL INSTITUTE FOR DEMOCRACY AND ELECTORAL ASSISTANCE (ed.), *op. cit.*, p. 12.

ohne jedoch zu vergessen, und inwiefern Täter ein Bewusstsein über das Ausmass ihrer Taten erlangt haben und diese bereuen. Die Bildung von Vertrauen wird in vorliegendem Zusammenhang als überaus zentrales Element angesehen. Hierzu bemerkt auch Sarkin: «Reconciliation must be based on restoring or establishing basic social relationships of trust».[1110]

Opfer und Täter vergangener Verbrechen haben zweifelsohne höchst unterschiedliche Bedürfnisse. Während ein Grossteil der Opfer in erster Linie Vergeltung für das ihnen zugefügte Leid verlangt, darüber hinaus jedoch auch die möglichst umfassende Etablierung der Wahrheit über die Ereignisse sowie Reparationsleistungen, so streben in die Fänge der Justiz geratene Täter die Reintegration in die Gesellschaft an. Eine der grossen Herausforderung besteht nun darin, diese divergierenden Bedürfnisse der zentralen Akteure zu befriedigen, damit die Gewalt nicht wieder aufflammt und ein umfassender Prozess der Versöhnung ermöglicht werden kann.

Was in Rwanda im Jahre 1994 geschehen ist, gehört zu den schwerwiegendsten Verbrechen der Menschheitsgeschichte. Nicht nur hat der Genozid über eine halbe Million Tote gefordert, er verstärkte auch das bereits durch frühere strukturelle und manifeste Gewalt entstandene Misstrauen innerhalb der Bevölkerung auf massgebliche Weise. Dabei mag es nicht erstaunen, dass sich mitunter Mitglieder der rwandischen Regierung jahrelang standhaft weigerten, das Wort «Versöhnung» auch nur in den Mund zu nehmen. Sie waren sich dessen bewusst, dass zunächst die Verantwortlichkeit für die Genozidverbrechen in umfassender Weise etabliert werden musste. Nach dem weitestgehenden Scheitern der nationalen Justiz blieb zur Erreichung dieses Ziels nur noch eine verantwortbare Alternative übrig: die Gacaca-Gerichtsbarkeit. Es mag als grosse Chance erscheinen, dass diese in ihrer Konzipierung nicht nur eine Institution der Rechtsprechung darstellt, sondern gleichzeitig auch einen restaurativen Mechanismus der Wahrheitsfindung, der überdies die Leistung von Reparationen ermöglicht. Erst in diesem Kontext sollte innerhalb der Machtelite Rwandas ein Gesinnungswandel stattfinden, wonach die Gacaca-Gerichtsbarkeit mit dem Versöhnungsprozess in Zusammenhang gebracht werden konnte.

In nachfolgenden Ausführungen gilt es der Frage nachzugehen, ob und inwieweit die Gacaca-Gerichtsbarkeit den schwierigen Prozess der Versöhnung voranzutreiben vermag. Dabei erscheint es in Anerkennung der

1110 SARKIN, 2001b, *op. cit.*, p. 77.

zuvor aufgrund einer kritischen Diskussion etablierten Tatsache, dass das Gacaca-Projekt auf unterschiedlichsten Stufen scheitern kann, als notwendig, gewisse Grundbedingungen als erfüllt anzunehmen. So stützen sich die folgenden Überlegungen auf diejenige Situation, in welcher die Bevölkerung bei den Verhandlungen anwesend ist und auch aktiv an der Rechts- und Wahrheitsfindung partizipiert.

Als Mitglieder einer Gerichtsinstitution wird den Gacaca-Richtern die Aufgabe zufallen, über individuelle Schuld und Unschuld zu urteilen. Obschon aufgrund eingehend dargelegter Gründe zahlreiche Zweifel an der Qualität der bevorstehenden Rechtsprechung bestehen, ist dennoch davon auszugehen, dass ein Mindestmass an retributiver Justiz stattfinden wird. Ebenso darf erwartet werden, dass gewisse, bislang unbekannte Einzelheiten über die begangenen Verbrechen an den Tag gebracht werden können. Schliesslich wird es auch Opfer geben, die für die erlittenen Schäden Kompensationen erhalten. Von diesen vorsichtig formulierten Annahmen ausgehend, erscheinen bereits zentrale Bedingungen zur späteren Versöhnung als gegeben.

Die Frage stellt sich nun, ob Justiz, Wahrheitsfindung und Reparationen eine Wirkung auf das soziale Gefüge erzielen, so mit anderen Worten, ob sie zur Wiederherstellung sozialer Beziehungen beizutragen vermögen, während gleichzeitig das weit verbreitete Misstrauen innerhalb der Bevölkerung eingedämmt wird. Zur Behandlung dieser Frage soll auf die restaurativen Elemente der Gacaca-Gerichtsbarkeit Bezug genommen werden. Denn was Vandeginste als «shift from a purely retributive to a joint restorative and retributive approach»[1111] bezeichnet, führt nicht nur dazu, dass im Kontext der Gacaca-Gerichtsbarkeit Nachteile der klassischen Strafjustiz verringert werden, es bietet sich dadurch auch – zumindest theoretisch – die Möglichkeit, den Bedürfnissen von Opfern wie auch von Tätern besser gerecht zu werden. Die zwei nachfolgenden Aspekte erscheinen in diesem Zusammenhang von herausragender Bedeutung.

(ii) Die Begegnung von Opfern und Tätern

Das während Gacaca-Verhandlungen stattfindende, direkte Aufeinandertreffen von Opfern und Tätern steht ganz im Geiste restaurativer Justiz,

1111 VANDEGINSTE, 1999, *op. cit.*, p. 22.

deren Ziel nicht nur in der prospektiven Versöhnung und in der Wiedergutmachung des Schadens besteht, sondern gemäss deren Konzept ein Verbrechen auch primär als Konflikt zwischen Individuen verstanden wird. Aus diesem Grunde erscheint es umso wichtiger, dass Opfer wie auch Täter in aktiver Weise an der Konfliktlösung partizipieren, indem sie in einen diskursiven Dialog treten. Gerade diese Notwendigkeit lässt sich als einer der Grundgedanken des traditionalen Gacaca wiedererkennen, wonach ein zwischenmenschlicher Konflikt durch die davon betroffenen Gemeinschaftsmitglieder zu lösen versucht wird. Während die Kommunikation zwischen Opfer und Täter im Rahmen eines klassischen Strafverfahrens nur durch die Zwischenschaltung des Richters sowie der jeweiligen Rechtsverteidiger erfolgen kann, existiert an Gacaca-Gerichten keine derartige Vermittlung. Dadurch eröffnet sich die Möglichkeit, durch gegenseitige Fragen Aspekte des Verbrechens zu erhellen, für welche sich in einem klassischen Strafverfahren nur ganz bedingt Platz fände, so mitunter die psychischen Konsequenzen, die es für das Opfer gezeitigt hat, oder die persönliche Wahrnehmung des Täters sowie die genauen Umstände seiner Tat. Auf diese Weise kann das gegenseitige Verständnis zumindest in seinen Ansätzen gefördert werden. Ausserdem besteht eine der Bedingungen des Verfahrens der Absprache über Schuldigerklärung darin, dass sich der Schuldige in aller Öffentlichkeit für seine Tat entschuldigt. Erfolgt dieser Akt im Zeichen der aufrichtigen Reue, und wird er durch das Opfer akzeptiert, entsteht bereits eine Grundlage zum Eintritt in eine neue Beziehung, die nicht mehr durch negative Gefühle geprägt ist. Der zentrale Unterschied zu restaurativen Opfer-Täter-Mediationen besteht jedoch darin, dass die postgenozidären Gacaca-Verfahren massgeblicher staatlicher Kontrolle unterliegen, wodurch rechtliche Mindeststandards garantiert werden können. Noch wichtiger ist indessen, dass sich die negative Sanktionierung des Täters nicht auf symbolische Formen wie etwa die Auferlegung von Scham beschränkt, sondern dass angesichts der Schwere der Verbrechen auch Haftstrafen verhängt werden können.

Bereits im Zusammenhang mit den theoretischen Ausführungen zur restaurativen Justiz wurde indes zu bedenken gegeben, dass der Wunsch des Opfers, mit dem Täter in einen Dialog zu treten, nicht fraglos als gegeben angesehen werden darf. Auch wenn weitestgehender Konsens besteht, dass der Eintritt in eine neue, durch Vertrauen geprägte Beziehung der direkten Kommunikation bedarf, so sollte dies nicht *a priori* als Bedürfnis der Leidtragenden antizipiert werden. Insbesondere im Kontext von schwersten Genozidverbrechen ist durchaus denkbar – und gewisse, anlässlich der Befragung in der Schweiz gewonnene Aussagen unterstreichen dies –, dass das Opfer nicht mit dem Schuldigen konfrontiert werden möchte, sei es, weil seine Verletzung zu tief ist, sei es, weil es eine Retraumatisierung befürchtet. Gerade aus diesem Grund erscheint es von zwingender Notwendigkeit, dass die rwandischen Behörden es den Personen selbst überlassen, ob sie den Gacaca-Versammlungen beiwohnen möchten oder nicht. Partizipiert ein Opfer aus freiem Willen, darf andererseits bereits vermutet werden, dass es die Konfrontation mit dem Angeklagten wünscht.

(iii) Reintegration der Täter anstelle nachhaltiger Stigmatisierung

Die Gacaca-Gerichtsbarkeit zeichnet sich nicht nur durch ausgesprochene Opferzentriertheit aus, sie bietet Schuldigen gleichzeitig auch die Chance rascherer Reintegration in die Gesellschaft.[1112] Zunächst bezieht sich diese Feststellung auf die Möglichkeit einer Strafreduzierung nach erfolgreichem Durchlaufen des Verfahrens der Absprache über Schuldigerklärung. Würden die bereits in Haft verbrachten Jahre nicht für eine unmittelbare Freilassung ausreichen, kann zudem die verbleibende Haftstrafe zur Hälfte in die Leistung gemeinnütziger Arbeit umgewandelt werden. Gerade in dieser Integration alternativer Strafformen manifestiert die rwandische Staatsführung ihre Bereitschaft zu Milde gegenüber Straftätern. Auf diese Weise erhalten Schuldige nicht nur die Möglichkeit, ihre Produktionskraft in den Dienst lokaler Gemeinschaften sowie in den Wiederaufbau des Landes zu stellen, es werden bislang auseinandergerissene Familien auch wieder vereint, die nicht mehr einen Grossteil ihrer Zeit darauf verwenden müssen, einen inhaftierten Angehörigen zu unterhalten.

Auch dieser zweite Aspekt hat seine Kehrseite. Je milder gewisse Verbrecher durch das Gesetz behandelt werden, desto stärker können dies die Opfer als Ungerechtigkeit empfinden. Die Gacaca-Verfahren werden es unzähligen Häftlingen, so darunter auch Mördern, ermöglichen, zu ihren

1112 In diesem Zusammenhang weist Zehr darauf hin, dass gewisse Verbrechen eine Bestrafung als unvermeidbar erscheinen lassen. Allerdings sollte auch in diesen Fällen versucht werden, die Bestrafung möglichst restaurativ zu gestalten. ZEHR, 2001, *op. cit.*, p. 332.

Familien zurückzukehren. Dabei lässt sich fragen, ob den Opfern in diesem Moment nicht der Wunsch nach adäquater Vergeltung wichtiger erscheinen wird als der Zugewinn menschlicher Produktionskraft für die Gesellschaft. Solche Gefühle der Frustration und der Machtlosigkeit dürften nur schwerlich eine solide Basis für den Versöhnungsprozess darstellen. Denn, wie Solange anlässlich des Gesprächs in der Schweiz bemerkte: «Même si quelqu'un a tué et qu'on le libère parce qu'il a avoué – les gens ne vont jamais le considérer comme quelqu'un qui n'a pas tué.» Die Rwanderin spricht in diesem Zusammenhang die Frage sozialer Stigmatisierung an, die in gewissen ländlichen Gegenden Rwandas durchaus noch operieren könnte. Zu bedenken gilt, dass die Etablierung von individueller Schuld nicht im geschlossenen Gerichtssaal erfolgt, sondern unter freiem Himmel, vor den Augen der lokalen Bevölkerung, von Nachbarn, Freunden und potentiellen Arbeitgebern. Zu bedenken gilt ebenfalls, dass Gacaca-Gerichte zwar die Möglichkeit bieten, ein vollständigeres Bild des Verbrechens zu gewinnen, sich dieses vollständigere Bild, welches womöglich unerträgliche Einzelheiten enthält, jedoch ebenfalls in den Köpfen aller an der Verhandlung Anwesenden festsetzen wird. Aus diesem Grund darf vermutet werden, dass die durch den Täter ersehnte soziale Reintegration in gewissen Fällen ein Wunschdenken bleiben wird.

Die vorangegangenen Ausführungen haben aufgezeigt, dass die Gacaca-Gerichtsbarkeit im Gegensatz zur klassischen Strafjustiz zwar zentrale restaurative Elemente beinhaltet, die zur Bildung von neuen Vertrauensbeziehungen beitragen und damit dem Versöhnungsprozess förderlich sein können. Dieselben Elemente bergen – in Anlehnung an das eingangs aufgeführte Zitat von Uvin – jedoch gleichzeitig die Gefahr in sich, das Misstrauen innerhalb der Bevölkerung zu verstärken. Denn auch wenn die Vorzüge restaurativer Justiz im Kontext geringfügiger Delikte unbestritten sind, so erscheint die Anwendung restaurativer Justiz auf derart schwere Verbrechen als fraglich. Nicht zuletzt dadurch wird ein weiteres Mal deutlich, wie komplex die Versöhnungsfrage nach ausgeprägter Massengewalt ist. Ebenso wird deutlich, dass restaurative Elemente nicht in zwingender Weise den Bedürfnissen der zentralen Akteure, so der Opfer und Täter, gerecht zu werden vermögen. So bleibt die Gefahr, Opfer fühlten sich in ihrer Forderung nach Vergeltung betrogen, wie auch Tätern die gewünschte Reintegration in die Gesellschaft nicht zuteil wird.

(iv) Der Regierungsdiskurs

In einem weiteren Schritt soll der dritte zentrale Akteur im Versöhnungsprozess in die Diskussion einbezogen werden, nämlich die rwandische Regierung als Initiant des Prozesses sowie im Spezifischen der Gacaca-Gerichtsbarkeit. Es wird davon ausgegangen, dass nicht nur das Vertrauen innerhalb der Bevölkerung, sondern auch dasjenige der Bevölkerung in ihre Regierungsführung sowie in das politische System von zentraler Bedeutung für den Erfolg von Versöhnungsbestrebungen ist.[1113] Zunächst ist festzustellen, dass die Gacaca-Gerichtsbarkeit zwar in eine Gemeinschaftssemantik eingebettet wurde, dessen ungeachtet jedoch einer *top-down* Initiative des Staates entspringt und in erster Linie politischen Willen widerspiegelt. Es ist die Machtelite, die durch Antizipierung der Bedürfnisse der Bevölkerung beschlossen hat, dass die rwandische Bevölkerung im Zeichen der Bewältigung des – ebenfalls staatlich angeordneten – Genozids anlässlich entsprechender Verhandlungen zusammenzukommen hat. Dabei mag bereits hinsichtlich des Vertrauens der Bevölkerung in das Vorhaben die Tatsache eine Rolle spielen, dass die rwandische Regierung nicht gerade ein Paradebeispiel für die Respektierung von Menschenrechten und rechtsstaatlichen Werten darstellt.[1114]

Der Regierungsdiskurs, in dessen Zusammenhang Gacaca mit Versöhnung in Bezug gesetzt wird, birgt die Gefahr in sich, dass die rwandische Bevölkerung dies als Anordnung zur Versöhnung interpretiert. Wiederholt wurde darauf hingewiesen, dass Versöhnung zwischen Menschen eine persönliche Angelegenheit ist, die aufgrund ihrer Komplexität nicht auf Anordnung hin erfolgen kann. Noch weniger ist dies der Fall bei Opfern von überaus grausamen Genozidverbrechen. Als umso bedenklicher erscheint es überdies, wenn lokale Autoritäten zu Zwangsmassnahmen greifen, um die Partizipation der Bevölkerung zu erwirken. Auf diese Weise wird nicht nur die allfällige Entstehung von Vertrauen in das politische System kompromittiert, bereits vorhandenes Vertrauen kann auch zerstört werden.

1113 Mit Bezug auf die möglichen positiven Auswirkungen von Mechanismen transitionaler Justiz bemerkt Daan Bronkhorst: «But its positive effect will only last as long as the population can sustain a well-founded trust in its government» (persönliche Mitteilung).

1114 Siehe hierzu die Ausführungen zum politischen Transitionsprozess auf den Seiten 92 bis 100.

Gleichzeitig könnte die Tatsache, wonach die Regierung im Alltagsverständnis als «Tutsi-Regierung» verstanden wird, insbesondere innerhalb der die Mehrheit stellenden Hutubevölkerung zu massgeblichem Misstrauen gegenüber der Gacaca-Gerichtsbarkeit führen, die womöglich als Siegerjustiz und Instrument der Rache interpretiert würde.[1115] Diese Gefahr wird durch die Beschränkung auf Verbrechen des Genozids verstärkt, die zur Fokussierung auf Täter aus den Reihen von Hutu führt. Indes bezeichnen sich diese in nicht seltenen Fällen aufgrund ihrer Selbstwahrnehmung als Opfer früherer struktureller Gewalt – so mit Bezug auf die Zeit der Tutsi-Aristokratie – oder aber von Racheakten der RPF nach Beendigung des Genozids.

Die Konfliktlinie entlang der sozial konstruierten Kategorien von Hutu und Tutsi ist nicht nur im Kontext des Genozids von herausragender Bedeutung, sie prägt auch heute noch den rwandischen Alltag. Der Regierungsdiskurs jedoch ignoriert diese zentrale Tatsache, indem die Bezeichnungen «Hutu» und «Tutsi» mit einem Tabu belegt wurden. Dass mit der Ignorierung dieser Thematik das Problem noch nicht aus der Welt geschafft ist, liegt auf der Hand. Vielmehr erscheint eine fundierte Aufarbeitung der Thematik unter historischen Gesichtspunkten als unabdingbar. Nur durch Auseinandersetzung vermag das permutierte und instrumentalisierte Konstrukt zunächst dekonstruiert zu werden. Auf dieser Grundlage – und erst auf dieser – vermögen Bestrebungen zur Rekonstruktion sozialer Kategorien Früchte zu tragen.

Abschliessend lässt sich festhalten, dass die Gacaca-Gerichtsbarkeit aufgrund ihres – wenn auch eingeschränkten – Beitrages zu Justiz, Wahrheitsfindung und Reparationen eine Grundlage für den überaus schwierigen Prozess der Versöhnung liefern kann. Gleichzeitig besteht jedoch die Gefahr, dass das bestehende Misstrauen innerhalb der rwandischen Bevölkerung sowie allfällig mangelndes Vertrauen in die Regierung verstärkt werden. Solange das *top-down* Gacaca-Projekt durch Rwanderinnen und Rwander als Machtinstrument und als «Versöhnung auf Anordnung» beargwöhnt wird, während keine ernsthafte Auseinandersetzung mit dem fundamentalen sozialen Problem der Gesellschaft stattfindet, besteht wenig Hoffnung auf einen erfolgreichen Versöhnungsprozess.

1115 Auch diese Tatsache wurde durch Klaas De Jonge in einer persönlichen Mitteilung bestätigt.

D. Schluss

Die postgenozidäre Gacaca-Gerichtsbarkeit als Mechanismus transitionaler Justiz ist in ihrer Grundidee schlichtweg bestechend und faszinierend. Zur rechtlichen und sozialen Bewältigung des Genozids schritt Rwanda zu einer lokal angepassten Lösung, die in ihrer Form einzigartig ist. Not macht bekanntlich erfinderisch, und so dachte die Führung jenes Landes, welches weltweit nicht nur über eine der grössten Gefängnispopulationen verfügt, sondern auch über einen der höchsten Anteile an Gewaltopfern und traumatisierten Menschen, darüber nach, wie in früheren Zeiten gemäss der Tradition mit Konflikten und Verbrechen umgegangen wurde. Dabei stiess sie auf die Gacacas. Unter der Leitung von respektierten Persönlichkeiten versammelten sich einst lokale, durch starken sozialen Zusammenhalt geprägte Gemeinschaften auf den Hügeln, um Konflikte zwischen ihren Mitgliedern zu lösen und die soziale Harmonie wiederherzustellen. So sollte es wieder sein. Auf diese Weise führte die Not zur Wiedererfindung dieser typisch rwandischen Rechtstradition. Wie einst sollte die Bevölkerung zusammenkommen und dazu ermächtigt sein, über jene Verbrechen zu urteilen, deren Zeuge sie geworden ist. Landesweit sollten im Rahmen eines Projekts gewaltigen Ausmasses über 11'000 Gerichte geschaffen werden, die von integeren und anerkannten Persönlichkeiten geleitet werden. Wie früher sollte der Übeltäter in die Gemeinschaft reintegriert werden, weshalb Elemente restaurativer Justiz in Betracht gezogen wurden. Er dürfte von einer milderen Strafe profitieren, wenn er sich an der Wahrheitsfindung beteiligte, sich bei der Gemeinschaft für seine Tat entschuldigen und seine menschliche Produktionskraft in ihren Dienst stellen würde. Auf diese Weise würde nicht nur Justiz stattfinden und die Wahrheit über die Verbrechen in Erfahrung gebracht werden, es würde auch das ermöglicht werden, was zu sozialem Frieden beiträgt: Versöhnung. So viel zur Grundidee.

Im postgenozidären Rwanda gibt es jedoch keine einfachen Lösungen. Je vertiefter die Auseinandersetzung mit der Gacaca-Gerichtsbarkeit erfolgt, desto stärker drängt es sich auf, oben beschriebenes Szenario in das Reich der Phantasie zu verbannen. Eines der fundamentalen Probleme besteht darin, dass die Gacaca-Gerichtsbarkeit auf der Basis einer Gemeinschaftssemantik konzipiert ist, die anachronistisch ist. Die segmentäre Gesellschaft von einst gibt es nicht mehr. Die durch starken sozialen Zusammenhalt geprägten Gemeinschaften sind dem sozialen Wandel zum Opfer gefallen, sodass nicht nur eine der wichtigsten sozialen Grundbedingungen für das Funktionieren der Gacaca-Gerichtsbarkeit entfällt, sondern es auch verunmöglicht wird, eine traditionale Institution, wie bestechend sie auch sein mag, auf eine moderne Gesellschaft zu übertragen. Vielmehr ist mit Luhmann davon auszugehen, dass auch die Rückkehr zu traditionalen Rechtsstrukturen Institutionen hervorbringt, die an das moderne Rechtssystem anschliessen.[1116] So wurden die Gacacas verschriftlicht und staatlicher Kontrolle unterworfen. Es liegt ihnen ein kodifiziertes Recht zugrunde, das es anzuwenden gilt, wie auch Verfahrensregeln bestehen. Dieser, aus einer Notsituation erfolgte Spagat über Phasen gesellschaftlicher Differenzierung führt denn auch dazu, dass Laienrichter auf den Hügeln Rwandas etwa mit der Erwartung konfrontiert werden, international anerkannten Rechtsstandards zu genügen.

Das zweite Grundproblem besteht darin, dass die Gacaca-Gerichtsbarkeit als partizipative Institution Vertrauen zwischen Mitgliedern der Bevölkerung voraussetzt. Fatalerweise sollte jedoch gerade dieses Vertrauen als Grundbedingung des Versöhnungsprozesses durch die postgenoziden Gacacas erst wieder aufgebaut werden. Wir stehen also vor einem Dilemma. In der Tat könnte die Gacaca-Gerichtsbarkeit nicht nur mangels Partizipation der Bevölkerung scheitern, sie birgt auch die Gefahr, bestehendes Misstrauen zu verstärken.

Die Gacaca-Gerichtsbarkeit ist eine Notlösung. Angesichts der Notwendigkeit, nicht nur den Angeklagten, die seit Jahren auf ihren Prozess warten, sondern auch den Opfern des Genozids Gerechtigkeit widerfahren zu lassen, verlangte das weitestgehende Scheitern nationaler Rechtsprechung eine Umorientierung. Rwanda beschritt dabei einen mutigen Weg, dessen allfälliger Erfolg sich erst in mehreren Jahren zeigen wird. Sollte die Bewältigung des Genozids durch ernsthafte Bestrebungen der Regierung begleitet sein, Menschenrechte zu respektieren, die Armut zu bekämpfen sowie die Hutu-Tutsi-Frage aufzuarbeiten, und sollten die

1116 LUHMANN, 1995, *op. cit.*, p. 294.

Entwicklungen in den Nachbarländern die Errungenschaften nicht wieder zunichte machen, so könnte dasjenige Land, welches eine unerträgliche Vergangenheit besitzt, als Beispiel in die Geschichte eingehen, wonach auch nach einem Genozid Frieden und Versöhnung möglich sind, auch wenn es dazu Jahrzehnte bedarf. Dies wäre den Rwanderinnen und Rwandern, insbesondere jedoch den Überlebenden des Genozids, zu wünschen.

Bibliographie

I. Dokumente internationaler Organisationen und NGOs

A. Dokumente der UNO und ihrer Organe

UNITED NATIONS HIGH COMMISSIONER FOR REFUGEES (UNHCR), 2001: «Fiche Pays Rwanda». Octobre 2001 [http://www.hcrfrance.org/telecharg/rwanda.doc].*

UNITED NATIONS INTEGRATED REGIONAL INFORMATION NETWORKS (IRIN), 2002: «Training of Gacaca Judges begins», in: *IRIN News*, April 10, 2002 [http://www.irinnews.org].

UNITED NATIONS INTEGRATED REGIONAL INFORMATION NETWORKS (IRIN), 2003: «Rwanda: Genocide survivor group denounces killings, harassment», in: *IRIN News*, December 16, 2003 [http://www.irinnews.org].

UNITED NATIONS INTEGRATED REGIONAL INFORMATION NETWORKS (IRIN), 2004: «Rwanda: Genocide survivors flee province over killings», in: *IRIN News*, January 12, 2004 [http://www.irinnews.org].

UNITED NATIONS ORGANIZATION, 2000: «La situation des droits de l'homme au Rwanda». Rapport du Représentant spécial de la Commission des droits de l'homme, 55e session, 4 août 2000, Genève. A/55/269 [Rapport Moussalli].

UNITED NATIONS ORGANIZATION, 2002: «Headquarters Briefing on International Criminal Tribunal for Rwanda». *Press Briefing*, July 24, 2002 [http://www.un.org/News/briefings/docs/2002/rwandabrf.doc.htm].

B. Dokumente von NGOS

AFRICA GOVERNANCE FORUM 111, 1999: «Bonne Gouvernance et résolution des conflits pour un développement et une paix durables au Rwanda». Juin 1999, Bamako [http://129.194.252.80/catfiles/1675.pdf].

AFRICAN RIGHTS, 2003: «Rwanda: Prisoner releases – A risk for the Gacaca System». January 16, 2003, Kigali [http://www.genocidewatch.org/RwandaPRISONERRELEASES.htm].

* Alle nachfolgend angegebenen Internetseiten wurden zuletzt besucht am: 16.2.2004.

AMNESTY INTERNATIONAL, 1997: «Rwanda: Unfair trials: Justice denied». April 8, 1997, London. AI Index No. AFR 47/08/1997.

AMNESTY INTERNATIONAL, 2002a: «Rwanda». In: *Amnesty International Report 2002*. London. AI Index No. POL 10/001/2002.

AMNESTY INTERNATIONAL, 2002b: «Gacaca – Gambling with Justice», in: *Amnesty International News Release,* June 19, 2002, London. AI Index No. AFR 47/003/ 2002.

AMNESTY INTERNATIONAL, 2002c: «Gacaca: Une question de justice». November 2002, London. AI Index No. AFR 47/007/2002 [http://web.amnesty.org/library].

AMNESTY INTERNATIONAL, 2003: «Rwanda: End of provisional release of genocide suspects». *Amnesty International Press Release,* April 29, 2003, London. AI Index No. AFR 47/005/2003 [http://web.amnesty.org/library].

AVOCATS SANS FRONTIÈRES (ASF), 1998: «Projet ‹Justice pour tous au Rwanda›. Rapport annuel 1997». Bruxelles [http://129.194.252.80/catfiles/1576.pdf].

BRONKHORST, Daan, 2003: *Truth Commissions and Transitional Justice: A Short Guide.* Amsterdam: Amnesty International.

CENTRE FOR CONFLICT RESOLUTION (CECORE): «African Traditional Methods in Conflict Resolution» [http://www.cecore.org/african.html].

CREATIVE ASSOCIATES INTERNATIONAL: «Indigenous Conflict Management Mechanisms». Washington D.C. [http://www.caii-dc.com/ghai/toolbox4.htm].

DANISH CENTRE FOR HUMAN RIGHTS, 2000: «Mid-Term Evaluation of the Danish Centre for Human Rights Project ‹Judicial Defenders in Rwanda›». Copenhagen [http://www.humanrights.dk/upload/application/c0ca16c5/rwandamanust.pdf].

FÉDÉRATION INTERNATIONALE DES LIGUES DES DROITS DE L'HOMME (FIDH), 2002: «Entre illusions et désillusions: les victimes devant le Tribunal Pénal International pour le Rwanda (TPIR)». *Rapport de situation,* N° 343, octobre 2002.

HÄUSERMANN, Julia and Nazila GHANEA-HERCOCK, 2001: «Peace and Reconciliation in Africa – Some questions regarding the application of Gacaca in the Rwandan context» [http://www.africanprinciples.org/article.asp?cID=3&ID=2].

HUMAN RIGHTS WATCH / AFRICA, 1994: «Rwanda: A New Catastrophe? Increased International Efforts Required to Punish Genocide and Prevent Further Bloodshed», in: *Perio,* Vol. 6/12, December 1994.

HUMAN RIGHTS WATCH, 2001: «Uprooting the Rural Poor in Rwanda», *Human Rights Watch Report,* Mai 2001, New York [http://www.hrw.org/reports/2001/rwanda/rwnvilg-01.htm].

HUMAN RIGHTS WATCH, 2002: «Rwanda», in: *Human Rights Watch World Report 2002,* New York, pp. 76–81.

INTERNATIONAL CRISIS GROUP (ICG), 1999: «Cinq ans après le génocide au Rwanda. La justice en question». *ICG Rapport Rwanda N° 1,* 7 avril 1999, Bruxelles.

INTERNATIONAL CRISIS GROUP (ICG), 2003: «Réfugiés et Déplacés au Burundi: Désamorcer la Bombe Foncière». *ICG Rapport Afrique N° 70,* 7 octobre 2003, Bruxelles.

LAWYERS COMMITTEE FOR HUMAN RIGHTS (LCHR), 1997: «Prosecuting Genocide in Rwanda: A Lawyers Committee report on the ICTR and National Trials». New York [http://www.lchr.org/pubs/descriptions/rwanda.htm].

MARKS, Kathy, 2001: «The Rwanda Tribunal: Justice Delayed». *Global Policy Forum, INTERNATIONAL CRISIS Group*, Brussels [http://www.globalpolicy.org/intljustice/tribunals/2001/0607icg.htm].

PENAL REFORM INTERNATIONAL (PRI), 2001: «Interim report on research on Gacaca jurisdictions and its preparations (July – December 2001)». Kigali. [Report I]

PENAL REFORM INTERNATIONAL (PRI), 2002: «PRI research team on Gacaca: Report III: April – June 2002». Kigali. [Report III]

PENAL REFORM INTERNATIONAL (PRI), 2003a: «The guilty plea procedure, cornerstone of the Rwandan justice system». *PRI Research on Gacaca Report, Report IV*. Kigali. [Report IV]

PENAL REFORM INTERNATIONAL (PRI), 2003b: «Rapport de la Recherche sur la *Gacaca* – PRI Rapport V. Kigali. [Report V]

RAWSON, David, 2001: «Peace, Justice, Forgiveness: The Moral Challenge of Genocide». *Partners International*, Washington D. C.

THE NORWEGIAN HELSINKI COMMITTEE, 2002: «Prosecuting Genocide in Rwanda. The Gacaca system and the International Criminal Tribunal for Rwanda». *Report II/2002*, Oslo.

C. Dokumente internationaler Konferenzen

AKINRINADE, Sola, 1999: «Warring…but not until death: Conflict prevention and resolution mechanisms in Yoruba military tradition». Paper presented at the *All-Africa Conference on African Principles of Conflict Resolution and Reconciliation*, United Nations Conference Centre, Addis Ababa, November 8–12, 1999.

ALL-AFRICA CONFERENCE ON AFRICAN PRINCIPLES OF CONFLICT RESOLUTION AND RECONCILIATION, 1999: «Report of the All-Africa Conference on African Principles of Conflict Resolution and Reconciliation». United Nations Conference Centre, Addis Ababa, November 8–12, 1999.

DALY, Kathleen, 1999: «Revisiting the Relationship between Retributive and Restorative Justice». Revised paper presented at *Restorative Justice and Civil Society Conference*, Australian National University, Canberra, February 1999. To appear in: STRANG, Heather and John BRAITHWAITE (eds.), 2000: *Restorative Justice: From Philosophy to Practice*. Dartmouth: Aldershot [http://www.griffith.edu.au/school/ccj/kdaly_docs/kdpaper6.pdf].

DE JONGE, Klaas, 2003: «Genocide and *Gacaca* in Rwanda». Background paper for the two-day researcher training workshop on senses of right and wrong: *Judicial settlements, truth commissions, international tribunals, and politics of popular justice in the aftermath of collective violence* (draft). Copenhagen, 15–16 December 2003.

GAHIMA, Gerald, 2002: «Re-establishing the Rule of Law and Encouraging Good Governance». *55th Annual DPI/NGO Conference*, New York, September 9, 2002 [http://www.un.org/dpi/ngosection/gahima.pdf].

MWAURA, Ciru, 1999: «Traditional Conflict Prevention: Prospects for Integration». Draft Paper presented at the *All-Africa Conference on African Principles of Conflict Resolution and Reconciliation*, United Nations Conference Centre, Addis Ababa, November 8–12, 1999.

OLLITRAULT, Sylvie, 2001: «Le ‹Plus jamais cela!› des humanitaires: de l'échec de la prévention à la thématique de la réparation. L'exemple du Rwanda». Paper presented at the *International and Interdisciplinary Conference «NGOs and Humanitarian Action: Between transnational activism and public action»*. University of La Rochelle, April 12th and 13th, 2001.

VANDEGINSTE, Stef, 1999: «Justice, reconciliation and reparation after genocide and crimes against humanity: The proposed establishment of popular gacaca tribunals in Rwanda». Paper presented at the *All-Africa Conference on African Principles of Conflict Resolution and Reconciliation*, United Nations Conference Centre, Addis Ababa, November 8–12, 1999.

II. Diverse Dokumente

A. Zeitschriften und Revuen

AKHAVAN, Payam, 1997: «Justice and Reconciliation in the Great Lakes Region of Africa: The Contribution of the International Criminal Tribunal for Rwanda», in: *Duke Journal of Comparative and International Law*, Vol. 7/2: 325–348.

AKHAVAN, Payam, 2001: «Beyond Impunity: Can International Criminal Justice Prevent Future Atrocities?», in: *American Journal of International Law*, Vol. 95/7: 7–31.

ALVAREZ, José E., 1999: «Crimes of States / Crimes of Hate: Lessons from Rwanda». In: *Yale Journal of International Law*, Vol. 24: 365–483.

BALANDIER, Georges, 1969: «Les relations de dépendance personnelle: Présentation du thème», in: *Cahiers d'études africaines*, Vol. 35, IX–3: 345–349.

BASSIOUNI, Cherif, 1996: «Searching For Peace And Achieving Justice: The Need For Accountability», in: *Law & Contemporary Problems*, Vol. 59: 9–28.

BERAT, Lynn and Yossi SHAIN, 1995: «Retribution or Truth-telling in South Africa? Legacies of the Transitional Phase», in: *Law & Social Inquiry*, Vol. 20/1, 163–189.

BROWN, Bartram S., 2001: «The Evolving Concept of Universal Jurisdiction», in: *New England Law Review*, Vol. 35/2: 383–397.

BURKE-WHITE, William W., 2002: «A Community of Courts: Toward a System of International Criminal Law Enforcement», in: *Michigan Journal of International Law*, Vol. 24/1: 1–99.

CHRÉTIEN, Jean-Pierre, 1992: «‹Presse libre› et propagande raciste au Rwanda: Kangura et ‹les 10 commandements du Hutu›», in: *Politique Africaine*, Vol. 42: 109–120.

CLEAR, Todd R. and David R. KARP, 2000: «Toward the Ideal of Community Justice», in: *National Institute of Justice Journal*, N° 245 (October 2000): 21–28.

COHEN, Stanley, 1995: «State Crimes of Previous Regimes: Knowledge, Accountability and the Policing of the Past», in: *Law & Social Inquiry*, 20/1: 7–50.

DALY, Erin, 2002: «Between punitive and reconstructive justice: The gacaca courts in Rwanda», in: *New York University Journal of International Law and Politics*, Vol. 34: 355–396.

DOLINKO, David, 2003: «Restorative Justice and the Justification of Punishment», in: *Utah Law Review*, Vol. 2003/1: 319–342.

DRUMBL, Mark A., 2000: «Punishment, Postgenocide: From Guilt to Shame to *Civis* in Rwanda», in: *New York University Law Review*, Vol. 75: 1221–1326.

DUBOIS, Olivier, 1997: «Rwanda's national criminal courts and the International Tribunal», in: *International Review of the Red Cross*, N° 321: 717–731.

ELIAS, Michel et Danielle HELBIG, 1992: «Deux mille collines pour les petits et les grands. Radioscopie des stéréotypes hutu et tutsi au Rwanda et au Burundi», in: *Politique Africaine*, Vol. 42: 65–73.

ELTON, Kathy and Michelle M. ROYBAL, 2003: «Restoration, a Component of Justice», in: *Utah Law Review*, Vol. 2003/1: 43–56.

ELSTER, Jon, 1998: «Coming to Terms with the Past. A framework for the study of justice in the transition to democracy», in: *Archives Européennes de Sociologie*, Vol. 39/1: 7–48.

FELTZ, Gaëtan, 1975: «Evolution des structures foncières et histoire politique du Rwanda (XIXe et XXe siècles)», in: *Etudes d'Histoire africaine*, Vol. VII: 143–154.

FIERENS, Jacques, 2001: «La Qualification de Génocide devant le Tribunal Pénal International pour le Rwanda et devant les Juridictions Rwandaises», in: *Actualité du Droit International Humanitaire, Les Dossiers de la Revue de Droit Pénal et de Criminologie*, Vol. 6: 183–209.

GOLDSTONE, Richard J., 1996: «Justice as a Tool for Peace-Making: Truth Commissions and International Criminal Tribunals», in: *New York University Journal of International Law & Politics*, Vol. 28/3: 485–503.

GOODY, Jack,1959; «Death and social control among the LoDagaa», in: *Man*, Vol. 59: 134–138.

GREGOIRE, Thibault, 2000: «Rwanda», in: *the Courier*, Vol. 179 (February–March): 25–46.

HABIYAMBERE, Eugène, 2000: «‹Bien souvent, le TPIR ne répond pas à nos attentes›. Entretien avec Martin Ngoga», in: *Le Verdict*, N° 17 (août 2000) [http://www.diplomatiejudiciaire.com/Rwanda/LeVerdict17.html].

HAMBER, Brandon, and Richard WILSON, 2002: «Symbolic closure through memory, reparation and revenge in post-conflict societies», in: *Journal of Human Rights*, Vol. 1/1: 35–53.

HAYNER, Pricilla B., 1996: «Commissioning the truth: further research questions», in: *Third World Quarterly*, Vol. 17/1: 19–29.

HINTJENS, Helen M., 1999: «Explaining the 1994 genocide in Rwanda», in: *The Journal of Modern African Studies*, Vol. 37/2: 241–286.

HONWANA, Alcinda, 1998: «Sealing the Past, Facing the Future: Trauma Healing in Rural Mozambique», in: *Accord – An International Review of Peace Initiatives*. Vol. 3: The Mozambican Peace Process in Perspective [http://www.c-r.org/accord/moz/accord3/honwana.shtml].

HUYSE, Luc, 1995: «Justice after transition: On the choices successor elites make in dealing with the past», in: *Law & Social Inquiry*, Vol. 20: 51–78.

JOERGENSEN, Nina H. B., 2001: «A Reappraisal of the Abandoned Nuremberg Concept of Criminal Organisations in the Context of Justice in Rwanda», in: *Criminal Law Forum*, Vol. 12: 371–406.

JOHNSON, Dominic, 2001: «Mit Dorfrichtern gegen Völkermörder», in: *ai-Journal*, Dezember 2001 [http://www2.amnesty.de/internet/deall.nsf/AlleDok/1E728C57934575C7C1256B170039F1B6?Open].

JOIREMAN, Sandra F., 2003: «Justice for a Genocide?», in: *The Global Review of Ethnopolitics*, Vol. 2/2: 65–66.

KARNAVAS, Michael G., 1997: «Rwanda's Quest for Justice: National and International Efforts and Challenges, in: *The Champion Magazine*, National Association of Criminal Defense Lawyers, May 1997 [http://www.nacdl.org/CHAMPION/ARTICLES/97may01.htm].

KOCH, Klaus-Friedrich, 1976: «Meidung, rituelle Konfliktlösung und soziale Struktur bei den Jalé (Neuguinea)», in: *Sociologus*, Vol. 26/1: 43–50.

KRITZ, Neil, 1996a: «Coming to Terms with Atrocities: A Review of Accountability Mechanisms for Mass Violations of Human Rights» in: *Law & Contemporary Problems*, Vol. 59: 127–152.

LAELY, Thomas, 1992: «Le destin du *Bushingantahe*. Transformations d'une structure locale d'autorité au Burundi», in: *Genève-Afrique*, Vol. 30/2: 75–98.

LAMPE, Ernst-Joachim, 1991: «Rechtsanthropologie heute», in: *Archiv für Rechts- und Sozialphilosophie*, Beiheft 44: 222–235.

LANDSMAN, Stephan, 1996: «Alternative Responses to Serious Human Rights Abuses: Of Prosecution and Truth Commissions», in: *Law & Contemporary Problems*, Vol. 59: 81–92.

LE ROY, Étienne et Gerti HESSELING, 1990: «Le Droit et ses pratiques», in: *Politique Africaine*, Vol. 40: 2–11.

LIEBMANN, Marian, 2002: «Victims and Restorative Justice Around the Globe», in: *VOMA Connections* (Research and Practice Insert), N° 10 (Spring, 2002): 1–8.

MAQUET, Jacques, 1967: «La tenure des terres dans l'État rwanda traditionnel», in: *Cahiers d'études africaines*, Vol. 28, VII–4: 624–636.

MAQUET, Jacques, 1969: «Institutionalisation féodale des relations de dépendance dans quatre cultures interlacustres», in: *Cahiers d'études africaines*, Vol. 35, IX–3: 402–405.

LEMARCHAND, René, 1994: «Managing Transition Anarchies: Rwanda, Burundi, and South Africa in Comparative Perspective», in: *Journal of Modern African Studies*, Vol. 32/4: 581–604.

MEINTJES, Garth and Juan E. MÉNDEZ, 2000: «Reconciling Amnesties with Universal Jurisdiction», in: *International Law FORUM du droit international*, Vol. 2: 76–97.

MÉNDEZ, Juan E., 1997a: «Accountability for Past Accountability», in: *Human Rights Quarterly*, Vol. 19/2: 255–282.

MESCHI, Lydia, 1974: «Évolution des structures foncières au Rwanda: le cas d'un lignage hutu», in: *Cahiers d'études africaines*, Vol. 53, XIV–1: 39–51.

MORRIS, Madeline H., 1997: «The Trials of Concurrent Jurisdiction: The Case of Rwanda», in: *Duke Journal of Comparative and International Law*, Vol. 7: 349–373.

MUCYO, Jean de Dieu, 2000: «Des juridictions gacaca et de la réparation des dommages», in: *Le Verdict*, N° 17 (août 2000) [http://www.diplomatiejudiciaire.com/Rwanda/LeVerdict17.html].

MYSLIWIEC, Eva, 1999: «Transition and Reconciliation», in: *Cambodia Development Review*, Vol. 3/2: 5–8.

NANTULYA, Paul E., 2001: «The Gacaca System in Rwanda», in: *Conflict Trends*, Vol. 4/2001 [http://www.accord.org.za].

NEWBURY, David, 1974: «Les campagnes de Rwabugiri: chronologie et bibliographie», in: *Cahiers d'études africaines*, Vol. 53, XIV–1: 181–191.

NIYONGIRA, Ladislas: 2001: «‹Nous jouerons sur du velours›. Entretien avec un juge Gacaca», in: *diplomatie judiciaire. Chroniques et reportages sur la Justice pénale internationale.* Kigali, 7 octobre 2001 [http://www.diplomatiejudiciaire.com/Rwanda/Rwanda10.htm].

NTAMPAKA, Charles, 2001: «Le gacaca rwandais, une justice répressive participative», in: *Actualité du Droit International Humanitaire, Les Dossiers de la Revue de Droit Pénal et de Criminologie*, Vol. 6: 211–225.

OBSERVATOIRE DE L'AFRIQUE CENTRALE, 2003: «Les tribunaux Gacaca seront-ils suffisants?, in: *Observatoire de l'Afrique Centrale*, Vol. 6/10 [http://www.obsac.com/OBSV6N10-GacacaSondage.html].

OFFE, Claus, 1992: «Coming to Terms with Past Injustices. An Introduction to Legal Strategies available in Post-Communist societies», in: *Archives Européennes de Sociologie*, Vol. 33: 195–201.

OLSON, Laura, 2002: «Mechanisms complementing prosecution», in: *IRRC – International Review of the Red Cross*, Vol. 84, N° 845: 173–189.
PANKHURST, Donna, 1999: «Issues of justice and reconciliation in complex political emergencies: conceptualising reconciliation, justice and peace», in: *Third World Quarterly*, Vol. 20/1: 239–256.
PETER, Chris M., 1997: «The International Criminal Tribunal for Rwanda: Bringing the killers to book», in: *International Review of the Red Cross*, N° 321: 695–704.
REISMAN, Michael, 1996: «Legal Responses to Genocide and Other Massive Violations of Human Rights», in: *Law & Contemporary Problems*, Vol. 59: 75–80.
REYNTJENS, Filip, 1990: «Le *gacaca* ou la justice du gazon au Rwanda», in: *Politique Africaine,* Vol. 40: 31–41.
ROHT-ARRIAZA, Naomi, 1996: «Combating Impunity: Some Thoughts on the Way Forward», in: *Law & Contemporary Problems*, Vol. 59: 93–102.
ROHT-ARRIAZA, Naomi, 1999: «Institutions of International Justice», in: *Journal of International Affairs*, Vol. 52/2: 473–491.
ROTH, Kenneth and Alison DES FORGES, 2002: «Justice or Therapy?», in: *Boston Review*, July 2002 [http://www.hrw.org/editorials/2002/ictr0724.htm].
RUGIRIRIZA, Ephrem, 2002: «Alternative à l'emprisonnement», in: *diplomatie judiciaire. Chroniques et reportages sur la Justice pénale internationale.* Kigali, 28 mars 2002 [http://www.diplomatiejudiciaire.com/Rwanda/Rwanda14.htm].
RWABUKUMBA, Joseph et Vincent MUDANDAGIZI, 1974: «Les formes historiques de la dépendance personnelle dans l'État rwandais», in: *Cahiers d'Etudes Africaines*, Vol. 53, XIV–1: 6–25.
SARKIN, Jeremy, 1999: «The Necessity and Challenges of Establishing a Truth and Reconciliation Commission in Rwanda», in: *Human Rights Quarterly*, Vol. 21/3: 767–823.
SARKIN, Jeremy, 2000a: «Dealing with past human rights abuses. Promoting reconciliation in a future democratic Burma», in: *Burma Journal, Justice in Transition*, Vol. 7: 1–14.
SARKIN, Jeremy, 2000b: «Promoting Justice, Truth and Reconciliation in Transitional Societies: Evaluating Rwanda's Approach In the New Millennium of Using Community Based Gacaca Tribunals To Deal With the Past», in: *International Law FORUM du droit international,* 2/2: 112–121.
SARKIN, Jeremy, 2001a: «The Tension between Justice and Reconciliation in Rwanda: Politics, Human Rights, Due Process and the Role of the Gacaca Courts in Dealing With the Genocide», in: *Journal of African Law*, 45/2: 143–172.
SCHARF, Michael P., 1999: «Responding to Rwanda: Accountability Mechanisms in the Aftermath of Genocide», in: *Journal of International Affairs*, Vol. 52/2: 621–638.
SEBARENZI, Joseph K., 2002: «Rwanda: The fundamental obstacles to reconciliation», in: *GSC Quarterly,* Vol. 3 (winter 2002) [http://www.ssrc.org/gsc/newsletter3/sebarenzi.htm].

SIEFF, Michelle and Leslie V. WRIGHT, 1999: «Reconciling Order and Justice? New Institutional Solutions in Post-Conflict States», in: *Journal of International Affairs*, Vol. 52/2: 757–779.

SIEGEL, Richard L., 1998: «Transitional Justice: A Decade of Debate and Experience», in: *Human Rights Quarterly*, Vol. 20/2: 431–454.

SKAAR, Elin, 1999: «Truth commissions, trials – or nothing? Policy options in democratic transitions», in: *Third World Quarterly*, Vol. 20/6: 1109–1128.

SMID, Stefan, 1986: «Zur Einführung: Niklas Luhmanns systemtheoretische Konzeption des Rechts», in: *Juristische Schulung*, Heft 7: 513–517.

STAHN, Carsten, 2002: «United Nations peace-building, amnesties and alternative forms of justice: A change in practice?», *IRRC – International Review of the Red Cross*, Vol. 84, N° 845: 191–205.

STERN, Vivien, 1999: «Alternatives to prison in developing countries. Some lessons from Africa», in: *Punishment & Society*, Vol. 1/2: 231–241.

TAYLOR, Christopher C., 1990: «Condoms and cosmology. The ‹fractal› person and sexual risk in Rwanda», in: *Social Science and Medicine*, Vol. 31/9:1023–1028.

TEITEL, Ruti G., 2003: «Transitional Justice Genealogy», in: *Harvard Human Rights Journal*, Vol. 16 (Spring 2003): 69–94.

THORNTON, Brenda S., 1999: «The International Criminal Tribunal for Rwanda: A Report from the Field», in: *Journal of International Affairs*, Vol. 52/2: 639–646.

TULLY, Danielle L., 2003: «Human Rights Compliance and the Gacaca Jurisdictions in Rwanda», in: *Boston College International and Comparative Law Review*, Vol. 26/2: 385–414.

VAN ZYL, Paul, 1999: «Dilemmas of Transitional Justice: The Case of South Africa's Truth and Reconciliation Commission», in: *Journal of International Affairs*, Vol. 52/2 (Spring 1999): 647–667.

VIDAL, Claudine, 1969: «Le Rwanda des anthropologues ou le fétichisme de la vache», in: *Cahiers d'études africaines*, Vol. 35, IX–3: 384–401.

VIDAL, Claudine, 1973: «Colonisation et décolonisation du Rwanda: la question tutsi-hutu», in: *Revue française d'études politiques africaines*, N° 91 (juillet 1973): 32–47.

VIDAL, Claudine, 1974: «Économie de la société féodale rwandaise», in: *Cahiers d'études africaines*, Vol. 53, XIV–1: 52–74.

WALGRAVE, Lode, 1999: «La justice restaurative: à la recherche d'une théorie et d'un programme», in: *Criminologie*, Vol. 32/1: 7–29.

WERCHICK, Leah, 2000: «Prospects for Justice in Rwanda's Citizen Tribunals», in: *Human Rights Brief*, Vol. 8/3: 15–28.

WIDNER, Jennifer, 2001: «Courts and Democracy in Postconflict Transitions: A Social Scientist's Perspective on the African Case», in: *The American Journal of International Law*, Vol. 95: 64–75.

B. Arbeitsberichte und Papers nationaler Forschungsstellen und Institutionen

ALL PARTY PARLIAMENTARY GROUP ON RWANDA, THE GREAT LAKES AND PREVENTION ON GENOCIDE, 2000: «Visit to the Great Lakes Region», July 23–August 1, 2000, London.

CENTER FOR RESTORATIVE JUSTICE & PEACEMAKING (ed.), 1996: «Restorative Justice for Victims, Communities and Offenders». *University of Minnesota,* St. Paul, M. N. [http://2ssw.che.umn.edu/rjp/Ressources/Documents/cctr96a.pdf].

DILULIO, John J., 1993: «Rethinking the Criminal Justice System: Toward a New Paradigm». Article prepared for the *U.S. Department of Justice, Bureau of Justice Assistance*, Washington D. C. [http://www.ojp.usdoj.gov/BJA/evaluation/guide/documents/documentI.html].

DREW, Philip J., 2000: «Dealing with mass atrocities and ethnic violence: can alternative forms of justice be effective? A case study of Rwanda». 2000 Dispute Resolution Award Paper. *Canadian Forum on Civil Justice, University of Alberta,* Edmonton [http://www.cfcj-fcjc.org/full-text/rwanda.htm].

DRUMBL, Mark A., 2002: «Lessons for International Criminal Justice from Rwanda». *Washington & Lee Public Law and Legal Theory Research Papers Series*, Research Paper No. 02–13, December 2002, Lexington VA [http://ssrn.com/abstract_id=355300].

FULLERTON, Patrick, 2003: «Trying Genocide Through Gacaca». *Liu Institute for Global Issues,* Vancouver. Unpublished Paper [http://www.gjp.ubc.ca/_media/srch/030613genocide_through_gacaca.pdf].

GASIBIREGE, Simon et Stella BABALOLA, 2001: «Perceptions à propos de la loi gacaca au Rwanda: résultats d'une étude multiméthode». Publication spéciale No. 19, *Université de Johns Hopkins, Centre pour les Programmes de Communication (JHU/CCP)*, Baltimore.

GARRETT, Stephen A., 2000: «Models of Transitional Justice – A Comparative Analysis». *International Studies Association*, Los Angeles, CA [http://www.ciaonet.org/isa/gas02/].

HIPPLER, Jochen, 1999: «Gewaltsame Konflikte, Ethnizität und Möglichkeiten von Solidarität und Hilfe». *Transnational Institute*, Amsterdam [http://www.tni.org/archives/hippler/gewalt.htm].

KELLY, Gráinne and Mari FITZDUFF, 2002: «Government Strategies on Victims in Post-Conflict Societies». *UNU/INCORE, University of Ulster/United Nations University,* Ulster [http://www.incore.ulster.ac.uk/publications/pdf/Government_Strategies.pdf].

KRITZ, Neil J., 1995a: «Rwanda: Accountability for War Crimes and Genocide». Special Report 13, *United States Institute of Peace.* January 1995, Washington D. C. [http://www.usip.org/pubs/specialreports/early/rwanda1.html].

LEE, Ji-Young, 2000: «A Study on the Impact of Transitional Justice on Sustainable Peace in War-torn Societies». *School of International and Area Studies SIAS*, Seoul. Unpublished Master-Thesis [http://gsis.snu.ac.kr/studata/0208thesis_200023259jylee.PDF].

LEVI, Margaret and Cynthia M. HORNE, 2003: «Does Lustration Promote Trustworthy Governance? An Exploration of the Experience of Central and Eastern Europe». *Paper prepared for Trust and Honesty Project*, Budapest Collegium. January 2003, Budapest [http://www.colbud.hu/honesty-trust/horne/LeviHorne.doc].

MARSHALL, Tony F., 1999: «Restorative Justice: An Overview». A report by the *Home Office Research Development and Statistics Directorate*, London [http://www.homeoffice.gov.uk/rds/pdfs/occ-resjus.pdf].

MIHIGO, E., 2002: «L'institution d'Ubushingantahe au Burundi à la lumière de la Sociologie des Droits de l'Homme: Hypothèse de recherche». *Centre National de Démocratie*, Bujumbura [http://www.arib.info/Abashingantahe.htm#d'Ubushingantahe].

NTABONA, Adrien, 1999: «Pour un recours aux institutions des sages en vue de la résolution pacifique des conflits en Afrique. Le cas des Bashingantahe/Sages au Burundi». *Centre des Recherches pour l'Inculturation et le Développement (CRID).* Novembre 1999, Bujumbura.

PEARLMAN, Anne and Ervin STAUB, 2001: «The Gacaca Process as an Avenue toward Healing and Reconciliation. Brief Description». Project Description, *University of Massachusetts Amherst.* October 24, 2001, Amherst [http://www-unix.oit.umass.edu/~gubin/rwandasup/gacaca.htm].

PRENDERGAST, John and David SMOCK, 1999: «Postgenocide Reconstruction: Building Peace in Rwanda and Burundi». *United States Institute of Peace,* Special Report 53. September 1999, Washington, D. C. [http://www.usip.org/pubs/specialreports/sr990915.html].

SIMON, Jan-Michael, 2003: «Strafrechtliche Verantwortlichkeit und Versöhnung. Erfahrungen zum Umgang mit politischer Massengewalt aus Südafrika, Ruanda und El Salvador». *Max-Planck Institut für ausländisches und internationales Strafrecht*, Freiburg i. Br. [http://www.iuscrim.mpg.de/forsch/straf/docs/Simon_Lectures_11.pdf].

UVIN, Peter, 2000: «The Introduction of a Modernised Gacaca for Judging Suspects of Participation in the Genocide and the Massacres of 1994 in Rwanda. A Discussion Paper». *Belgian Secretary of State for Development Cooperation.* June 2000, Brussels [http://fletcher.tufts.edu/humansecurity/pdf/Boutmans.pdf].

VANDEGINSTE, Stef, 1997: «Justice for Rwanda and International Cooperation». Antwerp. Unpublished Paper [http://129.194.252.80/catfiles/0814.pdf].

VANDEGINSTE, Stef, 1998: «A Truth and Reconciliation Approach to the Genocide and Crimes against Humanity in Rwanda». *Réseau Documentaire International sur la Région des Grands Lacs Africains*, Genève [http://129.194.252.80/catfiles/0978.pdf].

VANDEGINSTE, Stef, 2001: «Réparation pour les victimes de génocide, de crimes contre l'humanité et de crimes de guerre au Rwanda», *Draft Paper*. Avril 2001, Anvers. Später publiziert in: Filip REYNTJENS et Stefaan MARYSSE (eds.): *L'Afrique des Grands Lacs. Annuaire 2000–2001*. Paris: L'Harmattan [http://129.194.252.80/catfiles/1980.pdf].

VIDAL, Claudine, 1997: «Données historiques sur les relations entre Hutu, Tutsi et Twa durant la période précoloniale». *Réseau Documentaire International sur la Région des Grands Lacs Africains*, Genève [http://129.194.252.80/catfiles/1147.pdf].

VIDAL, Claudine, 1998: «Les relations entre Hutus et Tutsis de 1750 à 1973: période précoloniale, colonisation et indépendance, première République». *Réseau Documentaire International sur la Région des Grands Lacs Africains*, Genève [http://129.194.252.80/catfiles/1146.pdf].

C. Offizielle Dokumente Rwandas

MANUEL EXPLICATIF SUR LA LOI ORGANIQUE PORTANT CRÉATION DE LA JURIDICTION GACACA. Département des Juridictions Gacaca. Juin 2001, Kigali.

REPUBLIC OF RWANDA, 2000: «Reply to Amnesty International's Report ‹Rwanda: The troubled course of justice›». November, 6, 2000, Kigali.

D. Presseartikel

Printmedien

«Autopsie d'un génocide planifié au Rwanda», *Le Monde diplomatique*, mars 1995.

«Ruandas Justiz kämpft um Gerechtigkeit», *Die Weltwoche*, 9/29.2.1996.

«Difficile reconstruction au Rwanda», *Le Monde diplomatique*, juillet 1996.

«Aus dem Bundesgericht: Einhaltung der Verfahrensrechte wird vermutet. Warum Musema nach Tansania überstellt werden konnte», *Neue Zürcher Zeitung*, 22.5.1997.

«Vérité et réconciliation en Afrique du Sud», *Le Monde diplomatique*, décembre 1998.

«Gerechtigkeit oder Versöhnung in Kambodscha? Schwindende Hoffnung auf ein faires Uno-Tribunal, *Neue Zürcher Zeitung*, 12./13.2.2000.

«Au Rwanda, vivre avec le génocide. Une société entre mémoire et justice», *Le Monde diplomatique*, juillet 2000.

«Gerechtigkeit für Sierra Leone. Plan für Uno-Tribunal zur Ahndung von Kriegsverbrechen», *Neue Zürcher Zeitung*, 27.2.2001.

«La clé pour juger 100'000 détenues», *L'Hebdo*, 8.3.2001.

«Vier Rwander in Belgien vor Gericht. Universelle Jurisdiktion der belgischen Gerichte», *Neue Zürcher Zeitung*, 18.4.2001.
«Warum hast du sie getötet?», *Die Zeit*, 35/2001.
«Rwandas rechtliche Genozid-Bewältigung. Die «Gacaca»-Rechtsprechung – ein heikler Prototyp», *Neue Zürcher Zeitung*, 12.7.2001.
«Le Rwanda essaie d'inventer une nouvelle justice du génocide», *Le Monde*, 22.6.2002.
«Historischer Gerichtsentscheid in Guatemala», *Neue Zürcher Zeitung*, 5./6.10.2002.
«Guatemalas unbewältigte Vergangenheit», *Neue Zürcher Zeitung*, 23./24.11.2002.
«Die Wunde vernarbt», *die tageszeitung*, 30.11.2002.
«Plötzlich will jeder die Wahrheit wissen. Die Spanier stellen sich ihrer Vergangenheit», *NZZ am Sonntag*, 8.12.2002.
«Rwanda entlässt Genozid-Häftlinge», *Neue Zürcher Zeitung*, 12.1.2003.
«Wahrheit für Apartheid-Opfer», *NZZ am Sonntag*, 23.3.2003.
«Das Rwanda-Tribunal ist keine Erfolgsgeschichte», *NZZ am Sonntag*, 23.2.2003.
«Doch noch ein Uno-Tribunal in Kambodscha. Durchbruch nach fünfjährigen Verhandlungen», *Neue Zürcher Zeitung*, 18.3.2003.
«Nur ein rwandisches Volk. Mitläufer beim Genozid bedingt in die Freiheit entlassen», *Neue Zürcher Zeitung*, 6.5.2003.
«Wer aber waren dann die Mörder? In Rwanda haben die Prozesse gegen die Täter des Genozids von 1994 begonnen», *NZZ am Sonntag*, 11.5.2003.
«Zwei Wege zur Lösung des Konflikts zwischen Hutu und Tutsi. Rwanda und Burundi in entscheidenden Etappen ihrer Versöhnungsprozesse», *Neue Zürcher Zeitung*, 21./22.6.2003.
«Abschied vom Genozid-Gesetz in Belgien», *Neue Zürcher Zeitung*, 12.7.2003.
«Eine heikle Aufgabe für den Chefankläger. Der Internationale Strafgerichtshof bleibt umstritten», *Neue Zürcher Zeitung*, 17.7.2003.
«Neuer Genozid-Prozess in Belgien. Zwei Rwander vor einem Brüsseler Schwurgericht», *Neue Zürcher Zeitung*, 22.7.2003.
«Belgien entschärft sein umstrittenes Genozid-Gesetz», *Neue Zürcher Zeitung*, 31.7.2003.
«Die Opferrolle passt nicht zu Del Ponte», *NZZ am Sonntag*, 3.8.2003.
«Die historische Wahrheit für sich gepachtet», *NZZ am Sonntag*, 3.8.2003.
«Die lange Reise der Versöhnung. Zusammenleben ist (noch) keine Selbstverständlichkeit», *Neue Zürcher Zeitung*, 28.11.2003.
«Tribunal für Verbrechen des Baath-Regimes. Irakischer Regierender Rat richtet Sondergericht ein», *Neue Zürcher Zeitung*, 11.12.2003.
«Die Suche nach Saddam Husseins Richtern. Nationale oder internationale Gerichtsbarkeit?, *Neue Zürcher Zeitung*, 20./21.12.2003.
«Pretoria entschädigt Opfer der Apartheid», *Neue Zürcher Zeitung*, 24.12.2003.
«Effizienteres Uno-Tribunal für Rwanda. Doch noch Sühne für den Völkermord von 1994?», *Neue Zürcher Zeitung*, 15.1.2004.
«Pragmatisches Vorgehen des Internationalen Strafgerichtshofs», *Neue Zürcher Zeitung*, 15.1.2004.

Presseberichte der «Fondation Hirondelle» [http://www.hirondelle.org]

«Les Rwandais expriment des sentiments partagés sur les ‹gacaca›». *Hirondelle News*, Kigali, 4 mai 2001.

«Hopes and Fears as Rwanda launches Participative Justice». *Hirondelle News*, Kigali, october 11, 2001.

«Del Ponte impatiente de voir les procès du TPIR à Kigali», *Fondation Hirondelle*, 17 janvier 2002.

«Plus d'un million de morts: Bilan officiel», *Fondation Hirondelle*, 8 février 2002.

«Formation des juges des Gacaca a partir du 8 avril 2002», *Fondation Hirondelle*, 2 avril 2002.

«Le lent décollage des Gacaca», *Fondation Hirondelle*, 1 octobre 2002.

«Les premiers Gacacas nationaux mobilisent la population», *Fondation Hirondelle*, 10 décembre 2002.

«Interview exclusive: Le ministre de la justice fait un premier bilan», *Fondation Hirondelle*, 10 décembre 2002.

«Génocide rwandais: Le prix de la réconciliation», *Fondation Hirondelle*, 19 décembre 2002.

«Gacaca: La justice en prison», *Fondation Hirondelle*, 20 janvier 2003.

«Le Rwanda va relâcher plus de 30'000 suspects de génocide», *Fondation Hirondelle*, 23 janvier 2003.

«Des milliers de suspects de génocide libérés des camps de solidarité», *Fondation Hirondelle*, 6 mai 2003.

«Les gacacas, un an après», *Fondation Hirondelle*, 11 juin 2003.

«Les procès gacaca débuteront après les élections», *Fondation Hirondelle*, 18 juin 2003.

«A la veille du verdict dans le plus grand procès groupé», *Fondation Hirondelle*, 30 juillet 2003.

«Onze condamnations à mort dans le plus grand procès pour génocide», *Fondation Hirondelle*, 1 août 2003.

«Les cours rwandaises face au génocide», *Fondation Hirondelle*, 17 septembre 2003.

«Le début des procès reporté à l'année prochaine», *Fondation Hirondelle*, 1 octobre 2003.

E. Rechtsquellen

INSTRUCTION N° 001 du 11/06/2002 du Président de la Cour Suprême régissant les observateurs dans les activités des juridictions «gacaca», *Gazette officielle de la République du Rwanda.*

LOI ORGANIQUE N° 8/1996 du 30/08/1996 sur l'organisation des poursuites des infractions constitutives du crime de génocide ou des crimes contre l'humanité, commises à partir du 1er octobre 1990, *Gazette officielle de la République du Rwanda.*

LOI ORGANIQUE N° 40/2000 du 26/01/2001 portant création des «juridictions gacaca» et organisation des poursuites des infractions constitutives du crime de génocide ou des crimes contre l'humanité, commises entre le 1er octobre 1990 et le 31 décembre 1994, *Gazette officielle de la République du Rwanda.*

STATUTE OF THE INTERNATIONAL CRIMINAL TRIBUNAL FOR RWANDA, adopted by the Security Council at its 3453rd meeting, on 8 November 1994. S/RES/955 (1994).

III. Monographien

ABU-NIMER, Mohammed (ed.), 2001: *Reconciliation, Justice, and Coexistence: Theory and Practice.* Lanham, M. D.: Lexington Books.

AMSELLE, Jean-Loup et Elikia M'BOKOLO (eds.), 1999 (1985): *Au cœur de l'ethnie. Ethnie, tribalisme et État en Afrique.* Paris: La Découverte.

ANDERSON, Benedict, 1996 (1983): *Die Erfindung der Nation. Zur Karriere eines folgenreichen Konzepts.* Frankfurt; New York: Campus Verlag.

ASSEFA, Hizkias, 2001: «Reconciliation», pp. 336–342 in: Luc REYCHLER and Thania PAFFENHOLZ (eds.): *Peace Building: A Field Guide.* Boulder-London: Lynne Rienner.

AUBERT, Vilhelm, 1997 (1969): «Case Studies of Law in Western Societies», pp. 273–303 in: Laura NADER (ed.): *Law in Culture and Society.* Berkeley; Los Angeles; London: University of California Press.

BAH, Thierno, 1999: «Les mécanismes traditionnels de prévention et de résolution des conflits en afrique noire», pp. 22–34 in: Federico M. MAYOR et Edouard MATOKO (eds.): *Les fondements endogènes d'une culture de la paix en Afrique: Mécanismes traditionnels de prévention et de résolution des conflits.* Paris: UNESCO [http://www.unesco.org/cpp/publications/mecanismes/].

BALANDIER, Georges, 1999 (1967): *Anthropologie politique.* 4e édition. Paris: Quadrige / Presses Universitaires de France.

BARAHONA DE BRITO, Alexandra, Carmen GONZÁLEZ-ENRÍQUEZ and Paloma AGUILAR (eds.), 2001: *The Politics of Memory: Transitional Justice in Democratizing Societies.* Oxford: Oxford University Press.

BENOMAR, Jamal, 1995: «Justice after Transitions», pp. 32–43 in: Neil J. KRITZ (ed.): *Transitional Justice: How Emerging Democracies Reckon with Former Regimes.* Vol. I: General Considerations. Washington, D. C.: United States Institute of Peace Press [excerpted from: BENOMAR, Jamal, 1993: «Justice after Transition» in: *Journal of Democracy*, Vol. 4/1: 3–14].

BIRAMVU, Jean-Paul, 2000: «Justice et lutte contre l'impunité au Rwanda: La poursuite des crimes de génocide et des crimes contre l'humanité», in: Charles DE LESPINAY et Emile MWOROHA (eds.): *Construire l'État de droit. Le Burundi et la région des Grands Lacs*. Paris: L'Harmattan.

BLOOMFIELD, David, 2003a: «Reconciliation: an Introduction», pp. 10–18 in: INTERNATIONAL INSTITUTE FOR DEMOCRACY AND ELECTORAL ASSISTANCE (ed.): *Reconciliation after Violent Conflict. A Handbook*. Stockholm: International Institute for Democracy and Electoral Assistance.

BLOOMFIELD, David, 2003b: «The context of reconciliation», pp. 40–48 in: INTERNATIONAL INSTITUTE FOR DEMOCRACY AND ELECTORAL ASSISTANCE (ed.): *Reconciliation after Violent Conflict. A Handbook*. Stockholm: International Institute for Democracy and Electoral Assistance.

BOHANNAN, Paul (ed.), 1967: *Law and Warfare. Studies in the Anthropology of Conflict.* Garden City, N.Y.: The Natural History Press.

BRAITHWAITE, John, 1989: *Crime, Shame and Reintegration*. Cambridge: Cambridge University Press.

BRONKHORST, Daan, 1995: *Truth and Reconciliation. Opportunities and obstructions for human rights*. Amsterdam: Amnesty International.

BURTON, Mary, 1998: «The South African Truth and Reconciliation Commission: Looking back, moving forward – revisiting conflicts, striving towards peace», pp. 13–24 in: Brandon HAMBER (ed.): *Past Imperfect: Dealing with the Past in Northern Ireland and South Africa*. Derry/Londonderry, Northern Ireland: INCORE/UU.

CALMEYN, Stefaan, 2002: «Rwanda after the Genocide», pp. 190–198 in: Timo KIVIMÄKI and Liisa LAAKSO (eds.): *Agents, Motives and Instruments. An Atlas of African Conflicts*. Helsinki: Helsinki University Press.

CARNEIRO, Robert L., 1973: «Eine Theorie zur Entstehung des Staates», pp. 153–174 in: Klaus EDER (Hrsg.): *Die Entstehung von Klassengesellschaften*. Frankfurt a. M.: Suhrkamp.

CHRÉTIEN, Jean-Pierre, 1999 (1985): «Hutu et Tutsi au Rwanda et au Burundi», pp. 129–164 in: Jean-Loup AMSELLE et Elikia M'BOKOLO (eds.): *Au cœur de l'ethnie. Ethnie, tribalisme et État en Afrique*. Paris: La Découverte.

CROCKER, Chester A., Fen Osler HAMPSON and Pamela AALL (eds.), 1996: *Managing Global Chaos: Sources of and Responses to International Conflict*. Washington, D. C.: United States Institute of Peace Press.

CROCKER, David A., 2000, «Truth Commissions, Transitional Justice, and Civil Society», pp. 99–121 in: Robert I. ROTBERG and Dennis THOMPSON (eds.): *Truth v. Justice: The Moral Efficacy of Truth Commissions: South Africa and Beyond. Princeton*, N.J.: Princeton University Press.

DABAG, Mihran und Kristin PLATT (Hrsg.), 1998: *Genozid und Moderne. Strukturen kollektiver Gewalt im 20. Jahrhundert*. Bd. 1. Opladen: Leske + Budrich.

DEBIEL, Tobias, 2002: «Haben Krisenregionen eine Chance auf tragfähigen Frieden? Zur schwierigen Transformation von Gewaltstrukturen», pp. 20–65 in: Tobias

DEBIEL (Hrsg.): *Der zerbrechliche Frieden. Krisenregionen zwischen Staatsversagen, Gewalt und Entwicklung.* Aus der Reihe EINE Welt – Texte der Stiftung Entwicklung und Frieden; Bd. 13. Bonn: Dietz.

DE LESPINAY, Charles, 2000: «Valeurs traditionnelles, justice de proximité et institutions (Rwanda et Burundi)», in: Charles DE LESPINAY et Emile MWOROHA (eds.): *Construire l'État de droit. Le Burundi et la région des Grands Lacs.* Paris: L'Harmattan.

DÉPARTEMENT D'HISTOIRE DE L'UNIVERSITÉ DU BURUNDI (ed.), 1991: *Histoire sociale de l'Afrique de l'Est (XIXe–XXe siècle).* Actes du Colloque de Bujumbura (17–24 octobre 1989). Paris: Karthala.

DES FORGES, Alison, 2002: *Kein Zeuge darf überleben. Der Genozid in Ruanda.* Hamburg: Hamburger Edition. [Titel der Originalausgabe: «Leave None to Tell the Story: Genocide in Rwanda», Human Rights Watch, 1999].

DURKHEIM, Émile, 1996 (1930): *Über soziale Arbeitsteilung. Studie über die Organisation höherer Gesellschaften.* Frankfurt a. M.: Suhrkamp.

ENWEZOR, Okwui, Carlos BASUALDO, Ute META BAUER, et al. (Hrsg.), 2002: *Experimente mit der Wahrheit: Rechtssysteme im Wandel und die Prozesse der Wahrheitsfindung und Versöhnung.* Documenta11_Plattform2. Ostfildern-Ruit: Verlag Hatje Cantz.

ESTRADA-HOLLENBECK, Mica, 1996: «Forgiving in the Face of Injustice: Victims' and Perpetrators' Perspectives», pp. 303–313 in: Burt GALAWAY and Joe HUDSON (eds.): *Restorative Justice: International Perspectives.* Monsey, N. Y.: Criminal Justice Press.

ESTRADA-HOLLENBECK, Mica, 2001: «The Attainment of Justice through Restoration, Not Litigation. The Subjective Road to Reconciliation», pp. 65–85 in: Mohammed ABU-NIMER (ed.): *Reconciliation, Justice, and Coexistence: Theory and Practice.* Lanham, M. D.: Lexington Books.

EVANS-PRITCHARD, Edward E., 1988: *Hexerei, Orakel und Magie bei den Zande.* Frankfurt a. M.: Suhrkamp.

FÖRSTER, Stig und Gerhard HIRSCHFELD (Hrsg.), 1999: *Genozid in der modernen Geschichte.* Jahrbuch für historische Friedensforschung; 7. Münster: LIT Verlag.

FREEMAN, Mark and Priscilla B. HAYNER, 2003a: «Truth-Telling», pp. 122–139 in: INTERNATIONAL INSTITUTE FOR DEMOCRACY AND ELECTORAL ASSISTANCE (ed.): *Reconciliation after Violent Conflict. A Handbook.* Stockholm: International Institute for Democracy and Electoral Assistance.

FREEMAN, Mark and Priscilla B. HAYNER, 2003b: «The Truth Commissions of South Africa and Guatemala», pp. 140–144 in: INTERNATIONAL INSTITUTE FOR DEMOCRACY AND ELECTORAL ASSISTANCE (ed.): *Reconciliation after Violent Conflict. A Handbook.* Stockholm: International Institute for Democracy and Electoral Assistance.

GALAWAY, Burt and Joe HUDSON (eds.), 1996: *Restorative Justice: International Perspectives.* Monsey, N. Y.: Criminal Justice Press.

GLUCKMAN, Max, 1984 (1965): *Politics, Law and Ritual in Tribal Society*. Oxford: Basil Blackwell.

GOUREVITCH, Philip, 1999: *Wir möchten Ihnen mitteilen, dass wir morgen mit unseren Familien umgebracht werden. Berichte aus Ruanda*. Berlin: Berlin-Verlag.

GULLIVER, P.H., 1997 (1969): «Case Studies of Law in Non-Western Societies», pp. 11–23 in: Laura NADER (ed.): *Law in Culture and Society*. Berkeley; Los Angeles; London: University of California Press.

HABERMAS, Jürgen, 1992 (1986): «Recht und Moral (Tanner Lecturers 1986)», pp. 541–599 in: DERS.: *Faktizität und Geltung. Beiträge zur Diskurstheorie des Rechts und des demokratischen Rechtsstaats*. Frankfurt a.M.: Suhrkamp.

HAYNER, Priscilla B., 1995: «Fifteen Truth Commissions – 1974 to 1994: A Comparative Study», pp. 225–261 in: Neil J. KRITZ (ed.): *Transitional Justice: How Emerging Democracies Reckon with Former Regimes*. Vol. I: General Considerations. Washington, D.C.: United States Institute of Peace Press [excerpted from: HAYNER, Priscilla B., 1994: «Fifteen Truth Commissions – 1974 to 1994: A Comparative Study», in: *Human Rights Quarterly*, Vol. 16/2: 600–611, 613–633, 635–655].

HARRIS, Peter and Ben REILLY (eds.), 1998: *Democracy and Deep-Rooted Conflict: Options for Negotiators*. Stockholm: International Institute for Democracy and Electoral Assistance.

HOEBEL, E. Adamson, 1976: «Song Duels among the Eskimo», pp. 255–262 in: Paul BOHANNAN (ed.): *Law and Warfare. Studies in the Anthropology of Conflict*. Garden City, N.Y.: The Natural History Press.

HUDSON, Joe and Burt GALAWAY, 1996: «Introduction», pp. 1–14 in: Burt GALAWAY and Joe HUDSON (eds.): *Restorative Justice: International Perspectives*. Monsey, N.Y.: Criminal Justice Press.

HUNTINGTON, Samuel P., 1991: *The Third Wave. Democratization in the Late Twentieth Century*. Norman, Oklahoma: University of Oklahoma Press.

HUYSE, Luc, 1998: «Transitional Justice», pp. 273–280 in: Peter HARRIS and Ben REILLY (eds.): *Democracy and Deep-Rooted Conflict: Options for Negotiators*. Stockholm: International Institute for Democracy and Electoral Assistance.

HUYSE, Luc, 2001: «Dealing with the Past in South Africa», pp. 358–364 in: Luc REYCHLER and Thania PAFFENHOLZ (eds.): *Peace Building: A Field Guide*. Boulder-London: Lynne Rienner.

HUYSE, Luc, 2003a: The process of reconciliation», pp. 19–33 in: INTERNATIONAL INSTITUTE FOR DEMOCRACY AND ELECTORAL ASSISTANCE (ed.): *Reconciliation after Violent Conflict. A Handbook*. Stockholm: International Institute for Democracy and Electoral Assistance.

HUYSE, Luc, 2003b: «Victims», pp. 54–66 in: INTERNATIONAL INSTITUTE FOR DEMOCRACY AND ELECTORAL ASSISTANCE (ed.): *Reconciliation after Violent Conflict. A Handbook*. Stockholm: International Institute for Democracy and Electoral Assistance.

HUYSE, Luc, 2003c: «Offenders», pp. 67–76 in: INTERNATIONAL INSTITUTE FOR DEMOCRACY AND ELECTORAL ASSISTANCE (ed.): *Reconciliation after Violent Conflict. A Handbook*. Stockholm: International Institute for Democracy and Electoral Assistance.

HUYSE, Luc, 2003d: «Justice», pp. 97–115 in: INTERNATIONAL INSTITUTE FOR DEMOCRACY AND ELECTORAL ASSISTANCE (ed.): *Reconciliation after Violent Conflict. A Handbook*. Stockholm: International Institute for Democracy and Electoral Assistance.

INTERNATIONAL INSTITUTE FOR DEMOCRACY AND ELECTORAL ASSISTANCE (ed.), 2003: *Reconciliation after Violent Conflict. A Handbook*. Stockholm: International Institute for Democracy and Electoral Assistance.

JOUTSEN, Matti and Ugljesa ZVEKIC, 1994: «Noncustodial Sanctions: Comparative Overview», pp. 1–42 in: Ugljesa ZVEKIC (ed.): *Alternatives to imprisonment in comparative perspective*. Chicago: United Nations Interregional Crime and Justice Research Institute.

KIMMINICH, Otto und Stefan HOBE, 2000: *Einführung in das Völkerrecht*. 7. Aufl. Tübingen; Basel: Francke.

KRITZ, Neil J. (ed.), 1995b: *Transitional Justice: How Emerging Democracies Reckon with Former Regimes*. Vol. I: General Considerations. Washington, D. C.: United States Institute of Peace Press.

KRITZ, Neil J., 1996b: «The Rule of Law in the Postconflict Phase», pp. 587–606 in: Chester A. CROCKER, Fen Osler HAMPSON and Pamela AALL (eds.): *Managing Global Chaos: Sources of and Responses to International Conflict*. Washington, D. C.: United States Institute of Peace Press.

LAMBOURNE, Wendy, 2001: «Justice and Reconciliation. Postconflict Peacebuilding in Cambodia and Rwanda», pp. 311–337 in: Mohammed ABU-NIMER (ed.): *Reconciliation, Justice, and Coexistence: Theory and Practice*. Lanham, M. D.: Lexington Books.

LEDERACH, John P., 1997: *Building Peace. Sustainable Reconciliation in Divided Societies*. Washington, D. C.: United States Institute of Peace Press.

LÉVI-STRAUSS, Claude, 1981: *Die elementaren Strukturen der Verwandtschaft*. Frankfurt a. M.: Suhrkamp.

LÉVI-STRAUSS, Claude, 1981 (1962): *Das wilde Denken*. Frankfurt a. M.: Suhrkamp.

LINDQVIST, Sven, 2002: *Durch das Herz der Finsternis. Ein Afrika-Reisender auf den Spuren des europäischen Völkermords*. Zürich: Unionsverlag.

LUHMANN, Niklas, 1987: *Rechtssoziologie*. 3. Auflage. Opladen: Westdeutscher Verlag.

LUHMANN, Niklas, 1995: *Das Recht der Gesellschaft*. Frankfurt a. M.: Suhrkamp.

LUHMANN, Niklas, 1997: *Die Gesellschaft der Gesellschaft*. 2 Bände. Frankfurt a. M.: Suhrkamp.

LUND, Michael, 1998: «Reckoning for Past Wrongs: Truth Commissions and War Crimes Tribunals», pp. 281–298 in: Peter HARRIS and Ben REILLY (eds.): *Democracy and Deep-Rooted Conflict: Options for Negotiators*. Stockholm: International Institute for Democracy and Electoral Assistance.

MAGNARELLA, Paul J., 2000: *Justice in Africa: Rwanda's Genocide, Its Courts, and the UN Criminal Tribunal.* Aldershot: Ashgate.

MAKOROKA, Stanislas, 2000: «La justice de droit écrit: lutte contre l'impunité au Burundi et dans la région des Grands Lacs», in: Charles DE LESPINAY et Emile MWOROHA (eds.): *Construire l'État de droit. Le Burundi et la région des Grands Lacs.* Paris: L'Harmattan.

MALAMUD-GOTI, Jaime, 1995: «Transitional Governments in the Breach: Why Punish State Criminals?», pp. 189–202 in: Neil J. KRITZ (ed.): *Transitional Justice: How Emerging Democracies Reckon with Former Regimes.* Vol. I: General Considerations. Washington, D. C.: United States Institute of Peace Press [reprinted from: MALAMUD-GOTI, Jaime, 1990: «Transitional Govern-ments in the Breach: Why Punish State Criminals?», in: *Human Rights Quarterly*, Vol. 12/1: 1–16].

MAMDANI, Mahmood, 2001: *When victims become killers. Colonialism, Nativism, and the Genocide in Rwanda.* Princeton, New Jersey: Princeton University Press.

MAMDANI, Mahmood, 2002: «Auf der Suche nach Sinn in der politischen Gewalt im postkolonialen Afrika», pp. 21–46 in: Okwui ENWEZOR, Carlos BASUALDO, Ute META BAUER, et al. (Hrsg.): *Experimente mit der Wahrheit: Rechtssysteme im Wandel und die Prozesse der Wahrheitsfindung und Versöhnung.* Documenta11_Plattform2. Ostfildern-Ruit: Verlag Hatje Cantz.

MAUSS, Marcel, 1990 (1950): *Die Gabe. Form und Funktion des Austausches in archaischen Gesellschaften.* Frankfurt a. M.: Suhrkamp.

MAYOR, Federico M. et Edouard MATOKO (eds.), 1999: *Les fondements endogènes d'une culture de la paix en Afrique: Mécanismes traditionnels de prévention et de résolution des conflits.* Paris: UNESCO [http://www.unesco.org/cpp/publications/mecanismes/].

MCADAMS, James A. (ed.), 1997: *Transitional Justice and the Rule of Law in New Democracies.* Notre Dame and London: University of Notre Dame Press.

MCCOLD, Paul, 1996: «Restorative Justice and the Role of Community», pp. 85–101 in: Burt GALAWAY and Joe HUDSON (eds.): *Restorative Justice: International Perspectives.* Monsey, N.Y.: Criminal Justice Press.

MÉNDEZ, Juan E., 1997b: «In Defense of Transitional Justice», pp. 1–26 in: James A. MCADAMS (ed.): *Transitional Justice and the Rule of Law in New Democracies.* Notre Dame and London: University of Notre Dame Press.

MINOR, Kevin I. and J. T. MORRISON, 1996: «A Theoretical Study and Critique of Restorative Justice», pp. 117–133 in: Burt GALAWAY and Joe HUDSON (eds.): *Restorative Justice: International Perspectives.* Monsey, N. Y.: Criminal Justice Press.

MINOW, Martha, 1998: *Between Vengeance and Forgiveness. Facing History after Genocide and Mass Violence.* Boston: Beacon Press.

MWOHORA, Émile, 1991: «L'État monarchique et son emprise sur la société dans la région des Grands Lacs au XIXe siècle», pp. 37–58 in: DÉPARTEMENT D'HISTOIRE DE L'UNIVERSITÉ DU BURUNDI (ed.): *Histoire sociale de l'Afrique de l'Est (XIXe–XXe siècle).* Actes du Colloque de Bujumbura (17–24 octobre 1989). Paris: Karthala.

NADER, Laura (ed.) 1997 (1969): *Law in Culture and Society.* Berkeley; Los Angeles; London: University of California Press.

NETZIG, Lutz and Thomas TRENCZEK, 1996: «Restorative Justice as Participation: Theory, Law, Experience and Research», pp. 241–260 in: Burt GALAWAY and Joe HUDSON (eds.): *Restorative Justice: International Perspectives.* Monsey, N.Y.: Criminal Justice Press.

NEWBURY, Catharine, 1989: *The Cohesion of Oppression: Clientship and Ethnicity in Rwanda, 1860–1960.* New York: Columbia University Press.

NKURIKIYIMFURA, Jean-Népomucène, 1994: *Le gros bétail et la société Rwandaise. Evolution historique des XIIe–XIVe siècles à 1958.* Paris: L'Harmattan.

NTABONA, Adrien, 2000: «L'Institution des Bashingantahe (Sages) et la reconstruction de l'État de droit au Burundi», in: Charles DE LESPINAY et Emile MWOROHA (eds.): *Construire l'État de droit. Le Burundi et la région des Grands Lacs.* Paris: L'Harmattan.

NTAHOMBAYE, Philippe, 1999: «L'institution des bashingantahe en tant que mécanisme traditionnel de prévention et de résolution pacifique des conflits au Burundi», pp. 57–69 in: Federico M. MAYOR et Edouard MATOKO (eds.): *Les fondements endogènes d'une culture de la paix en Afrique: Mécanismes traditionnels de prévention et de résolution des conflits.* Paris: UNESCO [http://www.unesco.org/cpp/publications/mecanismes/edntahombaye.htm].

NTAMPAKA, Charles, 1997: «Family Law in Rwanda», pp. 415–433 in: Andrew BAINHAM (ed.): *The International Survey of Family Law 1995.* In collaboration with The International Society of Family Law. The Hague: Nijhoff.

ODEKUNLE, Elufemi, 1994: «Alternatives to Imprisonment in Africa: An Overview», pp. 45–52 in: Ugljesa ZVEKIC (ed.): *Alternatives to imprisonment in comparative perspective.* Chicago: United Nations Interregional Crime and Justice Research Institute.

ORENTLICHER, Diane F., 1995: «Settling Accounts: The Duty to Prosecute Human Rights Violations of a Prior Regime», pp. 375–416 in: Neil J. KRITZ (ed.): *Transitional Justice: How Emerging Democracies Reckon with Former Regimes.* Vol. I: General Considerations. Washington, D.C.: United States Institute of Peace Press [excerpted from: ORENTLICHER, Diane F., 1991: «Settling Accounts: The Duty to Prosecute Human Rights Violations of a Prior Regime», in: *The Yale Law Journal,* Vol. 100: 2539–2558, 2560–2569, 2571–2579, 2582–2586, 2593–2612, 2615].

PERESS, Gilles, 1995: *The silence.* New York: Scalo Publishers.

PLATT, Kristin, 1998: «Genozid und Moderne. Einleitung», pp. 5–39 in: Mihran DABAG und Kristin PLATT (Hrsg.): *Genozid und Moderne. Strukturen kollektiver Gewalt im 20. Jahrhundert.* Bd. 1. Opladen: Leske + Budrich.

POSPISIL, Leopold, 1967: «The Attributes of Law», pp. 25–41 in: Paul BOHANNAN (ed.): *Law and Warfare. Studies in the Anthropology of Conflict.* Garden City, N.Y.: The Natural History Press.

PRUNIER, Gérard, 2002 (1995): *The Rwanda Crisis. History of a Genocide.* London: Hurst & Company.

RANDELZHOFER, Albrecht (Hrsg.), 1998: *Völkerrechtliche Verträge.* 8. neubearb. Aufl. München: Deutscher Taschenbuch Verlag.

REDFIELD, Robert, 1967: «Primitive Law», pp. 3–24 in: Paul BOHANNAN (ed.): *Law and Warfare. Studies in the Anthropology of Conflict.* Garden City, N.Y.: The Natural History Press.

REYCHLER, Luc and Thania PAFFENHOLZ (eds.), 2001: *Peace Building: A Field Guide.* Boulder-London: Lynne Rienner.

REYNTJENS, Filip and Stef VANDEGINSTE, 2001: «Traditional Approaches to Negotiation and Mediation: Examples from Africa. Burundi, Rwanda, and Congo», pp. 128–138 in: Luc REYCHLER and Thania PAFFENHOLZ (eds.): *Peace Building: A Field Guide.* Boulder-London: Lynne Rienner.

ROSSI, Pietro, 1987: «Die Rationalisierung des Rechts und ihre Beziehung zur Wirtschaft», pp. 37–54 in: REHBINDER, Manfred und Klaus-Peter TIECK (Hrsg.): *Max Weber als Rechtssoziologe.* Schriftenreihe zur Rechtssoziologie und Rechtstatsachenforschung, Bd. 63. Berlin: Duncker & Humblot.

SACHS, Albie, 2002: «Verschiedene Arten von Wahrheit: Die Südafrikanische Wahrheits- und Versöhnungskommission», pp. 47–66 in: Okwui ENWEZOR, Carlos BASUALDO, Ute META BAUER, et al. (Hrsg.): *Experimente mit der Wahrheit: Rechtssysteme im Wandel und die Prozesse der Wahrheitsfindung und Versöhnung.* Documenta11_Plattform2. Ostfildern-Ruit: Verlag Hatje Cantz.

SARKIN, Jeremy, 2001b: «Towards Finding a Solution for the Problems Created by the Politics of Identity in the Democratic Republic of the Congo (DRC): Designing a Constitutional Framework for Peaceful Cooperation», pp. 67–80 in: Hussein SOLOMON, et al. (ed.): *Politics of Identity and Exclusion in Africa. From Violent Confrontation to Peaceful Cooperation.* Johannesburg: Konrad Adenauer Foundation.

SCHERRER, Christian P., 1999: «Ethnisierung und Völkermord in Zentralafrika: Rwanda und Burundi – Länder der tausend Massengräber», pp. 101–129 in: Stig FÖRSTER und Gerhard HIRSCHFELD (Hrsg.): *Genozid in der modernen Geschichte.* Jahrbuch für historische Friedensforschung; 7. Münster: LIT Verlag.

SCHÜRINGS, Hildegard (Hrsg.), 1994: *Ein Volk verlässt sein Land. Krieg und Völkermord in Ruanda.* Köln: Neuer ISP Verlag.

SCHWARTZ, Herman, 1995: «Lustration in Eastern Europe», pp. 461–483 in: Neil J. KRITZ (ed.): *Transitional Justice: How Emerging Democracies Reckon with Former Regimes.* Vol. I: General Considerations. Washington, D.C.: United States Institute of Peace Press [excerpted from: SCHWARTZ, Herman, 1994: «Lustration in Eastern Europe», in: *Parker School of East European Law,* Vol. 1/2: 141–171].

SERVICE, Elman R., 1977: *Ursprünge des Staates und der Zivilisation. Der Prozess der kulturellen Evolution.* Frankfurt a. M.: Suhrkamp.

SILVERMAN, Philip and Robert J. MAXWELL, 1987: «The significance of information and power in the comparative study of the aged», pp. 43–55 in: Jay SOKOLOVSKY (ed.): *Growing old in different societies: Cross-cultural perspectives.*. Acton, MA: Copley Publishing Group.

SIMMONS, Leo W, 1945: *The role of the aged in primitive society.* New Haven: Yale University Press.

SOYINKA, Wole, 2001: *Die Last des Erinnerns. Was Europa Afrika schuldet – und was Afrika sich selbst schuldet.* Düsseldorf: Patmos Verlag. [Titel der Originalausgabe: «The Burden of Memory, the Muse of Forgiveness», Oxford University Press, 1999].

TADJO, Véronique, 2001: *Der Schatten Gottes. Reise ans Ende Ruandas.* Wuppertal: Peter Hammer Verlag.

TEITEL, Ruti G., 2000: *Transitional Justice.* New York: Oxford University Press.

TEITEL, Ruti G., 2002: «Der Wandel des Rechtssystems als liberale Erzählung», pp. 273–293 in: Okwui ENWEZOR, Carlos BASUALDO, Ute META BAUER, et al. (Hrsg.): *Experimente mit der Wahrheit: Rechtssysteme im Wandel und die Prozesse der Wahrheitsfindung und Versöhnung.* Documenta11_Plattform2. Ostfildern-Ruit: Verlag Hatje Cantz.

THEISSEN, Gunnar, 2001: *Supporting Justice, Co-Existence and Reconciliation after Armed Conflict: Strategies for Dealing with the Past.* Berghof Handbook for Conflict Transformation. Berlin: Berghof Research Center for Constructive Conflict Management.

UVIN, Peter, 2003: «The *Gacaca* Tribunals in Rwanda», pp. 116–121 in: INTERNATIONAL INSTITUTE FOR DEMOCRACY AND ELECTORAL ASSISTANCE (ed.): *Reconciliation after Violent Conflict. A Handbook.* Stockholm: International Institute for Democracy and Electoral Assistance.

VANDEGINSTE, Stef, 2003: «Reparation», pp. 145–162 in: INTERNATIONAL INSTITUTE FOR DEMOCRACY AND ELECTORAL ASSISTANCE (ed.): *Reconciliation after Violent Conflict. A Handbook.* Stockholm: International Institute for Democracy and Electoral Assistance.

VAN BOVEN, Theo, 1995: «Study Concerning the Right to Restitution, Compensation and Rehabilitation for Victims of Gross Violations of Human Rights and Fundamental Freedoms», pp. 505–550 in: Neil J. KRITZ (ed.): *Transitional Justice: How Emerging Democracies Reckon with Former Regimes.* Vol. I: General Considerations. Washington, D. C.: United States Institute of Peace Press [excerpted from: U. N. Doc. E/CN.4/Sub.2/1990/10 (26 July 1990)].

VAN DER MERWE, Hugo, 2001: «Reconciliation and Justice in South Africa. Lessons from the TRC's Community Interventions», pp. 187–207 in: Mohammed ABU-NIMER (ed.): *Reconciliation, Justice, and Coexistence: Theory and Practice.* Lanham, M. D.: Lexington Books.

VAN NESS, Daniel W., 1996: «Restorative Justice and International Human Rights», pp. 17–35 in: Burt GALAWAY and Joe HUDSON (eds.): *Restorative Justice: International Perspectives.* Monsey, N. Y.: Criminal Justice Press.

VIDAL, Claudine, 1999 (1985): «Situations ethniques au Rwanda», pp. 167–184 in: Jean-Loup AMSELLE et Elikia M'BOKOLO (eds.): *Au cœur de l'ethnie. Ethnie, tribalisme et État en Afrique*. Paris: La Découverte.

VIVELO, Frank R., 1981: *Handbuch der Kulturanthropologie*. Stuttgart: Klett-Cotta.

WEBER, Max, 1976: *Wirtschaft und Gesellschaft*. Grundriss der Verstehenden Soziologie. Fünfte, revidierte Auflage, besorgt von Johannes WINCKELMANN. Studienausgabe. Tübingen: J. C. B. Mohr.

WESCHLER, Lawrence, 1995: «A Miracle, A Universe: Settlings Accounts With Torturers», pp. 491–499 in: Neil J. KRITZ (ed.): *Transitional Justice: How Emerging Democracies Reckon with Former Regimes*. Vol. I: General Considerations. Washington, D. C.: United States Institute of Peace Press [excerpted from: WESCHLER, Lawrence, 1990: *A Miracle, A Universe: Settling Accounts with Torturers*. Pantheon Books].

ZALAQUETT, José, 1995: «Confronting Human Rights Violations Committed by Former Governments: Principles Applicable and Political Constraints», pp. 3–31 in: Neil J. KRITZ (ed.): *Transitional Justice: How Emerging Democracies Reckon with Former Regimes*. Vol. I: General Considerations. Washington, D. C.: United States Institute of Peace Press [excerpted from: ZALAQUETT, José, 1989: «Confronting Human Rights Violations Committed by Former Governments: Principles Applicable and Political Constraints», pp. 23, 26–65 in: ASPEN INSTITUTE (ed.): *State Crimes: Punishment or Pardon*].

ZEHR, Howard, 2001: «Restorative Justice», pp. 330–335 in: Luc REYCHLER and Thania PAFFENHOLZ (eds.): *Peace Building: A Field Guide*. Boulder-London: Lynne Rienner.

ZVEKIC, Ugljesa. (ed.), 1994: *Alternatives to imprisonment in comparative perspective*. Chicago: United Nations Interregional Crime and Justice Research Institute.

Anhang

Die zehn Gebote für Hutu*

1. Jeder Hutu muss wissen, dass eine Tutsi-Frau nur im Interesse ihrer ethnischen Gruppe handelt, ganz gleich wo. Deshalb ist für uns jeder Hutu ein Verräter, der:
   - eine Tutsi-Frau heiratet,
   - sich mit einer Tutsi-Frau anfreundet.
   - eine Tutsi-Frau als Sekretärin oder Konkubine nimmt.

2. Jeder Hutu muss wissen, dass unsere Hutu-Mädchen besser und gewissenhafter sind in ihrer Rolle als Frau, Ehefrau und Mutter. Sind sie nicht schön, gute Sekretärinnen und dabei anständig?

3. Hutu-Frauen, seid wachsam und bemüht, eure Ehemänner, Brüder und Söhne wieder zur Vernunft zu bringen.

4. Jeder Hutu muss wissen, dass ein Tutsi in geschäftlichen Dingen unredlich ist. Er hat nur das eine Ziel: die Vorherrschaft seiner ethnischen Gruppe. Deshalb ist jeder Hutu ein Verräter, der:
   - sich auf Geschäfte mit einem Tutsi einlässt,
   - sein Geld oder Geld des Staats in ein Tutsi-Unternehmen steckt,
   - Geld von Tutsi leiht oder an Tutsi verleiht,
   - einem Tutsi in geschäftlichen Angelegenheiten behilflich ist (wie Einfuhrlizenzen, Bankkredite, Bauaufträge, öffentliche Aufträge…).

5. Alle strategischen Positionen in den Bereichen Politik, Verwaltung, Wirtschaft, Militär und Sicherheit sollen von Hutu besetzt werden.

6. Der Bereich Erziehung (Schüler, Studenten, Lehrer) muss mehrheitlich mit Hutu besetzt sein.

* Zit. in: CHRÉTIEN, Jean-Pierre, 1992: «‹Presse libre› et propagande raciste au Rwanda: Kangura et ‹les 10 commandements du Hutu›», in: *Politique Africaine*, Vol. 42: 109–120, p. 119f. Vorliegende deutsche Übersetzung ist entnommen aus: TADJO, Véronique, 2001: *Der Schatten Gottes. Reise ans Ende Ruandas.* Wuppertal: Peter Hammer Verlag, p. 126f.

7. Die ruandischen Streitkräfte sollen ausschliesslich aus Hutu bestehen. Die Erfahrungen des Oktoberkriegs (von 1990) hat uns eine Lektion erteilt. Kein Angehöriger der Armee darf eine Tutsi-Frau heiraten.

8. Hutu dürfen mit Tutsi kein Mitleid mehr haben.

9. Hutu sollen überall Geschlossenheit und Solidarität beweisen und sich vom Schicksal ihrer Hutu-Brüder betroffen fühlen.
   - Hutu sollen innerhalb und ausserhalb Ruandas beständig nach Freunden und Verbündeten für ihren Kampf suchen, angefangen mit ihren Bantu-Brüdern.
   - Sie sollen beständig gegen die Tutsi-Propaganda ankämpfen.
   - Sie sollen unerschütterlich und wachsam sein gegenüber ihrem gemeinsamen Feind, den Tutsi.

10. Allen Hutu in allen gesellschaftlichen Schichten soll das Wissen um die soziale Revolution von 1959, den Volksentscheid von 1961 und die Hutu-Ideologie vermittelt werden. Jeder soll die Ideologie weiterverbreiten. Jeder Hutu, der einen Hutu-Bruder verfolgt, weil er diese Ideologie vorgetragen, weitergegeben oder anderen vermittelt hat, ist ein Verräter.

Nachbemerkungen zum Buch

Wurde bereits anlässlich der Niederschrift der Untersuchung auf den mehrmals verzögerten Beginn der eigentlichen Gacaca-Verhandlungen hingewiesen, so sollte es bis zum 10. März 2005 dauern, bis die ersten Prozesse eröffnet werden konnten, und zwar vorerst an den 751 Gacaca-Gerichten, die an der Pilotphase beteiligt waren. Bis anfangs 2006 sollten alle Gerichte ihre Arbeit aufgenommen haben.

Damit dauerte die Pilotphase des komplexen und aufwendigen Unterfangens beinahe drei Jahre an. Die Analyse der während dieser Zeit festgestellten Schwachstellen der Gacaca-Gerichtsbarkeit mündete am 19. Juni 2004 in eine Revision des Gacaca-Gesetzes, die zu massgeblichen Modifikationen führte. So wurden Gacaca-Gerichte auf der Ebene der Provinzen und Distrikte aus dem Gesetz gestrichen. Während Zellen-Gacacas noch immer für Verbrechen der Kategorie 4 zuständig sind, befassen sich Gacaca-Gerichte auf der Ebene der Sektoren sowohl mit Verbrechen der Kategorie 3 wie auch der Kategorie 2. Das Richtergremium besteht nicht mehr aus 19 Personen, sondern nur mehr aus neun, denn die Erfahrungen zeigten, wie schwierig es ist, das notwendige Quorum zu erfüllen.

Auf den Hügeln Rwandas wird nun Recht gesprochen und über Verbrechen des Völkermords von 1994 geurteilt. Allerdings wird es Jahre dauern, bis sich zeigen wird, ob Rwanda in dieser Hinsicht einen erfolgreichen Weg beschritten hat. Mögen diesbezüglich pessimistische Stimmen eines Besseren belehrt werden.

Luzern, im März 2005

www.ingramcontent.com/pod-product-compliance
Ingram Content Group UK Ltd.
Pitfield, Milton Keynes, MK11 3LW, UK
UKHW021941290926
8980IPUK00016B/1749

9 783039 106813